本书出版得到
江苏高校"青蓝工程"资助

東晉南朝服飾研究

張珊 著

文物出版社

图书在版编目（CIP）数据

东晋南朝服饰研究 / 张珊著. --北京：文物出版
社，2024. 9. -- ISBN 978-7-5010-8467-8

I. K875. 24

中国国家版本馆CIP 数据核字第2024JQ6038号

东 晋 南 朝 服 饰 研 究

著　　者：张　珊

封面题签：张开成
责任编辑：秦　彧
责任印制：王　芳

出版发行：文物出版社
社　　址：北京市东城区东直门内北小街2号楼
邮　　编：100007
网　　址：http://www.wenwu.com
邮　　箱：wenwu1957@126.com
经　　销：新华书店
印　　刷：北京荣宝艺品印刷有限公司
开　　本：787mm×1092mm　1/16
印　　张：19　插页：1
字　　数：371千字
版　　次：2024年9月第1版
印　　次：2024年9月第1次印刷
书　　号：ISBN 978-7-5010-8467-8
定　　价：150.00元

序

2024 年春节前夕，张珊送来了自己的书稿《东晋南朝服饰研究》，嘱我为这部即将出版的专著作序。最近，我在工作之余阅读了书稿，回想起张珊 2011 年到 2016 年在南京大学跟随我攻读博士学位的时光。当时，她一边刻苦修学考古学、历史学、古代历史文献、文化遗产等专业课程，一边确立了中国古代服饰的考古学研究方向。本书正是她最后选定的博士论文的主要研究内容。

六朝时期，南京是孙吴、东晋、宋、齐、梁、陈的都城，在这块土地上，发生过诸多影响深远的史事，为此，六朝考古与六朝历史研究一直是学术界重点关注的领域，张珊博士的书稿正与此有关。长达百余年的东晋在六朝时期尤称重要，此前，定都洛阳的西晋王朝在先后发生的"八王之乱"和"五胡乱华"事件中随着"衣冠南渡"而覆灭，北方进入动荡、战乱和分裂的"五胡十六国"历史阶段，积累千年的诸多中原文明成就随着"衣冠南渡"而来到长江南岸的都城建康（今南京）一带。其中，所谓的"衣冠"既是指当时掌握最高权力的司马氏及以王导为代表的世家大族，也是指从周至汉时代逐渐形成的华夏"衣冠"礼仪制度。张珊的这部著作，正是对这套南下的"衣冠"制度进行专门研究的成果。

考古学证明，人类数百万年的历史进程中，服饰的发明开始于 30 万年前左右，而真正出现植物纤维材料编织成的衣服也就是在距今 1 万年前后。不过，服饰的产生、发展、演化不仅仅涉及服饰的物质形态，更涉及服饰背后所隐藏的人的社会性、经济性、文化性、阶级性、审美性、心理性等一系列复杂问题，可以认为，服饰考古和历史研究揭示的是人类文明发展的重要篇章。在华夏文明体系中，"服饰"除了承担御寒、蔽体等功能之外，还是彰显人的社会身份和礼仪特征的重要标识，对此，从张珊博士的这部书中可以获得充分认识。

本书用四章的篇幅对东晋南朝帝王公卿及命妇的祭服、帝王及文武官员的朝服、一般社会男女成员的日常服饰、东晋南朝服饰的历史地位等展开了系统研究，其擅长之处在于使用了"二重证据法"，即地下出土的考古材料和传世的历史文献及绘画资料相互印证，对一些特殊的服饰类型或存有争议的问题进行了专门的考定，并利用"型式学"的方法，对东晋南朝男女日常服饰做了分期，为相关研究者观察这一时期服饰演化的阶段性特征提供了参考。特别值得一提的是，张珊还发挥她的专长，依据相关考古资料为全书绘制了400多幅服饰图，并将其与文字相互印证，更加全面地揭示了东晋、南朝各类服饰的形态及其演变。此外，书中提供的《东晋南朝冕服制度表》《东晋南朝命妇祭服制度表》等十余幅表格也更加细致地阐述了东晋、南朝服饰的不同门类和特征，更加有利于读者进一步查阅和参考。还要强调的是，基于东晋十六国和南北朝中国南北分裂与此后隋唐统一的历史过程，这一时期的服饰研究呈现出更加复杂的景观，其中既有两晋之交华夏文明"衣冠南下"的巨大空间变动，也有孝文帝融汇南北改革服制的"汉化"创举，更有隋唐时代既承续前朝又开启统一服饰礼制的重大成就，加之此一时期正值外来的佛教造像艺术在中国大面积出现并且逐步实现"中国化"的时代，为此，研究这一时期的服饰形态及其演化还具有更加广泛的历史价值与文化价值，它能够让我们更好地认识汉唐之际中华文明在"合久必分，分久必合"及开放包容、融汇创新的运动机制中所导致的时代风貌之形成与复杂的运动规律。这也是张珊博士这部著作所能提供的又一学术意义。

当然，受制于考古学资料的局限，本书在东晋中后期到南朝刘宋早中期这一时段的服饰演变细节表达得还不够，这也是作者今后应当继续努力要解决的问题。此外，东晋、南朝服饰制度与当时中国北方、西北、东北及周边区域的服饰制度之间的关系也需要开展进一步的探讨。

我相信，本书仅是张珊博士在中国服饰考古领域里的阶段性成果，今后她会继续深入开展学术耕耘，并向社会推出更新更好的研究成果！

目　录

插图目录

绪　论

第一节　研究背景与研究现状 [1]

中华传统文化，重礼乐。衣冠服饰之制度，自周代起就被纳入"礼制"的范围，成为"礼"的重要组成部分。"衣冠"一词，遂成为文明礼教甚至文化正统之代称。西晋末，晋元帝携大批中原士族及庶民渡江南迁避乱，建都建业，史称"衣冠南渡"。"黄帝、尧、舜，垂衣裳而天下治。"[2] 历代掌权者凡欲争取文化上的正统，必先规范服饰制度，以彰敬天法祖之礼、君臣父子之纲。故中国历代衣冠服饰，不仅与社会审美相关，更与精神文化、社会制度紧系。缘此，研究中国古代服饰，可一窥历代风俗习惯、礼仪制度、文化交流、社会变迁等，由此也引起学界的高度重视。

三国两晋南北朝，是中国历史上一个特殊阶段。三国鼎立之时，曹魏承继东汉，孙吴依附江东地区的汉人豪族，蜀汉政权由汉人建立，其后西晋由司马氏建立。这几个政权均由服膺儒家的世家大族所统治，故汉人政权在三国、西晋时占据统治地位。虽自汉起，戎狄（匈奴、羌、氐等少数民族）内迁 [3]。"魏初人寡，西北诸郡皆为戎居。"[4] 晋武帝接纳因水灾归化的塞外匈奴"二万余落"[5]，然内迁的少数民族，长期与汉人杂居，早已"汉化"；习惯汉风汉俗，汉文化一直为当时的主流文化和强势文化。自"八王之乱"爆发，晋人口流动开始，匈奴刘渊起兵后，"五胡乱华"，北方人口初现大规模流动 [6]。部分汉人托庇于少数民族政权之下，促进当地"胡"汉融合。部分北人南下避难，中原衣冠多随晋王朝渡江，建立汉族政权。此后，南朝宋、齐、梁、陈承继东晋，其建

---

[1]　本节大部分论述出自拙作《两晋南北朝服饰研究学术史回顾》，原载《文物鉴定与鉴赏》2018 年第 6 期（下）。

[2]　（汉）郑玄注、（宋）王应麟辑：《周易郑注》，中华书局，1985 年，第 98 页。

[3]　《晋书·匈奴传》："前汉末……呼韩邪单于失其国，携率部落，入臣于汉……"——（唐）房玄龄等：《晋书》，中华书局，2010 年，第 2548 页。

[4]　（唐）房玄龄等：《晋书》，中华书局，2010 年，第 2549 页。

[5]　《晋书·匈奴传》："（晋）武帝践阼后，塞外匈奴大水，塞泥、黑难等二万余落归化，帝复纳之，使居河西故宜阳城下，后复与晋人杂居，由是平阳、西河、太原、新兴、上党、乐平诸郡靡不有焉。"说明晋武帝接纳因水灾内迁的匈奴人后，匈奴人逐渐分散在中原各地，与汉人杂居。——（唐）房玄龄等：《晋书》，中华书局，2010 年，第 2548 页。

[6]　陈寅恪口述、万绳楠整理：《陈寅恪魏晋南北朝史讲演录》，黄山书社，1987 年，第 114 页。

立者均为汉人，继承汉晋文化正统。北方十六国，因民族不同政权更迭，大规模徙民频繁，影响极大，最后鲜卑统一北方，形成南北朝对立之局势。为与南方争取文化上的正统地位以统一胡汉，北方少数民族在社会制度、文化上都有"汉化"倾向。这种汉化的趋势，到北魏孝文帝迁都洛阳后最盛。然而汉文化与鲜卑文化仍有冲突，先是北魏分裂成东魏与西魏，后北齐取代东魏，一反北魏汉化政策，一方面强化鲜卑文化，一方面推崇西域文化。西魏、北周政权，为调和汉化与鲜卑化的矛盾，建立起强大的关陇集团，并以关陇文化为本位[1]，维系胡汉各族。北周武帝统一北方，隋取代周，并灭陈统一南北，这种调和胡汉各族文化的政策依旧有深远的影响。可见，三国两晋南北朝，是中华文化转折之大界。华夷之辨自古存在，三国之前，中原诸夏在文化上一直占据着统治地位。自五胡十六国起，大规模人口流动频繁，汉文化作为当时的先进文化依旧占优势。一方面北方少数民族政权为了统治好境内汉人，争取文化上的正统，均有"汉化"倾向；另一方面北方境内汉人同样受到北方少数民族文化的影响，汉文化与少数民族文化甚至外来文化在交流中有冲突、有融合。而南下避难的汉人士族，在一定程度上保留了汉文化正统，继而又反向影响北方。其后南卒于北，北方统一全国，至唐取代隋，中国南北文化最终交融、重构，达到一种新的平衡。隋唐统治者皆是北方"胡化"的汉人。自此，与汉代相比，中华文化呈现出全新的面貌。

这种文化的重构，同样体现在服饰的变化上。东汉三国，中原衣冠制度完备，属于汉族服饰体系，以交领右衽为基本特征，分为祭服、朝服与日常服饰三类。而隋唐的服饰，包含多民族的服饰元素。在之前的服饰大部分得以保留的基础上，男女服饰式样更是大大丰富。除交领外，又增加圆领、对襟等多种式样；除宽袖、广袖之外，窄袖服也受到欢迎；除巾、帻等日常首服外，幞头兴起；除了履、屐等足服外，靴受到欢迎；帔子成为女性必不可少的配饰。之前褒博服饰作为礼服，而紧窄的袍裤、裙衫成为人们的日常服饰。两晋南北朝的服饰上承汉魏，下启隋唐。正是在这一特殊时期，中华服饰继往开来，承袭汉魏与融纳胡服并举，是中国服饰发展史上一个关键的转折期。

因此，深入研究不同时段、不同地域的两晋南北朝服饰，对中国服饰发展史甚至中国文化史而言，都具有非常重要的意义。因研究者往往将三国两晋南北朝时期的社会文化归为同一发展体系，笔者梳理分析了自民国时期至今的三国至南北朝服饰研究相关论文、著作，将三国两晋南北朝服饰研究大致分为三个阶段。

1. 第一阶段：民国时期，即三国两晋南北朝服饰初步考证阶段

早在民国时期就有学者对三国两晋南北朝服饰做出研究。民国时期，为中国史

---

[1] 陈寅恪口述、万绳楠整理：《陈寅恪魏晋南北朝史讲演录》，黄山书社，1987年，第317页。

学研究的一个高峰。这一时期，涌现出不少与中国古代服饰相关的论文。如王国维于1915 年发表的《胡服考》一文[1]，徐益棠于 1943 年发表的《汉族服饰之演变——物质文化与民族分类》[2]，徐家珍在 1947 年先后发表了《"袜"的演变》[3]、《"袍"的起源》[4]、《古代的"裤"》[5] 等文。这一类论文多为通史性质的概述或者专论，研究方法以文献考证为主，辅以少量的图像资料，其中涉及三国两晋南北朝服饰的部分非常少，故其研究不够具体、深入。比较有价值的是王国维的《胡服考》，此文从文献的角度考证了胡服的形制，以及从赵武灵王胡服骑射开始，胡服在中原的发展历史。其中与三国两晋南北朝服饰相关的主要是关于褶裤服的考证，包括上褶下裤，以及与之配套的首服（惠文冠、平巾帻）、带具（络带）、足服（靴）。王国维认为汉魏之后流行的褶裤服，即为赵武灵王所改的胡服；惠文冠始于赵武灵王，后发展为平巾帻；褶裤带具亦始于赵武灵王；晋代之前穿褶裤者着履非靴，褶裤之履始于赵武灵王，靴始于六朝之后；隋唐公服日常服饰均从褶裤发展而来。王国维《胡服考》文献资料翔实，其中的结论至今仍然被广泛引证，然而仅仅梳理了胡服发展的脉络及胡服的种类，对胡服具体式样的考证尚不清晰。中华人民共和国成立前，一些著作也涉及三国两晋南北朝服饰。日本考古学者原田淑人于 1937 出版《汉六朝の服饰》[6] 一书，从考古学的角度，通过传世及出土的服饰实物及图像资料，传世绘画及雕塑等与文献记载相对照考证了汉六朝的织物、祭服、朝服以及服装的配饰。原田淑人的《汉六朝の服饰》把图像资料及出土实物资料与文献记载对应起来，与之前的研究相比更准确直观。但受限于当时考古资料的匮乏，其研究范围没有涉及日常服饰，对祭服、朝服的具体式样的探讨尚不全面。吕思勉于 1947 年出版的《秦汉史》[7]，第十七章《秦汉时人民生活》第三节《衣服》，从文献角度论述了三国服饰；主要是根据文献考证了当时不同阶层的人衣服的材质以及织物的产地，并大体描述了服饰的基本种类及式样。吕思勉于 1948 年出版的《两晋南北朝史》[8]，第二十一章《两晋南北朝人民生活》第三节《衣服》中，以文献角度考证两晋南北朝服饰的由来及变迁，包括身服（袍、深衣、衣裳、褶裤），足服（履、靴、屩、屦、屐），首服（巾、冠、帽），戎装（裲裆）以及北朝服饰的改革。吕思勉对三国两晋南北朝服饰的研究依旧是通过梳理文献得出结论，主要是以发展史的角度对服饰进行研究，没有涉及服饰的具体式样。但吕思勉《两晋南北朝史》梳理

[1]　《胡服考》收录于 1923 年文集《观堂集林》卷二十二。参王国维：《观堂集林》，中华书局，1959 年，第 1069 页。

[2]　徐益棠：《汉族服饰之演变——物质文化与民族分类》，《学思》1942 年第 5 期。

[3]　徐家珍：《"袜"的演变》，《文物周刊》1947 年第 41~80 期，第 49~51 页。

[4]　徐家珍：《"袍"的起源》，《文物周刊》1947 年第 41~80 期，第 54~58 页。

[5]　徐家珍：《古代的"裤"》，《文物周刊》1947 年第 41~80 期，第 72~73 页。

[6]　〔日〕原田淑人：《汉六朝の服饰》，东洋书库，1937 年。

[7]　吕思勉：《秦汉史》，开明书店，1947 年。

[8]　吕思勉：《两晋南北朝史》，开明书店，1948 年。

出文献中所涉及的日常服饰品类，为之后的研究奠定基础。

2. 第二阶段：中华人民共和国成立至 20 世纪 90 年代，古代服饰研究热背景下的三国两晋南北朝服饰研究不足

中华人民共和国成立后，古代服饰研究受到重视，涌现出大批通史性质的中国古代服饰研究专著。如沈从文《中国古代服饰研究》[1]，周锡保《中国古代服饰史》[2]，周汛、高春明《中国历代服饰》[3]，华梅《中国服装史》[4]，黄能馥、陈娟娟《中国服装史》[5]，王明泽《中国古代服饰》[6]，楼慧珍、吴永等《中国传统服饰文化》[7] 等。最有代表性的服饰史专著为沈从文于 1981 年出版的《中国古代服饰研究》，全书按照朝代先后为序，以不同的图像资料为主题进行描述，共涉及一百七十九个研究主题，并以传世与出土的实物及图像资料为研究对象，结合相关文献记载进行论证。涉及三国两晋南北朝服饰的研究主题 17 篇；从传世绘画、墓室壁画、随葬俑等出发，结合正史舆服志及笔记小说等古籍资料，考证了三国两晋南北朝图像资料中出现的首服（巾帼、步摇簪，平巾帻、梁冠、笼冠、小冠、帕头、菱角巾等），身衣（衫子、鹿皮裘、曲领中衣、裲裆衫、褶裤、袙腹等），足服（高齿屐、笏头履等），戎装（裲裆甲、人马铠等），发式（"垂髫式"、假髻、"双丫髻""飞天紒"、十字形大髻、卯角髻等）；探讨了"褒衣博带""上俭下丰"、士人戴巾等三国两晋南北朝时期的穿衣风尚。沈从文《中国古代服饰研究》图文互信，对中国古代服饰研究起到承前启后的作用，其中史料丰富而确凿，结论直观而准确；然而其研究并非对历代服饰的系统性探讨，而是从独立的图像资料出发，考证不同服饰的"名"与"实"，受限于篇幅，涉及的相关服饰种类不够全面。周锡保《中国古代服饰史》，以朝代先后为序，分章阐述不同时代的服饰特征。周书与沈书相较，对古代服饰的阐释与考辨更具系统性，涉及服饰种类更全面。然周书中文献考释部分与图像考释部分虽并重，却相对独立，未能完全实现相互印证。总体说来，这一类通史类的著作属纵向研究，所涵盖的中国服饰种类及形制的发展演变上启原始社会，下迄清代民国，追求通贯全史；厘清了三国两晋南北朝服饰制度的变迁与主要服饰品类，尤其是沈从文《中国古代服饰研究》，更是将文献中的服饰之"名"与考古资料中的服饰之"实"对应起来，为三国两晋南北朝与中国其

[1] 沈从文：《中国古代服饰研究》，商务印书馆，1981 年。

[2] 周锡保：《中国古代服饰史》，中国戏剧出版社，1984 年。

[3] 上海市戏曲学校中国服装史研究组：《中国历代服饰》，学林出版社，1984 年。注：周汛、高春明执笔。

[4] 华梅：《中国服装史》，文物出版社，1989 年。

[5] 黄能馥、陈娟娟：《中国服装史》，中国旅游出版社，1995 年。

[6] 王明泽编：《中国古代服饰》，北京科学技术出版社，1995 年。

[7] 楼慧珍、吴永等：《中国传统服饰文化》，东华大学出版社，2003 年。

他朝代服饰的研究奠定了坚实的基础。尽管如此，就三国两晋南北朝服饰而言，以上成果对两个方面的探讨研究涉及较少：一是服饰的具体式样及其承袭与演变过程，二是三国两晋南北朝服饰的分期分区研究。

20 世纪 90 年代，学界开始关注三国两晋南北朝服饰研究，然而这一阶段服饰断代史研究著作依旧鲜见。相关的学术论文大多为宏观研究，断代研究与分类研究缺乏。沈从文《中国古代服饰研究》出版后，图像资料尤其是考古发掘资料在古代服饰研究中逐渐被重视。孙机于 1993 年出版《中国古舆服论丛》[1] 一书，运用考古学方法研究古代舆服，详尽考证了深衣、通天冠、远游冠、进贤冠、武冠、幞头、钗、裙、带具等典型的古代服饰品类，并探讨了中国古代服饰史上的重大变革。其中《南北朝时期我国服制的变化》一文立足于北魏孝文帝汉化改革，南朝"狂发轻慢之风"盛行，北齐北周的"西胡化"倾向等政治文化背景，结合实物、图像、文献资料，直观准确地反映了南北朝时期服饰的风貌，并得出如下结论：南北朝的民族融合致使中国服饰从汉魏时的单轨制转变成隋唐时的双轨制，隋唐服饰一类继承了北魏改革后的褒博的汉式服装作为礼服，一类继承了北齐北周改革后的圆领袍和幞头，作为日常服饰[2]。这是关于中国服饰史研究的一个具有开创性的结论，至今仍然被广泛征引。孙机《中国古舆服论丛》厘清了中国服饰史最重要的首服（通天冠、远游冠、进贤冠、武冠）、身衣（深衣）、佩饰（绶）的渊源与发展，为本书写作奠定了坚实的理论基础。暨远志于 1995 年在《敦煌研究》上发表《中国早期佛教供养人服饰》[3] 一文，结合文献资料与其他相关考古资料对十六国时期的佛教石窟：炳灵寺 169 窟、凉州石窟与北凉石塔、敦煌早期石窟中供养人服饰做考论。作者认为北凉时期女供养人主要穿裈衣、深衣袍、广袖襦裙，男供养人穿深衣袍、戴远游冠，均是汉魏衣冠；十六国时期河陇地区衣冠服饰保存汉魏旧制。暨远志的研究是 20 世纪 90 年代三国两晋南北朝服饰研究领域中为数不多的专项研究，考证了部分汉魏衣冠的具体式样，并在一定程度上填补了北凉服饰研究的空白。这一阶段，大部分学者从文献角度研究服饰演变背后的文化变迁，图像资料则作为文献的注脚出现。如傅江于 1993 年在《六朝史论集》上发表的《"服妖"的一点思考——从"服妖"看魏晋南北朝服饰新尚》[4]；在《晋书》《宋书》《南齐书》《隋书》中《五行志》对魏晋南北朝"服妖"的记载的基础上，分析六朝时服饰的变化，探究当时社会的服饰风尚与审美心理。傅江又于 1996 年在《东南文化》上发表《从容出入望若神仙：论六朝士族服饰文化》一文[5]，结合当时的

---

[1] 孙机：《中国古舆服论丛》，文物出版社，1993 年。

[2] 孙机：《中国古舆服论丛》，文物出版社，1993 年。

[3] 暨远志：《中国早期佛教供养人服饰》，《敦煌研究》1995 年第 1 期。

[4] 傅江：《"服妖"的一点思考——从"服妖"看魏晋南北朝服饰新尚》，《六朝史论集》，黄山书社，1993 年，第 174～181 页。

[5] 傅江：《从容出入望若神仙：论六朝士族服饰文化》，《东南文化》1996 年第 1 期。

政治背景，从文献角度阐释六朝士族文化；主要包括着巾风气与名士崇拜的关系，着宽衣、木屐风气与士人服散的关系，执麈尾、化妆风气与士族知识分子清谈盛行的关系；认为六朝的玄学思潮在服饰文化上的演绎造就了六朝士族服饰的风貌特征。傅江对六朝服饰审美风尚的研究，启发了本书对东晋南朝服饰式样变化的探讨。郭黎安于1995年在《南京社会科学》上发表的《六朝时期建康居民的饮食与服饰》一文中以文献为主要线索，辅以考古资料为佐证，阐述了以建康为中心的六朝服饰[1]。总的来说，20世纪90年代关于三国两晋南北朝服饰研究大多着眼于宏观的政治文化背景，具有时代地域跨度大的特点，更加重视大背景下服饰整体的特征与变革，专题研究很少。这一阶段宏观研究大体上分成两类，一类是在南北方民族大融合与孝文帝汉化改革等因素影响下中国服饰的变迁[2]；一类是受到玄学影响的崇尚"魏晋风度"的南方六朝士族的服饰文化[3]。

3. 第三阶段：2000年至今，三国两晋南北朝服饰研究大发展背景下的"北重南轻"局面

2000年至今，以考古学和美术史的角度研究三国两晋南北朝服饰蔚然成风，这一阶段，在对三国两晋南北朝服饰的宏观研究方面没有大的突破，依旧围绕着民族大融合。如北方孝文帝汉化改革，南方士人的"魏晋风度"，三国两晋南北朝服饰主要品类等（男子衫子、巾、笼冠；女子裙襦、首饰；新出现的裲裆和褶裤等）。可喜的是，除了宏观研究外，学界对三国两晋南北朝服饰的断代研究、分类研究更加重视，出现了大量的包括大篇幅硕博士论文在内的学术论文。大多论文通过对考古资料及传世图像资料的梳理分析来研究三国两晋南北朝服饰。由于三国两晋南北朝礼仪服饰系统，尤其是冠冕服章，正史中记载详尽而图像资料不足，学界多从文献角度对其进行研究。阎步克于2005年发表的《宗经、复古与尊君、实用——中古〈周礼〉六冕制度的兴衰与变异》系列论文[4]，2007年发表的《北魏北齐的冕旒服章：经学背景与制度源流》[5]，均是以《周礼》及汉唐之际正史《舆服志》中对冠冕服制记载为基本依据考证从汉代

---

[1]　郭黎安：《六朝时期建康居民的饮食与服饰》，《南京社会科学》1995年第10期。

[2]　江冰：《魏晋南北朝服饰文化论略》（《江西大学学报（社会科学版）》1991年第2期）、周兆望、侯永慧：《魏晋南北朝妇女的服饰风貌与个性解放》（《中国史研究》1995年第3期）、陈昌珠：《外来文化对魏晋南北朝隋唐服饰民俗的影响》（《民俗研究》1997年第3期）等文均属此类研究。

[3]　魏宏灿：《魏晋风度与服饰境界》（《学术月刊》1998年第8期）、张海容：《南朝褒衣博带之风考略》（《饰》1999年第2期）等文均属此类研究。

[4]　阎步克：《宗经、复古与尊君、实用（上）——中古〈周礼〉六冕制度的兴衰变异》，《北京大学学报（哲学社会科学版）》2005年第6期。阎步克：《宗经、复古与尊君、实用（中）——中古〈周礼〉六冕制度的兴衰变异》，《北京大学学报（哲学会科学版）》2006年第1期。阎步克：《宗经、复古与尊君、实用（下）——中古〈周礼〉六冕制度的兴衰变异》，《北京大学学报（哲学社会科学版）》2006年第2期。

[5]　阎步克：《北魏北齐的冕旒服章：经学背景与制度源流》，《中国史研究》2007年第3期。

至隋唐的冠冕服制演变；韩国学者崔圭顺《中国历代帝王冕服研究》，以发展史角度讨论了中国古代帝王冕服的起源、形成与演变，并考证周代六冕、东汉至明的皇帝冕服，以及民国三年祭服之各构成要件的具体内容，其中涉及的三国两晋南北朝帝王冕服部分依旧以文献研究为主[1]。以上成果资料翔实、研究深入，奠定了本书对帝王礼服的研究基础。苗霖霖《北魏后宫服饰制度考略》[2]主要以《晋书》《魏书》《隋书》《通典》为据，考证北魏后宫女性服饰制度。这一阶段，考古学界开始重视魏晋南北朝服饰研究，涌现了一批高质量的研究成果，这些研究多重视断代研究和分类研究，立足于考古发掘资料，系统而科学地综合考古发现与文献记载对魏晋南北朝服饰体系进行考据分析。相关短篇学术论文如宋馨《北魏平城时期的鲜卑服》[3]，商春芳《洛阳北魏墓女俑服饰浅论》[4]，张金茹《北朝陶俑冠服》[5]，李雪芹《试论云冈石窟供养人的服饰特点》[6]，马冬《青州傅家画像石〈商谈图〉服饰文化研究》[7]等。

需要特别指出的是，这一阶段学界开始关注服饰史的断代研究，对三国两晋南北朝服饰的系统而深入的研究多见于大篇幅的硕博士论文。山东大学宋丙玲写于2008年的博士论文《北朝世俗服饰研究》，以考古学角度对除宗教服饰之外的所有北朝服饰进行探析，系统梳理考古发掘调查所得北朝服饰图像资料、实物资料以及相关的历史文献资料，对北朝服饰进行分类、分期、分区研究[8]。宋丙玲《北朝世俗服饰研究》横向与纵向研究并重，文中涉及北朝服饰种类与服饰具体形制全面完整，并将北朝服饰置于时代大背景下，动态探讨服饰背后的政治变迁、文化交流与性别体系，并从服饰发展史角度，结合汉魏晋、隋唐服饰，以及鲜卑服饰、西域服饰、南朝服饰资料对北朝服饰进行研究，探析北朝服饰的渊源及对后世的影响，堪称目前为止对北朝服饰研究最系统全面准确的论文[9]。此外，宋丙玲还发表了一些与北朝服饰相关的论文[10]，其所述与论点均是从《北朝世俗服饰研究》一文中衍生而来。2009年，苏州大学黄良莹博

[1]〔韩〕崔圭顺：《中国历代帝王冕服研究》，东华大学出版社，2007年。

[2]苗霖霖：《北魏后宫服饰制度考略》，《唐山学院学报》2013年第5期。

[3]宋馨：《北魏平城时期的鲜卑服》，《4～6世纪的北中国与欧亚大陆》，科学出版社，2006年，第84～104页。

[4]商春芳：《洛阳北魏墓女俑服饰浅论》，《华夏考古》2000年第3期。

[5]张金茹：《北朝陶俑冠服》，《文物春秋》2000年第4期。

[6]李雪芹：《试论云冈石窟供养人的服饰特点》，《文物世界》2004年第5期。

[7]马冬：《青州傅家画像石〈商谈图〉服饰文化研究》，《华夏考古》2011年第3期。

[8]宋丙玲：《北朝世俗服饰研究》，山东大学博士学位论文，2008年。

[9]宋丙玲：《北朝世俗服饰研究》，山东大学博士学位论文，2008年。

[10]宋丙玲：《北朝袒右肩陶俑初探》，《华夏考古》2007年第2期。宋丙玲：《浅论魏晋南北朝时期服饰中的性别转换现象》，《兰州学刊》2007年第10期。宋丙玲：《浅析图像资料在古代服饰研究中的局限性——以北朝服饰研究为例》，《南京艺术学院学报（美术与设计）》2009年第4期。宋丙玲：《花木兰的着装——北魏女性服装的图像学研究》，《艺术设计研究》2010年第2期。宋丙玲：《北朝时期的服饰赏赐》，《兰台世界》2012年12月下旬。宋丙玲：《北朝文物中的裲裆》，《文物春秋》2014年第2期。

士论文《北朝服饰研究》所涉及文献与图像、实物资料均与宋丙玲博士论文基本一致，此文未对北朝服饰进行分类研究，而是立足于考古发掘的实物资料与图像资料，对北朝服饰进行分区与分期研究，同样探析了北朝服饰与汉魏服饰、鲜卑服饰、西域服饰的渊源，以及对隋唐服饰的影响 [1]。黄文与宋文研究范围、研究方法与研究结论近似，只是前者对北朝服饰背后的文化交流和性别体系研究的探讨较后者少。此外还有一批具有考古学与美术史视野的硕士论文，多属三国两晋南北朝服饰专题性质研究。如石华《北魏妇女服饰研究》[2]、杨景平《北朝在华粟特人服饰研究》[3]、徐晓慧《六朝服饰研究》[4]、王丽丹《曹魏服饰研究》[5]、刘君为《北魏鲜卑族服饰研究》[6]、公阿宁《嘉峪关魏晋壁画墓中的百姓服装研究》[7]、史砚忻《西魏北周服饰初步研究——以关陇地区的图像资料为中心》[8]、何焱《北齐服饰研究——以山西地区为例》[9] 等。中国艺术研究院程可的硕士论文《论六朝服饰的浪漫风》则是站在美学角度，探析魏晋南朝士人服饰以及贵族女性服饰。

2000 年之后对三国两晋南北朝服饰的研究成果如上所陈。这一阶段三国两晋南北朝服饰断代研究与分类研究有了大的发展，然而有价值的研究成果多为以北朝服饰为主的北方服饰体系。以东晋南朝为主的南方服饰体系往往是作为两晋南北朝服饰一部分在宏观研究中有所涉及，少量的关于东晋南朝服饰的专项研究往往是围绕"魏晋风度"的南方士族服饰，而且这类文章往往立足于哲学与美学层面，对服饰具体式样缺乏深入研究。苏州大学徐晓慧硕士论文《六朝服饰研究》首次对三国两晋南北朝时南方服饰体系做系统性研究，其立足于考古资料如陶俑、壁画、画像砖等，结合历史文献记载，对六朝服饰的特征及文化进行系统研究；文章探讨了六朝经济基础、宗教思想、审美风尚、文化交流等方方面面对六朝服饰的影响。较之前相关研究而言，该成果无论在广度上还是深度上都得到了进一步的拓展，给本书写作带来很大的启发。总体来说《六朝服饰研究》一文与本书研究角度与关注点不同，本书的核心研究部分：东晋南朝礼仪服饰的渊源与发展考证、日常服饰具体式样研究以及"名"与"实"方面的考证，均不是该文研究重点。

---

[1] 黄良莹：《北朝服饰研究》，苏州大学博士学位论文，2009 年。

[2] 石华：《北魏妇女服饰研究》，山东大学硕士学位论文，2008 年。

[3] 杨景平：《北朝在华粟特人服饰研究》，东华大学硕士学位论文，2011 年。

[4] 徐晓慧：《六朝服饰研究》，苏州大学硕士学位论文，2010 年。

[5] 王丽丹：《曹魏服饰研究》，山西大学硕士学位论文，2011 年。

[6] 刘君为：《北魏鲜卑族服饰研究》，东华大学硕士学位论文，2012 年。

[7] 公阿宁：《嘉峪关魏晋壁画墓中的百姓服装研究》，南开大学硕士学位论文，2012 年。

[8] 史砚忻：《西魏北周服饰初步研究——以关陇地区的图像资料为中心》，西北大学硕士学位论文，2013 年。

[9] 何焱：《北齐服饰研究——以山西地区为例》，西北大学硕士学位论文，2014 年。

　　综上所述，自民国至今，学界对三国两晋南北朝服饰研究日益重视。从最初的零星研究渐进到宏观研究，再到断代、分类研究的深入研究。总体来说，目前三国两晋南北朝服饰研究还存在"北重南轻"问题。有价值的研究成果多为以十六国、北朝服饰为主的北方服饰体系，缺乏对以东晋南朝服饰为主的南方服饰的系统研究。造成"北重南轻"局面的原因，主要有三点。第一，南北朝时北方服饰体系在中国服饰史上有着举足轻重的地位。自十六国时期起，华夏服饰体系因少数民族政权在中原统治发生了诸多变化，直接影响隋唐乃至后世中国服饰。沈括甚至在《梦溪笔谈》中说："中国衣冠，自北齐以来，乃全用胡服。"[1] 第二，因南北朝时期，南北比较，经济、武备，北方远胜于南方[2]。20 世纪 80 年代后，学界提出"北朝主流论"，故以北朝服饰为主的北方服饰体系更受关注。第三，北朝的皇室贵戚、世家大族墓目前发现相对较多，随葬品、墓葬装饰也丰富，涉及服饰的实物资料（纺织品、首饰等）与图像资料（俑、壁画、画像石、画像砖等）因北方干燥的气候原因而得以相对完好地保存。再加上北方统治者崇尚佛教，广开石窟造像，北方的现存服饰资料比南方更为丰富。

第二节　选题意义及研究方法

　　尽管在南北朝时期，"北强南弱"之形势为客观存在，然而自晋室南迁之后，在文化上南方代表了华夏正统。陈寅恪先生说："南北朝有先后高下之分，南朝比北朝要先进，这可从经济生活、社会习俗等方面的情况看出。"[3] 衣冠服饰是中华礼制中重要的一环，也是中国古代文化的重要组成部分。历代统治者均十分重视服章制度的建设，这在正史《舆服志》《礼志》《礼仪志》《仪卫志》《郊祀志》中均有涉及，特别是《舆服志》中对服饰制度记载尤为详尽。两晋南北朝是中国古代服饰史上的一个重要的分水岭。以汉族服饰为主导的华夏服饰体系在东汉成熟定型，并沿袭至三国西晋，被称为"汉魏衣冠"，但这个成熟的服饰体系在十六国时期很快被南下的草原民族打破。十六国时期，汉族政权失去了对中国北方大部分地区的控制力，直接导致"中原衣冠缺失"。与此同时，晋室渡江后，"汉魏衣冠"随之在南方得以保留，并与南方本土服饰相结合，为南朝所继承发展。因此，晋室南迁也被称为"衣冠南渡"。官修北朝正史《魏书》《北齐书》《周书》中均不见专门的《舆服志》，仅仅是《隋书》《旧唐书》《新唐书》中对北朝晚期的服饰有少量记载。与此相对，关于南方服章制度的记载就详细得多，《晋书》《南齐书》中均有《舆服志》，《宋书》中也有《礼志》记载舆服。

[1] （宋）沈括撰、胡道静校注：《新校正梦溪笔谈》，中华书局，1975 年，第 23 页。

[2] 陈寅恪口述、万绳楠整理：《陈寅恪魏晋南北朝史讲演录》，黄山书社，1987 年，第 226 页。

[3] 陈寅恪口述、万绳楠整理：《陈寅恪魏晋南北朝史讲演录》，黄山书社，1987 年，第 325 页。

北方少数民族主导的中国服饰大变革主要限于日常服饰领域，因为"胡服"紧窄便于日常行动。至于祭服、朝服等礼仪服饰，依旧是以南方为正统。北魏孝文帝为了争取文化上的正统地位，积极推广汉化政策，在衣冠服饰的改革上也下足了功夫。来自南朝的刘昶，就是北魏服饰改革的主要负责人之一，系南朝宋文帝的第九子，对礼服体系"条上旧式，略不遗忘"[1]。尽管如此，虽然南方士人穿衣打扮有狂放不合传统礼教的倾向，但东晋南朝依旧是衣冠服饰的正统之地，甚至梁武帝本人，对衣冠礼乐造诣颇深。北齐高欢说："江东复有一吴儿老翁萧衍者，专事衣冠礼乐，中原士大夫望之以为正朔所在。"[2]

东晋南朝时期，南方的礼服制度承继汉魏衣冠，承继以《周礼》为尊的汉族礼仪服饰制度正统；后被北方政权吸纳学习，继而影响隋唐礼服体系。可见以东晋南朝为主的南方服饰是中华服饰史上的重要环节。在三国两晋南北朝服饰研究上的"北重南轻"的局面，势必影响中国古代服饰史研究的总体认识与完整性。对三国两晋南北朝南方服饰体系进行专门而系统的研究，是全面认识三国两晋南北朝服饰的重要基础，也是完善中国古代服饰史的必要条件。由于西晋末，晋元帝携大批中原士族及庶民渡江南迁避乱。"衣冠南渡"是南方服饰文化成为当时主流的起点，历经宋、齐、梁、陈四代的南朝继而成为南北朝中华衣冠正统之所在。东晋南朝的文化一脉相承，在时间上具有连续性，所涵盖地域基本一致，将东晋南朝服饰归为一个系统，是比较科学的。正是因此，将本书研究范围定为东晋南朝。

服饰的分类标准很多。目前的研究成果多按照性别划分成男性服饰与女性服饰，再将服饰分为冠、巾、钗、袍、裤、履等单个品类。这是一种比较细化的分类方法，目的在于系统地把握服饰的所有种类及微观演变规律。人类进入文明社会后，服饰超越了御寒保暖的物化功能，已成为人类的"第二性征"；是彰显身份等级和社会审美的标志物，具有重要的文化意义[3]。"人"是服饰存在的意义，在既定的文化背景中，人头上戴的冠、身上穿的衣、脚上穿的鞋，三者搭配相对固定，是社会制度及审美风尚的印记，已经成为有机统一的整体。把首服、身衣、足服三者割裂的分类方法难免忽视服饰的整体组合形态，不能反映服饰具体的穿用场合与功能特征。只有把首服、身衣、足服三者作为一个整体去研究，才能赋予服饰以文化意义。本书将东南朝服饰按照穿用功能分为祭服、朝服、日常服饰三大类，在这大类下，再按照性别和着装部分细化研究，并以人为中心，强调首服、身衣、足服的组合，这样的分类方法涉及全面而且突出功能性区别。在服饰分类的基础上，将东晋南朝服饰资料在纵向上与前代汉、三

---

[1] （北齐）魏收：《魏书》第四册，中华书局，1974年，第1309页。

[2] （唐）李百药：《北齐书》卷二十四《杜弼传》，中华书局，1972年，第347页。

[3] 田野：《考古发现与"文化探源"之八——人类衣服的起源》，《大众考古》2014年第2期。

国、西晋，后世隋唐服饰资料对比研究；在横向上与同时代的十六国、北朝服饰资料对比研究，厘清东晋南朝服饰的渊源与影响力。

孙机先生认为，对古代文物杜撰一种叫法，若得不到纠正，就可能使一件文物游离于历史之外；与古籍文献中的叙事脱节，在对应的古代社会生活物质文化中找不到它的位置[1]。本书中对古代服饰的命名，均取自同时代的古籍文献中与之对应的主流名称，尽量不依附于现代语境下的服饰名称，也尽量不会混淆不同朝代的名称。如现代泛称的"长袍"，在东汉称"襜褕"，南朝称"单衣"或"袍"；本书取正史舆服志中的主流名称"单衣"。现代泛称的"小冠"，东晋南朝称"平上帻"，隋唐称"平巾帻"；本书取东晋南朝的名称"平上帻"。现代泛称的"高冠"，在东晋南朝时称"武冠""武弁""笼冠"等，宋明称"笼巾"；本书取正史中东晋南朝官方称呼"武冠"。

第一、二章分别论述东晋南朝的祭服、朝服。狭义上的"衣冠制度"，就是指祭服与朝服之类的礼仪服饰，是在正式场合穿的符合个人身份、职别的服饰。中国古代的祭服、朝服体系与礼制紧密相关，是尊卑等差的体现。东晋南朝的礼仪服饰制度，多承袭东汉永平礼仪服饰制度。东汉、两晋南朝的礼仪服饰，在正史文献中有相对系统的记载。直接涉及东汉、东晋南朝礼仪服饰的古籍文献，主要有《独断》《续汉书·舆服志》《晋书·舆服志》《宋书·礼制》《南齐书·舆服志》《隋书·礼仪志》等。《独断》为东汉学者蔡邕所作，是非常可靠的东汉服饰资料来源。《续汉书·舆服志》为西晋史学家司马彪所作，司马彪为西晋皇族宗室成员，对东汉礼服体系认知应该也是可信的。《宋书》是沈约等于南齐时修撰，沈约生活在南朝宋、齐、梁三代，对刘宋礼服体系的陈述应当是准确的。《南齐书》成书于梁，主要编撰者萧子显为南齐皇族，《南齐书》中对南齐服章制度的记载真实可信。《隋书》是由魏徵主编，参与编修的颜师古、孔颖达、许敬宗等均是生活在隋唐的饱学之士；尤其是孔颖达，历经南北朝隋唐朝代更迭；所以《隋书》的编修水平与可信度是较高的。《隋书·礼仪志》中对南朝，尤其是梁、陈两代的服章制度均有比较详尽的记载，相关内容可以作为南朝服饰的重要参考标准。《晋书》成书于初唐，因唐距晋年代相对远，其记载的晋代服制在细节上存在部分疏漏。但唐《晋书》主要参考南齐臧荣绪《晋书》，结合唐之前诸家晋史而成[2]，其内容完备详尽，具有非常重要的史料价值。在考古发掘出土的东晋南朝陶俑、砖画等图像资料中，多见身份低微的侍从、武士形象；而这些人大多不具备穿祭服、朝服的资格。可以直接反映东晋南朝礼仪服饰的资料较少。由于东晋南朝文化发达，传世绘画也相对多。如传为东晋顾恺之所作的《女史箴图》《洛神赋图》《列女

---

[1] 孙机：《扬之水〈明代金银首饰序〉》，《奢华之色——宋元明金银器研究卷二：明代金银首饰》，中华书局，2011年，第3页。

[2] （清）赵翼著、王树民校证：《廿二史札记校证》，中华书局，1984年，第151页。

仁智图》等，虽然均为摹本，甚至有伪作的可能，但在一定程度上可以反映东晋南朝的服饰风尚。同时期的北方服饰图像资料较为丰富，随葬品（陶俑、器物图案）、墓葬装饰（如壁画、砖画等）、葬具画像（如棺撑、棺床）中有反映当时祭服、朝服的实例；因南北朝时期北方礼仪服饰效仿南方，结合正史文献对礼仪服饰具体式样的描述与上述图像资料做比对分析，可考据东晋南朝服饰的部分特征，这可以在一定程度上弥补东晋南朝图像资料的不足。第一章、第二章内容以上述古籍文献中记载的祭服、朝服为纲要，结合考古发掘的图像资料与传世图像资料进行系统地考辨与论述。尽管如此，南朝礼仪服饰图像缺乏是不可避免的，本书中借用了较多的北朝图像来论证南朝礼仪服饰仅差强人意，期待今后的考古发掘工作中，能发现更多的南朝资料。

　　第三章论述东晋南朝的日常服饰。在考古发掘出土的图像资料中，反映身份低微的侍从、仆役形象的资料较多；他们所穿的衣物多属于日常服饰一类。相对礼仪服饰而言，东晋南朝日常服饰图像资料较为丰富。两晋南北朝时期南方墓葬中，存在一定量的东晋、南朝陶俑、砖画等服饰资料，以南京及周边的资料最为丰富。除此之外，南朝佛教供养人像，也是南朝服饰图像资料的重要来源。虽然留存到现在的南朝佛教供养人像与北方相比较少，但南朝作为中国另一个佛教中心，也有一些佛教造像遗存，其中不乏供养人像，主要见于成都地区出土的单体佛教造像背面浮雕。东晋南朝的日常服饰在正史文献仅可以找到零碎的片段，没有用专门的篇幅详细叙述，在同时期的小说笔记、诗词歌赋等文献中有相关的只言片语。如《搜神记》《搜神后记》《昭明文选》《玉台新咏》等，类书《太平御览》《艺文类聚》等也涉及东晋南朝服饰资料。以上古籍文献资料虽难以准确反映东晋日常服饰全貌，但这些与东晋南朝日常服饰相关的"只言片语"，是对考古发掘资料中所反映的服饰的界定与命名的重要依据。缘此，第三章内容主要立足于考古发掘的陶俑、砖画、壁画等图像资料，结合古籍文献中的相关记载，力求尽可能准确地反映东晋南朝日常服饰的面貌。

　　第四章在上述论述的基础上，讨论东晋南朝服饰的历史地位。在纵向上，追溯东晋南朝服饰的根源；通过《独断》《续汉书·舆服志》《晋书·舆服志》《宋书·礼制》《南齐书·舆服志》《隋书·礼仪志》对东汉、两晋南朝礼仪服饰制度的记载，分析其中的共同点与差异，结合东汉、三国、西晋与东晋南朝相关图像资料的对比分析，总结东晋对汉魏祭服、朝服等衣冠制度的继承与发展。在横向上，探讨东晋南朝时南北服饰交流；通过分析考古资料中东晋十六国时期、南北朝时期中国南北服饰的异同，总结东晋南朝服饰对同时期北方服饰的影响，以及与北方文化交流中产生的变化。最后以反映东晋南朝服饰的正史文献资料，与《隋书·礼仪志》《旧唐书·舆服志》《新唐书·车服志》《宋史·舆服志》《明史·舆服志》等正史文献中对隋唐宋明服饰的记载进行对比研究，并结合相关图像资料，总结东晋南朝服饰对后世礼仪服饰体系的影响。

　　需要特别做出说明的是，本书并未涉及军戎服饰。因刘永华已于 1995 年出版《中国古代军戎服饰》[1] 一书，作者参考了大量的古籍文献与出土陶俑、壁画等相关考古资料，对中国古代军戎服饰做了系统的论述，同时绘制了大量的中国古代军戎服饰的复原图，对东晋南朝的军戎服饰也进行了详细而全面的探究，并复原了当时将领兵卒的具体形象，故在本书中不再赘述。因笔者的能力与精力的限制，本书未能详尽论述东晋南朝服饰的服色、内衣的式样、服饰形制细节及剪裁等问题，也未能讨论东晋南朝的丧服、婚服等礼仪服饰，期望能在以后的工作中再做深入的研究。

---

[1]　刘永华：《中国古代军戎服饰》，上海古籍出版社，1995 年。

第一章　东晋南朝祭服

　　中国古代的祭服，用作郊祀天地、明堂、宗庙、释奠先圣等场合。历代正史中"舆服志"或"礼志"对其有系统详尽的记载。《周礼》中记载的六冕制度与命妇六服，是后世制定帝王、公侯、卿大夫、命妇祭服体系的参照标准。《周礼》中记载的礼仪服饰，不一定可以完全真实地反映周代的祭服，但在一定程度上代表了春秋战国时期的衣冠制度典范。事实上，中国古代的祭服制度不是从周代沿袭发展而来。秦始皇统一六国后，在服章制度上未遵从周制，天子大臣均以袀玄为祭服，至西汉这种情况并未得到改变[1]。王莽篡汉后崇尚古制，礼服制度逐渐恢复[2]。汉明帝于永平年间参照《周礼》，制定相对完整和系统的衣冠制度[3]。取古礼规范又有所变化的东汉永平衣冠制度，才是中国从东汉至明代的祭服体系之始，对魏晋南北朝服章制度有直接的影响。要探究东晋南朝祭服，必定要先讨论东汉的祭服制度，方能厘清东晋南朝祭服体系的渊源和发展方向。

第一节　东晋南朝帝王公卿祭服

　　东晋南朝最重要的男性祭服为冕服。冕服最早见于《周礼》，它是儒家体系下最正统、最隆重祭服，在中国历史上影响力最大、沿袭时间最久，传承千年，终于清代。东晋南朝的冕服，源于东汉永平冕服制度。后者虽参考《周礼》却未完全遵从，而是

---

[1]　《续汉书·舆服志》："秦以战国即天子位，灭去礼学，郊祀之服皆以袀玄。汉承秦故。……显宗遂就大业，初服冕旒，衣裳文章，赤舄绚履，以祠天地，养三老五更于三雍，于时致治平矣。"——（晋）司马彪撰，（梁）刘昭注补：《后汉书（志）》第十二册，中华书局，1965年，第3662页。《后汉书》本无志，南朝梁刘昭为《后汉书》作注时，把晋人司马彪所著《续汉书》八志补入范晔《后汉书》，一并作注。即本书中所见《续汉书·舆服志》。

[2]　《汉书》卷九十九中《王莽传》："（王莽）置大司马司允，大司徒司直，大司空司若，位皆孤卿……车服黻冕，各有差品。"——（汉）班固：《汉书》第十二册，中华书局，1962年，第4103页。

[3]　《独断》："至孝明帝永平二年，诏有司采《尚书·皋陶篇》及《周官》《礼记》定而制焉。皆广七寸，长尺二寸，前圆后方，朱绿里而玄上，前垂四寸，后垂三寸。系白玉珠于其端，是为十二旒，组缨如其绶之色。三公及诸侯之祠者，朱绿九旒青玉珠，卿大夫七旒黑玉珠，皆有前无后，组缨各视其绶之色，旁垂黈纩当耳。郊天地祠宗庙祀明堂，则冠之，衣纁衣佩玉佩履绚履。"——（汉）蔡邕：《独断》，中华书局，1985年，第26、27页。

根据政治的需要有所损益，把《周礼》中的大裘冕、衮冕、鷩冕、毳冕、希冕、玄冕六冕同制，仅保留衮冕。东汉皇帝冕服为衮冕，太子、王侯、公卿按照等级服章数递减。东晋南朝的冕服制定，多沿袭东汉永平冕服制度，仅保留衮冕。刘宋孝武帝于泰始四年修订的五冕，以及梁武帝恢复的大裘冕都不是东晋南朝冕服制度发展的主流。对此阎步克先生在其《宗经、复古与尊君、实用——中古〈周礼〉六冕制度的兴衰变异》系列文章中有详尽讨论[1]，不赘述。因此，本书中所说的东汉至南北朝的冕服，一般泛指衮冕。

本书中所指的帝王，是指皇帝、太子，诸王的统称，公卿则泛指有穿戴冕服资格的公侯与卿大夫。东汉永平后，衮冕是帝王公卿在郊祀天地明堂等场合所穿的祭服[2]。两晋承袭汉魏，东晋衮冕除了用作帝王公卿郊祀天地明堂宗庙的祭服之外，元旦朝会时在殿前接见群臣场合皇帝也穿戴衮冕[3]。刘宋初期（刘宋孝武帝于大明三年之前）、南朝齐、梁、陈三代冕服穿戴场合与东晋相同[4]。因此，若要探究东晋南朝冕服，必先讨论东汉冕服制度。中国古代男性服饰，基本构成为首服、身衣、足服。首服就是头上戴的冠帽之类，身衣顾名思义就是身上所穿衣物，足服就是脚上所穿鞋履袜之类。除此之外，还有带绶等佩饰。根据正史文献记载，东晋南朝冕服主要由首服冕冠，身衣"皂衣绛裳"、中衣、绛裤、韨，足服绛袜、赤舄，佩饰素带、绶、佩剑等组成，下文将以此为序逐一论之。

一 首服

东晋南朝帝王公卿冕服的首服为冕冠，承袭东汉。《独断》记载天子之冕："（冕）皆广七寸，长尺二寸，前圆后方，朱绿里而玄上，前垂四寸，后垂三寸，系白玉珠

---

[1] 阎步克：《宗经、复古与尊君、实用（上）——中古〈周礼〉六冕制度的兴衰变异》，《北京大学学报（哲学社会科学版）》2005年第6期。阎步克：《宗经、复古与尊君、实用（中）——中古〈周礼〉六冕制度的兴衰变异》，《北京大学学报（哲学社会科学版）》2006年第1期。

[2] 《独断》："……（天子、三公、诸侯、卿大夫）郊天地、祠宗庙、祀明堂、则冠之（冕冠），衣纁衣、佩玉佩、履絇履。"——（汉）蔡邕：《独断》，中华书局，1985年，第26、27页。

[3] 《晋书·舆服志》："天子郊祀天地明堂宗庙，元会临轩，黑介帻，通天冠，平冕。""平冕，王公、卿助祭于郊庙服之。""其（皇太子）侍祀则平冕九旒。"——（唐）房玄龄等：《晋书》第三册，中华书局，1974年，第765、766、773页。

[4] 《宋书·礼志》："天子礼郊庙，则黑介帻，平冕……其临轩亦衮冕也。""上公、卿助祭于郊庙，皆平冕。"——（梁）沈约：《宋书》第二册，中华书局，1974年，第502、503页。《南齐书·舆服志》："（皇帝冕服）郊庙临朝所服也。"——（梁）萧子显：《南齐书》第一册，中华书局，1972年，第340页。《隋书·礼仪志》："梁制，乘舆郊天、祀地、礼明堂、祠宗庙、元会临轩，则黑介帻，通天冠平冕。""其（太子）侍祀则平冕九旒……"——（唐）魏征等：《隋书》第一册，中华书局，1973年，第215、219页。《隋书·礼仪志》："（陈）所定乘舆御服，皆采梁之旧制。""至天嘉初，悉改易之，定令具依天监旧事，然亦往往改革。今不同者，皆随事于注之。不言者，盖无所改制云。"——（唐）魏征等：《隋书》第一册，中华书局，1973年，第218页，因文中对于冕服制度的记载，没有做出特别的说明，故依照《隋书·礼仪志》所言判断，梁陈两代冕服制度相同。

于其端，是为十二旒，组缨如其绶之色。"又载"三公及诸侯之祠者，朱绿九旒青玉珠，卿大夫七旒，黑玉珠，皆有前无后。组缨各视其绶之色，旁垂黈纩当耳。"[1]《续汉书·舆服志》中关于天子之冕的记载，与上述文字类似："冕皆广七寸，长尺二寸，前圆后方，朱绿里玄上，前垂四寸，后垂三寸，係白玉柱为十二旒，以其绶采色为组缨，旁垂黈纩。"又言"三公诸侯七旒，青玉为珠；卿大夫五旒，黑玉为珠。皆有前无后，各以其绶采色为组缨，旁垂黈纩。"[2]《独断》与《续汉书》不一致之处，应以东汉文献《独断》为准。《晋书·舆服志》载天子之冕："冕，皂表，朱绿里，广七寸，长二尺二寸，加于通天冠上，前圆后方，垂白玉珠，十有二旒，以朱组为缨，无緌。"又言："平冕，王公、卿助祭于郊庙服之。王公八旒，卿七旒。"[3]"其（皇太子）侍祀则平冕九旒。"[4]《宋书·礼志》："天子礼郊庙，则黑介帻，平冕，今所谓平天冠也。皂表朱绿里，广七寸，长尺二寸，垂珠十二旒。以朱组为缨。"[5]"上公、卿助祭于郊庙，皆平冕，王公八旒，卿七旒，以组为缨，色如其绶。"[6]《南齐书·舆服志》载天子之冕："平冕黑介帻，今谓之平天冠。皂表朱缘里，广七寸，长尺二寸，垂珠十二旒，以朱组为缨，如其绶色。"[7]又云"平冕，各以组为缨，王公八旒，衣山、龙九章，卿七旒。"[8]《隋书·礼仪志》载梁天子之冕冠："黑介帻通天冠平冕，俗所谓之平天冠者也。其制，玄表，朱绿里，广七寸，长尺二寸，加于通天冠上。前垂四寸，后垂三寸，前圆而后方。垂白玉珠，十有二旒，其长齐肩。以组为缨，各如其绶色，傍垂黈纩，珫珠以玉瑱。"[9]又云"其（皇太子）侍祀则平冕九旒""（陈）所定乘舆御服，皆采梁之旧制"。[10]

从以上记载中可以梳理出以下信息。第一，平冕是东晋南朝帝王公卿冕冠的重要部分，形状、尺寸多一致。第二，东晋南朝皇帝、太子、王公、卿平冕之冕旒、冕缨不同，也是区别冕冠等级的标志。第三，东晋南朝时平冕不能直接佩戴，而是加在承冕之冠上。平冕即冕冠顶部的近长方形的冕板，东汉至南北朝的图像资料中均有体现（如图1-1）。在本章中，先讨论平冕，再讨论承冕之冠。

平冕依照尺寸、形状、色彩、冕饰之序论述。

[1] （汉）蔡邕：《独断》，中华书局，1985年，第26、27页。

[2] （晋）司马彪撰、（梁）刘昭注补：《后汉书（志）》第十二册，中华书局，1965年，第3664页。

[3] （唐）房玄龄等：《晋书》第三册，中华书局，1974年，第766页。

[4] （唐）房玄龄等：《晋书》第三册，中华书局，1974年，第773页。

[5] （梁）沈约：《宋书》第二册，中华书局，1974年，第502页。

[6] （梁）沈约：《宋书》第二册，中华书局，1974年，第503页。

[7] （梁）萧子显：《南齐书》第一册，中华书局，1972年，第340页。

[8] （梁）萧子显：《南齐书》第一册，中华书局，1972年，第341页。

[9] （唐）魏徵等：《隋书》第一册，中华书局，1973年，第215页。

[10] （唐）魏徵等：《隋书》第一册，中华书局，1973年，第218、219页。

图1-1　汉六朝冕服

1.山东沂南画像石墓帝尧像（东汉）　2.山东嘉祥武梁祠画像石帝尧像（东汉）　3、4.山西大同司马金龙墓屏风漆画冕服帝王像（失题，疑为汉成帝）、"班姬辞辇"部分汉成帝像（北魏）　5.传顾恺之《女史箴图》楚庄王像（宋摹）

（一）平冕尺寸

关于平冕的尺寸，《独断》《续汉书》均载东汉平冕"广七寸，长尺二寸"；《宋书》《南齐书》《隋书》亦载南朝冕板尺寸为"广七寸，长尺二寸"。而《晋书》载两晋平冕"广七寸，长二尺二寸"；比东汉，南朝长了一尺。据《晋书·舆服志》，汉明帝重定冕服制度"及晋受命，遵而无改"[1]；而《宋书·礼志》记载冕服制度，"晋以来无

---

[1]　《晋书·舆服志》："（汉）明帝乃始采《周官》《礼记》《尚书》及诸儒记说，还备衮冕之服……及晋受命，遵而无改。"——（唐）房玄龄等：《晋书》第三册，中华书局，1974年，第765页。

改更也。"[1]《南齐书·舆服志》又载礼制的沿革,"见《汉志》《晋服制令》"[2]。从中可知两晋的冕服很大程度沿用东汉制度,又为宋齐所继承。依照此说,东汉、两晋、宋齐的平冕尺寸应是一致的,同为唐人编撰的《通典》也证明了这一点。《通典·礼典》中沿革部分详述从周至唐的冕制,对改革前制的部分会特别指出。其中记载魏承袭东汉制度,继而"晋因之",并明确东晋平冕尺寸为"广七寸,长一尺二寸",又"宋因之""齐因之""梁因之""陈因之"[3]。由此可见,《晋书》中"二尺二寸"应是"一尺二寸"之误。而东晋南朝的平冕尺寸应为"广七寸,长尺二寸"。周、东汉、西晋、东晋、刘宋、萧梁一尺分别当于今公制23.1、23.4、24.2、24.5、24.6、24.7厘米[4],有渐大的趋势,但以此为据计算出的平冕尺寸,整体的尺度依旧近似。

(二)平冕形状

关于平冕的形状,《独断》《续汉书·舆服志》《晋书·舆服志》《隋书·礼仪志》均记载其"前圆后方";《宋书》《南齐书》则未提及。前文已述,宋齐冕服制度多袭晋制。《通典·沿革》中则载东晋平冕"前圆后方",宋齐梁陈"因之"。因此,刘宋、萧齐的平冕应也是"前圆后方"的制度。然而检视从东汉至南北朝的冕冠图像,所有平冕均呈现"前后皆方"的形状(图1-1,1~4)。需要特别指出的是,传顾恺之《女史箴图》宋摹本,卷首"樊姬感庄"部分楚庄王所戴冕冠无旒,其所服应属于"大裘冕"[5]。楚庄王所戴平冕具备"前圆后方"的特征(图1-1,5)。传顾恺之《女史箴图》有唐、宋两个摹本,两者所绘内容与风格相差无几,应源于时属东晋的同一母本,这已是学界的共识。而宋摹《女史箴图》比唐摹本多出三段,其中就包含"樊姬感庄"部分。有学者认为此三段可能是宋人补绘[6],本书亦认同该观点。原因有二:其一,"卫女矫桓"部分磬、钟的式样、规格以及乐人穿扮均与宋马和之《孝经图》中一致;其二,虽画师极力模仿前九段风格,但乐人所戴武冠却与宋式笼巾类似,呈方顶方耳,不同于东晋的圆顶圆耳。楚庄王服饰则与前九段中男性有较大区别,其平冕尺度符合"广七寸,长尺二寸",身衣符合东晋贵族服饰风格,尤其是绶带属典型的汉晋式样,可见宋人在补绘时并非完全凭自己想象,很可能参考了当时尚存的东晋人物

---

[1] 《宋书·礼志》:"(冕服制度)晋以来无改更也。"——(梁)沈约:《宋书》第二册,中华书局,1974年,第502页。《宋书·礼志》始作于南齐,成于南梁,"晋以来"至少包含晋、南朝宋、齐。

[2] (梁)萧子显:《南齐书》第一册,中华书局,1972年,第340页。

[3] (唐)杜佑撰,王文锦等点校:《通典》,中华书局,1988年,第1602、1603页。

[4] 邱隆:《中国历代度量衡单位量值表及说明》,《中国计量》2006年第10期。

[5] 《周礼》郑玄注:"大裘之冕盖无旒","衮衣之冕十二旒……鷩衣之冕繂九旒……毳衣之冕七旒……希衣之冕五旒……玄衣之冕三旒……"——(汉)郑玄注:《周礼郑氏注》,中华书局,1985年,第211页。

[6] 余辉:《宋本〈女史箴图〉卷探考》,《故宫博物院院刊》2002年第1期。

图稿或摹本。总之，宋摹《女史箴图》中楚庄王像不能作为直接的东晋图像资料使用，但可以作为东晋冕服式样的佐证。《隋书·礼仪志》亦载隋代冕板"前圆后方"[1]，然而历经隋唐两代的官员阎立本所绘《历代帝王图》中隋文帝之冕依旧是方冕。迄今发现最早的"前圆后方"之冕冠图像见于莫高窟一〇三窟盛唐壁画《帝王听法》中，其中帝王所戴冕前端呈弧度明显的半圆形（图1-2，1）。宋人绘画中"前圆后方"之冕更多，如马麟所绘《夏禹王像》，平冕前端弧度更大（图1-2，2），上文所提《女史箴图》中楚庄王所戴的"前圆后方"冕冠亦出自宋人之手。而最早的"前圆后方"的冕冠实物时属明代，一为明鲁荒王墓冕冠[2]，一为定陵冕冠[3]。二者外观大体上依旧显得"前后皆方"，但细观便可见冕板前端有较小弧度（图1-2，3）。《明史·舆服志》中也记载当时平冕为"前圆后方"[4]，由此可见，平冕"前圆后方"是相对的。那么东汉至南北朝平冕"前圆后方"式样，也可能与明代平冕类似。至于图像资料中呈现的"前后皆方"的状态，可能是微小的弧度难以展示，易与方形混淆所致。

  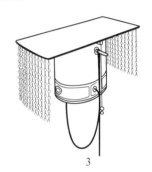

图1-2　唐至明"前圆后方"冕冠

1.莫高窟一〇三窟壁画《帝王听法》中的冕服帝王（唐）　2.马麟《夏禹王像》冕冠（宋）　3.定陵明神宗朱翊钧冕冠实物（明）

（三）平冕色彩

关于平冕色彩，《后汉书》《独断》载"朱绿里玄上"；《晋书》《宋书》载"皂表朱绿里"；《隋书》载梁陈平冕"玄表，朱绿里。"《南齐书·舆服志》载："皂表朱缘里。"据前文所述，东晋南朝均沿袭东汉永平制度。《通典·沿革》中亦载东汉平冕"朱绿里，玄上"，魏晋因之；东晋平冕"皂表，朱绿里"，宋齐梁陈"因之"[5]。文献中的"表""里"是指什么？《通典》中载唐代皇帝冕冠"玄表𫄸里"；《宋史》中载宋

---

[1]　（唐）魏微等：《隋书》第一册，中华书局，1973年，第262页。

[2]　山东博物馆、山东省文物考古研究所：《鲁荒王墓》，文物出版社，2014年，图版六十七、六十八。

[3]　中国社会科学院考古研究所、定陵博物馆、北京市文物工作队：《定陵（上）》，文物出版社，1990年，第204页。

[4]　（清）张廷玉等：《明史》第六册，中华书局，1974年，第1615页。

[5]　（唐）杜佑撰，王文锦等点校：《通典》，中华书局，1988年，第1602页。

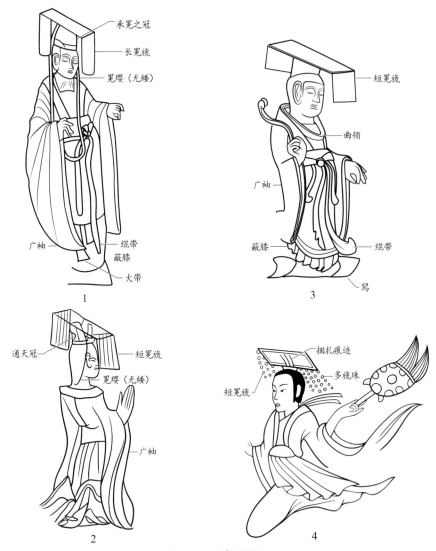

图1-3 北朝冕服

1.洛阳龙门石窟宾阳洞《帝后礼佛图》浮雕孝文帝像（北魏）　2.洛阳龙门石窟莲花洞《佛传故事》浮雕礼佛帝王像（北魏）　3.河南巩县石窟第一窟《礼佛图》浮雕帝王像（北魏）　4.吉林集安五盔坟五号墓壁画仙人像（北朝晚期）

代皇帝冕冠"玄表朱里"；《明史·舆服志》《大明会典》载"玄表缥里""玄表朱里"。"玄"与"皂"均为黑色；"缥"与"朱"均属红色。目前尚未发现东汉至宋代的冕冠实物。而定陵所出的冕冠平冕上表面装裱黑素缎，下表面为红素缎[1]，与文献记载"玄表朱（缥）里"互证，由此可见，"表"即为平冕上表面；"里"则为平冕下表面。再看"朱绿里"与"朱缘里"，"绿"古体为"綠"，"缘"古体为"緣"，二字近似，

---

[1] 中国社会科学院考古研究所、定陵博物馆、北京市文物工作队：《定陵（上）》，文物出版社，1990年，第204页。

其一应为误字。《释名》为东汉刘熙所撰，其曰冕色"玄上缥下"[1]。《独断》成书时间与《释名》相近，却曰冕色"朱绿里玄上"。定陵平冕周圈侧边亦裱有红素缎，恰为"朱（红）缘"，很可能即为"朱绿里"所指。若将《独断》所载"绿"更替为"缘"，"朱缘里玄上"与"玄上缥下"便不矛盾。此处"绿"作"缘"更为合理。东晋南朝因袭汉制，冕色亦应作"皂（玄）表朱缘里"。韩国学者崔圭顺也证明了这一点[2]，加上历代舆服制度有一定的保守性，凡新朝初立，掌权者重修舆服时必查考先典，因循古制。唐、宋、明文献中所载当世之冕均为"玄表朱（缥）里"，未再提及"朱绿里"，进一步证明了前代冕制无"朱绿里"，"绿"应为"缘"之误。

（四）平冕饰物

平冕饰物包括冕旒、冕缨与黈纩。冕旒是平冕前后下垂的饰物。冕缨为系冕之带，又称组缨，其傍垂黈纩，《说文》："缨，冠系也。"[3]冕旒、黈纩则是"闭明塞聪"的象征，《淮南子》："故古之王者，冕而前旒，所以蔽明也；黈纩塞耳，所以掩聪。"[4]《大戴礼》：故古者冕而前旒，所以蔽明也；统纩塞耳，所以弇聪也。"[5]《孔子家语》："古者圣主冕而前旒，所以蔽明也；纩纮充耳，所以揜聪也。"[6]

1. 冕旒

先谈旒长。《独断》《后汉书·舆服志》中记载冕旒"前垂四寸，后垂三寸"，即前旒约9厘米，后旒约7厘米。《晋书·舆服志》《宋书·礼志》《南齐书·舆服志》中均涉旒长。《隋书·礼仪志》中记载梁、陈冕旒"前垂四寸，后垂三寸"，又说"其长齐肩"，这段文字令人费解。因为按照9厘米与7厘米左右的尺寸，长度是不可能达到"齐肩"的程度的。《通典·礼典》亦载自永平初，东汉冕旒"前垂四寸，后垂三寸"，而晋、宋、齐"因之"，又特别提出，梁冕旒"前垂四寸，后垂三寸"，且"其长齐肩"，陈因梁制[7]。再看图像资料，山东沂南汉画像石上尧舜均戴冕冠[8]，其冕旒较短，大致符合"前垂四寸，后垂三寸"的尺度（图1-1，1）；山东嘉祥武梁祠汉画像石帝尧亦戴冕冠[9]，虽细节不彰，但可辨认出短冕旒（图1-1，2）。以上两图例时

---

[1]（汉）刘熙：《释名》，中华书局，1985年，第71页。

[2]〔韩〕崔圭顺：《中国历代帝王冕服研究》，东华大学出版社，2007年，第170页。

[3]（汉）许慎：《说文解字》，中华书局，1963年，第274页。

[4]（汉）刘安：《淮南子》，上海古籍出版社，1989年，第85页。

[5]（汉）戴德撰，卢辨注：《大戴礼记》，中华书局，1985年，第130页。

[6]（三国）王肃注：《孔子家语》，上海古籍出版社，1990年，第58页。

[7]（唐）杜佑撰、王文锦等点校：《通典》，中华书局，1988年，第1602页。

[8] 南京博物院、山东省文物管理处：《沂南古画像石墓发掘报告》，文化部文物管理局，1956年，第122页。

[9] 朱锡禄：《武氏祠汉画像石》，山东美术出版社，1986年，第3、103页。

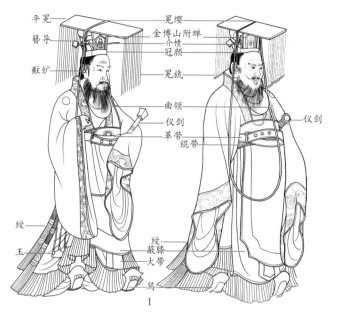
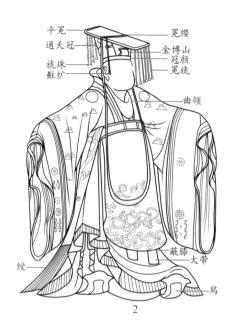

图1-4　隋唐冕服帝王图

1.传阎立本《历代帝王图》（唐）隋文帝像（左）、魏文帝像（右）　2.莫高窟二二〇窟初唐壁画《帝王礼佛图》帝王像（唐）

代均为东汉[1]，文献与考古资料可互证。而山西大同北魏司马金龙墓漆画屏风[2]冕服帝王（图1-1，3），"班姬辞辇"部分汉成帝（图1-1，4），二人所戴冕冠较短，均不齐肩，司马金龙墓屏风漆画人物应是可以反映东晋服饰特征[3]。由此可见，汉晋冕旒尺寸应是"前垂四寸，后垂三寸"。迄今未见南朝冕冠图像，难以确定冕旒尺度。唐阎立本《历代帝王图》（图1-4，1）、莫高窟二二〇窟初唐壁画中帝王像（图1-4，2）均冕旒齐肩，这说明冕旒的确由短变长。

　　冕旒尺度从何时开始改变？虽未见南朝冕冠图像，同时期北朝资料亦有参考价值。自晋室南渡以来，中原礼仪缺失，北魏孝文帝为与南方争取文化上的正统，在太和年

---

[1]　南京博物院、山东省文物管理处：《沂南古画像石墓发掘报告》，文化部文物管理局，1956年，第67页。

[2]　山西省大同市博物馆、山西省文物工作委员会：《山西大同石家寨司马金龙墓》，《文物》1973年第3期。

[3]　司马金龙是东晋流亡北魏的皇族司马楚之次子，据南京大学古文物系贺云翱教授口述，司马金龙墓出土的漆画屏风应是东晋之物，为司马楚之降魏后带到北方，后成为司马金龙的随葬品，该判断应无误。根据《魏书》记载，司马氏系东晋皇族，司马金龙死于太和八年（484年）。其时为北魏孝文帝迁都洛阳之前，还不是北魏汉化改革的最高峰，汉人衣冠尚未在文武百官之中普及。具体详见（北齐）魏收：《魏书》第一册，中华书局，1974年，第175、179页。司马金龙墓随葬陶俑均是鲜卑装束，仅漆画屏风上的人物是汉装打扮，其衣着风格与唐摹本顾恺之《女史箴图》《列女仁智图》相似。抬舆者的装束与南京象山七号墓男俑一致，推测漆画屏风非北朝之物，其完成年代可能在东晋晚期，亦有可能参考了东晋的绘画作品。缘此，在本书中，作者将司马金龙墓屏风漆画当作东晋资料使用。

间（477～499 年）始定衣冠[1]。山东儒生蒋少游与投奔北魏的南朝皇族刘昶等为主要负责人，刘昶大致记得刘宋衣冠旧式；二人意见不一，常常争论，耗时六年衣冠制度始成[2]。刘昶是武将出身，蒋少游则作为刘宋"平齐户"被掳至平城，对正统的汉晋衣冠未有深入研究。刘昶、蒋少游所制定设计的衣冠制度，应很大程度模仿了刘宋制度。而从南北朝考古资料看，洛阳一带发现的北魏汉式衣冠图像，式样与刘宋晚期后的服饰式样十分接近。河南洛阳龙门石窟宾阳洞，始建于北魏宣武帝景明元年（500 年）[3]，其中《帝后礼佛图》浮雕人物服饰风格与刘宋晚期接近，孝文帝冕旒几乎及肩（图1-3，1）。因此，冕旒尺度的改变可能发生在刘宋。鉴于古代舆服制度的重要性与保守性，重大的冕制改革事件必载入史册。《宋书·礼志》《南齐书·舆服志》中均载刘宋泰始四年（468 年），宋明帝重修六服，新定五冕[4]，冕旒尺度的改变可能在此时发生。

　　自孝文帝汉化改革以来，南北朝"正朔"之争未停止。南朝也在规范衣冠服制以应对北魏的文化竞争，南齐建国后摒弃宋明帝制定的有悖于汉晋制度的五冕六服，"车服之仪，率遵汉制"，"衮冕之服，诸祠咸用"[5]。为争取"正朔"，孝明帝于熙平二年（517 年）重新制定衣冠制度以纠正太和年间的不合礼制之处。萧梁统治者同样重视衣冠制度，梁武帝萧衍对衣冠制度颇有研究。总的来说，北朝在文化上落后于南朝，连北齐高欢都说萧衍"专事衣冠礼乐，中原士大夫望之，以为正朔所在"[6]。文化正统的争夺，致使南北方的礼服样式趋同。南北朝中晚期的考古资料中的礼仪服饰，式样几乎没有差别，如美国纳尔逊博物馆藏北魏孝子石棺上的戴武冠的侍从像[7]，与丹阳金王陈村南朝大墓[8]与丹阳胡桥南朝大墓[9]砖画上的戴武冠仪卫像服装完全一致（图2-19，1、2）。冕服是彰

[1]　《魏书·礼制》："高祖太和中，始考旧典，以制冠服，百僚六宫，各有差次。"——（北齐）魏收：《魏书》第八册，中华书局，1974 年，第2817页。

[2]　《魏书·刘昶传》："……于时改革朝仪，诏昶与蒋少游专主其事。昶条上旧式，略不遗忘。"——（北齐）魏收：《魏书》第四册，中华书局，1974 年，第1309页。《魏书·蒋少游传》："……议定衣冠于禁中，少游巧思，令主其事，亦访于刘昶，二意相乖，时致诤竞，积六载乃成，始班赐百官。"——（北齐）魏收：《魏书》第六册，中华书局，1974 年，第1971页。

[3]　宫大中：《北魏汉化新窟——宾阳洞》，《河南文博通讯》1978 年第4期。

[4]　《宋书·礼志》："泰始四年八月甲寅，（宋明帝）诏曰：'车服之饰，象数是遵。故盛皇留范，列圣垂制。朕近改定五路，酌古代今，修成六服，沿时变礼……朕以大冕纯玉缫，玄衣黄裳，乘玉辂，郊祀天，宗祀明堂。又以法冕五彩缫，玄衣绛裳，乘金辂，祀太庙，元正大会诸侯。又以饰冠冕四彩缫，紫衣红裳，乘象辂，小会宴飨，饯送诸侯，临轩会王公。又以绣冕三彩缫，朱衣裳，乘革辂，征伐不宾，讲武校猎。又以宏冕二彩缫，青衣裳，乘木辂，耕稼，飨国子。又以通天冠，硃纱袍，为听政之服。'"——（梁）沈约：《宋书》第二册，中华书局，1974 年，第525页。《南齐书·舆服志》："宋明帝泰始四年，更制五辂，议修五冕，朝会飨猎，各有所服，事见《宋注》"——（梁）萧子显：《南齐书》第一册，中华书局，1972 年，第340页。

[5]　（梁）萧子显：《南齐书》第一册，中华书局，1972 年，第125页。

[6]　（唐）李百药：《北齐书》第二册，中华书局，1972 年，第347页。

[7]　黄明兰：《北魏孝子棺线刻画》，人民美术出版社，1985 年，第3页。

[8]　南京博物院：《江苏丹阳县胡桥、建山两座南朝墓葬》，《文物》1980 年第2期。

[9]　南京博物院：《江苏丹阳胡桥南朝大墓及砖刻壁画》，《文物》1974 年第2期。

显"正朔"最重要的标志，南北朝统治者会更加重视，其式样同样会趋于统一。

那么为何说梁陈冕旒"前垂四寸，后垂三寸"，又"其长齐肩"？唯一的可能性是两种冕旒尺度并存。虽南朝冕冠资料无存，鉴于南北朝中晚期礼仪服饰趋同，北朝考古资料亦可参考。细查北朝冕冠图像（图1-3，1），的确存在长、短两种冕旒，长冕旒可见龙门石窟宾阳洞《帝后礼佛图》浮雕孝文帝像；短冕旒可见同莲花洞《佛传故事》浮雕中礼佛帝王图（图1-3，2），其建造时代为北魏孝昌三年（527年）前后[1]。河南巩县石窟第一窟，完成于北魏正光四年（523年）[2]，《礼佛图》浮雕帝王所戴平冕亦是短冕旒，尺度符合"前垂四寸，后垂三寸"（图1-3，3）。鉴于此，可推测宋明帝新定五冕后，南朝冕冠亦可能存在长、短两种冕旒。尽管如此，宋明帝对冕服的改革，并未能影响南朝冕服发展的主流。《南齐书·舆服志》所载南齐衣冠制度、《隋书·礼仪志》所载梁陈衣冠制度均与晋代类似，未提及宋明帝改制后的"六服五冕"。梁天监七年（508年），梁武帝萧衍亦有一次对冕冠的改革，恢复了大裘冕[3]，同样不属主流。《通典·礼典》中冕冠沿革部分对宋明帝、梁武帝的改革未有提及，也证明了这一点。

再谈旒数。正史文献记载东晋南朝皇帝冕旒均为"十二旒"，这是没有疑问的。至于皇子与公卿等冕旒数量，《晋书·舆服志》载皇太子九旒、王公八旒、卿七旒。《宋书·礼志》载王公八旒、卿七旒，泰始六年仪曹郎丘仲上奏，谓皇太子依礼在正冬朝贺应服"衮冕九旒"，被采纳[4]，说明刘宋太子冕服应是"衮冕九旒"。《南齐书·舆服志》亦载王公八旒、卿七旒，又云："旧相承三公以下冕七旒，青玉珠，卿大夫以下五旒，黑玉珠。永明六年，太常丞何谌之议，案《周礼》命数，改三公八旒，卿六旒……从之。"[5]阎步克先生认为"旧相承"的三公以下冕七旒，卿大夫以下五是曹魏之制[6]，或因王公八旒、卿七旒被史官认为是正统，故在《南齐书》中被刻意强调。《隋书·礼仪志》载梁陈皇太子"平冕九旒"[7]，"凡公及位从公、五等诸侯，助祭郊庙，皆平冕九旒"[8]。再看《通典·沿革》，其载东晋平冕"王公八旒、卿七旒"，宋齐梁陈

[1] 龙门保管所：《龙门石窟》，文物出版社，1960年，第4页。

[2] 河南省文化局文物工作队：《巩县石窟寺》，文物出版社，1963年，第19页。

[3] （唐）魏徵等：《隋书》第一册，中华书局，1973年，第216、217页。

[4] （梁）沈约：《宋书》第二册，中华书局，1974年，第525、526页。

[5] （梁）萧子显：《南齐书》第一册，中华书局，1972年，第340页。

[6] 阎步克先生的主要依据是《南齐书·舆服志》中记载："旧相承三公以下冕七旒，青玉珠，卿大夫以下冕五旒，黑玉珠。"与《续汉书·舆服志》中记载的东汉三公、卿大夫冕旒数、旒珠材质一致，而《独断》中记载东汉公卿冕旒数为"三公九""卿七"。《续汉书·舆服志》作者司马彪为晋人，《独断》作者蔡邕为东汉人，蔡邕所说应该是正确的，司马彪可能是将汉明帝与魏明帝混淆了，其记载的应该是经魏明帝改革的冠冕制度。详见阎步克：《宗经、复古与尊君、实用（上）——中古〈周礼〉六冕制度的兴衰变异》，《北京大学学报（哲学社会科学版）》2005年第6期。

[7] （唐）魏徵等：《隋书》第一册，中华书局，1973年，第219页。

[8] （唐）魏徵等：《隋书》第一册，中华书局，1973年，第220页。

"因之",但梁陈"五等诸侯助祭郊庙,皆平冕九旒"[1]。从《通典》看,宋齐梁陈王公、卿之平冕旒数大多继承东晋,但梁陈改革了五等诸侯冕旒数,这与正史文献中的并不矛盾。为何梁陈会将公侯平冕改至九旒?《隋书·礼仪志》载梁立朝之初,在继承前代的基础上亦参考《礼记》《周官》等,对冕服制度做了一些改革[2],《礼记》有云:"天子之冕朱绿藻十有二,诸侯九。"[3] 萧梁冕制改革应以此为据,而陈因梁制。除此之外,《独断》《续汉书》均载公侯、卿大夫平冕"有前无后"即仅平冕前端有旒。《隋书》载梁陈公侯平冕"有前无后"[4]。《通典》亦云东汉公侯、卿大夫平冕"有前无后",未有后世改制的记载[5]。东晋南朝冕制多袭汉制,公侯、卿大夫之冕应"有前无后"。通过以上资料,可以推测:东晋南朝皇帝平冕均十二旒,东晋、刘宋皇太子平冕九旒、王公八旒、卿七旒,南齐应沿袭宋制,皇太子平冕九旒,但立朝之初承袭曹魏"三公以下冕七旒,卿大夫以下五旒"之旧制,永明六年改制为三公八旒,卿六旒;梁陈皇太子平冕九旒,公侯九旒,卿七旒,公卿平冕"有前无后"。

最后谈旒珠。关于旒珠材质,《独断》《续汉书·舆服志》均载皇帝旒珠为"白玉珠",公侯"青玉珠",卿大夫"黑玉珠"。《晋书·舆服志》载皇帝旒珠"白玉珠"又言"及过江,服章多阙,而冕饰以翡翠珊瑚杂珠。侍中顾和奏:'旧礼,冕十二旒,用白玉珠。今美玉难得,不能备,可用白璇珠。'从之。"[6]《南齐书·舆服志》:"汉世冕用白玉珠为旒。魏明帝好妇人之饰,改以珊瑚珠。晋初仍旧,后乃改。江左以美玉难得,遂用蚌珠,世谓之白璇珠。"三公以下"青玉珠",卿大夫以下"黑玉珠"[7]。《隋书·礼仪志》载梁皇帝旒珠为"白玉珠",陈初为了节俭,皇帝旒珠改为白璇珠,直至天嘉初,"悉改易之,定令具依天监旧事",而公侯旒珠为"青玉珠"[8]。《通典·沿革》记载东汉皇帝、公侯、卿大夫旒珠分别为"白玉珠""青玉珠""黑玉珠",魏晋"因之",但魏明帝以珊瑚珠替代白玉珠,亦叙述了东晋初用翡翠珊瑚杂珠,后在顾和的提议下改为白璇珠的掌故,又云东晋皇帝冕冠"垂白玉珠"[9]。从以上记载可知汉六朝正统的皇帝旒珠为"白玉珠",而"翡翠珊瑚珠""白璇珠"等均非主流。东晋皇帝旒珠从最初的翡翠珊瑚杂珠变为白璇珠,最后应又改为"白玉珠",宋齐梁陈旒珠之制未有改变,陈初皇帝用"白璇珠",直至天嘉年间,复用"白玉珠"。东晋南朝因袭东

[1]（唐）杜佑撰、王文锦等点校:《通典》,中华书局,1988年,第1603页。

[2]（唐）魏徵等:《隋书》第一册,中华书局,1973年,第216～218页。

[3]（汉）郑玄注,（唐）孔颖达等正义,黄侃经文句读:《礼记正义》,上海古籍出版社,1990年,第454页。

[4]（唐）魏徵等:《隋书》第一册,中华书局,1973年,第220页。

[5]（唐）杜佑撰、王文锦点校:《通典》,中华书局,1988年,第1602页。

[6]（唐）房玄龄等:《晋书》第三册,中华书局,1974年,第766页。

[7]（梁）萧子显:《南齐书》第一册,中华书局,1972年,第340页。

[8]（唐）魏徵等:《隋书》第一册,中华书局,1973年,第218、220页。

[9]（唐）杜佑撰、王文锦点校:《通典》,中华书局,1988年,第1603页。

汉公侯"青玉珠"、卿大夫"黑玉珠"之制。

关于旒珠数量，《独断》载皇帝冕旒"系白玉珠于其端，是为十二旒。"据此，应是每旒垂一珠，而沂南东汉画像石至帝尧像之冕冠（图1-1，1）正是一旒垂一珠（下文简称单旒珠）。正史文献中对东晋南朝旒珠数量语焉不详。再看图像资料，司马金龙墓屏风漆画中二帝王像，乘辇的汉成帝所戴冕冠（图1-1，4），前旒简化成直线，而后旒由多个小旒珠与旒端大旒珠构成；失题帝王像之冕旒（图1-1，3）亦简化成粗直的黑线。集安五盔坟五号墓北朝壁画仙人像之冕旒（图1-3，4）亦由多个小旒珠组成（下文简称多旒珠）。再看与南北朝较近的初唐资料，莫高窟二二〇窟初唐壁画帝王冕旒为多旒珠，与司马金龙墓漆画屏风的汉成帝类似；《历代帝王图》中除北周武帝、隋文帝（图1-4，1左）冕冠无旒珠，以线绳为旒；其余冕服帝王像均为每旒垂一珠（图1-4，1右），前者应是年久脱色。单旒珠、多旒珠两种不同的式样应源于对古礼不同的理解。《礼记·礼器》："天子之冕，朱绿藻十有二旒，诸侯九，上大夫七……"[1]郑玄注，孔颖达疏曰："藻，谓杂采之丝绳以贯于玉，以玉饰藻，故云玉藻也。"[2]宋末元初陈澔注曰："朱绿藻者，以朱绿二色之丝为绳也。以此绳为贯玉而垂于冕以为旒。"[3]《周礼·夏官》："弁师，掌王之五冕，皆玄冕朱里延纽，五采缫十有二就，皆五采玉十有二，玉笄朱纮。诸侯之缫斿九就……"郑玄注曰："缫，杂文之名也，合五色丝为之绳，垂于延之前后各十二，所谓邃延也。就，成也。绳之每一匝而贯五彩玉，十二斿则十二玉也……此为衮衣之冕，十二斿，则用玉二百八十八。"[4]可见郑玄认为每旒十二珠，十二旒共二百八十八颗旒珠；孔颖达应倾向于以朱绿二色丝绳贯旒珠。司马金龙墓漆画屏风汉成帝像、集安五盔坟五号墓北朝壁画仙人像、莫高窟二二〇窟帝王像，其冕旒均为多旒珠，应依据郑玄之说。而《历代帝王图》中单旒珠冕旒似是朱红与墨绿双色细绳相间，因古画年久变色，朱色显著，绿色暗沉，应即"朱绿藻"。鉴于现有的资料，东晋南朝（同时期）短冕旒有多旒珠的案例，长冕旒则难以分辨旒珠。唯一可以确定的是，东晋南朝冕旒有多旒珠的式样，每旒可能十二珠。

2. 冕缨与黈纩

冕缨傍垂黈纩，《独断》："组缨各视其绶之色，旁垂黈纩当耳"；《续汉书·舆服志》："各以其绶采色为组缨，旁垂黈纩"。《晋书·舆服志》载皇帝"朱组为缨，无緌。"其余"以组为缨，色如其绶。"《宋书·礼志》载皇帝"以组为缨，如其绶色。"

[1] （汉）郑玄注，（唐）孔颖达等正义，黄侃经文句读：《礼记正义》，上海古籍出版社，1990年，第454页。

[2] （汉）郑玄注，（唐）孔颖达等正义，黄侃经文句读：《礼记正义》，上海古籍出版社，1990年，第541页。

[3] （宋）陈澔注：《礼记集说》，上海古籍出版社，1987年，第135页。

[4] （汉）郑玄注：《周礼郑氏注》，中华书局，1985年，第211页。

其余"以组为缨，色如其绶。"《南齐书·舆服志》曰："以朱组为缨。"其余"各以组为缨。"《隋书·礼仪志》载梁陈平冕："以组为缨，各如其绶色，傍垂黈纩，琭珠以玉瑱。"以上文献中均提及平冕之组缨，但《晋书》《宋书》《南齐书》中未提及黈纩。《通典·沿革》在叙述东汉冕制说帝王公卿"各以其色绶为组缨，旁垂黈纩。"下文又言魏晋因袭东汉，而东晋平冕"组为缨，色如绶也"，亦未说有黈纩，继而宋、齐"因之"，梁平冕则"以组为缨，色如其绶，旁垂黈纩"，陈"因之"[1]。从以上文献可以推测，东晋南朝冕冠均有组缨，东晋、宋齐平冕应无黈纩，而梁立朝之初进行了冕制改革，恢复组缨傍垂黈纩之制，继而被陈继承。

正史文献中均说帝王公卿之冕缨"以组为缨，色如其绶。"《说文》："组，绶属，其小者以为冕缨。"[2]绶是一种长织锦带，为东汉至南北朝帝王百官、命妇的重要佩饰，是区分品级、职别的重要标志，将在下文足服与佩饰部分详细探讨。组属绶一类，质地与绶相同，宽者作绶，细者为缨，因此冕缨又称组缨。帝王公卿的冕缨质地、色彩都与其绶相同，只是较绶细。而《晋书》中说皇帝冕缨"无緌"，《说文》云："緌，系冠缨也。"[3]《礼记·内则》孔颖达疏："结缨颔下以固冠，结之余者，散而下垂，谓之緌"。[4]将缨在下颔打结，下垂的部分即为緌。由此可知，东晋帝王公卿戴冕时不系緌。《通典·沿革》亦云东晋冕缨无緌，宋、齐、梁、陈因袭东晋冕制，未提及緌[5]。再看图像资料，龙门石窟宾阳洞《帝后礼佛图》（图1-3，1）、莲花洞《佛传故事》（图1-3，2）、阎立本《历代帝王图》（图1-4，1）等冕缨下垂不系，即无緌，这种制度应该是从晋代承袭而来。另一方面，冕缨为织锦带，质地较硬，不易打结，其色如绶，应具有区分品级的功能。可以推测，东晋南朝帝王公卿之冕缨无緌。

至于梁陈黈纩的式样，在文献与图像资料中均无直接线索。东晋南朝冕制承袭东汉永平制度，萧梁的冕制改革在渊源上亦离不开东汉衣冠，参《续汉书·舆服志》："（冕冠）旁垂黈纩"。吕忱注："黈，黄色也，黄绵为之。"如淳："黈音工苟反，谓以玉为瑱，用黈纩系之也。"颜师古曰："如说非也，黈，黄色也。纩，绵也。以黄绵为丸，用组系之于冕，垂耳两旁，示不外听，非玉瑱之系也。[6]如淳亦认为黈纩即使以黄丝绳悬玉瑱，颜师古帧认为是以丝绳悬黄绵丸。判断这两种说法哪一种更准确，需查考更多的资料。《汉书·东方朔传》："冕而前旒，所以蔽明；黈纩充耳，所以塞聪。"[7]

[1] （唐）杜佑撰、王文锦等点校：《通典》，中华书局，1988年，第1602、1603页。

[2] （汉）许慎：《说文解字》，中华书局，1963年，第274页。

[3] （汉）许慎：《说文解字》，中华书局，1963年，第277页。

[4] （汉）郑玄注、（唐）孔颖达等正义，黄侃经文句读：《礼记正义》，上海古籍出版社，1990年，第515页。

[5] （唐）杜佑撰、王文锦等点校：《通典》，中华书局，1988年，第1602、1603页。

[6] （晋）司马彪撰、（梁）刘昭注补：《后汉书（志）》第十二册，中华书局，1965年，第3664页。

[7] （汉）班固：《汉书》第十四册，中华书局，1962年，第2866页。

因黈纩有"充耳""塞耳"的象征意义，亦称"充耳"。《诗经·齐风》："充耳以素乎而，尚之以琼华乎而……充耳以青乎而，尚之以琼莹乎而……充耳以黄乎而，尚之以琼英乎而。"郑玄注："我视君子则以素为充耳，谓所以悬瑱者，或名为紞，织之，人君五色，臣则三色而已，此言素者，目所先见而云。"[1] 说明充耳为"悬瑱者"。《说文》："冕，大夫以上冠也。邃延、垂瑬、紞纩。"[2] 又云"紞，冕冠塞耳者"[3]；"纩，絮也"[4]，可见黈纩亦名紞纩，"紞""纩"二字，均从丝部，又《通典》引郑玄语："以紞悬瑱"[5]；《仪礼·士丧礼》："瑱，用白纩。"[6] 可见"紞"与"纩"均为悬瑱的丝绳。至于瑱，《诗经·卫风》："充耳琇莹。"毛注："琇莹，美石也。天子玉瑱，诸侯以石。"[7] 充耳（亦称黈纩、紞纩）的式样即为以丝绳悬瑱。由此可见，颜师古是以字面意思解释黈纩，疑有误。再看距离南朝较近的初唐资料，《历代帝王图》（图1-4，1）、莫高窟二二〇窟《帝王礼佛图》（图1-4，2），中冕缨均傍垂黈纩，位于平冕右侧，具体式样为黄丝绳末端系玉瑱，可作为梁陈黈纩式样的参考。

讨论完平冕，再谈承冕之冠。承冕之冠即承托平冕，并将冕冠固定在戴冕者头部的结构。《后汉书》与《独断》中对平冕尺寸，冕旒细节记载十分详细，然而均未提及平承冕之冠。《晋书·舆服志》的记载，则比较清楚。说皇帝冕冠由"黑介帻、通天冠、平冕"组成，平冕是"加于通天冠之上"。《宋书·礼志》与《南齐书·舆服志》记载皇帝冕冠结构时均曰"黑介帻、平冕。"并未提及通天冠。而《隋书·礼仪志》所载梁、陈皇帝冕冠结构与《晋书》所言相同，为黑介帻、通天冠、平冕，平冕"加于通天冠上"。《通典·沿革》中同样未载东汉承冕之冠，但谈及东晋皇帝冕冠，明确其由"黑介帻、通天冠、平冕"组成，而平冕则"加于通天冠上"，又云宋、齐、梁、陈冕制因袭东晋，而未说南朝承冕之冠有变革之处[8]。东晋南朝的衣冠制度逐代相袭，制度上虽有损益，但大体上是保持一致的。《宋书·礼制》记载刘宋初期的服章制度多以《晋服制令》为准[9]，《南齐书·礼制》记载南齐舆服制度"遵汉

---

[1] （清）马瑞辰撰、陈金生点校：《毛诗传笺通释》，中华书局，1989年，第298页。

[2] （汉）许慎：《说文解字》，中华书局，1963年，第156页。

[3] （汉）许慎：《说文解字》，中华书局，1963年，第274页。

[4] （汉）许慎：《说文解字》，中华书局，1963年，第276页。

[5] （唐）杜佑撰、王文锦等点校：《通典》，中华书局，1988年，第1735页。

[6] （汉）郑玄注、（唐）贾公彦疏，黄侃经文句读：《仪礼注疏》，上海古籍出版社，1990年，第412页。

[7] （晋）司马彪撰、（梁）刘昭注补：《后汉书（志）》第十二册，中华书局，1965年，第3664页。

[8] （唐）杜佑撰、王文锦等点校：《通典》，中华书局，1988年，第1602、1603页。

[9] 《宋书·礼志》中频以"《晋令》曰"开头，叙述刘宋舆服制度，又记载南朝宋元徽四年，司徒右长史王俭就当时官员朝服不合礼制提出意见，说自己"牢记先代典制，终日勤勉谨慎，不敢懈怠，查考《晋令》……"——（梁）沈约：《宋书》第二册，中华书局，1974年，第493～512页。说明王俭评判官员服制是否合乎礼制的依据正是《晋服制令》。可以推测《晋服制令》正是刘宋时衣冠制度的标准。

制"[1]。南齐与东汉相距较远，可以参考的可能更多为晋制。《南齐书·舆服志》中就提及佩玉制度及进贤冠的等级区分，均参考《晋服制令》[2]。《晋服制令》是刘宋与萧齐的衣冠制度的重要参照标准，东晋、宋齐衣冠制度因没有大的变革。东晋南朝冕冠构成应均是"黑介帻、通天冠、平冕"。再看图像资料，唐代之前冕服图像中，没有明确的"黑介帻、通天冠、平冕"形象，仅龙门石窟莲花洞《佛传故事》浮雕中的礼佛帝王之平冕下依稀可见通天冠（图1-3，2）。据《隋书》中记载，隋代开国废除北周、北魏舆服制度，衮冕采周制[3]。然而周代年岁久远，服制细节无从查考，有法可依的只有汉晋南朝制度了，《隋书》中记载的隋代冕服制度，与梁陈制度确实大体类似[4]。而初唐的冕服图像资料中大多可以清晰辨认出帝王冕冠结构中的通天冠与平冕，通天冠下可见介帻，如传阎立本《历代帝王图》（图1-4，1）、莫高窟二二〇窟初唐壁画（图1-4，2）中皇帝冕冠均是如此。阎立本是历经隋唐两代的官员，其笔下隋唐帝王形象还是可信的，可见隋代、初唐的帝王冠冕为通天冠加平冕，这种装束即沿袭前代。这些初唐图像，可作为南朝冕冠的参考。

综上，东晋南朝皇帝冕冠由平冕、通天冠、黑介帻构成。东汉至南北朝，冠下必搭配帻，通天冠是皇帝朝服之专属首服，黑介帻是通天冠的固定搭配。东晋南朝皇帝的承冕之冠为通天冠，而太子诸王的承冕之冠，应该是他们朝服之首服远游冠。按此推测，诸侯公卿等承冕之冠，则可能是符合他们身份等级的进贤冠一类。因进贤冠顶部呈现前高后低的倾斜状，其上若承冕，平冕亦会前高后低，似不合理，诸侯公卿承冕之冠有待进一步研究。关于通天冠、远游冠、进贤冠的具体式样，将在第二章朝服部分详细探讨。

还有一个值得关注的问题是，平冕如何固定在承冕之冠上？日本学者原田淑人认为，说两晋皇帝平冕"加于通天冠之上"，是因为平冕下承冕之冠与通天冠的式样相

---

[1]　《南齐书·礼制》记载永明二年尚书令王俭建议："车服之仪，率遵汉制"，得以认可。——（梁）萧子显：《南齐书》第一册，中华书局，1972年，第125页。

[2]　《南齐书·舆服志》："公侯以下，咸有名则，佩玉组绶，并具礼文，后代沿革，见《汉志》《晋服制令》……"，"进贤冠……事见《晋令》。——（梁）萧子显：《南齐书》第一册，中华书局，1972年，第340、341页。

[3]　《隋书·礼仪志》："高祖初即位，将改周制……于是定令，采用东齐之法。"——（唐）魏徵等：《隋书》第一册，中华书局，1973年，第253～254页。这里的"东齐"应当指代周制。

[4]　《隋书·礼仪志》记载的冕服制度："乘舆衮冕，垂白珠十有二旒，以组为缨，色如其绶，黈纩充耳，玉笄。玄衣，纁裳。衣，山、龙华虫、火、宗彝五章；裳，藻、粉米、黼、黻四章。衣重宗彝，裳重黼黻，为十二等。……大带，素带朱里，纰其外，上以朱，下以绿。裨随裳色，龙、火、山三章。鹿卢玉具剑，火珠镖首。白玉双佩，玄组。双大绶，六采，玄黄赤白缥绿，纯玄质，长二丈四尺，五百首，广一尺；小双绶，长二尺六寸，色同大绶，而首半之，间施三玉环。朱袜，赤舄，舄加金饰。"——（唐）魏徵等：《隋书》第一册，中华书局，1973年，第254页。可以看出，除了佩饰仿周制采用组佩、绶改制外，冕服大部分同梁制。

同，平冕与承冕之冠依旧是一个整体[1]。限于当时图像资料的缺乏，以上结论主要是根据文献资料及作者对服饰结构的推想而来，值得商榷。要厘清东晋冕冠的形制，要从其源头——东汉永平冕冠说起。直接反映东汉皇帝冕冠的图像资料不多，但汉画像石中仍然有少数可以间接反映冠冕形制的图像。山东沂南汉画像石上所表现的尧舜（图1-1，1）均着冕服[2]，承冕的部分是一个仅仅可以遮蔽发髻的小发罩，与后世可以覆盖整个头顶的承冕冠体（如图1-2、图1-4）完全不同。而山东武梁祠东汉画像石中有古代帝王像黄帝、颛顼、帝喾、尧、舜[3]，其承冕冠体均覆盖头顶（如图1-1，2），与山东沂南画像石上的冕不一致。这种不同因何产生？既然文献中没有提及东汉冕冠的承冕部分，那么即可以大胆推测，东汉的舆服制度仅规范了平冕尺寸与式样，而对承冕之冠并无严格要求。这样，便可解释同时代图像资料中出现时大时小、式样不同的承冕之冠的现象。也就是说，东汉时平冕是一块独立的冕板。据《通典》，魏晋因袭汉制，而东晋开始，皇帝平冕"加于"通天冠之上，应同为独立的冕板。

那么，独立的冕板如何固定在承冕之冠上呢？因通天冠、远游冠、进贤冠都有两侧透空的特征，通天冠、远游冠又顶部平直（详见第二章的论述），比较容易实现的方式是以织带捆扎。而司马金龙墓漆画屏风帝王之冕（图1-1，3、4）、集安五盔坟五号墓壁画仙人像之冕（图1-3，4），其顶部上均绘有几段黑色的横线，应不是巧合，疑为展现织带捆扎的痕迹。初唐的冕服图像，如阎立本《历代帝王图》，依旧可见平冕加于通天冠之上，冕上有长冕缨和黈纩，但很难直接判断冕板的固定方式，有可能是将捆扎冕板织带隐藏在冕缨之下，故不可见。以捆扎法固定冕板仅是一种推想，尚需更多的考古资料来验证。

二　身衣

正史文献对东汉至南朝的冕服身衣记载如下。《独断》："（冕服）衣玄上纁下，日月星辰山龙华虫。"[4]《续汉书·舆服志》："衣裳玄上纁下。乘舆备文，日月星辰十二章，三公、诸侯用山龙九章，九卿以下用华虫七章，皆备五采。"[5]《晋书·舆服志》："衣皂上，绛下，前三幅，后四幅，衣画而裳绣，（皇帝）为日、月、星辰、山、龙、华虫、藻、火、粉米、黼、黻之象，凡十二章……中衣以绛缘其领袖。赤皮为韨，绛裤袜。""王公衣山龙以下九章，卿衣华虫以下七章。""（皇太子）衮衣九章。"[6]《宋

---

[1] 〔日〕原田淑人著、常任侠、郭淑芬译：《中国服饰史研究》，黄山书社，1988年，第56页。

[2] 南京博物院、山东省文物管理处：《沂南古画像墓石发掘报告》，文化部文物管理局，1956年，第122页。

[3] 朱锡禄：《武氏祠汉画像石》，山东美术出版社，1986年，第3、103页。

[4] （汉）蔡邕：《独断》，中华书局，1985年，第27页。

[5] （晋）司马彪撰、（梁）刘昭注补：《后汉书（志）》第十二册，中华书局，1965年，第3663页。

[6] （唐）房玄龄等：《晋书》第三册，中华书局，1974年，第766、773页。

书·礼志》："衣皂上绛下，前三幅，后四幅，衣画而裳绣，为日、月、星辰、山、龙、华、虫、藻、火、粉米、黼、黻之象，凡十二章也……中衣以绛缘其领袖。赤皮蔽膝。蔽膝，古之韨也。绛裤袜。""王公衣山龙以下，九章也；卿衣华虫以下，七章也。"[1]《南齐书·舆服志》："衣皂上绛下，裳前三幅，后四幅。衣画而裳绣，为日、月、星辰、山、龙、华虫、藻、火、粉米、黼、黻十二章……中衣以绛缘其领袖，赤皮韨，绛裤袜。""（王公）衣山、龙九章……（卿）衣华虫七章。"[2]《隋书·礼仪志》："（南朝梁、陈）其衣，皂上绛下，前三幅，后四幅。衣画而裳绣。衣则日、月、星辰、山、龙、华虫、火、宗彝，画以为缋。裳则藻、粉、米、黼黻，以为绣……中衣以绛缘领袖。赤皮为韠，盖古之韨也。""（皇太子）衮衣九章。""（公侯）画山龙已下九章，备五采。"[3]

（一）衣裳

从以上文献可知，从东汉至南朝的冕服身衣最主要的部分为"衣"与"裳"。"衣裳制"，是一种上下分体的服装式样，是古华夏民族最基本的服饰式样之一。《说文》："衣，依也，上曰衣，下曰裳。"[4]《释名》："凡服，上曰衣，衣，依也，人所依以芘寒暑也；下曰裳，裳，障也，所以自障蔽也。"[5]"裳"，又称"裙""帬"，是由多布幅缝制而成，比较宽大。《说文》："帬，下裳也。"[6]《释名》："裙，下裳也；裙，羣也，联接羣幅也。"《晋书》《宋书》《南齐书》《隋书》均记载："（下裳）前三幅，后四幅。"[7]东晋南朝皇帝冕服身衣是"皂衣""绛裳"，东汉永平冕服制度则是"玄衣""纁裳"[8]。《说文》中有对这几种颜色的解释："玄，幽远也。黑而有赤者为玄。象幽而入覆之也。"[9]"纁，浅绛也。"[10]"绛，大赤也。"[11]可见，玄色即是赤黑色。纁、绛均为赤色系，绛色深。《释名》解释皂色为："皂，早也。日未出时早起视物皆黑，此色如之也。"[12]皂（古也作皁）色，应该是纯黑色。东晋南朝沿袭东汉，冕服身衣色调均是上黑

[1]（梁）沈约：《宋书》第二册，中华书局，1974年，第502、503页。

[2]（梁）萧子显：《南齐书》第一册，中华书局，1972年，第340、341页。

[3]（唐）魏徵等：《隋书》第一册，中华书局，1973年，第215、219页。

[4]（汉）许慎：《说文解字》，中华书局，1963年，第170页。

[5]（汉）刘熙：《释名》，中华书局，1985年，第77页。

[6]（汉）许慎：《说文解字》，中华书局，1963年，第159页。

[7]（唐）房玄龄等：《晋书》第三册，中华书局，1974年，第766页。（梁）沈约：《宋书》第二册，中华书局，1974年，第502页。（梁）萧子显：《南齐书》第一册，中华书局，1972年，第340页。（唐）魏徵等：《隋书》第一册，中华书局，1973年，第215页。

[8]（晋）司马彪撰、（梁）刘昭注补：《后汉书》第十二册，中华书局，1974年，第3664页。

[9]（汉）许慎：《说文解字》，中华书局，1963年，第84页。

[10]（汉）许慎：《说文解字》，中华书局，1963年，第273页。

[11]（汉）许慎：《说文解字》，中华书局，1963年，第273页。

[12]（汉）刘熙：《释名》，中华书局，1985年，第68页。

下红，而前者色调要深一些。

东汉至南北朝，皇帝、太子、诸王、公侯、卿大夫在各大场合使用的冕服多为衮冕，衣裳上的纹饰与冕旒一样，作为区分等级的标准之一。东汉两晋冕服身衣上有日月星辰等十二种纹饰，称为"十二章"，分别为日、月、星辰、山、龙、华虫、藻、火、粉、米、黼、黻[1]，宋齐因晋制[2]。梁武帝取法《周礼》，依照郑玄之说加入宗彝服章，并重新调整服章要素[3]将原本为两章的粉、米合并为一章[4]，陈因梁制。梁陈的衮冕"十二章"为"日、月、星辰、山、龙、华虫、火、宗彝、藻、粉米、黼、黻"。据前所引正史文献，东晋南朝衮冕皇帝之服为"十二章"，这是没有疑问的。据《晋书》《宋书》《南齐书》，太子、王公衮冕山龙以下"九章"，即山、龙、华虫、藻、火、粉、米、黼、黻；卿华虫以下七章，即华虫、藻、火、粉、米、黼、黻。据《隋书》太子、公及位同公者、五等诸侯衮冕服章为九章，即山、龙、华虫、火、宗彝、藻、粉米、黼、黻。梁陈诸王、卿服章未文，考虑到晋、宋齐太子、王、公服章数均为九，而王的级别高于公，其服章亦应为九章。据前文，东晋南朝衮冕多为"衣画而裳绣"，《南齐书·舆服志》载："衮衣，汉世出陈留襄邑所织。宋末用绣及织成。建武中，明帝以织成重，乃采画为之，加饰金银薄，世亦谓为天衣。"[5]可见齐建武年间，衮冕衣裳材质有过短暂的变化。

再看图像资料。山东沂南画像石墓，画像石中尧舜像衣着似为深衣[6]；下摆正像深衣的衣裾缠绕呈现的交输的尖角，与文献所载"上衣下裳"制度不相符，应该是刻意拟古而作（图1-1，1）。山东嘉祥武梁祠画像石中的冕服，是上衣下裳的式样，可能与东汉的冕服更接近，图中上衣没有系入下裳内，下裳比较短，露出裤履（图1-1，2），与隋唐后图像资料中下裳曳地并系在上衣之外的冕服式样有明显的差异。再看沂南画像石中的冕服，亦是露出裤履（图1-1，1）。而大部分东汉图像资料中男性袍服

---

[1] 东汉的十二章确切是什么，历史文献没有明确记载，"日、月、星辰、山、龙、华虫、藻、火、粉、米、黼、黻"是王宇清先生研究得出的结论，王宇清先生的考据严密合理，故本文不赘述。详见王宇清：《冕服服章之研究》，中华丛书编审委员会，1966年，第102～105页。《晋书·舆服志》记载了冕服十二章："日、月、星辰、山、龙、华虫、藻、火、粉、米、黼、黻"。——（唐）房玄龄等：《晋书》第三册，中华书局，1974年，第766页

[2] （唐）房玄龄等：《晋书》第三册，中华书局，1974年，第766页。

[3] 阎步克：《宗经、复古与尊君、实用（中）——中古〈周礼〉六冕制度的兴衰变异》，《北京大学学报（哲学社会科学版）》2006年第1期。

[4] 王宇清：《冕服服章之研究》，中华丛书编审委员会，1966年，第107页。

[5] 《南齐书·舆服志》："衮衣，汉世出陈留襄邑所织。宋末用绣及织成。建武中，明帝以织成重，乃采画为之，加饰金银薄，世亦谓为天衣。"——（梁）萧子显：《南齐书》第一册，中华书局，1972年，第341页。

[6] 深衣是一种上下连属的服饰，最早出现在春秋晚期，从战国到西汉都非常流行。因为当时裤的形制不完善而呈现出"续衽钩边"衣裾缠绕，孙机先生在其《深衣与楚服》一文中有详细的考证。——详见孙机：《中国古舆服论丛》，文物出版社，1993年，第105～113页。

都较后世短，裤外露，应是为便于行动。东晋冕
服图像资料比较少。司马金龙墓出土的漆画屏风
上的汉成帝与另一失题帝王均戴冕冠，汉成帝所
穿的明显是袍（图1-1，4），而后者所穿正是
上黑下红的衣裳（图1-1，3），上衣同样没有
系入下裳内，下裳长及地，其领缘装饰与山东沂
南画像石墓中冕服帝王图类似（图1-1，1）。司
马金龙墓漆画屏风中的其余男性同样也是袍长及
地。东晋南朝俑、壁画等考古资料中穿袍服者鲜
见露裤的案例，或因当时崇尚褒博的服饰。司马
金龙墓出土的漆画屏风中的冕服帝王像，服色与
记载相符，在一定程度上可反映东晋的冕服式
样。宋摹顾恺之《女史箴图》系白描，其中楚

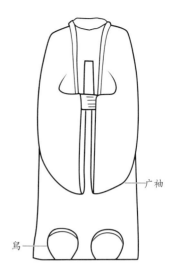

图1-5　丹阳胡桥宝山大墓执笏石俑

庄王亦穿冕服，无服色，上衣是否束入下裳不可辨，但其宽直袖、下裳及地的式样与
司马金龙墓中冕服一致（图1-1，5）。东晋及之前的图像资料中的男性多穿袍类礼服，
鲜见把上衣系入下裳之下的案例。从上述资料看，冕服的下裳，均是做成类似裙的式
样，长及地面。司马金龙墓漆画屏风中的男性贵族、宋摹顾恺之《女史箴图》中楚庄
王裳、袍下摆均施以多褶缘饰。

　　南朝冕服图像无存，前文已述，冕服式样为北朝效仿南朝，南北朝中晚期礼服
式样趋同，故现列举北朝资料作为南朝冕服式样的参考。龙门石窟宾阳洞《帝后礼佛
图》浮雕（图1-3，1）、龙门石窟莲花洞《佛传故事》（图1-3，2）、巩县石窟第一
窟《礼佛图》浮雕（图1-3，3）、集安五盔坟五号墓壁画（图1-3，4）中冕服均为上
衣束入下裳，呈现"对襟"的式样，且袖式阔大，与汉晋有明显的差别。时代为南齐
的丹阳胡桥宝山大墓所出执笏石俑[1]，头残，其身衣与以上北朝冕服一致，亦为裳束衣，
对襟大袖的式样（图1-5）。执笏者身份尊贵，应穿礼服。南朝礼服与北朝冕服式样一
致，亦可证明南北朝礼仪服饰趋同，故将北朝冕服图像作为南朝的参考，是没有问题
的。除此之外，北魏洛阳永宁寺出有同型式世俗服饰立像两件，其中T1∶2305，双臂
与下身均残；T1∶2001左臂下部残，背面细致，正面不清[2]。但T1∶2305左右肩部可
见二圆形装饰，初唐帝王冕服图中亦可见类似纹样（图1-4），此为日月服章。日、月
为冕服"十二章"中最尊贵的服章，仅帝王冕服上才有。可以推测，永宁寺世俗服饰

　　[1]　南京博物院：《江苏丹阳县胡桥、建山两座南朝墓葬》，《文物》1980年第2期。
　　[2]　中国社会科学院考古研究所：《北魏洛阳永宁寺1979~1994年考古发掘报告》，中国大百科全书
出版社，1996年，第76页。

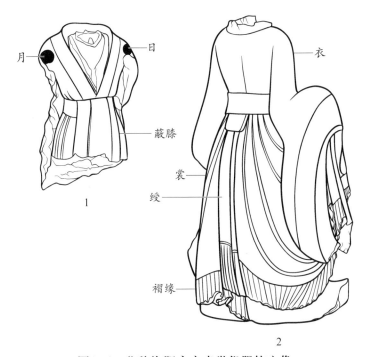

月　日

蔽膝

衣

裳

绶

褶缘

1

2

图1-6　北魏洛阳永宁寺世俗服饰立像

1.北魏永宁寺世俗服饰立像T1：2305　2.北魏永宁寺世俗服饰立像T1：2001

立像Ⅰ型Ⅱ式为冕服帝王像（图1-6），其亦为上衣束入下裳，广袖，裳饰以褶缘。华夏民族对宽衣大袖的偏好自古有之，但汉晋图像资料中，服饰袖式多为直袖。即上下袖宽一致，宽袖的袖端多有收口以避免拖沓，使衣袖呈囊状，图1-1所示的汉晋帝王冕服均为这样的宽直袖。所见南北朝中晚期资料中，贵族服饰袖式则为明显的广袖。即上臂袖窄，下臂袖宽，袖端不收口的"喇叭状"袖式，图1-3所示的北朝帝王冕服均是如此。南北朝礼服图像中，多见"对襟"上衣。而《历代帝王图》中的冕服帝王像，上衣似有交领和对襟两种，然而细察每一位冕服帝王，可见上衣领式应无区别，仅衣襟相交之处较低，加上腰线偏高，而非衣襟居中。同理，南北朝冕服上衣应亦为交领。

综上，从东晋至南朝，冕服身衣均为黑衣红裳，以服章数定等级，衣为交领，裳下摆饰以褶缘。这一时期，上衣从宽直袖逐渐演变为广袖，从下垂掩盖下裳，变为束入下裳之下。冕服衣裳式样于何时改变？龙门石窟宾阳洞《帝后礼佛图》中的孝文帝冕服（图1-2，1），效法刘宋晚期式样，说明冕服广袖、下裳束衣的式样在刘宋就有了。据前所引述，刘宋建国之初，冕服制度因袭晋制，在宋明帝泰始四年（468年）新定六服、改革五冕后，始与东晋呈现出差异。而迄今最早的广袖衣，见于南京太平门外刘宋明昙僖墓文吏俑，其时为元徽二年（474年）[1]，与泰始四年相去不远。冕服衣裳

---

[1]　南京市文物管理委员会：《南京太平门外刘宋明昙僖墓》，《考古》1976年第1期。

式样很可能因宋明帝改革冕制发生变化。

（二）中衣

中衣，是介乎外衣和内衣之中的服饰，《释名》云："中衣，言在小衣之外、大衣之中也。"[1] 东晋南朝冕服衣裳之内所穿的中衣，《晋书·舆服志》《宋书·礼志》《南齐书·舆服志》均载皇帝冕服中衣制度："中衣以绛缘其领袖。"[2]《隋书·礼仪志》载梁陈皇帝中衣制度："中衣以绛缘领袖。"[3] 东晋南朝皇帝冕服中衣领袖饰以绛缘，保证其显露出的领袖部分均为红色，与下裳的颜色色调保持一致。东汉至南北朝，首服、佩饰为区分身份等差与职别的重要标志，身衣、足服的式样没有显著的差异。《晋书》载晋皇太子冕服中衣为"白纱绛缘中单"[4]，《隋书》载梁陈皇太子冕服中衣亦为"白纱绛缘中单"[5]，这与皇帝冕服中衣是一致的。虽文献中未载诸王、公卿冕服中衣式样，其应与皇帝中衣式样类似。东晋冕服中衣，可参司马金龙墓漆画屏风冕服帝王像，其上衣内可见红色交领，应是中衣的绛缘。龙门石窟宾阳洞《帝后礼佛图》、巩县石窟第一窟《礼佛图》均未显露绛缘中衣，前者直接露出平口里衣（图1-2，1）、后者可见硕大的"圆领"穿在上衣内（图1-2，3）。

值得注意的是，据《晋书》，皇太子冕服又有"采画广领、曲领各一"[6]。"广领""曲领"所指为何？对于广领的式样和功能，文献资料无明确记载。至于"曲领"，《释名》："曲领在内，以禁中衣领上横壅颈，其状曲也。"[7]《急就篇》颜师古注："著曲领者，所以禁中衣之领，恐其上拥颈也。其状阔大而曲，因以名云。"[8] 可以看出，中衣衣领容易上拥挤到颈脖，穿曲领是为避免此状。四川一带出土的东汉、蜀汉陶俑的交领之下大多都有一圈围绕脖颈的"立领"，如成都新都区东汉崖墓陶俑[9]（图1-7，1）、四川彭山东汉崖墓陶俑[10]（图1-7，2），均属此类。曾昭燏先生认为这就是"曲领"，是一种围涎式的假领子围在脖颈上[11]。曾先生做出这样推测，受限于当时的资料。迄今发现的考古资料中，有不少式样清晰的曲领图像，如山东博物馆藏东

[1]　（汉）刘熙：《释名》，中华书局，1985年，第79页。

[2]　（唐）房玄龄等：《晋书》第三册，中华书局，1974年，第766页。（梁）沈约：《宋书》第二册，中华书局，1974年，第502页。（梁）萧子显：《南齐书》第一册，中华书局，1972年，第340页。

[3]　（唐）魏徵等：《隋书》第一册，中华书局，1973年，第215、219页。

[4]　（唐）房玄龄等：《晋书》第三册，中华书局，1974年，第773页。

[5]　（唐）魏徵等：《隋书》第一册，中华书局，1973年，第219页。

[6]　（唐）房玄龄等：《晋书》第三册，中华书局，1974年，第773页。

[7]　（汉）刘熙：《释名》，中华书局，1985年，第80、81页。

[8]　（汉）史游撰、（唐）颜师古注：《急就篇》，中华书局，1985年，第143页。

[9]　成都文物考古研究所、新都区文物管理所：《成都新都区东汉崖墓的发掘》，《考古》2007年第9期。

[10]　南京博物院：《四川彭山东汉崖墓》，文物出版社，1991年，第44~67页。

[11]　曾昭燏：《从彭山陶俑所见汉代服饰》，《南京博物院集刊5》，南京博物院，1982年，第28页。

1　　　　　　　2　　　　　　　3　　　　　　　4

图1-7　汉晋曲领中衣

1.四川成都新都区东汉崖墓陶俑　2.四川彭山东汉崖墓陶俑　3.山东博物馆藏东汉绿釉陶俑　4.传顾恺之《列女仁智图》（宋摹）之遽伯玉

汉绿釉陶俑就是直接穿了一件曲领衣（图1-7，3），其基本式样依旧是以交领为基础，但领口高，呈现"立领"的状态。东晋十六国考古资料中，亦有类似东汉的曲领图像，如炳灵寺石窟一六九窟壁画男供养人；传顾恺之《女史箴图》（唐、宋摹本）、《列女仁智图》（宋摹本）中男性，其交领中衣下多可见护颈的圆领（图1-7，4），应该就是曲领。而《晋书·舆服志》亦明确记载晋皇太子朝服"其中衣白曲领"[1]，从中亦可知晋曲领即是"曲领中衣"。可以推测，东晋曲领即是一件穿在交领中衣之下的衣领壮阔的"立领衣"，穿在中衣之下，由于领口大且衣领高耸，衣领翻在中衣外，中衣的交领则不易上拥。可见晋皇太子冕服中衣"白纱绛缘中单"是交领，再搭配曲领就可以起到"禁中衣领上横壅颈"的作用。巩县石窟第一窟《礼佛图》中皇帝冕服上衣下搭配的大圆领也应是"曲领"（图1-2，3）。东晋、北朝冕服图像中，有无"曲领"者并存，可能东晋南朝"曲领"并非冕服的固定搭配，无需严格穿戴。阎立本《历代帝王图》（图1-4，1）、莫高窟二二〇窟初唐壁画《帝王礼佛图》中冕服都搭配有白曲领（图1-4，2），应该是沿袭南北朝。

（三）蔽膝

冕服身衣的组成部分，除了衣裳，还有蔽膝，又称"韨""韍""韠"等。东晋南朝多称其为蔽膝，《续汉书·舆服志》东晋徐广注："韨如今蔽膝。"[2]《说文》："韍，蔽膝也。"[3]《释名·释衣服》："韠，蔽也，所以蔽膝前也，妇人蔽膝亦如之。齐人谓之巨巾，田家妇女出自田野以覆其头，故因以为名也。又曰跪襜，跪时襜襜然张也。"[4]《急就篇》颜师古注："蔽膝者，于衣裳上着之以蔽前也，一名韨，又曰韠，亦谓之幨。"[5]

---

[1] （唐）房玄龄等：《晋书》第三册，中华书局，1974年，第773页。

[2] （晋）司马彪撰、（梁）刘昭注补：《后汉书（志）》第十二册，中华书局，1965年，第3672页。

[3] （汉）许慎：《说文解字》，中华书局，1963年，第170页。

[4] （汉）刘熙：《释名》，中华书局，1985年，第79页。

[5] （汉）史游撰、（唐）颜师古注：《急就篇》，中华书局，1985年，第145页。

可见蔽膝即是围在腰下裳前的长巾，长度到达膝盖。蔽膝称为"韨"，从字形看，其材质应为皮革。《晋书·舆服志》载冕服"赤皮为韨"[1]；《宋书·礼制》载冕服"赤皮蔽膝"又说"蔽膝，古之韨也"[2]；《南齐书·舆服志》载冕服"赤皮韨"[3]；《隋书·礼仪志》载梁陈冕服"赤皮为韠，盖古之韨也"[4]。东晋南朝的"赤皮韨"，即是将皮革涂朱。关于东晋南朝的冕服蔽膝式样，司马金龙墓漆画屏风冕服帝王围有红色蔽膝，其下摆平，传顾恺之《女史箴图》楚庄王像（宋摹）蔽膝下摆为弧形（图1-1，5）；而龙门石窟《帝后礼佛图》浮雕中孝文帝像（图1-3，1）、巩县石窟《礼佛图》浮雕中的冕服帝王像（图1-3，2），蔽膝下摆均呈弧形。隋唐冕服帝王图中，蔽膝下摆亦呈弧形，应是沿袭南北朝式样。但从图像资料看，冕服蔽膝弧形下摆数量更多，唯有司马金龙墓漆画上冕服蔽膝似平下摆（图1-1，3）。而司马金龙墓漆画冕服帝王已有部分脱色，蔽膝式样并不明晰。因此，东晋南朝的冕服蔽膝下摆更可能是弧形。

冕服身衣除上衣下裳、中衣、蔽膝外，还有"裤"。关于东晋南朝冕服之裤，《晋书》《宋书》《南齐书》《隋书》均载其为"绛裤"[5]。因为裤穿在裳下，所以图像资料中不见其具体样式。也许正是因为穿上完整的冕服后裤不可见，所以梁天监三年何佟之向梁武帝进言："今中衣绛缘，足有所明，无俟于裤。"被采纳后"遂依议除之"[6]。此后，梁陈便不再严格规定穿冕服一定要搭配绛裤。

三　足服与佩饰

（一）足服

关于东晋南朝冕服足服，《晋书》《宋书》《南齐书》《隋书》均载其为"绛袜""赤舄"[7]。"绛袜"较易理解。至于"舄"，《释名·释衣服》："履，礼也，饰足所以为礼也。舄复其下，曰舄。舄，腊也，行礼久立，地或泥湿，故复其末下使干腊也。"[8]《急就篇》颜师古注："单底谓之履，或以丝为之。复底而有木者谓之舄。"[9]可见，舄是厚木底的鞋。山东嘉祥武梁祠画像石中的冕服帝王像，所穿的厚底履应当就是舄，但描

[1] （唐）房玄龄等：《晋书》第三册，中华书局，1974年，第766页。

[2] （梁）沈约：《宋书》第二册，中华书局，1974年，第502页。

[3] （梁）萧子显：《南齐书》第一册，中华书局，1972年，第340页。

[4] （唐）魏徵等：《隋书》第一册，中华书局，1973年，第215页。

[5] （唐）房玄龄等：《晋书》第三册，中华书局，1974年，第766页。（梁）沈约：《宋书》第二册，中华书局，1974年，第502页。（梁）萧子显：《南齐书》第一册，中华书局，1972年，第340页。（唐）魏徵等：《隋书》第一册，中华书局，1973年，第215页。

[6] （唐）魏徵等：《隋书》第一册，中华书局，1973年，第216页。

[7] （唐）房玄龄等：《晋书》第三册，中华书局，1974年，第766页。（梁）沈约：《宋书》第二册，中华书局，1974年，第502页。（梁）萧子显：《南齐书》第一册，中华书局，1972年，第340页。（唐）魏徵等：《隋书》第一册，中华书局，1973年，第215页。

[8] （汉）刘熙：《释名》，中华书局，1985年，第82页。

[9] （汉）史游撰、（唐）颜师古注：《急就篇》，中华书局，1985年，第147页。

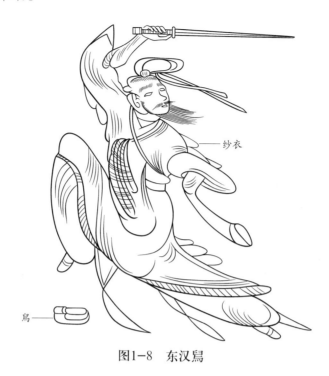

纱衣

舄

图1-8　东汉舄

绘极简，式样不明。山东沂南画像石中的尧舜像，所穿的应当也是舄，有翘起的舄头。恰沂南画像石中有聂政舞剑的图像，其舄脱下置于一旁，可以比较清楚地看出式样；厚底，舄头翘起（图1-8）[1]。而司马金龙墓漆画屏风之冕服帝王，足服也似舄，与沂南画像石中的舄类似，只是舄头更高，这和东晋衣着宽大拖沓有关。又如巩县石窟《礼佛图》中的冕服帝王像所穿足服舄头更大，这样的舄在南朝考古资料中也极为常见，如丹阳胡村南朝大墓所出执笏石俑（图1-5），均是穿这种舄。因南北朝舄头高高翘起似笏板，后人称之为"笏头履"。可见，南朝与冕服相配的舄应当就是如此。从东晋至南朝舄头有增大的趋势，可能是因为当时衣着日渐褒博拖沓的缘故。

（二）佩饰

至于东晋南朝冕服的佩饰，最重要的为绶。绶是冕服中体现身份等级的象征，源于战国配玉之风。据《续汉书·舆服志》，绶因秦代组佩"转相结受"而得名："韨佩既废，秦乃以采组连结于璲，光明章表，转相结受，故谓之绶。"[2]《说文》曰："绶，韨维也。"[3]《广雅》："维……系也。"[4]前文已述，韨即蔽膝。可以推测，绶在东汉时已

[1]　南京博物院、山东省文物管理处：《沂南古画像石墓发掘报告》，文化部文物管理局，1956年，第129页。

[2]　（晋）司马彪撰、（梁）刘昭注补：《后汉书志》第十二册，中华书局，1965年，第3671页。

[3]　（汉）许慎：《说文解字》，中华书局，1963年，第274页。

[4]　上海古籍出版社：《尔雅·广雅·方言·释名　清疏四种合刊》，上海古籍出版社，1987年，第398页。

用于系蔽膝。《续汉书·舆服志》载帝王公卿之绶"乘舆黄赤绶，四采，黄赤缥绀，淳黄圭，长二丈九尺九寸，五百首"；"诸侯王赤绶，四采，赤黄缥绀，淳赤圭，长二丈一尺，三百首"；"公、侯、将军紫绶，二采，紫白、淳紫圭，长丈七尺，百八十首"；"九卿、中二千石、二千石青绶，三采，青白红，淳青圭，长丈七尺，百二十首"[1]。又曰："凡先合单纺为一系，四系为一扶，五扶为一首，五首成一文，文采淳为一圭。首多者系细，少者系粗，皆广尺六寸。"[2] 对于汉绶，孙机先生已有详尽的研究，绶端系印，其宽均为 36.8 厘米左右，材质属于多重提花织物地位越高者，绶越长，纺织密度越大[3]。《续汉书》中一方面说皇帝的绶是黄赤绶，又说绶有四色，看似矛盾，其实不然。《汉旧仪》曰："皇帝带绶，黄地六采"[4]，从中可知绶"黄"为织地，"六采"为提花（此处不深究"六采"还是"四采"）。据此可推测，《续汉书》皇帝之绶为黄赤色地，再以黄赤缥绀四色提花；同理诸侯王之绶为赤地，赤黄缥绀四色提花，其余绶色以此类推。沈从文先生在《中国古代服饰研究》一书中得出汉代绶挂在右腰一侧的结论[5]。陕西靖边县杨桥畔二村南侧渠树壕汉墓壁画中有执笏跪拜的官员[6]，佩有一条长织带，打回环后挂在腰间，应是绶，绶端依稀可见连接以玉（图1-9，1）。东汉绶最短也在汉制一丈七八左右，且为蔽膝之系。其应是将绂系在腰间打结后，余下部分垂在身侧。

　东晋南朝承袭东汉，亦有佩绶之制。《晋书·舆服志》："（皇帝）佩白玉，垂珠黄大旒，绶黄赤缥绀四采"；"（皇太子）朱黄绶，四采：赤、黄、缥、绀……佩瑜玉"；"（诸王）缥朱绶，四采：朱、黄、缥、绀……佩山玄玉。"[7]《宋书·礼志》："（皇太子）缥朱绶，四采，赤、黄、缥、绀……佩瑜玉"；"（诸王）缥朱绶，四采，赤、黄、缥、绀……佩山玄玉"，公、侯、卿大夫等依照身份等级不同，又有"玄珠绶""紫绶""绿綟绶""青珠绶""墨绶""青绶"等，与绶相配的有"山玄玉""水苍玉"等[8]。《南齐书·舆服志》："乘舆黄赤绶，黄赤缥绿绀五采。太子朱绶，诸王缥朱绶，皆赤黄缥绀四采"，公、侯、卿大夫等有"玄珠绶""紫绶""绿綟绶""青珠绶""墨绶"等，而佩玉"自乘舆以下，与晋、宋制同"，齐建元四年后"王公侯卿尹珠水晶，其余用牙蟕"[9]。东晋的绶式与东汉相近，司马金龙墓漆画屏风中冕服帝王，虽然漆色脱落，但右腰间绶依然可以辨认，同样打回环（图1-1，3）；传顾恺之《列女仁智图》上大部

　[1]　（晋）司马彪撰、（梁）刘昭注补：《后汉书（志）》第十二册，中华书局，1965年，第3673～3675页。
　[2]　（晋）司马彪撰、（梁）刘昭注补：《后汉书（志）》第十二册，中华书局，1965年，第3675页。
　[3]　孙机：《中国古舆服论丛》，文物出版社，1993年，第151页。
　[4]　（汉）卫宏撰、（清）孙星衍校：《汉旧仪》，中华书局，1985年，第1页。
　[5]　沈从文：《中国古代服饰研究》，商务印书馆，1981年，第76～78页。
　[6]　徐光冀主编：《中国出土壁画全集6·陕西》，科学出版社，2011年，第41页。
　[7]　（唐）房玄龄等：《晋书》第三册，中华书局，1974年，第766、773页。
　[8]　（梁）沈约：《宋书》第二册，中华书局，1974年，第507、508页。
　[9]　（梁）萧子显：《南齐书》第一册，中华书局，1972年，第342、343页。

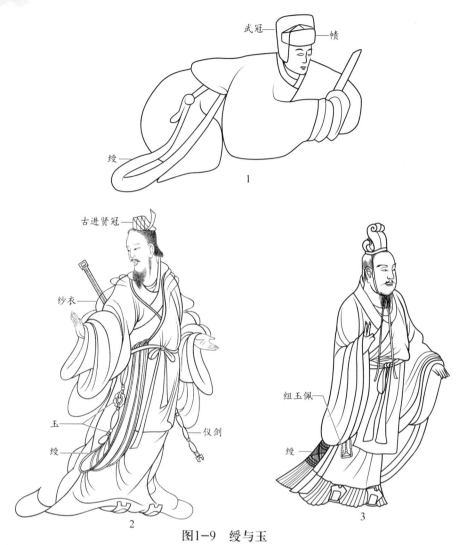

图1-9　绶与玉

1.陕西靖边杨桥畔二村新莽墓壁画官员　2.传顾恺之《列女仁智图》（宋摹）卫懿公　3.（唐）阎立本《历代帝王图》汉献帝

分男性右腰间垂绶，绶端连结玉璧与玉珠，回环后挂在腰带上（图1-9，2）。《列女仁智图》中绶直接挂在腰带上，东晋之绶应已无系蔽膝的功能。南北朝的绶式，可参永宁寺世俗服饰立像（T1：2001），其背后悬挂叠合的宽织带，即为绶（图1-6，2）。其与《历代帝王图》中所见绶式相同，后者为两层叠合的华丽宽织带，并搭配繁复的组玉佩（图1-9，3）。这种组玉佩，在宋摹南朝《洛神赋图》（辽宁省博物馆藏）中亦可见。可见在南北朝，绶、玉的形制逐渐改变，并沿袭至隋唐。

　　东晋南朝之绶不再系蔽膝，那么，冕服蔽膝如何固定在腰间？《晋书·舆服志》载皇太子衮冕有"采画织成衮带，金辟邪首"；"自公主、封君以上皆带绶，以彩组为绲带，各如其绶色，金辟邪首为带珑。"[1]《宋书·礼志》亦云："公主封君以上皆带绶，

　　[1]　（唐）房玄龄等：《晋书》第三册，中华书局，1974年，第773、774页。

以采组为绲带，各如其绶色。"[1]《隋书》："（梁皇帝）绲带以组为之，如绶色，黄金辟邪首为带镊，而饰以白玉珠。"[2]"公主、封君已上，皆带绶。以彩组为绲带，各以其绶色。金辟邪首为带玦。"[3]《宋书·礼志》云："诸妃主不得著袞带"；而《宋书·武三王传》载："诸妃主不得著绲带。"可见"绲"同"袞"。前文已述，组、绶为同种织物，宽者为绶、窄者为组。袞（绲）带如何佩戴，文献表述不明，但通过阎立本《历代帝王图》便可明确。大部分冕服帝王的蔽膝之上均系有与绶质地相同的锦带（图1-4，1），正中有带扣，与文献对袞（绲）带的描述一致。这种锦带应即为袞（绲）带，带扣即为"带玦"或"带镊"。可见，东晋之后，袞（绲）带代替绶将蔽膝系在下裳外，而袞（绲）带"如其绶色"应是"以绶系袚"的遗识。

沈从文先生在《中国古代服饰研究》中亦指出汉代绶非常长，最短也在汉制一丈七八左右，所以需要用绶囊盛装[4]。孙机先生则证明，东汉绶端所系玺印，亦放入绶囊中[5]。东晋、刘宋时期亦有盛装绶印的绶囊，其缀于革带之上。《晋书·舆服志》："革带，古之鞶带也，谓之鞶革，文武众官牧守丞令下及驺寺皆服之。其有囊绶，则以缀于革带。"[6]《宋书·礼制》："鞶，古制也。汉代著鞶囊者，侧在腰间。或谓之傍囊，或谓之绶囊。然则以此囊盛绶也。或盛或散，各有其时乎。"[7]可见，革带古称鞶带、鞶革，所以绶囊也被称作鞶囊。东晋绶带打回环的式样，需鞶囊盛装，而南北朝后将绶带对折厚悬在背后，似没有以囊盛绶的必要。但《隋书·礼仪志》中依旧有梁陈太子诸王佩"兽头鞶囊"[8]的记载，隋亦保留鞶囊，"犹存古制，有佩绶者，通得佩之"[9]。东晋南朝鞶囊、革带图像鲜见，沂南汉画像石中可见佩革带武士，有兽头鞶囊挂在其上，有一小段绶带露出囊外（图1-10），东晋鞶囊或与其有相似之处。

大带，也是东晋南朝冕服的重要佩饰、亦称绅、绅带。《说文》："绅，大带也。"[10]大带原为"搢笏"之用，即把大带系在腰上后，再把笏插入其中。《晋书·舆服志》："所谓搢绅之士者，搢笏而垂绅也，绅垂长三尺。"[11]《宋书·礼志》："所谓搢绅之士者，搢笏而垂绅带也。绅垂三尺。"[12]东晋南朝正史文献中均记有皇帝"素带"式

[1] （梁）沈约：《宋书》第二册，中华书局，1974年，第505页。

[2] （唐）魏徵等：《隋书》第一册，中华书局，1973年，第215页。

[3] （唐）魏徵等：《隋书》第一册，中华书局，1973年，第237页。原书断句为"金辟邪，首为带玦"，参《晋书》，此处断句应有误，故改为"金辟邪首为带玦"。

[4] 沈从文：《中国古代服饰研究》，商务印书馆，1981年，第76~78页。

[5] 孙机：《中国古舆服论丛》，文物出版社，1993年，第151页。

[6] （唐）房玄龄等：《晋书》第三册，中华书局，1974年，第772、773页。

[7] （梁）沈约：《宋书》第二册，中华书局，1974年，第517页。

[8] （唐）魏徵等：《隋书》第一册，中华书局，1973年，第218页。

[9] （唐）魏徵等：《隋书》第一册，中华书局，1973年，第274页。

[10] （汉）许慎：《说文解字》，中华书局，1963年，第274页。

[11] （唐）房玄龄等：《晋书》第三册，中华书局，1974年，第773页。

[12] （梁）沈约：《宋书》第二册，中华书局，1974年，第519页。

图1-10　东汉兽头鞶囊

样，《隋书·礼仪志》《旧唐书·舆服志》中均载皇帝大带即为素带[1]；《太平御览·服章部》中亦将素带等同于大带[2]。可以推测，大带即为素带。《晋书·舆服志》载皇帝冕服大带"素带广四寸，朱里，以朱绿褾饰其侧。"[3]《南齐书·舆服志》载皇帝冕服大带"素带广四寸，朱里，以朱绿褾饰其侧，要中以朱，垂以绿，垂三尺"[4]。《隋书·礼仪志》载梁陈皇帝冕服大带"素带，广四寸，朱里，以朱绣褾饰其侧"[5]。东晋南朝大带为素带，《晋书》《南齐书》均载，皇帝大带背面为朱色，两侧"褾饰"以朱、绿二色。可见，东晋南朝皇帝大带宽四寸，正面为白色，背面为朱色，两侧装饰以朱、绿窄边，系在腰上在腰前打结后垂下三尺。据《南齐书》皇帝大带系在腰上打结后，围腰处为朱色窄边，垂下三尺为绿色窄边，即大带分为三段，首尾两段为绿色窄边装饰，中间一段用红色窄边装饰。王公、卿大带的式样，则未有明确记载，但既然大带为"素带"，主色应是白色。东晋、南北朝的冕服图像或简略、或脱色，无法明确大带的式样与戴法，而阎立本《历代帝王图》中，蔽膝之下有前后交叠的白色织带，应即为素

[1]　（唐）魏徵等：《隋书》第一册，中华书局，1973年，第254页。（后晋）刘昫等：《旧唐书》第六册，中华书局，1975年，第1936页。

[2]　（宋）李昉等编：《太平御览》，中华书局，1960年，第3105、3106页。

[3]　（唐）房玄龄等：《晋书》第三册，中华书局，1974年，第766页。

[4]　（梁）萧子显：《南齐书》第一册，中华书局，1972年，第340页。

[5]　（唐）魏徵等：《隋书》第一册，中华书局，1973年，第215页。

带（大带）（图 1-4，1）。龙门石窟宾阳洞《帝后礼佛图》中，孝文帝蔽膝下，亦有前后交叠的织带，应亦为大带（图 1-3，1），可见隋唐冕服大带延续了南北朝式样。司马金龙墓漆画屏风中的冕服帝王之蔽膝外亦不见有带下垂。综上，东晋南朝冕服的大带很可能系在蔽膝之下。

东晋南朝帝王公卿穿冕服、朝服还有佩剑的礼仪。《晋书·舆服志》："汉制，自天子至于百官，无不佩剑，其后惟朝带剑。晋世始代之以木，贵者犹用玉首，贱者亦用蚌、金银、玳瑁为雕饰"；"（皇太子）带剑，火珠素首"[1]。《宋书·礼志》："汉制，自天子至于百官，无不佩刀……自晋代以来，始以木剑代刃剑"[2]。《隋书·礼仪志》记载梁陈佩剑制度：皇帝公卿均"带剑"；"皇太子……带鹿卢剑，火珠首"；"诸王……腰剑"[3]。《隋书》中未特别说明佩剑材质，考虑到南朝多因晋制，应该也是木剑。佩剑只是礼仪规范，没有实际的功用。东晋仪剑式样，可参《列女仁智图》。目前未发现南朝佩剑则可参金家村南齐大墓砖画仪卫像，其穿武官服，手持矛，腰佩剑（图 2-7，2），剑的式样与《列女仁智图》相似。

因大带是纺织品，不宜悬挂重物，冕服佩剑、鞶囊均悬挂在革带之上。司马金龙墓漆画屏风中帝王、龙门石窟宾阳洞《帝后礼佛图》中孝文帝与群臣、巩县石窟第一窟《礼佛图》中帝王腰间均不见革带。而《帝后礼佛图》中侍卫腰间可见革带。阎立本《历代帝王图》冕服帝王腰腹部均可见革带（图 1-4，1）。汉晋革带式样简单，为身份较低者佩戴，贫贱之人被称为"布衣韦带之士"[4]。或缘此，革带一般不外露，应是系在大带或衮带之下[5]。而南北朝之后，革带日渐精巧华丽，逐渐被移到大带之外。

综上，东晋南朝冕服佩饰为绶与玉、衮带、鞶囊、革带、大带、剑。衮带质地与绶同，系在蔽膝之上，大带系在蔽膝之下，鞶囊与剑均挂在革带上，革带不外露。东晋南朝的绶，从最初在腰间右边打回环的式样，逐渐转变为折叠后挂在背后；而连接绶端的玉饰，逐渐转变为独立的组玉佩。缘此，绶与革带之上的鞶囊功能也逐渐变化，从最初盛绶印之用，逐渐变为一种礼仪性的服饰构件。如前所述，鉴于舆服制度的保守性，显著的衣冠变革必定载入史册，这种变化很可能发生在宋明帝改革冕制之时，即刘宋泰始年间。

根据前文，将东晋南朝冕服制度总结见表 1-1。

---

[1] （唐）房玄龄等：《晋书》第三册，中华书局，1974 年，第 771、773 页。
[2] （梁）沈约：《宋书》第二册，中华书局，1974 年，第 506 页。
[3] （唐）魏微等：《隋书》第一册，中华书局，1973 年，第 218、219 页。
[4] （汉）班固：《汉书》第八册，中华书局，1962 年，第 2327 页。
[5] 孙机：《中国古代舆服论丛》，中华书局，1993 年，第 204 页。

表 1-1　东晋南朝冕服制度表

时代	身份	首服	身衣	足服	佩饰
东晋至刘宋泰始年间	皇帝	平冕、通天冠、黑介帻。冕板前圆（曲率小，近方）后方，长一尺二寸、宽七寸。冕旒十二根，白珍珠（东晋初用翡翠珊瑚杂珠），冕旒前垂四寸，后垂三寸。冕板中部置冕缨，质同绶。	皂衣绛裳、衣画而裳绣。十二章：日、月、星辰、山、龙、华虫、藻、火、粉米、黼、黻。上衣交领宽直袖，不系入下裳。绛缘中衣，中衣内穿白曲领。下裳上围赤皮蔽膝、裳下穿绛裤。	绛袜、赤舄、高鼻头	珠黄大绶：黄赤地，黄赤缥绀四彩白玉、鞶囊。衮（绲）带：质地与绶同，系在蔽膝之上。大带：素带宽四寸，外白里朱，首尾两段为绿色窄边装饰，中间一段用红色窄边装饰。系在腰前打结后垂下三尺为绿边。革带：系在大带或衮带下之下。木剑：剑柄饰以玉。
	皇太子	平冕、远游冠、黑介帻。冕板前圆（曲率小，近方）后方，长一尺二寸、宽七寸。冕旒九根，青玉珠，冕旒前垂四寸，后垂三寸。冕板中部置鈺纩，为黄绵线系着玉瑱，玉瑱与耳齐平。冠缨质同绶。	皂衣绛裳、衣画而裳绣。九章：山、龙、华虫、藻、火、粉、米、黼、黻。上衣交领宽直袖，不系入下裳。绛缘中衣，中衣穿白曲领。下裳上围圆下摆赤皮蔽膝、裳下穿绛裤。	绛袜、赤舄，高鼻头	硃黄绶：硃黄色地，赤、黄、缥、绀四彩。瑜玉、爒兽头鞶囊。衮（绲）带：质地与绶同，系在蔽膝之上。大带：素带宽四寸，腰间打结后垂下三尺。革带：系在大带或衮带下之下。木剑：剑柄饰以玉。
	王	平冕、远游冠、黑介帻。冕板前圆（曲率小，近方）后方，长一尺二寸、宽七寸。冕旒八根，每旒端部系一青玉珠，冕旒前垂四寸，后垂三寸。冕板中部置冕缨，质同绶。	皂衣绛裳、衣画而裳绣。九章：山、龙、华虫、藻、火、粉、米、黼、黻。上衣交领宽直袖，不系入下裳。绛缘中衣，中衣内穿白曲领。下裳上围圆下摆赤皮蔽膝、裳下穿绛裤。	绛袜、赤舄，高鼻头	纁朱绶：纁朱色地，赤、黄、缥、绀四彩。山玄玉、鞶囊。衮（绲）带：质地与绶同，系在蔽膝之上。大带：素带宽四寸，腰间打结后垂下三尺。革带：系在大带之下。木剑：剑柄饰以玉。
	公	平冕、黑介帻，承冕之冠未详。冕板前圆（曲率小，近方）后方，长二尺二寸、宽七寸。冕旒八根，青玉珠，冕旒前垂四寸，无后旒。冕板中部置冕缨，同绶色。	皂衣绛裳、衣画而裳绣。七章：山、龙、华虫、藻、火、粉、米。上衣交领宽直袖，不系入下裳。绛缘中衣，中衣内穿白曲领。下裳上围圆下摆赤皮蔽膝、裳下穿绛裤。	绛袜、赤舄，高鼻头	绶随官阶，详见第二章朝服部分。衮（绲）带：质地与绶同，系在蔽膝之上。大带：素带宽四寸，腰间打结后垂下三尺。革带：系在大带之下。木剑：剑柄饰以玉。
	卿	平冕、黑介帻，承冕之冠未详。冕板前圆（曲率小，近方）后方，长二尺二寸、宽七寸。冕旒七根，每旒端部系一黑玉珠，冕旒前垂四寸，无后旒。冕板中部置冕缨，同绶色。	皂衣绛裳、衣画而裳绣。五章：华虫、藻、火、粉、米。上衣交领宽直袖，不系入下裳。绛缘中衣，中衣内穿白曲领。下裳上围圆下摆赤皮蔽膝、裳下穿绛裤。	绛袜、赤舄，高鼻头	绶随官阶，详见第二章朝服部分。衮（绲）带：质地与绶同，系在蔽膝之上。大带：素带宽四寸，腰间打结后垂下三尺。革带：系在大带之下。木剑：剑柄饰以玉。

续表

时代	身份	首服	身衣	足服	佩饰
刘宋泰始年间至刘宋末	皇帝	大冕纯玉缫 法冕五彩缫 冠冕四彩缫 绣冕三彩缫 宏冕二彩缫	玄衣黄裳 玄衣绛裳 紫衣红裳 朱衣裳 青衣裳	绛袜、赤舃，高舃头	珠黄大绶：黄赤地，黄赤缥绀四彩白玉、鞶囊。 衮（绲）带：质地与绶同，系在蔽膝之上。 大带：素带宽四寸，外白里朱，首尾两段为绿色窄边装饰，中间一段用红色窄边装饰。系在腰前打结后垂下三尺为绿边。 革带：系在大带或衮带下之下。 木剑：剑柄饰以玉。
	皇太子	平冕、远游冠、黑介帻。 冕板前圆（曲率小，近方）后方，长一尺二寸、宽七寸。 冕旒九根，青玉珠，冕旒或前垂四寸，后垂三寸；或长齐肩。 冕板中部置冕缨，质同绶。	皂衣绛裳、衣画而裳绣。九章：山、龙、华虫、藻、火、粉、米、黼、黻。上衣交领广袖，系入下裳。绛缘中衣，中衣内穿白曲领。下裳上围圆下摆赤皮蔽膝、裳下穿绛裤。	绛袜、赤舃，高舃头	缥朱绶：缥朱色地，赤、黄、缥、绀四彩。 瑜玉、燮兽头鞶囊。 衮（绲）带：质地与绶同，系在蔽膝之上。 大带：素带宽四寸，腰间打结后垂下三尺。 革带：系在大带或衮带下之下。 木剑：剑柄饰以玉。
	王	平冕、远游冠、黑介帻。 冕板前圆（曲率小，近方）后方，长二尺二寸、宽七寸。 冕旒八根，青玉珠，冕旒或前垂四寸，后垂三寸；或长齐肩。 冕板中部置冕缨，同绶朱色。	皂衣绛裳、衣画而裳绣。九章：山、龙、华虫、藻、火、粉、米、黼、黻。上衣交领广袖，系入下裳。上衣内穿绛缘中衣，中衣内穿白曲领。下裳上围圆下摆赤皮蔽膝、裳下穿绛裤。	绛袜、赤舃，高舃头	缥朱绶：缥朱色地，赤、黄、缥、绀四彩。 山玄玉、鞶囊。 衮（绲）带：质地与绶同，系在蔽膝之上。 大带：素带宽四寸，腰间打结后垂下三尺。 革带：系在大带之下。 木剑，剑柄饰以玉。
	公	平冕、黑介帻，承冕之冠未详。 冕板前圆（曲率小，近方）后方，长二尺二寸、宽七寸。 冕旒八根，青玉珠，冕旒前垂四寸；或长齐肩，无后旒。 冕板中部置冕缨，同绶色。 冠缨同绶色。	皂衣绛裳、衣画而裳绣。七章：山、龙、华虫、藻、火、粉、米。上衣交领广袖，系入下裳。绛缘中衣，中衣内穿白曲领。下裳上围圆下摆赤皮蔽膝、裳下穿绛裤。	绛袜、赤舃，高舃头	绶随官阶，详见第二章朝服部分。 衮（绲）带：质地与绶同，系在蔽膝之上。 大带：素带宽四寸，腰间打结后垂下三尺。 革带：系在大带之下。 木剑：剑柄饰以玉。
	卿	平冕、黑介帻，承冕之冠未详。 冕板前圆（曲率小，近方）后方，长二尺二寸、宽七寸。 冕旒七根，每旒端部系一黑玉珠，冕旒前垂四寸；或长齐肩，无后旒。 冕板中部置冕缨，同绶色。	皂衣绛裳、衣画而裳绣。五章：华虫、藻、火、粉、米。上衣交领广袖，系入下裳。绛缘中衣，中衣内穿白曲领。下裳上围圆下摆赤皮蔽膝、裳下穿绛裤。	绛袜、赤舃，高舃头	绶随官阶，详见第二章朝服部分。 衮（绲）带：质地与绶同，系在蔽膝之上。 大带：素带宽四寸，腰间打结后垂下三尺。 革带：系在大带之下。 木剑：剑柄饰以玉。

时代	身份	首服	身衣	足服	佩饰
南齐初至南齐永明六年	皇帝	平冕、通天冠、黑介帻。冕板前圆（曲率小，近方）后方，长一尺二寸、宽七寸。冕旒十二根，白玉珠，冕旒或前垂四寸，后垂三寸；或齐肩。冕板中部置冕缫，质同绶。	皂衣绛裳，衣画而裳绣。十二章：日、月、星辰、山、龙、华虫、藻、火、粉米、黼、黻。上衣交领广袖，系入下裳。绛缘中衣，中衣内穿白曲领。下裳上围圆下摆赤皮蔽膝、裳下穿绛裤。	绛袜、赤舄，高舄头	黄赤绶：黄赤地，黄赤缥绿绀五彩。白玉、鞶囊。裦（绲）带：质地与绶同，系在蔽膝之上。大带：素带宽四寸，外白里朱，首尾两段为绿色窄边装饰，中间一段用红色窄边装饰。系在腰前打结后垂下三尺为绿边。革带：系在大带或裦带下之下。木剑：剑柄饰以玉。
	太子	平冕、远游冠、黑介帻。冕板前圆（曲率小，近方）后方，长一尺二寸、宽七寸。冕旒九根，青玉珠，冕旒或前垂四寸，后垂三寸；或长齐肩。冕板中部置冕缫，质同绶。	皂衣绛裳，衣画而裳绣。九章：山、龙、华虫、藻、火、粉、米、黼、黻。上衣交领广袖，系入下裳。绛缘中衣，中衣内穿白曲领。下裳上围圆下摆赤皮蔽膝、裳下穿绛裤。	绛袜、赤舄，高舄头	朱绶：朱色地，赤、黄缥、绀四彩。瑜玉、蠻兽头鞶囊。裦（绲）带：质地与绶同，系在蔽膝之上。大带：素带宽四寸，腰间打结后垂下三尺。革带：系在大带之下。木剑：剑柄饰以玉。
	王	平冕、远游冠、黑介帻。冕板前圆（曲率小，近方）后方，长一尺二寸、宽七寸。冕旒八根，青玉珠，冕旒或前垂四寸，后垂三寸；或长齐肩。冕板中部置冕缫，质同绶。	皂衣绛裳，衣画而裳绣。九章：山、龙、华虫、藻、火、粉、米、黼、黻。上衣交领广袖，系入下裳。绛缘中衣，中衣内穿白曲领。下裳上围圆下摆赤皮蔽膝、裳下穿绛裤。	绛袜、赤舄，高舄头	纁朱绶：纁朱色地，赤、黄、缥、绀四彩。山玄玉、鞶囊。裦（绲）带：质地与绶同，系在蔽膝之上。大带：素带宽四寸，腰间打结后垂下三尺。革带：系在大带之下。木剑：剑柄饰以玉。
	公	平冕、黑介帻，承冕之冠未详。冕板前圆（曲率小，近方）后方，长二尺二寸、宽七寸。冕旒七根，青玉珠，冕旒前垂四寸；或长齐肩，无后旒。冕板中部置冕缫，同绶色。	皂衣绛裳、衣画而裳绣。七章：山、龙、华虫、藻、火、粉、米。上衣交领广袖，系入下裳。绛缘中衣，中衣内穿白曲领。下裳上围圆下摆赤皮蔽膝、裳下穿绛裤。	绛袜、赤舄，高舄头	绶随官阶，详见第二章朝服部分。裦（绲）带：质地与绶同，系在蔽膝之上。大带：素带宽四寸，腰间打结后垂下三尺。革带：系在大带之下。木剑：剑柄饰以玉。大带之下。
	卿	平冕、黑介帻，承冕之冠未详。冕板前圆（曲率小，近方）后方，长二尺二寸、宽七寸。冕旒五根，每旒端部系一黑玉珠，冕旒前垂四寸；或长齐肩，无后旒。冕板中部置冕缫，同绶色。	皂衣绛裳，衣画而裳绣。五章：华虫、藻、火、粉、米。上衣交领广袖，系入下裳。绛缘中衣，中衣内穿白曲领。下裳上围圆下摆赤皮蔽膝、裳下穿绛裤。	绛袜、赤舄，高舄头	绶随官阶，详见第二章朝服部分。裦（绲）带：质地与绶同，系在蔽膝之上。大带：素带宽四寸，腰间打结后垂下三尺。革带：系在大带之下。木剑：剑柄饰以玉。

时代	身份	首服	身衣	足服	佩饰
南齐永明六年至齐末	皇帝	平冕、通天冠、黑介帻。冕板前圆（曲率小，近方）后方，长一尺二寸、宽七寸。冕旒十二根，白玉珠，冕旒或前垂四寸，后垂三寸；或齐肩。冕板中部置冕缨，质同绶。	皂衣绛裳，衣画而裳绣。十二章：日、月、星辰、山、龙、华虫、藻、火、粉米、黼、黻。上衣交领广袖，系入下裳。绛缘中衣，中衣内穿白曲领。下裳上围圆下摆赤皮蔽膝、裳下穿绛裤。	绛袜、赤舄，高舄头	黄赤绶：黄赤地，黄赤缥绿绀五彩。白玉、鞶囊。衮（绲）带：质地与绶同，系在蔽膝之上。大带：素带宽四寸，外白里朱，首尾两段为绿色窄边装饰，中间一段用红色窄边装饰。系在腰前打结后垂下三尺为绿边。革带：系在大带或衮带之下。木剑：剑柄饰以玉。
	皇太子	平冕、远游冠、黑介帻。冕板前圆（曲率小，近方）后方，长一尺二寸、宽七寸。冕旒九根，青玉珠，冕旒或前垂四寸，后垂三寸；或长齐肩。冕板中部置冕缨，质同绶。	皂衣绛裳，衣画而裳绣。九章：山、龙、华虫、藻、火、粉、米、黼、黻。上衣交领广袖，系入下裳。绛缘中衣，中衣内穿白曲领。下裳上围圆下摆赤皮蔽膝、裳下穿绛裤。	绛袜、赤舄，高舄头	朱绶：朱色地，赤、黄缥、绀四彩。瑜玉、蠻兽头鞶囊。衮（绲）带：质地与绶同，系在蔽膝之上。大带：素带宽四寸，腰间打结后垂下三尺。革带：系在大带或衮带之下。木剑：剑柄饰以玉。
	王	平冕、远游冠、黑介帻。冕板前圆（曲率小，近方）后方，长一尺二寸、宽七寸。冕旒八根，青玉珠，冕旒或前垂四寸，后垂三寸；或长齐肩。冕板中部置冕缨，质同绶。	皂衣绛裳，衣画而裳绣。九章：山、龙、华虫、藻、火、粉、米、黼、黻。上衣交领广袖，系入下裳。绛缘中衣，中衣内穿白曲领。下裳上围圆下摆赤皮蔽膝、裳下穿绛裤。	绛袜、赤舄，高舄头	纁朱绶：纁朱色地，赤、黄、缥、绀四彩。山玄玉、鞶囊。衮（绲）带：质地与绶同，系在蔽膝之上。大带：素带宽四寸，腰间打结后垂下三尺。革带：系在大带或衮带之下。木剑，剑柄饰以玉。
	公	平冕、黑介帻，承冕之冠未详。冕板前圆（曲率小，近方）后方，长二尺二寸、宽七寸。冕旒八根，青玉珠，冕旒前垂四寸，后垂三寸；或长齐肩，无后旒。冕板中部置冕缨，同绶色。	皂衣绛裳，衣画而裳绣。七章：山、龙、华虫、藻、火、粉、米。上衣交领广袖，系入下裳。绛缘中衣，中衣内穿白曲领。下裳上围圆下摆赤皮蔽膝、裳下穿绛裤。	绛袜、赤舄，高舄头	绶随官阶，详见第二章朝服部分。衮（绲）带：质地与绶同，系在蔽膝之上。大带：素带宽四寸，腰间打结后垂下三尺。革带：系在大带或衮带之下。木剑：剑柄饰以玉。大带之下。
	卿	平冕、黑介帻，承冕之冠未详。冕板前圆（曲率小，近方）后方，长二尺二寸、宽七寸。冕旒六根，每旒端部系一黑玉珠，冕旒前垂四寸；或长齐肩，无后旒。冕板中部置冕缨，同绶色。	皂衣绛裳，衣画而裳绣。五章：华虫、藻、火、粉、米。上衣交领广袖，系入下裳。绛缘中衣，中衣内穿白曲领。下裳上围圆下摆赤皮蔽膝、裳下穿绛裤。	绛袜、赤舄，高舄头	绶随官阶，详见第二章朝服部分。衮（绲）带：质地与绶同，系在蔽膝之上。大带：素带宽四寸，腰间打结后垂下三尺。革带：系在大带或衮带之下。木剑：剑柄饰以玉。

时代	身份	首服	身衣	足服	佩饰
梁陈	皇帝	平冕、通天冠、黑介帻。冕板前圆（曲率小，近方）后方，长一尺二寸、宽七寸。冕旒十二根，白玉珠（陈立国至天嘉初年为白珍珠），冕旒或前垂四寸，后垂三寸；或齐肩。冕板中部置冕缨、纮纩，纮纩为黄棉线系着玉瑱，玉瑱与耳齐平。冕缨质同绶。	皂衣绛裳，衣则日、月、星辰、山、龙、华虫、火、宗彝，以为画。裳则藻、粉、米、黼黻，以为绣。上衣交领广袖，系入下裳。绛缘中衣，中衣内穿白曲领。下裳上围圆下摆赤皮蔽膝、裳下穿裤。	绛袜、赤舄、高舄头	黄赤绶：黄赤地，黄赤缥绿绀五彩。白玉、磬囊。衮（绲）带：质地与绶同，系在蔽膝之上。大带：素带宽四寸，外白里朱，首尾两段为绿色窄边装饰，中间一段用红色窄边装饰。系在腰前打结后垂下三尺为绿边。革带：系在大带或衮带之下。木剑：剑柄饰以玉。
	皇太子	平冕、远游冠、黑介帻。冕板前圆（曲率小，近方）后方，长一尺二寸、宽七寸。冕旒九根，青玉珠，冕旒或前垂四寸，后垂三寸；或长齐肩。冕板中部置冕缨、纮纩，纮纩为黄棉线系着玉瑱，玉瑱与耳齐平。冕缨质同绶。	皂衣绛裳，衣画而裳绣，九章：山、龙、华虫、火、宗彝、藻、粉、米、黼黻。上衣交领广袖，系入下裳。绛缘中衣，中衣内穿白曲领。下裳上围圆下摆赤皮蔽膝、裳下穿裤。	绛袜、赤舄，高舄头	硃绶：朱色地，赤、黄、缥、绀四彩。瑜玉、螻兽头鞶囊。衮（绲）带：质地与绶同，系在蔽膝之上。大带：素带宽四寸，腰间打结后垂下三尺。革带：系在大带或衮带之下。木剑：剑柄饰以玉。
	王	平冕、远游冠、黑介帻。冕板前圆（曲率小，近方）后方，长一尺二寸、宽七寸。冕旒九根，青玉珠，冕旒或前垂四寸，后垂三寸；或长齐肩。冕板中部置冕缨、纮纩，纮纩为黄棉线系着玉瑱，玉瑱与耳齐平。冕缨质同绶。	皂衣绛裳，衣画而裳绣，九章：山、龙、华虫、火、宗彝、藻、粉、米、黼黻。上衣交领广袖，系入下裳。绛缘中衣，中衣内穿白曲领。下裳上围圆下摆赤皮蔽膝、裳下穿裤。	绛袜、赤舄，高舄头	纁朱绶：纁朱色地，赤、黄、缥、绀四彩。山玄玉、鞶囊。衮（绲）带：质地与绶同，系在蔽膝之上。大带：素带宽四寸，腰间打结后垂下三尺。革带：系在大带或衮带之下。木剑，剑柄饰以玉。
	公及位从公、五等诸侯	平冕、黑介帻，承冕之冠未详。冕板前圆（曲率小，近方）后方，长一尺二寸、宽七寸。冕旒九根，青玉珠，冕旒或前垂四寸，后垂三寸；或长齐肩。冕板中部置冕缨、纮纩，纮纩为黄棉线系着玉瑱，玉瑱与耳齐平。冕缨质同绶。	皂衣绛裳、衣画而裳绣。九章：山、龙、华虫、火、宗彝、藻、粉、米、黼黻。上衣交领广袖，系入下裳。绛缘中衣，中衣内穿白曲领。下裳上围圆下摆赤皮蔽膝、裳下穿裤。	绛袜、赤舄，高舄头	绶随官阶，详见第二章朝服部分。衮（绲）带：质地与绶同，系在蔽膝之上。大带：素带宽四寸，腰间打结后垂下三尺。革带：系在大带或衮带之下。木剑：剑柄饰以玉。

冕服是最重要的祭服，除此之外，皇帝祭服还有拜陵服与素服。

拜陵即拜谒皇陵，属"墓祭"一类。先秦本无墓祭之礼，秦汉于皇陵建园寝（祭殿）供奉、祭拜先祖，即为拜陵。魏武帝葬高陵后，最初依汉制在陵上建祭殿，至黄初三年，魏文帝以先帝节俭为由废除园寝之制。魏齐王谒拜明帝高平陵后，跟随其的曹爽兄弟被司马懿定罪，继而遭灭九族，此后拜陵制度一度被废止。直至晋武帝时期，又逐渐恢复拜陵制度，而后又被晋惠帝废止[1]。东晋后拜陵制度时断时续，但拜陵服作为定制计入典章，并为南朝所承袭。东晋南朝的皇帝拜陵服，《晋书·舆服志》载："其拜陵，黑介帻，单衣"[2]；《宋书·礼制》载："其拜陵，黑介帻，蒗单衣"[3]；《南齐书·舆服志》载："黑介帻，单衣，无定色，乘舆拜陵所服"[4]；《隋书·礼仪志》载："（梁陈皇帝）拜陵则笺布单衣，介帻。"[5]总之，东晋南朝皇帝拜陵服为介帻、单衣。

素服亦为皇帝祭服，但非吉服，系凶服之属。素服始于先秦，《周礼·春官》载，天子在大疫、大灾、大荒时穿素服[6]。至汉魏，除天灾外，举哀临丧场合亦穿素服。东晋、南朝承袭汉魏，皇帝在天灾、临丧时亦穿素服。正史文献中有多例皇帝穿素服的记载，如《晋书·何曾传》载何曾"咸宁四年薨，时年八十。帝于朝堂素服举哀。"[7]《宋书·礼志》引挚虞《决疑》："日将蚀，天子素服避正殿。"[8]素服作为重要礼服之一，被计入典章。东晋南朝的皇帝素服，《晋书·舆服志》载："其素服，白帢单衣"[9]；《宋书·礼制》载："其素服，白帢单衣"[10]；《南齐书·舆服志》载："其白帢单衣，谓之素服，以举哀临丧"[11]，《隋书·礼仪志》载："（梁陈皇帝）单衣、白帢，以代古之疑衰、皮弁为吊服"[12]。《晋书·舆服志》作白帢；《宋书·礼志》作白帢；《南齐书·舆服志》《隋书·礼仪志》均作白帢，而《太平御览》引王引《晋书》、傅玄《傅子》均作帢[13]，帢、帢、帢其所指相同。东晋南朝皇帝素服为白帢、单衣。

至于介帻、白帢、单衣的具体式样，在本书第三章常服部分有详细介绍，不再赘述。

---

[1] （唐）房玄龄等：《晋书》第三册，中华书局，1974年，第633、634页。

[2] （唐）房玄龄等：《晋书》第三册，中华书局，1974年，第766页。

[3] （梁）沈约：《宋书》第二册，中华书局，1974年，第502页。

[4] （梁）萧子显：《南齐书》第一册，中华书局，1972年，第340、341页

[5] （唐）魏徵等：《隋书》第一册，中华书局，1973年，第216页。

[6] （汉）郑玄注、（唐）贾公彦疏，黄侃经文句读：《周礼注疏》，上海古籍出版社，1990年，第325页。

[7] （唐）房玄龄等：《晋书》第三册，中华书局，1974年，第997页。

[8] （梁）沈约：《宋书》第二册，中华书局，1974年，第351页。

[9] （唐）房玄龄等：《晋书》第三册，中华书局，1974年，第766页。

[10] （梁）沈约：《宋书》第二册，中华书局，1974年，第502页

[11] （梁）萧子显：《南齐书》第一册，中华书局，1972年，第340页。

[12] （唐）魏徵等：《隋书》第一册，中华书局，1973年，第215页。

[13] （宋）李昉等编：《太平御览》，中华书局，1960年，第3071、3072页。

第二节　东晋南朝命妇祭服

中国古代，命妇泛指所有被朝廷授予封号的女性，分内命妇和外命妇。内命妇包括皇帝宗室之妻及宗室未婚女，皇后、妃嫔、未嫁公主等均为内命妇；外命妇指已婚的皇帝宗室女及有封号的文武百官妻女。东晋南朝时期，只有命妇有资格参加祭蚕神、祀宗庙等活动。女式祭服亦仅命妇有资格穿。

东晋南朝命妇的祭服制度同样承袭东汉，以首服、佩饰作为区分身份等级的主要标准。女性的首服，不是冠，而是首饰 [1]。命妇祭服身衣，包括皇后祀宗庙之服、亲蚕之服；外命妇的助蚕之服、佐祭之服；后妃公主的助蚕之服。命妇的佩饰与帝王公卿一致，为绶、玉、带具等。下文将依照命妇祭服之发式与首饰、身衣、足服与佩饰之序逐一论述。

一　发式与首饰 [2]

东晋南朝命妇发式与首饰承袭东汉，先看正史文献。《续汉书·舆服志》载皇后发式为"假结"，首饰"步摇，簪珥。步摇以黄金为山题，贯白珠为桂枝相缪，一爵九华，熊、虎、赤罴、天鹿、辟邪、南山丰大特六兽，《诗》所谓'副笄六珈'者。诸爵兽皆以翡翠为毛羽。金题，白珠珰绕，以翡翠为华"；贵人发式"大手结"，首饰"墨玳瑁，又加簪珥"；公主发式"大手结"，首饰"皆有簪珥"，长公主"加步摇"；公、卿、列侯、中二千石、二千石夫人等外命妇发式与首饰为"绀缯蔮，黄金龙首衔白珠，鱼须擿，长一尺，为簪珥" [3]。《晋书·舆服志》载皇后发式"假髻"，首饰"步摇，俗谓之珠松是也，簪珥。步摇以黄金为山题，贯白珠为支相缪。八爵九华，熊、兽、赤罴、天鹿、辟邪、南山丰大特六兽，诸爵兽皆以翡翠为毛羽，金题白珠榼，绕以翡翠为华"；三夫人（即贵人、贵嫔、夫人）发式"太平髻"，首饰"七镶蔽髻，黑玳瑁，又加簪珥"；九嫔（即淑妃、淑媛、淑仪、修华、修容、修仪、婕妤、容华、充华）及公主、夫人首饰"五镶"；世妇"三镶"。又言"长公主、公主见会，太平髻，七镶蔽髻，其长公主得有步摇，皆有簪珥。""公、特进、侯、卿、校世妇，中二千石、二千石夫人绀缯帼，黄金龙首衔白珠，鱼须擿长一尺为簪珥。" [4]《宋书·礼志》则引汉

---

[1]　在现代语境下，首饰泛指一切用于佩戴的贵金属矿物装饰品，项链、戒指、手镯、脚环等都在其列。在中国古代，首饰仅仅指用于头部的装饰品，钗、簪、耳饰等。

[2]　本节发式与首饰部分的"撷子髻""十字髻""缓鬓倾髻""巾帼"等论述出自拙作《东晋南朝时期女性的"时尚发型"》一文，原载《大众考古》2016年第2期。

[3]　（晋）司马彪撰、（梁）刘昭注补：《后汉书（志）》第十二册，中华书局，1965年，第3676、3677页。

[4]　（唐）房玄龄等：《晋书》第三册，中华书局，1974年，第774页。

制与晋《先蚕仪注》，表示宋依汉制、晋法，皇后"假髻，步摇八雀、九华，加以翡翠"，"十二钿，步摇，大手髻"；公主三夫人"大手髻，七钿蔽髻"；九嫔及公夫人"五钿"；世妇"三钿"长公主"有步摇"，后妃公主世妇"皆有簪珥"公特进列侯夫人、卿校世妇、二千石命妇年长者"绀缯帼"[1]。《南齐书·舆服志》仅载公主"会见大首髻"[2]。《隋书》载梁陈皇后发式、首饰"假髻、步摇，俗谓之珠松是也。簪珥步摇，以黄金为山题，贯白珠，为桂枝相缪。八爵九华，熊、兽、赤黑、天鹿、辟邪、南山丰大特六兽。诸爵兽皆以翡翠为华"；公主、三夫人"大手髻，七钿蔽髻"，长公主"有步摇"；九嫔及公夫人"五钿"；世妇"三钿"；公、特进、列侯、卿、校、中二千石夫人"黄金龙首衔白珠，鱼须摘，长一尺，为簪珥"。[3]

上述文献中均载皇后有"假髻"，而《宋书》引晋《先蚕仪注》载皇后发式为"大手髻"。《宋书》为南朝人所作，离东晋不远。其参考晋代文献，应该是可信的。可见"大手髻"应是配合假髻梳成的发式，东晋、刘宋皇后发式即是"大手髻"。《南齐书》《隋书》中，均未载南朝齐、梁、陈皇后发式。《晋书》载公主、三夫人发式为"太平髻"，并以"七镇蔽髻"；《宋书》载公主、三夫人发式为"大手髻"，并以"七钿蔽髻"；《南齐书》载公主发式为"大首髻"；《隋书》载梁陈公主、三夫人为"大手髻"，并以"七钿蔽髻"。《晋书》中记载公主三夫人的发式为"太平髻"，而《宋书》《南齐书》《隋书》中均载"大手（首）髻"，《后汉书·舆服志》中公主三夫人的发式为"大手结"。"结"同"髻"。《通典·礼典》中亦有对汉至唐后妃命妇礼服制度的记载，其中明确"刘宋因汉制"且"复依晋法"，又言"齐因之"，"陈因前制"[4]。故推测，齐、梁、陈三代，皇后发式亦为"大手髻"；而《晋书》对公主、三夫人的发式记载或有误，亦应为"大手髻"。东晋南朝公、特进、列侯、卿、校、中二千石夫人发式均为"绀缯帼"。

先讨论"大手髻"。关于"大手髻"的式样，文献中未有记载。再看图像资料，司马金龙墓漆画屏风上的帝舜二妃娥皇女英像（图1-11，1），周文王之祖母、母亲、夫人，即太姜、太妊、太姒像，汉成帝之妃班婕妤像，其发髻两侧均有左右对称的大发环，呈"十字"状。沈从文先生将类似的发式统称为"十字髻"[5]。以上人物身份均为后妃，这种发式很可能就是"大手髻"，但屏风漆画中所绘的是历史故事，不排除有拟古或艺术加工的痕迹。而墓葬中壁画、俑等反映墓主生活的考古资料，尤其是墓室壁画中的墓主人、墓主夫人及随从像，作为当时的服饰资料更加真实可信。"十字髻"

[1] （梁）沈约：《宋书》第二册，中华书局，1974年，第505页。
[2] （梁）萧子显：《南齐书》第一册，中华书局，1972年，第342页。
[3] （唐）魏徵等：《隋书》第一册，中华书局，1973年，第236～238页。
[4] （唐）杜佑撰、王文锦等点校：《通典》，中华书局，1988年，第1736～1738页。
[5] 沈从文：《中国古代服饰研究》，商务印书馆，1981年，第145页。

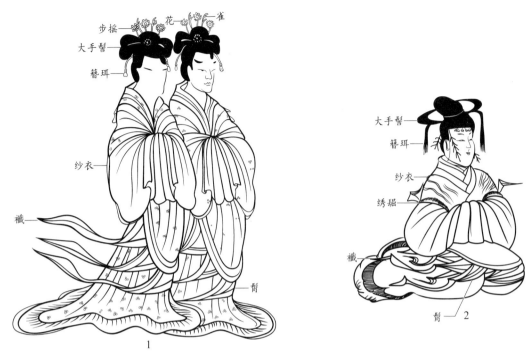

图1-11 东晋图像资料中命妇像
1.司马金龙墓漆画屏风"帝舜二妃"像 2.冬寿墓壁画冬寿夫人像

亦见于东晋南朝（同时代）的考古资料中。比较典型的是时代为东晋的朝鲜安岳3号墓壁画墓主冬寿夫人像，其发式亦是"十字髻"（图1-11，2），说明这种发式在当时是真实存在的。朝鲜安岳3号墓墓主冬寿（卒于357年，即东晋升平元年）生前接受东晋封赐官职[1]，在该墓壁画中，墓主人头戴武冠、身穿绛袍、佩绶，正是典型的东晋朝服式样（第二章第三节武官朝服部分将详细讨论）。与之对应，冬寿夫人必然穿上女性的礼服方能彰显身份。冬寿夫人属外命妇，按东晋礼制，在与祭服相配的发式应为"绀缯帼"，壁画中却是"十字髻"，或因此非祭祀场合。但由此可见，"十字髻"是在正式场合的发式。《南齐书·舆服志》中称"大手髻"为"大首髻"，可能"手"通"首"；"大首髻"可能是一种体量大的发髻。冬寿夫人与司马金龙墓出土漆画屏风中内命妇像的鬓发严整，左右对称的大发髻亦真发难以支撑，应当就是配合假髻做的发式。考虑到"十字髻"具有体量大、用假髻的特征，加上东晋考古资料中所反映的命妇均梳此发式，这类"十字髻"很可能就是"大手髻"。东晋南朝女性发式，并无等级之分。"十字髻"很可能就是文献所载"大手髻"，"大手髻"属比较正式的发式，冬寿夫人穿礼服，梳"大手髻"也是合理的。

东晋"大手髻"从何而来？文献中对晋代女性发式的记载很少，比较详细的描述

---

[1] 耿铁华:《高句丽古墓壁画研究》，吉林大学出版社，2008年，第236～248页。

1　　　　　2　　　　　3　　　　　4　　　　　5

图1-12　西晋"撷子髻"

1.河南卫辉大司马村西晋墓女俑"撷子髻"　2.河南洛阳涧西南村西晋墓女俑"撷子髻"　3、4.山东邹城西晋刘宝墓女俑"撷子髻"　5.江苏南京板桥镇石闸湖西晋墓女俑"撷子髻"

可见干宝《搜神记》:"晋时,妇人结发者,既成,以缯急束其环,名曰'撷子髻'。始自宫中,天下翕然化之也。其末年,遂有怀、惠之事。"[1]《晋书·五行志》对此亦有引述[2]。汉晋时,常把一个物件上分出的小结构称为"子",如一个大铃上悬挂八个小铃,被称为"八子铃"[3]。"撷子髻"即是大发髻附带小髻。"急束"就是"紧绑"的意思。干宝生活在两晋,其对西晋女性发式的描述应当是准确的,在西晋的考古资料中,不难发现"撷子髻"的踪迹。各地西晋墓中所出女俑中,可见多例类似的发式,均是先在头顶盘结一个大发髻,在大发髻顶端抽出两股头发,紧紧系住中间,形成两个发环;正是"以缯急束其环",大发髻带两个小发环,与文献所载的"撷子髻"。这种发式,应当就是干宝笔下的"撷子髻"。晋代"撷子髻"女俑,主要发现于河南洛阳一带。如洛阳吉利区西晋墓陶女俑[4],洛阳谷水晋墓陶女俑[5],卫辉市西晋墓陶女俑[6](图1-12,1),洛阳涧西南村西晋墓陶女俑[7](图1-12,2),洛阳新安县西晋墓陶女俑[8],偃师首阳山西晋帝陵陪葬墓陶女俑[9]等。可见"撷子髻"在西晋政治文化中心洛阳一带盛行。这种发式在中国其他地区也有发现,如山东邹城西晋墓陶女俑[10](图1-12,3、4),山西运城十里铺砖墓陶女俑[11],江苏南京板桥镇石闸湖晋墓青瓷女俑[12](图1-12,5)等,正如干宝所言"天下翕然化之也"。

[1]　(晋)干宝撰、汪绍楹校注:《搜神记》,中华书局,1979年,第96页。

[2]　(唐)房玄龄等:《晋书》第三册,中华书局,1974年,第824页。

[3]　孙机:《三子钗与九子铃》,《文物天地》1987年第6期。

[4]　洛阳市文物工作队:《洛阳吉利区西晋墓发掘简报》,《文物》2010年第8期。

[5]　洛阳市第二文物工作队:《洛阳谷水晋墓》,《文物》1996年第8期。

[6]　河南省文物管理局南水北调文物保护办公室、四川大学考古学系:《河南卫辉市大司马村晋墓发掘简报》,《考古》2010年第10期。

[7]　西南民族大学民族研究院、洛阳市文物考古研究院:《洛阳涧西南村西晋墓》,《文物》2012年第12期。

[8]　洛阳市文物工作队:《河南新安县晋墓发掘简报》,《华夏考古》1998年第1期。

[9]　洛阳市第二文物工作队、偃师市文物局:《河南偃师市首阳山西晋帝陵陪葬墓》,《考古》2010年第2期。

[10]　山东邹城市文物局:《山东邹城西晋刘宝墓》,《文物》2005年第1期。

[11]　山西省考古研究所、运城市博物馆:《山西运城十里铺砖墓清理简报》,《考古》1989年第5期。

[12]　南京市文物保管委员会:《南京板桥镇石闸湖晋墓清理简报》,《文物》1965年第6期。

图1-13　东晋十六国"十字髻"女俑

1.江苏南京郭家山温氏家族墓M10女俑　2.江苏南京雨花台区小行出土女俑　3.江苏南京西善桥东晋太和四年墓女俑　4.江苏南京雨花台大鱼村六朝墓M10女俑　5、6.陕西咸阳平陵十六国墓女俑　7、8.陕西西安草场坡十六国女俑

　　干宝认为，"撷子髻"过于怪异，是晋惠帝、晋怀帝被毒杀的前兆。或缘此，这种发式在东晋十六国的考古资料中似乎突然消失。然而西晋一度流行的"撷子髻"已经深入人心，"撷子髻"虽被避讳，但其束发方式依旧受到当世女性的青睐。细察司马金龙墓漆画屏风后妃像、冬寿墓壁画墓主夫人像，可发现其发式的束发方式与"撷子髻"如出一辙，但体量增大。还有一种发式，与司马金龙墓漆画屏风后妃等发式类似，其头顶有左右对称的大发环，但两侧鬟发下垂遮颊，不似后者将头发均束在耳后，亦被沈从文先生归于"十字髻"一类（下文简称"缓鬟式十字髻"）。"缓鬟式十字髻"多见于东晋考古资料中，主要集中在南京一带。如南京郭家山温氏家族东晋早期墓 M10女俑[1]（图 1-13，1）、南京北郊张蔡村女俑[2]、南京雨花台区小行出土女俑[3]（图 1-13，2）、南京西善桥东晋太和四年墓女俑[4]（图 1-13，3）、南京雨花台大鱼村六朝墓 M10女俑[5]（图 1-13，4）等。类似发式在同时期中国北方亦多见，如陕西咸阳市头道塬十六国墓[6]、咸阳平陵十六国墓[7]（图 1-13，5、6），亦可见两颊垂发的"缓鬟式十字

[1]　南京市博物馆：《南京市郭家山东晋温氏家族墓》，《考古》2008 年第 6 期。

[2]　南京市博物馆：《南京北郊三座六朝墓葬发掘简报》，《东南文化》1989 年第 2 期。

[3]　现藏于南京六朝博物馆。

[4]　葛治功：《南京西善桥东晋泰和四年墓清理简报》，《考古通讯》1958 年第 4 期。

[5]　江苏省文物局：《江苏考古（2012～2013）》，南京出版社，2015 年，第 153 页。

[6]　咸阳市文物考古研究所：《陕西咸阳市头道塬十六国墓葬》，《考古》2005 年第 6 期。

[7]　咸阳市文物考古研究所：《咸阳平陵十六国墓清理简报》，《文物》2001 年第 7 期。

图1-14　东晋末至刘宋初"缓鬓倾髻"式女俑

1.江苏南京尧化门东晋墓陶女俑　2.江苏南京北郊张蔡村东晋墓女俑　3.江苏南京南朝女俑（南京博物院藏）　4.江苏南京前新塘南朝墓女俑

髻"女俑。西安草场坡十六国（图1-13，7、8）、西安咸阳国际机场高速路工地十六国墓[1]中亦可发现"缓鬓式"与无垂发的"十字髻"女俑皆有。从以上图例可见，这类发式均是在西晋"撷子髻"的基础上演变而来，并衍生出多种式样。由于这种发式体量大，不少女俑出土后发髻已经断裂。如南京北郊合班村六朝墓东晋陶女俑[2]，南京迈皋桥小营村东晋墓陶女俑[3]等。

　　东晋早中期女俑的缓鬓式十字髻均正竖对称，如图1-13，1~4所示。而东晋晚期缓鬓式十字髻女俑大多鬓发松散，发髻倾斜，如南京尧化门东晋墓陶女俑[4]（图1-14，1）、南京幕府山东晋墓女俑[5]、南京北郊张蔡村东晋墓陶女俑[6]（图1-14，2）、南京雨花台区姚家山东晋墓画像砖女像[7]等。为什么会有这种变化呢？《晋书·五行志》记载："太元中，公主妇女必缓鬓倾髻，以为盛饰，用髻既多，不可恒戴，乃先于木及笼上装之，名曰假髻，或名假头。"[8]《宋书·五行志》则载："晋海西公太和以来，大家妇女，缓鬓倾髻，以为盛饰，用发既多，不恒戴。乃先作假髻，施于木上，呼曰'假头'。"[9]无论是东晋太和年间还是太元年间，均属东晋中晚期。"缓鬓"即鬓发松散，"倾髻"指发髻倾斜，恰南京地区东晋中晚期女俑的"十字髻"与文献记载的"缓鬓倾髻"相符。

　　东晋中晚期，大家妇女以"缓鬓倾髻"为"盛饰"。东晋中晚期的"缓鬓倾髻"发式很可能就是在"大手髻"的基础上，垂下鬓发，倾斜发髻而成。冬寿夫人与司马金龙墓出土漆画屏风中内命妇像的鬓发严整，大发髻左右对称，应当就是正式的"大

[1]　陕西省考古研究院：《西安咸阳国际机场专用高速公路十六国墓发掘简报》，《文博》2009年4月。

[2]　李鑑昭：《南京北郊合班村六朝墓清理》，《考古》1959年第4期。

[3]　南京市博物馆：《南京迈皋桥小营村发现东晋墓》，《考古》1991年第6期。

[4]　南京市博物馆编：《六朝风采》，文物出版社，2004年，第281页。

[5]　王志敏、朱江等编：《南京六朝陶俑》，中国古典艺术出版社，1958年，第14页。

[6]　南京市博物馆：《南京北郊三座六朝墓葬发掘简报》，《东南文化》1989年第2期。

[7]　南京市博物馆、雨花台区文化广播电视局：《南京市雨花台区姚家山东晋墓》，《考古》2008年第6期。

[8]　（唐）房玄龄等：《晋书》第三册，中华书局，1974年，第826页。

[9]　（梁）沈约：《宋书》第三册，中华书局，1974年，第903页。

1   2   3   4

图1-15　南朝各式"缓鬓式十字髻"女俑列举

1.江苏南京前新塘南朝墓陶女俑　2.江苏南京市西善桥出土南齐女俑　3.江苏南京雨花台华为工地南朝女俑
4.江苏南京西善桥南朝墓女俑

手髻"。至于东晋脸颊垂发、"缓鬓倾髻"式的"十字髻"，可能存在于非正式场合，它与较为正式的"大手髻"并存于东晋。

《后汉书·舆服志》中也记载，内命妇的发式为"大手结"。再看东汉时期图像资料，虽然高髻多见，却多为单髻，没有类似"十字"形发髻。从考古实例看，这种"十字"形的发髻应源于西晋的"撷子髻"。究其原因，可能是因为《续汉志》作者司马彪为晋人，其所处时代与东汉距离较远，写东汉舆服时参考了当世的制度；也有可能东汉的"大手结"就是单髻发式。晋代贵妇青睐"撷子髻"，单髻"大手结"已经"过时"。"撷子髻"的束发方式逐渐与高髻相结合，形成东晋"大手髻"的样式。这种发式究竟在何时成熟不可考，但可肯定的是，十字形"大手髻"在东晋已经流行。用真发很难梳成"大手髻"发式，所以很自然要借助假髻。

上述讨论了东晋"大手髻"的渊源与式样，下文继续谈南朝"大手髻"。左右对称的严整"大手髻"图像在南京一带南朝考古资料中鲜见，但"缓鬓式十字髻"图例并不罕见。"缓鬓倾髻"在刘宋时依旧十分流行，目前所见刘宋此类发式形态与东晋时完全一致，如南京博物院藏南朝女俑（图1-14，3）、南京前新塘南朝墓女俑[1]（图1-14，4）、南京油坊桥二号墓墓陶女俑[2]。与之同时，两侧对称、严整无"倾髻"的缓鬓式十字髻亦可见，如前新塘南朝墓陶女俑中亦有一例女俑"十字髻"左右发髻低垂（图1-15，1）。"缓鬓式十字髻"类发式，在南齐墓随葬俑中亦有发现，如南京市西善桥出土的两件南齐女俑[3]（图1-15，2）、丹阳宝山吴家村南齐大墓女俑的发式[4]，均属此类。但南齐缓鬓式十字髻的脸颊垂发体量更加夸张，头顶发环反而变小，发髻对称。

---

[1]　南京市博物馆：《南京前新塘南朝墓葬发掘简报》，《文物》1989年第4期。

[2]　顾苏宁：《南京市雨花台区三座六朝墓葬》，《东南文化》1991年第6期。

[3]　现藏于南京博物院。

[4]　南京博物院：《江苏丹阳县胡桥、建山两座南朝墓》，《文物》1980年第2期。

缓鬘式十字髻在已发现的南齐之后考古资料中渐少，但并未消失，如南京雨花台华为工地所出南朝女俑[1]，对称的大发环则高高竖起（图1-15，3）。南朝后，缓鬘式十字髻亦有往更高大夸张的样式发展的案例，如南京西善桥宫山大墓女俑[2]，南京市西善桥南朝刘宋墓女俑[3]（图1-15，4）；仪征博物馆藏南朝女俑，发式均断裂，仍可判断为缓鬘式十字髻。南齐之后缓鬘式十字髻女俑均穿广袖襦裙，常作昂首微笑之态，其身份应是贵族。说明"十字髻"类束发方式在南朝一直保留，亦是当时常见贵族发型。

迄今发现南朝陶俑、砖画等图像资料中，女性罕有穿祭服者，难以明确当时"大手髻"的式样。南朝与东晋"大手髻"最为接近的发式见于襄阳博物馆旧藏"贵妇出游"南朝画像砖[4]，其上有四位女性，其发式为左右对称的大双鬟，双颊无垂发（图1-16，1）。北朝石棺线刻画等资料中多见女性贵族。河南元谧石棺线刻，其时为北魏正光五年（524年，相当于萧梁）[5]，其中"郭巨埋儿"线刻画中，郭巨母正襟危坐，发式似东晋"大手髻"，头发束至耳后，有左右对称的大发环（图1-16，2）。更为典型的是时为北周天河六年（571年，相当于陈）的西安北周康业墓围屏线刻，其上绘有墓主即墓主夫人生活的场景[6]。康业为康居国王族，虽是粟特人，但围屏线刻上有其穿汉式朝服，戴远游冠的场景，符合汉族"王"级别的穿扮。与之对应，康业夫人及随从贵妇亦符合汉族命妇穿扮，有多位命妇发式似"大手髻"，但其发环似较南朝小一些（图1-16，3）。因南北朝为争取文化正统、礼服制度趋于一致，同时期的北朝图像资料可以一定程度反映出当时南朝礼服风貌。以北朝命妇图像资料为佐证，加上南朝考古资料中亦可见双鬟无垂发的"十字髻"图例，可推测南朝"大手髻"应当与东晋类似。

再讨论公、特进、列侯、卿、校、中二千石、二千石夫人之"绀缯帼"。《说文》："帼，妇人首饰。"[7]《释名》："簂，恢也，恢廓覆发上也。"[8]《说文》："恢，大也。"[9]可见，帼是女性的发式；体量大，覆盖发髻。帼同簂，又称巾帼、巾簂；帼从巾、簂从竹。推测帼以竹为笼骨，以巾覆之。《说文》曰："绀，帛深青扬赤色"，"缯，帛

---

[1] 现藏于南京六朝博物馆。

[2] 南京博物院、南京文物保管委员会：《南京西善桥南朝墓及其砖刻壁画》，《文物》1960年Z1期。原报告所定时代为东晋至南朝宋，后罗宗真、王志高先生在《六朝文物》第三章中判断此墓时代为南朝中晚期，有可能是陈废帝陈伯宗的墓所。

[3] 南京市博物馆、雨花台区文化广播电视局：《南京市雨花台区西善桥南朝刘宋墓》，《考古》2013年第4期。

[4] 襄阳市博物馆、襄阳市文物考古研究所等：《天国之享——襄阳南朝画像砖艺术》，科学出版社，2016年，第156页。

[5] 洛阳市文物管理局：《洛阳出土少数民族墓志汇编》，河南美术出版社，2011年，第52页。

[6] 西安市文物保护考古所：《西安北周康业墓发掘简报》，《文物》2008年第6期。

[7] （汉）许慎：《说文解字》，中华书局，1963年，第160页。

[8] （汉）刘熙：《释名》，中华书局，1985年，第74、75页。

[9] （汉）许慎：《说文解字》，中华书局，1963年，第218页。

图1-16　南北朝图像中所见女性贵族"大手髻"发式

1.湖北襄阳博物馆旧藏"贵妇出游"南朝画像砖　2.河南洛阳元谧石棺线刻郭巨母　3.陕西西安北周康业墓围屏线刻贵妇

也。"[1] "绀缯帼"，就是深青赤色的帛制成的帼。

《后汉书·舆服志》记载了戴帼的方法："（太皇太后、皇太后）剪牦蔮……簪……左右一，横簪之，以安蔮结。"结合文献资料与图像资料，就可以找到巾帼的具

---

[1]　（汉）许慎：《说文解字》，中华书局，1963年，第273、274页。

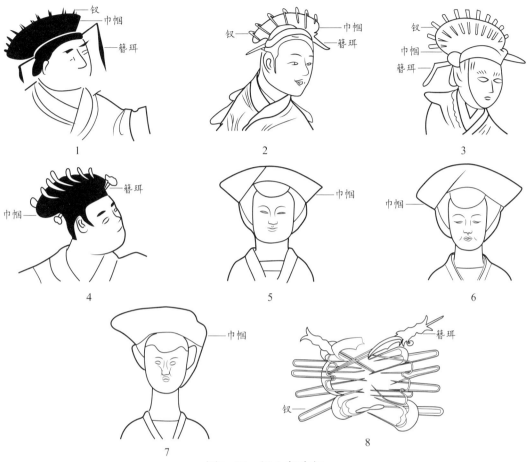

图1-17　汉六朝巾帼

1.河北安平逯家庄东汉壁画巾帼侍女　2.河南密县打虎亭汉墓画像石巾帼侍女　3.山东沂南东汉墓画像石巾帼侍女　4.安徽马鞍山三国朱然墓漆盘巾帼女像　5.江苏南京石子岗东晋巾帼女俑　6.江苏南京雨花台铁心桥小村南朝墓巾帼女俑　7.浙江嵊州祠堂山南朝墓巾帼女俑　8.贵州平坝马场东晋南朝墓出土钗簪组合

体形象。如河北安平逯家庄东汉墓壁画[1]中墓主人旁的侍女形象者，头上有一扇形饰物，左右各有一根簪子插在扇形饰物与头部交界处，似用来固定头饰；这种扇形饰物，应该就是巾帼；在巾帼顶部还竖卡了近十根发钗，可能也有安帼作用（图1-17，1）。东汉巾帼图像资料很多。如河南密县打虎亭东汉墓[2]（图1-17，2）、山东沂南东汉画像石墓[3]（图1-17，3）、安徽褚兰东汉墓[4]等，均发现有头戴巾帼的女性形象者，且都是以左右两根横簪结合多根发钗安帼于头上。

---

[1]　河北省文物研究所：《安平东汉壁画墓发掘简报》，《文物春秋》1989年Z1期。

[2]　河南省文化局文物工作队：《河南密县打虎亭发现大型汉代壁画墓和画象石墓》，《文物》1960年第4期。

[3]　南京博物院、山东省文物管理处：《沂南古画像石墓发掘报告》，文化部文物管理局，1956年，第146页。

[4]　王步毅：《安徽宿县褚兰画像石墓》，《考古学报》1993年第4期。

三国时期，巾帼依旧是女性常用的头饰。如安徽马鞍山东吴朱然墓漆案、漆盘[1]之上彩绘女性，无一例外头戴巾帼；虽然漆画细节不清晰，但扇形的帼，横簪、竖插的发钗均可辨（图1-17，4）。至东晋，在"十字髻"风行的情况下，巾帼在女性头饰中仍占一席之地。东晋墓出土女俑的发式，除"十字髻"之外，最多的就是巾帼。如南京石子岗东晋陶女俑[2]（图1-17，5）、南京郭家山东晋温氏家族墓陶女俑[3]，均有扇形巾帼安于头上；巾帼右角有一斜痕，似为了表现织物包裹折叠的痕迹。南朝时，女性戴巾帼依旧非常普遍。如南京尹西村六朝墓刘宋陶女俑[4]、南京西善桥南朝墓南朝梁陶女俑头[5]、梁桂阳王萧象墓陶女俑[6]、南京白龙山梁墓陶女俑[7]、南京仙鹤门南朝梁墓陶女俑[8]、南京童家山南朝墓陶女俑[9]等，范式相同，均头戴巾帼（如图1-17，6）。除南京外，南方其他地区南朝墓中也出土一批同样范式的戴巾帼女俑，如浙江嵊州祠堂山汉六朝墓南朝陶女俑[10]（图1-17，7）、江西南昌小兰南朝墓陶女俑[11]等。这类戴巾帼女俑，头上无安帼钗、簪，可能因为钗、簪过于繁琐在制作陶范时被省略了。而贵州平坝马场发现的东晋南朝墓，棺内头部多有钗、簪组合，似是安帼之用[12]（图1-17，8）。

可见，从东汉至南朝的巾帼式样类似，均为包裹在发髻之外的饰物，呈扇形，有钗、簪安帼。

最后说发髻上的装饰品，即首饰。据前所引述文献，东晋南朝命妇首饰为钿（镊）、步摇、簪珥。钿即是一种花形金饰，《说文》："钿，金华（花）也。"[13]宋书引晋《先蚕仪注》曰，皇后"十二钿"；《晋书》《宋书》《隋书》等文献均载，公主三夫人"七镊（钿）蔽髻"；"九嫔公夫人五钿"；"世妇三钿"。虽《南齐书》中无命妇首饰记载，但齐未易旧法，首饰制度应与刘宋相同。可见东晋南朝地位越高的女性，头戴

[1] 安徽省文物考古研究所、马鞍山市文化局：《安徽马鞍山东吴朱然墓发掘简报》，《文物》1986年第3期。

[2] 王敏之、朱江等：《南京六朝陶俑》，中国古典艺术出版社，1958年，第7页。

[3] 南京市博物馆：《南京市郭家山东晋温氏家族墓》，《考古》2008年第6期。

[4] 南京市博物馆、雨花台区文化局：《南京尹西村六朝墓发掘报告》，《南京文物考古新发现：南京历史文化新探二》，江苏人民出版社，2006年，第55～61页。

[5] 南京市博物馆：《南京西善桥南朝墓》，《文物》1997年第11期。

[6] 南京博物院：《梁朝桂阳王萧象墓》，《文物》1990年第8期。

[7] 南京市博物馆、栖霞区文管会：《江苏南京市白龙山南朝墓》，《考古》1998年第12期。

[8] 南京市博物馆：《南京郊区两座南朝墓》，《考古》1983年第4期。

[9] 南京市博物馆：《南京童家山南朝墓清理简报》，《考古》1985年第1期。

[10] 浙江省文物考古研究所、嵊州市文物管理处：《嵊州市祠堂山汉六朝墓发掘简报》，《东方博物》第四十七辑，浙江大学出版社，2013年，第77页。

[11] 涂伟华：《江西南昌县小兰乡南朝墓葬出土彩色陶俑》，《南方文物》2006年第4期。

[12] 贵州省博物馆考古组：《贵州平坝马场东晋南朝墓》，《考古》1973年第6期。

[13] （汉）许慎：《说文解字》，中华书局，1963年，第299页。

1　　　　　　　　　　3　　　　　　　　　　　4

2

图1-18　东晋、南北朝女性首饰——钿

1.江苏南京北郊东晋墓金钿　2.江苏南京郭家山东晋墓金钿　3.宋摹顾恺之《列女仁智图》女性贵族　4.河南洛阳北魏永宁寺影塑像戴钿女像

金花数量越多。东晋南朝考古资料中可见多例金钿实物，如南京中华门外东晋墓[1]、南京北郊东晋墓[2]（图1-18，1）、南京郭家山东晋墓[3]（图1-18，2）、镇江畜牧场二七大队东晋墓[4]、贵州平坝马场东晋南朝墓[5]均出有金钿（图1-18，1、2）。《列女仁智图》（图1-18，3）、司马金龙墓漆画屏风中的女性头上均可见金钿；洛阳北魏永宁寺世俗人物俑中，亦有戴钿者[6]（图1-18，4）。东晋南朝金钿应是插戴在发髻上，达到"蔽髻"的效果，南京北郊东晋墓金钿尾部呈针状（图1-18，1），即可插入发髻。

据《晋书》《宋书》《隋书》等文献，东晋南朝时期，在祀庙、亲蚕等重要的祭祀场合，只有皇后与长公主方有资格戴步摇。步摇是汉六朝时期最流行的首饰，《释名》："步摇，上有垂珠，步则摇也。"[7]南朝诗作《咏步摇花》："低枝拂绣领，微步动瑶瑛。"[8]关于汉晋步摇的起源发展，韦正《金珰与步摇——汉晋命妇冠饰试探》一文[9]中已有详尽探讨，不赘述。皇后、长公主所戴步摇等级较高，《续汉书》《晋书》《隋书》等均载，其以黄金为底座（山题），其上分枝权，枝权间贯有白珠，如树形，俗称为"珠松"。《女史箴图》《列女仁智图》中的女性头上大多戴一种饰件，并以金属片为底座，底座上有精致的枝权状细构件。辽宁朝阳田草沟晋墓出有类似金饰，底座似山形，也有金枝伸出[10]，金枝上有金叶。正如文献中记载的以黄金为"山题"，其上"枝

[1]　南京市文物管理委员会：《南京中华门外晋墓清理》，《考古》1961年第6期。

[2]　南京市博物馆：《南京北郊东晋墓发掘简报》，《考古》1983年第4期。

[3]　南京市博物馆：《南京北郊郭家山东晋墓葬发掘简报》，《文物》1981年第12期。

[4]　镇江市博物馆：《镇江东晋画像砖墓》，《文物》1973年第4期。

[5]　贵州博物馆考古组：《贵州平坝马场东晋南朝墓》，《考古》1973年第6期。

[6]　中国社会科学院考古研究所：《北魏洛阳永宁寺1979—1994年考古发掘报告》，中国大百科全书出版社，1996年，第57页。

[7]　（汉）刘熙：《释名》，中华书局，1985年，第74页。

[8]　（陈）徐陵编、（清）吴兆宜等注补，穆克宏点校：《玉台新咏笺注》上册，中华书局，1985年，第209页。

[9]　韦正：《金珰与步摇——汉晋命妇冠饰试探》，《文物》2013年第5期。

[10]　辽宁省文物考古研究所、朝阳市博物馆等：《辽宁朝阳田草沟晋墓》，《文物》1997年第11期。

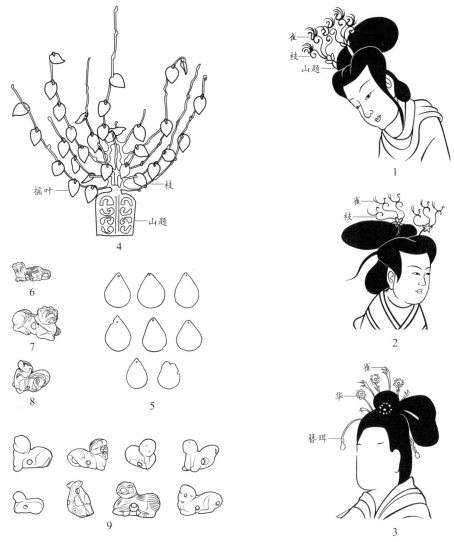

图1-19 东晋步摇与步摇饰件

1.传顾恺之《女史箴图》女史　2.传顾恺之《列女仁智图》许穆夫人　3.司马金龙墓漆画屏风"周太姜"像　4.辽宁朝阳田草沟晋墓步摇　5.江苏镇江畜牧场二七大队东晋墓黄金摇叶　6.江苏南京郭家山东晋墓M1虎形金饰件　7.江苏镇江阳彭山砖瓦厂东晋墓虎形金饰件　8.江苏南京仙鹤东晋墓M2牛形金饰件　9.江苏南京仙鹤东晋墓M6动物形金饰件

相缪"，这种饰物应当即是步摇。南京一带东晋墓中，多见黄金摇叶，尺寸比田草沟晋墓摇叶略小一些，总体上接近，其上有穿孔，应是步摇饰件。如南京郭家山东晋墓M1[1]、镇江畜牧场二七大队东晋墓[2]均出有黄金摇叶。东晋南朝皇后、长公主步摇还装饰有八爵（雀）、九华（花）、六兽。《女史箴图》《列女仁智图》女性步摇枝杈构件顶有鸟形装饰，应当就是步摇上的"爵"（图1-19）。司马金龙墓屏风漆画上的贵妇头上

---

[1]　南京市博物馆：《南京市郭家山东晋温氏家族墓》，《考古》2008年第6期。

[2]　镇江市博物馆：《镇江东晋画像砖墓》，《文物》1973年第4期。

亦步摇，虽构图简略，但仍可判断其枝顶饰有花，亦有枝端似雀形。这些步摇花枝、雀枝相间，多为三花二雀，由此可以推断出东晋皇后步摇之八雀、九花应亦为这种相间的结构。步摇上六兽，《后汉书》作"熊、虎、赤罴、天鹿、辟邪、南山丰大特"；《晋书》《隋书》作"熊、兽、赤罴、天鹿、辟邪、南山丰大特"；《通典·沿革》中南朝步摇六兽作"熊、虎、赤罴、天鹿、辟邪、南山丰大特"。《晋书》《隋书》疑有误，"兽"应作"虎"。罴同罴，《说文》："罴如熊，黄白文。"[1]"南山丰大特"则是传说居于丰水中的大公牛神，《史记·秦本纪》载秦文公二十七年"伐南山大梓，丰大特"，[2]以其为祥瑞。南京及周边东晋墓中，出有不少动物形黄金饰件，如南京郭家山东晋墓 M1 出有虎形金饰件[3]；镇江阳彭山砖瓦厂东晋墓出有虎形金饰件[4]；南京仙鹤东晋墓 M2 出有牛形金饰件[5]、仙鹤东晋墓 M6 出有一系列动物形金饰件[6]，共十件，形态各异，造型简略，难以确定所属，其中鸟形饰件可辨，其余饰件中似有辟邪、天鹿、熊、虎、牛。以上金饰件，尺寸约为 1 厘米见方，中间有孔，应为穿系用，很可能即为步摇饰件。以上图像与实物资料，可作为东晋步摇式样的参考。西安北周康业墓围屏线刻上康业夫人发髻上亦插戴步摇（图 1-25，4），其式样与司马金龙墓屏风漆画中所绘接近。至于南朝的步摇，襄阳博物馆藏贵妇出游画像砖上，为首与第三位女性头上绘有数根尖饰（图 1-16，1），虽构图极简，亦可辨认其插戴方式与康业夫人步摇类似。丹阳胡桥南朝大墓出有不少饰件，有单独的黄金飞鸟、鹤、花、兽等，还有插在玉和琥珀细管上的饰件，亦有琥珀、水晶、玛瑙的小饰件，可能亦为步摇饰件[7]。遗憾的是，现有的东晋南朝步摇图像与实物，均未能完全体现文献记载，仅能从上述零星的资料中略窥其貌。

东晋南朝命妇首饰还有簪珥。《释名》云："珥，耳也，言似人耳之在两旁也。"珥亦有插戴耳后之意，晋代潘越《为贾谧作赠陆机诗》："优游省闼，珥笔华轩。"即是把笔插在耳后。司马金龙墓漆画屏风上的贵妇（图 1-19，3）、冬寿墓壁画上的冬寿夫人（图 1-11，2）、襄阳博物馆藏南朝贵妇出游画像砖上的女性（图 1-16，1），左右各有一长簪斜插至发鬟与头部交界处，下垂至耳部，应该就是簪珥。而巾帼与头部交界处，亦有横簪安帼。《续汉书》《晋书》《隋书》均载公、特进、列侯、卿、校、中二千石夫人戴"黄金龙首衔白珠，鱼须擿，长一尺，为簪珥"。虽《宋书》《南齐书》无此记载，但东晋、南朝承袭汉制，簪珥制度应相同。南京仙鹤观东晋墓（M6）出有

[1]　（汉）许慎：《说文解字》，中华书局，1963 年，第 207 页。
[2]　（汉）司马迁：《史记》第一册，中华书局，1963 年，第 180 页。
[3]　南京市博物馆：《南京市郭家山东晋温氏家族墓》，《考古》2008 年第 6 期。
[4]　陆九皋：《镇江阳彭山东晋墓》，《考古》1963 年第 2 期。
[5]　南京市博物馆：《江苏南京仙鹤观东晋墓》，《文物》2001 年第 3 期。
[6]　南京市博物馆：《江苏南京仙鹤观东晋墓》，《文物》2001 年第 3 期。
[7]　南京博物院：《江苏丹阳胡桥南朝大墓及砖刻壁画》，《文物》1974 年第 2 期。

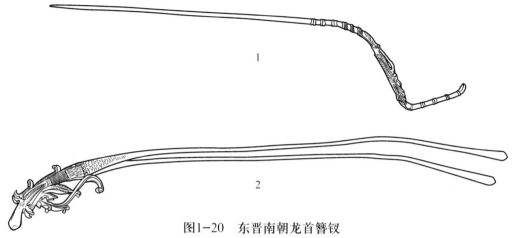

图1-20 东晋南朝龙首簪钗

1.江苏南京仙鹤观东晋墓（M6）龙首形金簪 2.江苏镇江丹徒县华山村南朝墓龙首银钗

龙首形金簪，口衔二联珠，长23.1厘米[1]，与东晋一尺相当，与文献所载东晋命妇簪珥相符（图1-20，1）。镇江丹徒县华山村南朝墓出有龙首银钗，长25.8厘米[2]，与南朝一尺接近，应亦作簪珥之用，可作为南朝命妇簪珥式样的参考（图1-20，2）。

二 身衣

东晋南朝命妇祭服身衣制度承袭东汉，在祀宗庙和祭蚕神场合有所区分。《后汉书·舆服志》："皇后谒庙服，绀上皂下，蚕，青上缥下，皆深衣制，隐领，袖缘以绦。""贵人助蚕服，纯缥上下，深衣制。""公、卿、列侯、中二千石、二千石夫人……入庙佐祭者皂绢上下，助蚕者缥绢上下，皆深衣制。"[3]《晋书·舆服志》："皇后谒庙，其服皂上皂下，亲蚕则青上缥下，皆深衣制，隐领，袖缘以绦……元康六年，诏曰：'魏以来皇后蚕服皆以文绣，非古义也。今宜纯服青，以为永制。'""贵人、贵嫔、夫人助蚕，服纯缥为上与下，皆深衣制。""公特进侯卿校世妇、中二千石、二千石夫人……入庙佐祭者皂绢上下。助蚕者缥绢上下，皆深衣制缘。"[4]《宋书·礼制》引晋《先蚕仪注》："皇后……衣纯青之衣"，又云"今皇后谒庙服袿襦大衣，谓之袆衣。"[5]《南齐书·舆服志》："袿襦大衣，谓之袆衣，皇后谒庙所服……袿襦用绣为衣，裳加五色。"[6]《隋书·礼仪志》："（梁陈）皇后谒庙，服袿襦大衣，盖嫁服也，谓

---

[1] 南京市博物馆：《江苏南京仙鹤观东晋墓》，《文物》2001年第3期。

[2] 镇江博物馆：《镇江出土金银器》，文物出版社，2012年，第112页。

[3] （晋）司马彪撰，（梁）刘昭注补：《后汉书志》第十二册，中华书局，1965年，第3677页。

[4] （唐）房玄龄等：《晋书》第三册，中华书局，1974年，第774、775页。

[5] （梁）沈约：《宋书》第二册，中华书局，1974年，第505页。

[6] （梁）萧子显：《南齐书》第一册，中华书局，1972年，第342页。

之袆衣，皂上皂下。亲蚕则青上缥下。皆深衣制，隐领，袖缘以绦。"[1] "公、特进、列侯、卿、校、中二千石夫人……入庙佐祭者，皂绢上下，助蚕者，缥绢上下，皆深衣制。"[2]

从以上记载中可知，东晋南朝，在祀宗庙的场合，皇后之服为谒庙服，外命妇之服为佐祭服，文献未涉后妃、公主入庙之服，或缘其无入庙资格。东晋南朝皇后、外命妇在祀宗庙的场合，穿皂色（即黑色）衣，南朝皇后谒庙服为袿襦大衣，名为袆衣，这是没有疑问的。《晋书》中记载皇后亲蚕之服（蚕衣）为"青上缥下"，《宋书》引晋《先蚕仪注》则云"纯青之衣"，这似乎有矛盾。但《通典·礼典》载："晋依前汉制……蚕，青上缥下……元康六年，诏以纯青服。"[3] 这样《晋书》与晋《先蚕仪注》就不矛盾，东晋皇后亲蚕应穿纯青衣。宋齐承袭东晋，皇后亲蚕亦穿纯青衣。梁陈皇后蚕衣改为"青上缥下"，应为复古。东晋南朝三夫人、外命妇助蚕之服（蚕衣），均为缥色。以上文献亦未涉公主、九嫔蚕衣，但均载"自二千石夫人以上至皇后，皆以蚕衣为朝服。"[4] 公主、九嫔亦为"二千石夫人以上至皇后"之属，说明公主、九嫔有朝服（蚕衣）。而《晋书·舆服志》在描述公主、九嫔、世妇首饰之后，又言"助蚕之义，自古而然矣"[5]，证明公主、九嫔为助蚕者。其蚕衣应亦"缥绢上下"。

前所引述文献中载东汉、两晋、梁陈祀宗庙、祭蚕神之服均为"深衣制"。南朝皇后谒庙之服为袿襦大衣（袆衣），"皂上皂下"，《南齐书》则载袿襦大衣（袆衣）"用绣为衣，裳加五色"，有上衣下裳之分。《隋书》则言梁陈袿襦大衣同为"深衣"制。中国古代的深衣，是"续衽钩边"上下连属的袍类长衣[6]，凡深衣制的衣服，应该是上下连属不异色。东汉至南朝命妇祭服似乎都有上下之分，尤其是东汉、晋初、梁陈皇后"亲蚕则青上缥下，皆深衣制。"上下异色，着实令人费解。"深衣制"与"袿襦大衣"的关系是什么？《南齐书》中为何记载"皂上皂下"的袆衣有绣饰，且"裳加五色"？单看以上文献资料，对命妇礼服身衣具体形象的直面认识依旧模糊不清。

继续从古籍中查考，最早记载命妇服饰的文献为《周礼·天官》。其文曰"内司服掌王后之六服：袆衣、揄狄、阙狄、鞠衣、展衣、缘衣、素纱。辨外内命妇之服，鞠衣、展衣、缘衣、素纱。凡祭祀、宾客，共后之衣服，及九嫔世妇。凡命妇，共其衣服……"东汉郑玄认为，"狄"当为"翟"，"翟"就是汉六朝时雉的名称；是袆衣、揄狄、阙狄的服章组成部分；故袆衣、揄狄、阙狄又称"三翟"，东汉的袿衣，是

[1]　（唐）魏徵等：《隋书》第一册，中华书局，1973年，第236页。
[2]　（唐）魏徵等：《隋书》第一册，中华书局，1973年，第237页。
[3]　（唐）杜佑撰、王文锦等点校：《通典》，中华书局，1988年，第1739、1740页。
[4]　（唐）房玄龄等：《晋书》第三册，中华书局，1974年，第775页。（梁）沈约：《宋书》第二册，中华书局，1974年，第505页。（唐）魏徵等撰：《隋书》第一册，中华书局，1973年，第238页。
[5]　（唐）房玄龄等：《晋书》第三册，中华书局，1974年，第774页。
[6]　孙机：《中国古舆服论丛》，文物出版社，1993年，第105～113页。

"三翟"的遗制[1]。袿衣正是东汉命妇的高级礼服,《释名》曰:"妇人上服曰袿,其下垂者,上广下狭,如刀圭也。"[2]《后汉书·皇后纪》载:"每有宴会……诸姬贵人……袿裳鲜明。"[3] "上服",就是指高级礼服。"袿"同"圭"。圭是上部尖锐、下部平直的玉器。据《释名》女性礼服上有上广下狭圭状的装饰,故称之为"袿衣"。南朝时称皇后谒庙之服为袆衣,应是恢复周礼之名,而袿襡大衣,则是皇后谒庙之服的式样。《太平御览·服章部》引董巴《汉舆服志》云:"太皇太后入庙,服绀上皂下,后诣薯,服白上皂下,皆深衣制。"[4] 故袿襡(诣薯)之名,应源于汉。《广雅》曰:"襡,长襦也。"[5];《释名》曰:"襡,属也。衣裳上下相连属也。"[6] 说明"襡"即为上下连属的长衣,即"深衣制","袿襡大衣"则为有袿饰的深衣。《周礼》郑玄注曰:"袆衣,画翚者……翟,雉名,伊洛而南,素质五色皆备成章,曰翚……阙狄赤、揄狄青、袆衣玄。"[7] "玄"与"皂",均为黑色之属,可知袆衣为黑色,其上饰有五色的雉鸟纹。这就可以解释为何《南齐书》载袆衣,衣有绣,裳加五色。

接下来讨论为何东晋南朝祭服"深衣制"又分"上衣下裳"。孙机先生认为汉六朝女性礼服上的尖角形状装饰是古深衣的遗制。从战国至西汉,女式深衣后垂交输后下垂两个尖角状物,又称"燕尾";上广下狭,如同刀圭。之后女性深衣式样上翻新,把这种尖角装饰增加多组,并添加飘带,形成了一种新的礼服"袿衣"[8]。孙机先生的论述,为厘清东晋南朝命妇礼服的式样提供了线索。

先从西汉资料看。从部分女性深衣实例可见,深衣层层缠绕后可见下垂"圭角"。如湖北襄阳擂鼓台一号墓铜镜背面女像[9](图1-21,1),江苏徐州米山西汉墓女俑[10](图1-21,2)。西汉王褒《九怀》云"修余兮袿衣,骑霓兮南上。"[11] 深衣上的这种"圭角"装饰(下文简称"圭饰")与"袿衣"之名,在西汉时就有了。

东汉时,宽博的袍服更受女性欢迎。与之同时,下垂交输的深衣也没有消失,而是变短;与裙、裤等搭配穿;这样不会造成行动上的不便;如河南南阳苑城区英庄汉墓画像石上的一位女性形象者,穿长至膝下襟交输的上衣,搭配裙[12](图1-22,1)。

[1] (汉)郑玄:《周礼郑氏注》,中华书局,1985年,第48页。

[2] (汉)刘熙:《释名》,中华书局,1985年,第80页。

[3] (宋)范晔:《后汉书》第二册,中华书局,1960年,第419页。

[4] (宋)李昉等编:《太平御览》第三册,中华书局,1965年,第3080页。

[5] 上海古籍出版社:《尔雅·广雅·方言·释名 清疏四种合刊》,上海古籍出版社,1987年,第566页。

[6] (汉)刘熙:《释名》,中华书局,1985年,第79页。

[7] (汉)郑玄:《周礼郑氏注》,中华书局,1985年,第48页。

[8] 孙机:《中国古舆服论丛》,文物出版社,1993年,第113页。

[9] 襄阳地区博物馆:《湖北襄阳擂鼓台一号墓发掘简报》,《考古》1982年第2期。

[10] 徐州博物馆:《江苏徐州市米山汉墓》,《考古》1996年第4期。

[11] (宋)洪兴祖撰、白化文等点校:《楚辞补注》,中华书局,1983年,第276页。

[12] 南阳博物馆:《河南南阳英庄汉画像石墓》,《中原文物》1983年第3期。

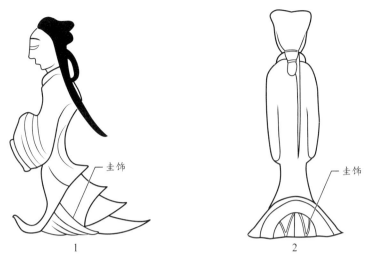

图1-21 西汉女性深衣下缘"圭饰"

1.湖北襄阳擂鼓台一号墓铜镜背面女像 2.江苏徐州米山西汉墓女俑

深衣上的"圭饰"也得以保留，如河南新野出土东汉画像砖上的女舞者[1]上衣下摆装饰有层叠的"圭饰"（图1-22，2）；河南荥阳市苌村东汉墓前室顶南侧壁画上一颔首受礼女性[2]（图1-22，3），宽博的上衣下襟亦可见数片"圭饰"。同时期的男性、仙人图像中也可见类似穿扮。江苏徐州铜山安乐村画像石上的持便面小吏形象者[3]；江苏徐州茅村双沟画像石上的持便面、金吾小吏形象者[4]（图1-22，4），上衣下缘均有"圭饰"；贵州赫章东汉墓出土摇钱树残片上的羽人像，上衣下缘也有非常明显的"圭饰"[5]（图1-22，5）。这种"圭角"装饰，延续到三国。如安徽马鞍山三国朱然墓漆案宫闱宴乐图中的"皇后"形象者[6]，裙上依稀可见"圭饰"（图1-22，6）；根据其身份判断，"皇后"所穿应是"袿衣"。如此就可以解释为何文献中记载东汉命妇礼服为深衣制，却又上下异色。因为东汉深衣不似西汉覆盖全身，会露出部分下裙，深衣上下一体不异色，下裙殊色。

再看东晋时期的图像资料。如南昌火车站东晋墓漆盘彩绘[7]，有一贵族形象者身穿

[1] 现藏于河南省博物馆。

[2] 荥阳市文物保护管理所、郑州市文物考古研究所：《河南荥阳苌村汉代壁画墓调查》，《文物》1996年第3期。

[3] 江苏省文物管理委员会：《江苏徐州汉画象石》，科学出版社，1959年，第52页。

[4] 江苏省文物管理委员会：《江苏徐州汉画象石》，科学出版社，1959年，第64页。

[5] 贵州省博物馆：《贵州赫章县汉墓发掘简报》，《考古》1966年第1期。

[6] 安徽省文物考古研究所、马鞍山市文化局：《安徽马鞍山东吴朱然墓发掘简报》，《文物》1986年第3期。

[7] 江西省文物考古研究所、南昌市博物馆：《南昌火车站东晋墓葬群发掘简报》，《文物》2001年第2期。

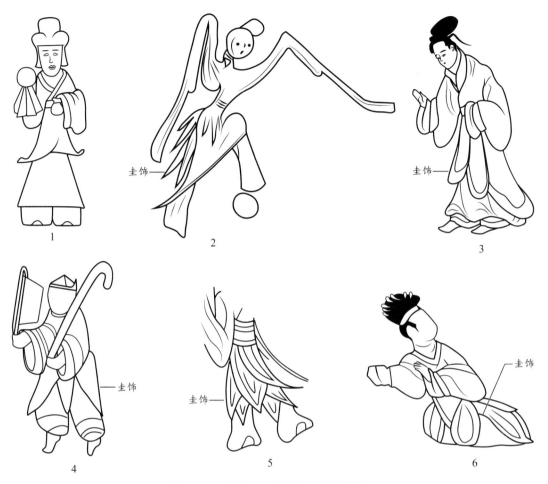

图1-22 东汉三国服饰上"圭饰"

1.河南南阳苑城区英庄汉墓画像石女像　2.河南新野出土东汉画像砖女舞者像　3.河南荥阳市芄村东汉墓壁画女像　4.江苏徐州铜山安乐村画像石小吏像　5.贵州赫章东汉墓摇钱树残片羽人像　6.安徽马鞍山三国朱然墓漆案宫闱宴乐图"皇后"像

下缘装饰有"圭角"的深衣，搭配红色下裙；其衣着与袿衣式样接近[1]（图1-23，1）。《女史箴图》《列女仁智图》中多位贵族女性形象者，所穿深衣下缘有袿饰，与南昌火车站东晋墓漆盘彩绘所见贵族服饰类似（图1-23，2、3），应是袿衣。不同的是顾恺之笔下的女性衣服结构更加繁复。由于画家在表现力上往往强于工匠，可以看出图中贵妇在袿衣外穿浅绛色的短纱衣，纱衣下摆被系在宽博的束腰下，束腰上再系上细带。《释名》："抱腹，上下有带包，裹其腹上，无裆者也。"[2] 庾信《梦入堂内诗》："缠弦掐抱腰。"[3] 这种宽博的束腰，让女性的腰肢在视觉上变得纤细，应该就是"抱腹"；或

---

[1]　该贵族像见于南昌火车站东晋墓漆盘（M3：41）彩绘，其首服前后有垂旒，似男式冕冠，但其身衣更接近女式袿衣，故对其性别不作判断。

[2]　（汉）刘熙：《释名》，中华书局，1985年，第80页。

[3]　（北周）庾信撰、（清）倪注，许逸民校点：《庾子山集注》第一册，中华书局，1980年，第260页。

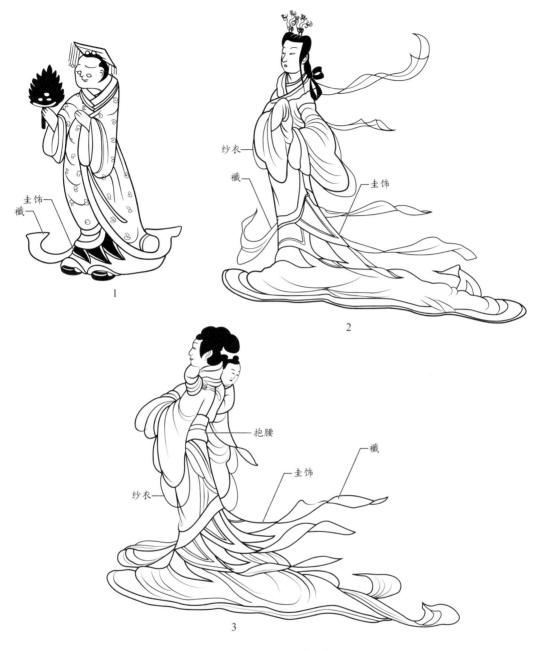

纱衣

襈

圭饰

抱腰

襈

圭饰

纱衣

图1-23　东晋"袿衣"

1.江西南昌火车站东晋墓漆盘彩绘贵族像　2.传顾恺之《女史箴图》贵妇像（唐摹本）　3.传顾恺之《列女仁智图》贵妇像（宋摹本）

名"抱腰"。东晋袿衣的式样与东汉三国类似，但更长，露出下裙较少。

　　再看冬寿墓壁画，墓主人形象者冬寿穿朝服，冬寿夫人所穿亦应为正式的礼服。从图1-11，2看，东寿夫人衣着层次丰富，可见曲领中衣、半袖衣等上衣，在半袖衣下穿的是一件深衣制袍服。其腹前围一条下摆为圆形的蔽膝，蔽膝边缘有"圭饰"。这和南昌火车站漆盘上贵族服饰及《女史箴图》《列女仁智图》上女性袿衣直接在衣下缘加"圭角"的方式不同（图1-23）。又如司马金龙墓漆画屏风上后妃像图（图1-11，1、图1-24，1）、炳灵寺石窟一六九窟中女供养人像（图1-24，2），也是穿和冬寿夫人类似的服饰，穿半袖衣与装饰有"圭角"的蔽膝，半袖衣下穿深衣制袍服。细观司马金龙墓漆画屏风之帝舜二妃（图1-11，1），为左的不穿半袖，直接穿上下连属的深衣；为右者与太姜、太妊、太姒、班婕妤等服饰相同，即半袖衣下的长袖颜色与下裙不一致，似非深衣制；她们的上衣外均罩一件轻薄的纱衣（关于纱衣，详见第二章第一节）。

南昌火车站东晋墓年代为东晋永和八年（352年）[1]，这也是漆盘完成的下限。朝鲜冬寿墓的年代为东晋升平元年（357年）。可见，南昌火车站漆盘较冬寿墓壁画时代略早一些。顾恺之生于东晋永和四年（348年），卒于东晋义熙五年（409年）。若《女史箴图》《列女仁智图》原画为顾恺之所作，其成画年代定晚于冬寿墓壁画。顾画中贵族女子服装上的"袿角"附属在深衣下缘（图1-23，2、3），与南昌火车站出土东晋漆盘上的贵族服饰（图1-23，1）相似；这种深衣式样可能是作者幼时所见，或刻意拟古之作。炳灵寺一六九窟完成的年代约为西秦建弘元年（420年）[2]，女供养人像（图1-24，2）所着衣饰的时代应与此相距不远。西秦统治者积极学习汉文化并延纳汉族士大夫，服饰难免受东晋影响。司马金龙墓漆画完成时间应该为东晋末，与炳灵寺一六九窟完成时间接近。

据前文，东晋命妇祭服均为深衣制。所见冬寿夫人像与炳灵寺一六九窟女供养人像，衣着均符合深衣制。司马金龙墓漆画屏风中有多例女性像，身份为命妇者均围有袿饰的蔽膝（图1-11，1）；而"李充妻""鲁师春姜""春姜女"等没有封号的女性则不围这种蔽膝，说明漆画屏风中的诸位女性的衣着与身份相关。其中命妇形象者，衣着式样大体相同；从长袖与下裙的色彩来判断，有上下连属不异色的"深衣制"；也有殊色的案例，或为画匠为丰富画面而作。东寿夫人像、炳灵寺一六九窟中女供养人像、司马金龙墓漆画屏风命妇像，其服饰多搭配半袖上衣。其袖端装饰有类似今天"荷叶边"的袖缘。孟晖先生通过考证，判断有这种袖缘的半袖衣正是《后汉书》中记载的"绣鼯"[3]（图1-24、图1-25）。而正史文献中，未有绣鼯搭配祭服的记载。但可以肯定的是，这种半袖上衣应该是东晋末南朝初女性盛装的要素之一。

南朝"袿襦大衣"的式样，可参湖北谷城城关镇粉水广场南朝墓砖画[4]，虽然形象

---

[1] 江西省文物考古研究所、南昌市博物馆：《南昌火车站东晋墓葬群发掘简报》，《文物》2001年第2期。

[2] 董玉祥：《炳灵寺石窟第169窟》，《敦煌学辑刊》1987年第1期。

[3] 孟晖：《中原女子服饰史稿》，作家出版社，1995年，第27页。

[4] 谷城县博物馆：《湖北谷城六朝画像砖墓发掘简报》，《文物》2013年第7期。

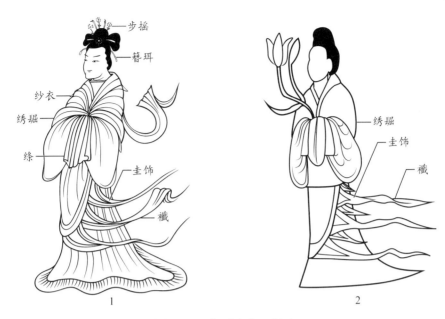

图1-24 东晋十六国袿衣

1.司马金龙墓漆画屏风周太姒像 2.炳灵寺一六九窟中女供养人像

比较模糊，但其中的两位女性形象者腰间所围蔽膝上的袿饰清晰可见（图1-25，1）。南京油坊桥南朝晚期画像砖墓，砖画中所见的一位女性形象者衣着上的袿饰可辨[1]。河南邓县南朝画像砖墓砖画中郭巨妻，所围蔽膝上也有袿饰[2]（图1-25，2）。同时期的北朝资料，亦有穿"袿襬大衣"形象者。如美国纳尔逊博物馆藏北魏孝子石棺上的娥皇、女英像，其腰间蔽膝上满饰"袿角"[3]，其中一位为背像，可清晰地看见蔽膝缠裹在腰间的结构（图1-25，3）。又如西安北周康业墓围屏线刻画中的康业夫人像（图1-25，4），梳大手髻，戴步摇，腰间的蔽膝上也挂满圭饰，领口大，腰线明显升高。康业夫人为真实存在的人物，其画像更是有力的证据。南北朝的袿衣与东晋相比，袖口阔大得近乎夸张，这应该与当时崇尚褒博的风气有关，正如《颜氏家训·涉务》载："梁世士大夫，皆尚褒衣博带，大冠高履。"[4]据前文，这种阔大的袖口运用与正式的礼服，应始于刘宋中期，可早至刘宋泰始年间。

东晋南朝图像中穿"袿衣""袿襬大衣"的女性形象者，肩部、肘部、袿饰附近都有一些长长的飘带，动势十足。傅毅《舞赋》："华袿飞髾而杂襳罗。"《上林赋》："飞襳垂髾。"司马彪曰："髾，燕尾也，衣上假饰。""襳，细也。"[5]司马相如《子虚赋》：

---

[1] 南京市博物馆：《南京油坊桥发现一座南朝画像砖墓》，《考古》1990年第10期。

[2] 河南省文化局文物工作队：《邓县彩色画象砖墓》，文物出版社，1959年，第17页。

[3] 黄明兰：《北魏孝子棺线刻画》，人民美术出版社，1985年，第3页。

[4] （北齐）颜之推撰、（清）赵曦明注、（清）卢文弨补注：《颜氏家训》，中华书局，1985年，第108页。

[5] （梁）萧统编、（唐）李善注：《文选》，中华书局，1977年，第247页。

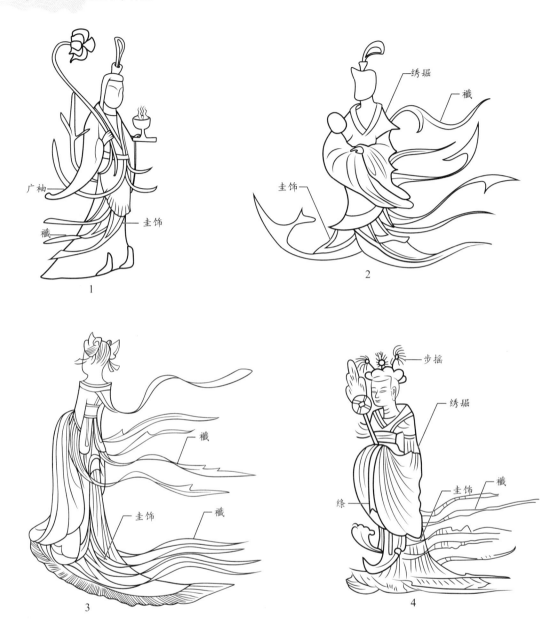

图1-25 南北朝袿褷大衣

1.湖北谷城城关镇粉水广场南朝墓砖画女像 2.河南邓县南朝墓砖画郭巨妻像 3.美国纳尔逊博物馆藏北魏孝子石棺线刻帝舜妃像 4.陕西西安北周康业墓围屏线刻画康业夫人像

"蜚襳垂髾。"司马彪曰:"襳,袿饰也,髾,燕尾也。"李善曰:"襳与燕尾,皆妇人袿衣之饰也。"[1]可见,"髾"就是袿饰;"襳"就是袿衣上细长的飘带(图1-23~25)。

另外,《续汉书·舆服志》《晋书·舆服志》《隋书·礼仪志》中均载皇后入庙服"隐领,袖缘以绦"。宋齐承晋制,皇后入庙服亦应遵循这一制度。相关图像资料所

---

[1] (梁)萧统编、(唐)李善注:《文选》,中华书局,1977年,第121页。

见的东晋命妇礼服，尤其是司马金
龙墓漆画屏风中，可见命妇中衣皂
缘，而外衣领缘不明显，可能就是
《晋书·舆服志》所说的命妇祭服的
"隐领"。绦即为一种扁织带，《说
文》曰："绦，扁绪也。"[1]河南南
阳麒麟岗东汉画像石上即有盛装女
性[2]，其右臂端起，袖口可挂一宽织
带，左臂微下垂，数条织带自袖口
垂下（图1-26）。织带疑为挂在袖
口上。这种以织带装饰袖口的方式，
很可能即是"袖缘以绦"。而司马
金龙墓漆画屏风上所绘命妇（图
1-24，1）、康业墓围屏线刻画康业
夫人像（图1-25，4），袖口均装
饰有明显的宽织带，应亦为"绦"。

图1-26　河南南阳麒麟岗东汉画像石盛装女性

绦

绦

综上，东汉女性上服"褂衣"为深衣制，作为命妇祭服身衣，其基本式样一直延
续到东晋早期，具体样式可参《女史箴图》《列女仁智图》中有袿饰的女性形象者衣
着。东晋中期（下限为东晋升平元年）以后，袿衣依旧是命妇礼服，但其式样简化，
深衣衣缘不再附着袿饰；而是在腰间围一条两边装饰有对称袿饰的蔽膝以彰显袿衣遗
制。南朝命妇祭服式样与东晋中晚期类似，只是袖口更加阔大，腰线有逐步提高的趋
势。东晋末至南朝，命妇礼服外或加绣䙱以为盛装，有时在最外层穿纱衣；袿衣之外
均搭配有较宽的"抱腰"，以彰显纤细的腰肢。而这些装束，也可以反映东晋南朝时
期的审美倾向。

三　足服与佩饰

东晋南朝女性礼服中的足服，在正史文献中未有记载。现存的东晋图像中，女性
礼服裙摆多曳地，不见足。少数见足者，足服式样亦不清。宋、齐期间的女性足服资
料也很少。南朝梁之后图像中与女性礼服搭配的足服可见多为后人称之为"笏头履"
的高舄，与男性祭服之舄式样类似。

---

[1]　（汉）许慎：《说文解字》，中华书局，1963年，第275页。

[2]　周到主编：《中国画像石全集8·石刻线画》，河南美术出版社、山东美术出版社，2000年，第
107页。

东晋南朝女性礼服佩饰种类、式样均与男性相同，但不佩剑，主要为玉、绶、绲带、鞶囊。绶依旧是区分身份等级的重要标志，绲带与绶同色[1]。

据《晋书》，东晋时皇后绶色与皇帝相同，为黄赤绶；三夫人（贵人、夫人、贵嫔），佩紫绶、于阗玉；九嫔（淑妃、淑媛、淑仪、修华、修容、修仪、婕妤、容华、充华），佩青绶、五采琼玉；公主等内命妇亦佩绶玉，具体不详；郡公侯县公侯太夫人、夫人，佩青绶、水苍玉；其余外命妇不详[2]。

《宋书》载，刘宋时三夫人（贵嫔、夫人、贵人）佩紫绶、于阗玉；九嫔（淑妃、淑媛、淑仪、修华、修容、修仪、婕妤、容华、充华）佩青绶、五采琼玉；皇太子妃，佩纁朱绶、瑜玉；诸王太妃、诸长公主、公主、封君佩紫绶、山玄玉；郡公侯县公侯太夫人、夫人，佩青绶，水苍玉；其余外命妇不详[3]。

《南齐书》载，南朝齐皇后之绶与皇帝相同，为黄赤绶；三夫人（贵嫔、夫人、贵人）、王太妃、长公主、封君佩紫绶；六宫、郡公、侯夫人青绶，其余未详[4]。

《隋书》载，梁陈皇后之绶与皇帝相同，为黄赤绶；三夫人（贵妃、贵嫔、贵姬）佩紫绶、于阗玉、兽头鞶囊；九嫔（淑媛、淑仪、淑容、昭华、昭仪、昭容、修华、修仪、修容）佩青绶、采璜玉、兽头鞶囊；亚九嫔（婕妤、容华、充华、承徽、列荣五职）佩艾绶、兽头鞶囊；美人、才人、良人佩墨绶，兽头鞶囊；皇太子妃佩纁朱绶、瑜玉；良娣佩青绶、采璜玉、兽爪鞶囊；保林佩青绶、水苍玉、兽爪鞶囊；诸王太妃、妃、诸长公主、公主、封君佩紫绶、山玄玉、兽头鞶囊；开国公、侯太夫人佩青绶、水苍玉、兽头鞶囊；其余未详[5]。

《晋书》《南齐书》《隋书》中均记载皇后的绶与皇帝相同，《宋书》《隋书》中均记载皇太子妃之绶为纁朱绶。而根据《宋书》《隋书》记载，太子绶同样为纁朱绶。可以推测，东晋南朝夫妻（不包括妾）的绶色是相同的。正史文献中没有列出全部命妇的佩绶制度，妻随夫贵，其绶色应该随丈夫的品级而定。刘宋多承晋制，南齐历时短暂，东晋、刘宋齐制度应该是一致的。

根据前文，将东晋南朝命妇礼服制度总结见表1-2。

还有一点需要特别说明的是，命妇礼服以女式袿裳为主，也有特例。《晋书·礼

---

[1] 《晋书·舆服志》："自公主、封君以上皆带绶，以彩组为绲带，各如其绶色。"——（唐）房玄龄等：《晋书》第三册，中华书局，1974年，第774页。《宋书·礼志》："公主封君以上皆带绶，以采组为绲带，各如其绶色。"——（梁）沈约：《宋书》第二册，中华书局，1974年，第505页。《隋书·礼志》："公主、封君已上，皆带绶。以彩组为绲带，各如其绶色。"——（唐）魏徵等：《隋书》第一册，中华书局，1973年，第237页。均指出"绲带"即大带同绶色。

[2] （唐）房玄龄等：《晋书》第三册，中华书局，1974年，第774页。

[3] （梁）沈约：《宋书》第二册，中华书局，1974年，第505页。

[4] （梁）萧子显：《南齐书》第一册，中华书局，1972年，第343页。

[5] （唐）魏徵等：《隋书》第一册，中华书局，1973年，第236、237页。

制》《宋书·礼制》均记载，亲蚕仪式时"女尚书著貂蝉，佩玺，陪乘。"[1]女尚书穿着打扮与男性相同，戴武冠、平上帻；武冠上饰貂、蝉。南京周边发现数例武冠俑，其肩部瘦削、脸部轮廓圆润、唇小巧，被识别为女俑，如南京灵山南朝大墓武冠俑[2]（图1-27，1），未见貂尾、蝉饰，或为制作方便，省略了此部分。北朝依照南朝命妇制度，设立"女尚书"一职，北朝墓中亦发现多例女性武冠俑，如山西太原娄睿墓所出的武冠女俑[3]，即是如此（图1-27，2）。因"女尚书"衣着与男性武官朝服相同，此处不详述，具体服饰细节详见第二章第三节武官朝服部分。

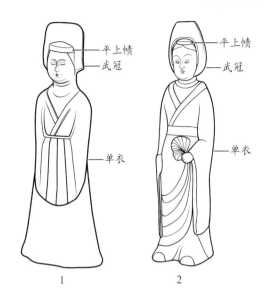

图1-27　南北朝"女尚书"穿扮
1.江苏南京灵山南朝大墓武冠女俑
2.山西太原北齐娄睿墓武冠女俑

表1-2　东晋南朝命妇祭服制度表

时代	级别		发式 主要首饰	身衣	足服	配饰
东晋早中期	内命妇	皇后	大手髻、十二钿、步摇、簪珥。	深衣制，袖缘饰缘，衣下缘有褂饰。或有纱衣。亲蚕青衣、青裳；谒庙皂衣、皂裳。	未详	赤黄绶、白玉、绲带随绶色。
		三夫人（贵人、夫人、贵嫔）	大手髻、七钿、簪珥。	深衣制，袖缘饰缘，衣下缘有褂饰。或有纱衣。助蚕缥衣、缥裳。	未详	紫绶、于阗玉、绲带随绶色。
		九嫔（淑妃、淑媛、淑仪、修华、修容、修仪、婕妤、容华、充华）	大手髻、五钿、簪珥。	深衣制，袖缘饰缘，衣下缘有褂饰。或有纱衣。助蚕缥衣、缥裳。	未详	青绶、五采琼玉、绲带随绶色。
		诸公主	大手髻、七钿、簪珥。长公主有步摇。	深衣制，袖缘饰缘，衣下缘有褂饰。或有纱衣。助蚕缥衣、缥裳。	未详	紫绶、山玄玉、绲带随绶色。

[1]　（唐）房玄龄等：《晋书》第三册，中华书局，1974年，第590页。（梁）沈约：《宋书》第二册，中华书局，1974年，第356页。

[2]　南京市博物馆：《六朝风采》，文物出版社，2004年，第294页。

[3]　山西省考古研究所、太原市文物考古研究所：《北齐东安王娄睿墓》，文物出版社，2006年，第102页。

时代	级别		发式 主要首饰	身衣	足服	配饰
东晋早中期	内命妇	皇太子妃	未详	未详，或为深衣制。	未详	缥䋫绶，佩瑜玉、绲带随绶色。
		诸王太妃、妃、封君	未详	未详，或为深衣制。	未详	紫绶、山玄玉、绲带随绶色。
	外命妇	郡公侯县公侯太夫人，夫人	绀缯帼、五钿、簪珥	深衣制，袖缘饰绦，衣下缘有裥饰。或有纱衣。助蚕青衣、青裳；助祭皂衣、皂裳。	未详	青绶、水苍玉、绲带随绶色
		公特进侯卿校世妇、中二千石、二千石夫人	绀缯帼、三钿、簪珥	深衣制，袖缘饰绦，衣下缘有裥饰。或有纱衣。助蚕青衣、青裳；助祭皂衣、皂裳。	未详	绶玉随夫
东晋晚期至南齐	内命妇	皇后	大手髻、十二钿、步摇、簪珥。	袿襡大衣，主要由深衣袍、有裥饰的蔽膝、组成，或有绣褾、纱衣。亲蚕青衣、青裳；谒庙皂衣、皂裳。	未详	赤黄绶、白玉、绲带随绶色
		三夫人（贵人、夫人、贵嫔）	大手髻、七钿、簪珥。	袿襡大衣，主要由深衣袍、有裥饰的蔽膝、组成，或有绣褾、纱衣。助蚕缥衣、缥裳。	未详	紫绶、于阗玉、绲带随绶色
		九嫔（淑妃、淑媛、淑仪、修华、修容、修仪、婕妤、容华、充华）	大手髻、五钿、簪珥。	袿襡大衣，主要由深衣袍、有裥饰的蔽膝、组成，或有绣褾、纱衣。助蚕缥衣、缥裳。	未详	青绶、五采琼玉、绲带随绶色
		诸公主	大手髻、七钿、簪珥。长公主有步摇。	袿襡大衣，主要由深衣袍、有裥饰的蔽膝、组成，或有绣褾、纱衣。助蚕缥衣、缥裳。	未详	紫绶、山玄玉、绲带随绶色
		皇太子妃	未详	未详，或为深衣制。	未详	缥䋫绶，佩瑜玉、绲带随绶色。
		诸王太妃、妃、封君	未详	未详，或为深衣制。	未详	紫绶、山玄玉、绲带随绶色。
	外命妇	郡公侯县公侯太夫人，夫人	绀缯帼、五钿、簪珥。	袿襡大衣，主要由深衣袍、有裥饰的蔽膝、组成，或有绣褾、纱衣。助蚕青衣、青裳；助祭皂衣、皂裳。	未详	青绶、水苍玉、绲带随绶色
		公特进侯卿校世妇、中二千石、二千石夫人	绀缯帼、三钿、簪珥。	袿襡大衣，主要由深衣袍、有裥饰的蔽膝、组成，或有绣褾、纱衣。助蚕青衣、青裳；助祭皂衣、皂裳。	未详	绶玉随夫

时代	级别		发式 主要首饰	身衣	足服	配饰
梁陈	内命妇	皇后	大手髻、十二钿、步摇、簪珥。	袿襦大衣，主要由深衣袍、有袿饰的蔽膝、组成，或有绣髆、纱衣。亲蚕青衣、缥裳；谒庙皂衣、皂裳。	未详，疑为笏头高舄	赤黄绶、白玉、绲带随绶色
		三夫人（贵妃、贵嫔、贵姬）	大手髻、七钿、簪珥。	袿襦大衣，主要由深衣袍、有袿饰的蔽膝、组成，或有绣髆、纱衣。助蚕缥衣、缥裳。	未详，疑为笏头高舄	紫绶、兽头鞶囊、于阗玉、绲带随绶色
		九嫔（淑媛、淑仪、淑容、昭华、昭仪、昭容、修华、修仪、修容）	大手髻、五钿、簪珥。	袿襦大衣，主要由深衣袍、有袿饰的蔽膝、组成，或有绣髆、纱衣。助蚕缥衣、缥裳。	未详，疑为笏头高舄	青绶、兽头鞶囊、采瓒玉、绲带随绶色
		亚九嫔（婕妤、容华、充华、承徽、列荣五职）	大手髻、五钿、簪珥。	未详	未详，疑为笏头高舄	艾绶、兽头鞶囊、绲带随绶色
		美人、才人、良人	未详	未详	未详，疑为笏头高舄	墨绶、兽头鞶囊、大带随绶色
		诸公主	大手髻、七钿，长公主有步摇	袿襦大衣，主要由深衣袍、有袿饰的蔽膝、组成，或有绣髆、纱衣。助蚕缥衣、缥裳。	未详，疑为笏头高舄	紫绶、山玄玉、大带随绶色
		皇太子妃	未详	未详，或为深衣制。	未详，疑为笏头高舄	纁硃绶、佩瑜玉、绲带随绶色。
		诸王太妃、妃、封君	未详	未详，或为深衣制。	未详	紫绶、山玄玉、绲带随绶色。
	外命妇	郡公侯县公侯太夫人，夫人	绀缯帼、五钿、簪珥。	袿襦大衣，主要由深衣袍、有袿饰的蔽膝、组成，或有绣髆、纱衣。助蚕青衣、青裳；助祭皂衣、皂裳。	未详，疑为笏头高舄	青绶、水苍玉、绲带随绶色
		公特进侯卿校世妇、中二千石、二千石夫人	绀缯帼、三钿、簪珥。	袿襦大衣，主要由深衣袍、有袿饰的蔽膝、组成，或有绣髆、纱衣。助蚕青衣、青裳；助祭皂衣、皂裳。	未详，疑为笏头高舄	绶玉随夫

第二章　东晋南朝朝服 [1]

朝服，是中国古代重要的礼仪服饰，主要用于朝会，是君臣议政之服。早至先秦，君臣上朝的着装就遵循特定的礼仪制度。《周礼·春官》："眡朝，则皮弁服。"[2]《礼记·玉藻》："朝玄端，夕深衣。"[3] "朝服"一词，最早见于《史记》，如"（周）成王与大夫朝服以开金縢书。"又如"孝景帝季年……子孙为小吏，来归谒，万石君必朝服见之。"[4] 由此推测，最迟到西汉，"朝服"已作为一个专有名词使用，成为重要的礼仪服饰称谓。

汉六朝朝服系统均符合"以冠统服"的特征，首服的地位比身衣更重要。朝服身衣、足服均统一，身份等差主要体现在首服、绶玉的差异上。东晋南朝的朝服系统承继东汉，主要为皇帝的通天冠服，太子诸王的远游冠服、文官的进贤冠服、武官的武冠服。此外还有谒者、仆射的高山冠服、执法者的法冠服。根据《晋书》《宋书》《隋书》等正史文献记载，东晋南朝命妇"以蚕服为朝服"[5]；蚕服即为祭祀蚕神的祭服，已在第一章论述过，故不再探讨。

第一节　东晋南朝帝王朝服

本文中的帝王是皇帝、太子、诸王的统称。直接描述东晋帝王朝服式样者，为唐人所著《晋书·舆服志》，其文曰："（皇帝）其朝服，通天冠高九寸，金博山颜，黑介帻，绛纱袍，皂缘中衣"；"（太子）给五时朝服，远游冠，介帻、翠緌。佩瑜玉，垂组。朱衣绛纱襮，皂缘白纱，其中衣白曲领……释奠，则远游冠，玄朝服，绛缘中单，绛裤袜，玄舄"；"（诸王）五时朝服，远游冠介帻……硃衣绛纱襮，皂缘中

---

[1]　本章关于东晋帝王、文官、武冠朝服的论述出自拙作《东晋帝王百官朝服式样的考证与推定》一文，原载《艺术设计研究》2018年第4期，录入本书后作了部分调整和修改。

[2]　（汉）郑玄：《周礼郑氏注》，中华书局，1985年，第139页。

[3]　（汉）郑玄、（唐）孔颖达等正义、黄侃经文句读：《礼记正义》，上海古籍出版社，1990年，第550页。

[4]　（汉）司马迁：《史记》，中华书局，1982年，第1522、2534、2674页。

[5]　（唐）房玄龄等：《晋书》第三册，中华书局，1974年，第774页。（梁）沈约：《宋书》第二册，中华书局，1974年，第505页。（唐）魏徵等：《隋书》第一册，中华书局，1973年，第237页。

衣表素。革带，黑舄，佩山玄玉，垂组，大带。"[1] 至于南朝帝王朝服，《宋书·礼制》曰"（皇帝）其朝服，通天冠，高九寸，金博山颜，黑介帻，绛纱裙，皂缘中衣"；"（太子、诸王）给五时朝服，远游冠"[2]。《宋书·礼制》频以"《晋令》（《晋服制令》）曰"开头，记述刘宋舆服制度。其又载南朝宋元徽四年，司徒右长史王俭就当时官员朝服不合礼制提出意见，说"臣居毗佐，志在当官，永言先典，载怀夕惕，按《晋令》……"[3] 可以推测，《晋服制令》正是刘宋冠服制度的重要标准。加上刘宋与东晋年代相近，服饰式样总体上应当也较接近。所以《宋书·礼制》中对朝服制度的记载，对东晋、刘宋朝服研究均有十分重要的参考价值。《南齐书·舆服志》载："通天冠，黑介帻，金博山颜，绛纱袍，皂缘中衣，乘舆常朝所服。"[4]《隋书·礼仪志》载"（梁陈皇帝）又有通天冠，高九寸，前加金博山、述，黑介帻，绛纱袍，皂缘中衣，黑舄，是为朝服。""（太子）朝服，远游冠，金博山，佩瑜玉翠緌，垂组，朱衣，绛纱袍，皂缘白纱中衣，白曲领……若释奠，则远游冠，玄朝服，绛缘中单，绛裤袜，玄舄"；"（诸王）朝服，远游冠，介帻，朱衣，绛纱袍，皂缘中衣，素带，黑舄。"[5]

通天冠，是东晋南朝朝服中级别最高的冠，属皇帝专用。远游冠比通天冠次一等级，为太子、诸王专用。东晋南朝，帝王穿冕服时，通天冠、远游冠作为承冕冠体使用，这在上一章中已经提及。通天冠、远游冠也可单独佩戴，搭配符合礼制的身衣、足服和佩饰作为皇帝太子诸王的朝服。之所以把两者放在一起讨论，是因为这两种冠饰式样几乎相同，其佩戴者的身份也相近。通天冠、远游冠，最初是秦代冠饰，两汉之前的文献中未有记载[6]，应该是在汉代成为正式的礼服。两晋以来，通天冠、远游冠产生新的变化，与汉代的通天冠差别较大[7]。东晋南朝的通天冠服、远游冠服即为帝王朝服，分为首服、身衣、足服、佩饰四个部分；身衣多为纱袍；佩饰与冕服佩饰相同。下文将依照首服、身衣、足服与佩饰之序分述之，探讨东晋南朝帝王朝服式样。

一 首服

东汉至六朝，常见的男性首服为冠、帻。冠不遮发，不保暖，仅具有礼仪功能，必须与帻配套戴。时人先戴帻遮发，再于帻上戴冠。孙机先生在其《进贤冠与武弁大

---

[1] （唐）房玄龄等：《晋书》第三册，中华书局，1974年，第766、773页。

[2] （梁）沈约：《宋书》第二册，中华书局，1974年，第502、507页。

[3] （梁）沈约：《宋书》第二册，中华书局，1974年，第511页。

[4] （梁）萧子显：《南齐书》第一册，中华书局，1972年，第341页。

[5] （唐）魏徵等：《隋书》第一册，中华书局，1973年，第215、218、219页。

[6] 《独断》："通天冠，天子日常服饰，汉服受之秦，礼无文。"——（汉）蔡邕：《独断》，中华书局，1985年，第27页。《晋书·舆服志》："通天冠，本秦制。""远游冠，傅玄云秦冠也。"——（唐）房玄龄等：《晋书》第三册，中华书局，1974年，第766页。

[7] 关于东汉的通天冠，孙机先生在其《进贤冠与武弁大冠》一文中已经有详尽的论述，不赘述。详见孙机：《中国古舆服论丛》，文物出版社，1993年，第125～131页。

冠》一文中对此做了详尽的考证，不赘述[1]。东晋朝服之首服，亦是冠与帻的搭配。

据前所引述，东晋皇帝朝服，首服为通天冠；太子诸王朝服，首服为远游冠。

东晋南朝通天冠的具体式样，《晋书·舆服志》载："通天冠，本秦制。高九寸，正竖，顶少斜却，乃直下，铁为卷梁，前有展筩，冠前加金博山述。"[2]《隋书·礼仪志》载："（梁陈）通天冠，高九寸，正竖顶，少斜却，乃直下，铁为卷梁，前有展筩，冠前加金博山、述。乘舆所常服。"[3]关于东晋南朝的远游冠式样，《晋书·舆服志》："远游冠……似通天而前无山述……太子则以翠羽为緌，缀以白珠，其余但青丝而已。"[4]《南齐书·舆服志》："远游冠，太子诸王所冠。太子朱缨，翠羽緌珠节。诸王玄缨，公侯皆同。"[5]《隋书·礼仪志》："（梁陈）远游冠，制似通天，而前无山、述，有展筩，横于冠前。皇太子及王者后、诸王服。……太子则以翠羽为緌，缀以白珠。其余但青丝而已。"[6]《梁书·昭明太子列传》载："旧制，太子著远游冠，金蝉翠緌缨；至是（天监十四年），诏加金博山。"[7]从中可知，东晋南朝通天冠、远游冠这两种冠饰式样相似，只是远游冠前无"山述"。

那么，何为"山述"呢？由《晋书》《隋书》记载可知通天冠前有"展筩"；又加"金博山、述"。"山"即为金博山的简称。《续汉书·舆服志》与《晋书·舆服志》中对通天冠形制的描述类似："通天冠，高九寸，正竖，顶少邪却，乃直下为铁卷梁，前有山，展筩为述。"[8]《续汉志》系晋人所作，亦可作晋代服饰的佐证史料。综合《晋书·舆服志》与《续汉志》的相关描述，展筩与述应属不同部分。"展筩为述"，有可能是指用"述"装饰"展筩"。唐《通典·礼典》载晋通天冠注曰："述即鹬也。鹬知天雨，故冠像焉。"[9]故推测，"述"即为装饰在展筩上的鹬纹。

远游冠与通天冠式样相似，区别是前者冠前无金博山，而据《梁书》，自天监十四年后，梁太子远游冠加金博山，陈因梁制。那么，这一时期内，皇帝所戴的通天冠与太子远游冠如何区分？《晋书·舆服志》《宋书·礼制》《隋书·礼仪志》均载天子杂服中有："五梁进贤冠、远游冠"。[10]可见，皇帝亦有戴远游冠的资格，《隋书》又引

[1] 孙机：《中国古舆服论丛》，文物出版社，1993年，第125～131页。

[2] （汉）郑玄：《周礼郑氏注》，中华书局，1985年，第139页。

[3] （唐）魏徵等：《隋书》第一册，中华书局，1973年，第233页。

[4] （唐）房玄龄等：《晋书》第三册，中华书局，1974年，第766页。

[5] （梁）萧子显：《南齐书》第一册，中华书局，1972年，第341页。

[6] （唐）姚思廉：《梁书》第一册，中华书局，1973年，第165、166页。

[7] （唐）魏徵等：《隋书》第一册，中华书局，1973年，第233页。

[8] （晋）司马彪撰、（梁）刘昭注补：《后汉书志》第十二册，中华书局，1974年，第3665页。

[9] （唐）杜佑撰、王文锦等点校：《通典》，中华书局，1995年，第1608页。

[10] 原文五梁进贤冠、远游冠之间为逗号。——（唐）房玄龄等：《晋书》第三册，中华书局，1974年，第766页。参《隋书》引徐广《舆服杂注》，更正为顿号。——（唐）魏徵等：《隋书》第一册，中华书局，1973年，第265页。

图2-1 东晋通天冠与远游冠

1.唐摹《女史箴图》中戴通天冠的汉元帝像 2.司马金龙墓漆画屏风中戴远游冠的卫灵公像

东晋徐广《舆服杂注》："天子杂服，远游五梁、太子诸王三梁。"[1] 皇帝、太子诸王的远游冠以冠梁数区分。而皇帝通天冠似远游冠而前无山，亦应为五梁。这样，梁天监十四年后，皇帝通天冠与太子远游冠虽均加金博山，但前者为五梁、后者为三梁，以此为区分。

东晋通天冠的式样，可参传顾恺之《女史箴图》（唐摹本）。摹本中汉元帝面部模糊，但所戴冠的式样清晰可辨。由图可知，其冠体两侧透空，前部近直，顶部微斜，后部卷曲。这和文献记载"正竖，顶少斜却，乃直下，铁为卷梁"的描述相符，应即"卷梁"（图2-1，1）。冠的底部是一圈环脑的矮介壁（图残），应是所谓"颜"。因为"颜"本指额，冠颜就是冠的覆额部分 [2]。冠前"颜"与"梁"的衔接处有一高起的结构，可能是"展筩"；衔接处中间有一明显的金色牌饰，则是"金博山"。有冠缨，在下颌处打结，緌高高翘起，以彰动势。冠侧另有一物形似小犀角翘起，传顾恺之《列女仁智图》（宋摹本）所绘人物冠上也有类似构成，其中卫灵公像中可辨认出其插入发髻中，因此它应属有固冠作用的簪导一类。《南齐书·舆服志》："通天冠……旧

[1] （唐）魏微等：《隋书》第一册，中华书局，1973 年，第 265 页。

[2] 原文见《广雅·释亲》："颜，题，颡额也。"详参（魏）张揖撰，（隋）曹宪音释：《广雅》，中华书局，1985 年，第 79 页。又《战国策·宋策》中记载"无颜之冠"，宋鲍彪注"冠不覆额。"详参（汉）刘向集录：《战国策》，上海古籍出版社，1985 年，第 1158 页。

用駮犀簪导，东昏改用玉。"[1]《南齐书》所谓"旧"，是指东昏侯执政之前，其必定包括刘宋。而刘宋服制多沿袭东晋，所以东晋时期的通天冠可能也用"駮犀簪导"。《女史箴图》中所绘的汉元帝之冠，与文献所载通天冠的形制是相吻合的；考虑到汉元帝的身份，他所戴的冠应该就是通天冠。汉元帝并非东晋人物，画家若刻意拟古，《女史箴图》中汉元帝所戴的通天冠也可能接近汉式。但对比东汉通天冠图像资料，《女史箴图》中所见冠式与东汉通天冠[2]是有较大差别的。东汉通天冠前"金博山"高高突起，不像是牌饰，冠梁相对平直，并没有卷曲的结构。

类似《女史箴图》汉元帝之冠者，可见于司马金龙墓屏风漆画。漆画中可见多例该类冠，其冠体两侧透空，前部近直，顶部微斜，后部卷曲，有黑色冠缨，在下颌处打结，緌呈现随风飘举之态，与文献所载的皇子远游冠緌为"青丝"相符。如卫灵公、齐宣王之冠，展现角度不同，可见更清晰的细节（图2-1，2）：冠"颜""梁"衔接部分，为半圆柱结构。《说文》云："箭，断竹也。"[3]"展箭"，意为展开的竹筒，半圆柱正像竹筒展开的形状。可以推测，这个半圆柱结构即为"展箭"。卫灵公形象者冠侧的固发簪导与《女史箴图》中所见造型略有差别。司马金龙墓屏风漆画中此类冠与《女史箴图》汉元帝所戴冠最大的差别，是后者冠前并无金色牌饰（图2-1）。屏风漆画所绘人物多为王、公之类，其级别仍不够戴通天冠，与其身份相配者应是远游冠。而远游冠与通天冠的区别，就在于其冠前并无"山""述"。述纹在图中不易展现，由此推测，金色牌饰即为"金博山"。

综上，东晋通天冠式样，可参传顾恺之《女史箴图》中汉元帝像所戴冠；远游冠式样，可参司马金龙墓屏风漆画中卫灵公、齐宣王所戴冠。

《太平御览》卷六百八十五引刘宋徐爰《释问》："通天冠，金博山蝉，谓之金颜。"[4]由文献可知，通天冠上金博山附蝉饰。《晋书》中并未提及通天冠金博山附蝉饰，但记载侍中、常侍佩戴武冠金珰附蝉饰[5]。西晋陆云《寒蝉赋》说蝉五德："头上有緌，则其文也；含气饮露，则其清也；黍稷不享，则其廉也；处不巢居，则其俭也；应候守常，则其信也。"所以，蝉饰被加于冠冕之上，作为品德高尚的象征，帝王公侯常伯的冠上均有蝉饰[6]。南京大学北园东晋墓[7]（图2-2，1）、南京仙鹤观东晋墓[8]均出

---

[1]（梁）萧子显：《南齐书》第一册，中华书局，1972年，第341页。

[2] 关于东汉的通天冠，孙机先生在《进贤冠与武弁大冠》一文中已经有详尽考证，不再赘述。详见孙机：《中国古舆服论丛》，文物出版社，1993年，第125~131页。

[3]（汉）许慎：《说文解字》，中华书局，1963年，第97页。

[4]（宋）李昉等编：《太平御览》第三册，中华书局，1960年，第3056页。

[5] 原文见《晋书·舆服志》："武冠……左右侍臣及诸将军武官通服……侍中、常侍则加金珰，附蝉为饰，插以貂毛。"详参（唐）房玄龄等：《晋书》第三册，中华书局，1974年，第765、766页。

[6]（宋）李昉等编：《太平御览》第四册，中华书局，1960年，第4192页。

[7] 南京大学历史系考古组：《南京大学北园东晋墓》，《文物》1973年第4期。

[8] 南京市博物馆：《江苏南京仙鹤观东晋墓》，《文物》2001年第3期。

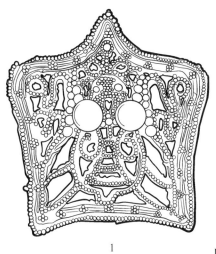

图2-2　东晋金蝉饰

1.江苏南京南京大学北园东晋墓金蝉饰　2.江苏南京仙鹤观东晋墓金蝉饰

土有金蝉饰（图2-2，2），尺寸均约5厘米见方[1]，这与《女史箴图》中汉元帝通天冠上的金博山尺度大体相当。刘宋的衣冠制度沿袭东晋，以此为据，可推断东晋的通天冠上亦附金博山蝉饰。稍显遗憾的是，目前仍未发现有附金蝉饰通天冠的东晋实例。

　　南朝宋齐通天冠、远游冠的具体式样，正史文献中未有详尽记载。前文已论述，刘宋早期的衣冠制度沿袭东晋，故通天冠、远游冠形制大体与东晋相同。刘宋中晚期，衣冠制度逐渐改变与东晋呈现出差别。刘宋晚期的衣冠制度或多或少与北魏孝文帝永和年间的衣冠制度相似，所以刘宋晚期的远游冠式样可参考北朝相关资料。如河南洛阳龙门石窟宾阳洞浮雕《帝后礼佛图》中，有一位戴远游冠者[2]。由于浮雕系打碎后拼合而成，遭到破坏，远游冠式样不清，仅大致可以分辨远游冠的卷梁和颜，未见展筒，整体特征与东晋远游冠相同（图2-3，1）。如上章所述，南齐时间较短，衣冠制度基本遵循晋制，又难免受到刘宋影响，南齐的通天冠、远游冠应当与刘宋晚期类似。

　　据《隋书》《通典》，陈因梁制，梁陈的衣冠制度基本相同。梁陈通天冠、远游冠图像资料鲜见，而同时期北朝的图像资料相对丰富。线刻石棺葬具在北魏宣武至孝明年间（500～528年）极盛，美国纳尔逊博物馆藏北魏孝子石棺的相对年代也在其间[3]。鉴于当时南北朝礼服趋于统一，所以美国纳尔逊博物馆藏北魏孝子石棺线刻画中帝舜

　　[1]　东晋十六国墓出土不少此类金蝉饰，均为镂空的蝉形，在考古报告中常被称作"金珰"。又《续汉书·舆服志》："黄金珰，附蝉为文"。《晋书》："金珰，附蝉为饰"。《隋书》："加金珰附蝉焉"，"董巴《志》曰："内常侍，右貂金珰，银附蝉"，从文献看金珰和蝉饰似乎是两个构件，尤其是董巴《舆服志》中记载蝉饰也有银质，孙机先生在《中国古舆服论丛》中指出，冯素弗墓出土金蝉饰背后还衬有一个尺寸相当的金片，似乎是金珰。"珰"应同"挡"，为金蝉饰的挡衬。而镂空的金蝉饰，实非金珰。

　　[2]　河南洛阳龙门石窟宾阳洞北魏浮雕《帝后礼佛图》中有资格戴通天冠的只有孝文帝一人，而图中孝文帝冕服具备，所以戴类似冠的应当是远游冠。

　　[3]　邹清泉：《北魏画像石榻考辨》，《考古与文物》2014年第5期。

所戴的通天冠可作为萧梁通天冠式样的参考，其有卷梁、金博山颜清晰可见，似无展筩；固发簪导一端呈菱形薄片状[1]（图2-3，2），不见冠缨。北魏神王石碑座《礼佛图》[2]中，四位礼佛的人间帝王均戴冠；为首者冠上有金博山（图2-4，3），前三位冠受到画框限制没有全部展现，最后一位冠饰完整（图2-3，4）。四人之冠体两侧透空显而易见，冠梁前部近直但有一定弧度，顶部、后部均卷曲；与东晋图像资料中顶部近平有些差异；有颜，无独立展筩，固发簪导一端呈菱形薄片状。为首者戴的应当是通天冠，后三个应当是远游冠。由于四人穿扮与永宁寺出土世俗服饰像[3]类似，其年代应该相去不远，应为北魏熙平元年至永熙三年（516～534年）之间。建于北魏熙平年间至北魏末（517～534年）的麦积山一二七窟[4]，其中的穆天子拜见西王母图，按照人物身份判断，穆天子头上戴的应该是通天冠。因为年岁已久，壁画模糊不清，通天冠两侧透空，卷曲的冠梁依稀可辨，冠下的黑介帻十分明显[5]。所以，也可以作为南朝通天冠的参考。

北魏迁洛后汉化十分成功，然而北镇鲜卑人依旧保持鲜卑旧俗，后因此矛盾北魏分裂成东魏和西魏，西魏以及之后的北周保留了汉化政策[6]，其衣冠制度依旧与南朝保持一致。西魏北周的服饰图像资料，亦可作为梁陈服饰的参考资料。莫高窟二九〇窟西魏壁画中，有多例戴此类冠饰者（图2-4，1、2）。虽然表现手法较为简略粗犷，但依旧可以清晰看出卷曲的冠梁，以及两侧透空的冠体，冠前竖起的牌饰似金博山（图2-4，1）。西安北周康业墓围屏线刻《骑马出行图》中，墓主人康业头上所戴的冠饰两侧透空，冠梁卷曲，无山饰，无展筩，似乎是远游冠（图2-4，3）。康业是粟特人，其祖上是康居国王族[7]，所以戴远游冠也符合其身份。同时代其他粟特人墓中未见与远游冠相关的实例。如安伽墓，虽也有围屏石榻，但其中图像人物中无人戴远游冠[8]，推测这应该和墓主人身份相关。以上图例中，戴通天冠、远游冠者均不见下颌处有冠缨打结，但据《隋书》，梁陈远游冠依旧有綎，图像似有悖于文献。北魏神王石碑座《礼佛图》中通天冠、远游冠的簪导上挂有饰带，末端有流苏状物（图2-3，3、4），

---

[1] 黄明兰编：《北魏孝子棺线刻画》，人民美术出版社，1985年，第3页。

[2] 周到主编：《中国画像石全集8·石刻线画》，河南美术出版社、山东美术出版社，2000年，第39页。

[3] 中国社会科学院考古研究所：《北魏洛阳永宁寺1979～1994年考古发掘报告》，中国大百科全书出版社，1996年，第76页。

[4] 董玉祥：《麦积山石窟的分期》，《文物》1983年第6期，第22页。

[5] 董玉祥主编：《中国美术全集·绘画编17·麦积山等石窟壁画》，人民美术出版社，1987年，第57页。

[6] 参考陈寅恪口述、万绳楠整理：《陈寅恪魏晋南北朝史讲演录》第十七篇，黄山书社，1987年，第268～284页。

[7] 西安市文物保护考古所：《西安北周康业墓发掘简报》，《文物》2008年第6期。

[8] 陕西省考古研究所：《西安发现的北周安伽墓》，《文物》2001年第1期。

图2-3 北魏通天冠、远游冠服

1.河南洛阳龙门石窟宾阳洞北魏《帝后礼佛图》浮雕穿远游冠服者 2.美国纳尔逊博物馆藏北魏孝子石棺线刻画帝舜像 3.洛阳北魏神王石碑座《礼佛图》穿通天冠服者 4.洛阳北魏神王石碑座《礼佛图》穿远游冠服者

与《女史箴图》汉元帝之绶相似，而其余南北朝帝王图中不见这种饰带。由此推测，南北朝通天冠、远游冠已无需冠缨固冠，故将其打结留绥后挂在簪导上，作为礼仪符号。因冠缨已非必要结构，也有不挂的案例。

　　阎立本《历代帝王图》中的冕服帝王像，其中冕冠正如文献中所记载者："平冕，加于通天冠之上。"冕板下通天冠的细节多被人忽略，其中隋文帝（图1-4，1左）、魏文帝（图1-4，1右）、蜀主刘备（图2-5，1）所戴的通天冠可以明显地看出冠后部卷旋的梁；冠的侧面似呈透空状；冠下可见一个人字形的屋，这应该就是介帻；两侧也是透空，簪导从中穿入以固发；冠颜上的金博山呈"圭"字形，上有金色蝉饰；虽

图2-4　西魏、北周通天冠、远游冠服

1.甘肃莫高窟二九〇窟西魏壁画穿通天冠服者　2.甘肃莫高窟二九〇窟西魏壁画穿远游冠服者　3.陕西西安北周康业墓围屏线刻《骑马出行图》墓主像

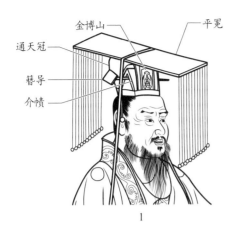

图2-5　初唐通天冠、远游冠

1.阎立本《历代帝王图》蜀主刘备像　2.甘肃敦煌藏经洞初唐纸本绘画《骑马人物图》戴远游冠者

不见冠顶，但相信其顶部近平，方可以承冕。《历代帝王图》中所见的通天冠体，北周康业墓围屏线刻上的远游冠体，对比可发现其基本结构是一致的。再看敦煌藏经洞发现的初唐纸本绘画《骑马人物图》，其中一人骑红马，头戴通天冠；冠体与康业墓围屏线刻上的远游冠体更加接近，尤其是冠梁卷曲走势几乎是一致的；两侧透空，有颜，山饰可辨，无展筩、冠缨（图2-5，2）。隋、初唐与南北朝较近，其通天冠、远游冠外形应是沿袭南北朝。

南朝因晋制，通天冠金博山亦附蝉饰，虽相关图像无存，但阎立本《历代帝王图》可作为其式样的参考。通天冠金博山附蝉的制度亦传播至北朝，《周书》记载，北周宣帝"尝自带绶及冠通天冠，加金附蝉，顾见侍臣武弁上有金蝉，及王公有绶者，并令去之。"[1]据《梁书》，自天监十四年，太子远游冠加金博山蝉。通天冠、远游冠上附蝉的制度，沿袭至隋唐宋明。

从上文可以看出通天冠、远游冠体的演变过程。东晋时的通天冠和远游冠，冠体主要部分呈现两侧透空、前部近直、顶部近平、后部卷曲的结构，整体转折平滑，颜与卷梁衔接处有展筩，冠缨在下颌处打结固冠。南北朝之后，通天远游冠式样逐渐简化；卷梁直接安与颜之上；独立的展筩消失，似与冠梁合为一体；簪导变长，一端呈菱形薄片状，冠缨无固冠之功能，而是直接系在簪导上，垂下緌。总体上，东晋南朝通天、远游冠冠体的基本特征是两侧通透，卷梁转折平滑；通天冠五梁，前有金博山附蝉；远游冠三梁，原无山蝉，自梁天监十四年，太子远游冠附蝉。这种冠式沿袭至隋唐。

从东汉起，帻正式成为冠下衬垫之物，冠必与帻配套[2]。东汉六朝、通天冠、远游

---

[1]　（唐）令狐德棻等：《周书》第一册，中华书局，1971年，第125页。

[2]　孙机：《中国古舆服论丛》，文物出版社，1993年，第126、127页。

冠下的帻为黑介帻，与进贤冠相同。关于东晋南朝与通天冠相配套的介帻，将在下一节文官朝服中详细讨论。

二　身衣

《晋书》《南齐书》《隋书》中均记载，与通天冠搭配的身衣为"绛纱袍，皂缘中衣。"《宋书》中则记载，"绛纱裙，皂缘中衣。"南朝宋沿袭东晋制度，皇帝朝服应该也是绛纱袍。这里"裙"应当就是"袍"。东晋、刘宋时期，与远游冠搭配的身衣为"五时朝服"。"五时朝服"，源于汉代礼服"五时衣"[1]。《晋书·礼志》："汉仪，太史每岁上其年历，先立春、立夏、大暑、立秋、立冬常读五时令，皇帝所服，各随五时之色……及晋受命，亦有其制。"[2] 可见，皇帝朝服同样随"五时之色"，即青、朱、黄、白、黑五色。

"朝服"与"五时朝服"有何关系？《续汉志》："今（晋代）下至贱更小吏，皆通制袍单衣，皂缘领袖中衣，为朝服云。"[3]《宋书·礼制》记载的"朝服一具"，包括"冠帻各一、绛绯袍、皂缘中单衣领袖各一领、革带、袷裤各一，舄、袜各一量，簪导饰自副。"其后又补充："四时朝服者，加绛绢、黄绯、青绯、皂绯袍单衣各一领；五时朝服者，加给白绢袍单衣一领。"[4] 绛、黄、青、白、皂，色系与"五时色"朱、黄、青、白、黑一一对应。"领"，是汉六朝上衣的计量单位。从字面意思分析，"绛绢、黄绯、青绯、皂绯袍单衣各一领"与"白绢袍单衣一领"；前者为多件上衣，后者仅为一件上衣。又《宋书·乐志》记载《武始舞》舞者衣着："武冠，赤介帻，生绛袍单衣绛领袖，皂领袖中衣。"[5]《南齐书·乐志》记载《宣烈舞》舞者衣着："武冠，赤帻，生绛袍单衣绢领袖，皂领袖中衣。"[6] 说明"袍单衣"是一种衣物的名称，而不是"袍与单衣"的合称。

前文已述，宋因晋制，故其朝服组成应当与东晋相同。因此除去裤袜佩饰，东晋时一具朝服的身衣基本组成为袍单衣一领、皂缘领袖中（单）衣一领。《宋书》又指出，四时朝服与五时朝服是在"朝服一具"的基础上加上四件或五件各随五时色的"袍单衣"。什么是"袍单衣"？《宋书·礼志》："单衣，古之深衣也。今单衣制裁与深衣同，唯绢带为异。"[7] 由此可知，单衣式样与上下连属的深衣类似。《宋书》中也记

[1]　杨懿：《"五时朝服"、"绛朝服"与晋宋职官制度——〈唐六典〉校勘记补正一则》，《中国典籍与文化》2014 年第 3 期。

[2]　（唐）房玄龄等：《晋书》第三册，中华书局，1974 年，第 587、588 页。

[3]　（晋）司马彪撰，（梁）刘昭补注：《后汉书志》，中华书局，1974 年，第 3666 页。

[4]　（梁）沈约：《宋书》第二册，中华书局，1974 年，第 518 页。

[5]　（梁）沈约：《宋书》第二册，中华书局，1974 年，第 536 页。

[6]　（梁）萧子显：《南齐书》第一册，中华书局，1972 年，第 190 页。

[7]　（梁）沈约：《宋书》第二册，中华书局，1974 年，第 520、521 页。

载了帝王百官的朝服用料情况，包括"单衣""科单衣""中衣""缘皂""领袖""袷带""褠""裤""袜"等所用的布料，从衣裤、衣缘、乃至腰带、袜，可谓十分详尽细致，但却未提及"袍单衣"[1]。其中指出，单衣用布料"七丈二尺"，科单衣用布料"五丈二尺"，中衣用布料"五丈"[2]。以上，单衣用料比中衣多了二丈二尺，比科单衣多了二丈，自然比科单衣、中衣大一些。中衣，又称中单、中单衣，介乎内外衣之间，故得名，广博自然不及单衣。科单衣在汉六朝文献中出现频率较高，但具体所指何物，未有记载。从用料上看，比中衣略大一些，可能是介乎中衣和单衣之间。单衣制同深衣，必定长广如袍，所以被称作"袍单衣"或"袍"。这样，"朝服"与"五时朝服"的关系就比较清晰了："朝服"，即日常朝服，与"五时朝服"的区别体现在身衣的配给上。"朝服"身衣为"绛纱袍""皂缘中衣"与"袷裤"。除此之外，朝廷另多配给黄（立夏穿）、青（大暑穿）、白（立秋穿）、皂（立冬穿）单衣，加上之前的绛袍（立春穿），对应五时，则称为"五时朝服"。"四时朝服"与此类似，即多配给黄（立夏）、青（大暑）、皂（立冬）单衣，加上绛袍（立春），对应四时。除绛袍外，其余"四时"朝服均在特定典礼场合穿着，并非常用。《晋书》《宋书》《南齐书》《隋书》中均载皇帝有"五色纱袍"[3]，很可能即是"五时朝服"的组成部分。《宋书·礼制》记载的"朝服一具"中未包含科单衣，介乎中衣和单衣之间的科单衣，亦非当时朝服的必要部分，故不再讨论。本文要着重探讨者，是君臣日常朝会、议政所穿的朝服。

据《晋书》《宋书》记载，皇帝朝服身衣为"绛纱袍"与"皂缘中衣"。《宋书》也记载，"朝服一具"是指"绛绯袍""皂缘中单衣"及裤袜佩饰。"绛""绯"均属于红色系，"纱"是一种布料。刘宋制度多承晋制，所以东晋帝王朝服身衣应与刘宋时没有大的差别。可以推断，"绛绯袍"与"绛纱袍"所指皆同。

再分析绛纱袍（单衣）、中（单）衣的具体式样。《释名》："袍，丈夫着，下至跗者也。袍，苞也，苞内衣也。妇人以绛作衣裳，上下连四起施缘，亦曰袍，义亦然也。"[4]《急就篇》颜师古注："长衣曰袍，下至足跗；短衣曰襦，自膝以上。"[5]可见，汉晋所谓的"袍"，包括两种服饰。一种是长至脚面的外衣；一种取自"苞"的谐音，意即包住身体，用作内衣。"绛纱袍"，显然是长外衣。《释名》曰："縠……又谓之沙。"[6]此处"沙"即"纱"。纱与縠，为同一类布料，亦常被称为"纱縠"。如《汉

[1] 原文见《宋书·礼志》："诸受朝服，单衣七丈二尺……中衣绢五丈……"。详参（梁）沈约：《宋书》第二册，中华书局，1974年，第518页。

[2] （梁）沈约：《宋书》第二册，中华书局，1974年，第518页。

[3] （唐）房玄龄等：《晋书》第三册，中华书局，1974年，第766页。（梁）沈约：《宋书》第二册，中华书局，1974年，第502页。（唐）魏徵：《隋书》第一册，中华书局，1973年，第215页。

[4] （汉）刘熙：《释名》，中华书局，1985年，第81页。

[5] （汉）史游撰、（唐）颜师古注：《急就篇》，中华书局，1985年，第142页。

[6] （汉）刘熙：《释名》，中华书局，1985年，第70页。

书》记载江充"纱縠禅衣，曲裾后垂交输。"
颜师古注："纱縠，纺丝而织之也。轻者为
纱，绉者为縠。"[1] 西汉《郊祀歌》云："被华
文，厕雾縠。"[2] 文中形容纱縠，轻薄如云雾。
汉代人以纱縠制袍，作外罩衣。如马王堆一
号汉墓出土的素纱禅衣[3]，应属此类。又如陕
西靖边杨桥畔二村新莽墓壁画中《二桃杀三
士》中的齐景公[4]，其在缥色袍外罩一件浅绛
深衣，以绛色勾勒出轮廓和衣褶表现其轻薄
透明的质感，则应当是绛纱衣（图2-6）。此
深衣式样，呈现"曲裾后垂交输"状，应该
就是文献中所载的"纱縠禅衣"。由此可以推
测，绛纱袍也是呈现这样轻透的质感。

纱衣

图2-6　陕西靖边杨桥畔二村新莽
墓壁画《二桃杀三士》齐景公像

　　细观唐摹本顾恺之《女史箴图》中汉元
帝服饰，其首服为通天冠，罩一略施朱色的
轻透纱袍，其里衣和腿脚轮廓依稀可见；该
袍可能就是绛纱袍（图2-1，1）。《女史箴图》作画目的是劝诫和警世，其中人物多依
据帝王、后妃的形象创作。图中所见另外几位戴皮弁冠的男性形象者，均穿纱袍，纱
袍有轻薄透明的质感，纱袍内襟隐现，与外襟掩映呈现交叉状（图2-7，1）。在图的
"欢不可以渎，宠不可以专"部分，仔细观察摆手男子层层掩映的领襟处，则可发现在
纱袍下有一件与纱袍大致同长的白衣，白衣有皂色领缘、袖端与下摆。正与文献中记
载的"绛纱袍、皂缘中衣"互证（图2-7，1）。再观该图男性形象者颈肩处，皂领下
亦见白色交领，有白曲领，也应属中衣类。前文已述，曲领穿在交领下，是为了防止
衣领上拥。《晋书》中也记载了太子朝服搭配白曲领。或因非朝服必要组成部分，故文
献未载皇帝朝服需搭配白曲领。此外，该摹本《女史箴图》中所见男性形象者，还在
绛纱袍外搭配绛纱蔽膝（图2-7，1），正史文献中并无相关记载。宋摹本顾恺之《列
女仁智图》色彩单一，其中人物衣着与该《女史箴图》类似，男性均是一袭纱袍，不
见掩映交叉的衣襟，但纱袍轻透飘逸质感依旧十分明显（图2-7，2）。可能是因现存
《列女仁智图》摹本较《女史箴图》摹本年代为晚，祖本特征未能全部体现。《女史箴

　　[1]　（汉）班固：《汉书》第七册，中华书局，1962年，第2176页。

　　[2]　（汉）班固：《汉书》第四册，中华书局，1962年，第1052页。

　　[3]　湖南省博物馆、中国科学院考古研究院：《长沙马王堆一号汉墓》，文物出版社，1973年，第
81页。

　　[4]　徐光冀主编：《中国出土壁画全集6·陕西》，科学出版社，2012年，第42～45页。

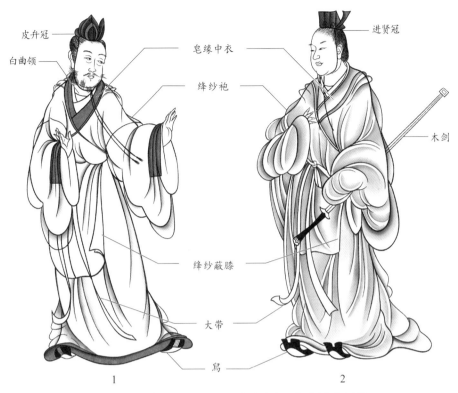

图2-7 《女史箴图》与《列女仁智图》中穿纱衣男性

1.《女史箴图》上的男性贵族 2.《列女仁智图》上的"晋伯宗"

图》《列女仁智图》中男子纱衣外多搭配有蔽膝（图2-7）。

　　司马金龙墓屏风漆画中有多例远游冠形象者，均穿绛袍（图2-1，2、图2-8，2）；袍内见皂缘中衣领，皂领下见白色交领。这大体与唐摹顾恺之《女史箴图》中的相符，但并未见纱袍。若仔细观察绛袍，可见绛袍轮廓外有几笔略显突兀的线条（图2-8）。画匠不可能无缘无故增添这些看似多余的笔墨，这些线条也并不是随意、无章法的，而是沿着衣纹褶皱的趋势所作。其应是画匠想表现纱袍轻薄透明的质感，而绘画水平有限所致。司马金龙墓屏风漆画中戴远游冠者为表其身份，多是坐姿，看不出是否围蔽膝（图2-8）；身份与之相当的启戴古进贤冠，可辨认出其身穿绛纱袍，围蔽膝（图2-8，1）。

　　总体来看，唐摹顾恺之《女史箴图》、宋摹顾恺之《列女仁智图》和司马金龙墓屏风漆画中男性形象者的着装，完全可以作为东晋帝王朝服身衣式样的参考。虽司马金龙墓屏风漆画中男性服饰式样与顾画相似，但前者总体上比后者宽博一些，衣袖尤为明显，体现了东晋服饰日益变宽的趋势。

　　正史文献对南朝帝王朝服的记载与东晋一致，却无直接的图像资料。上一章已论述，虽东晋至刘宋中期，服饰有渐宽的趋势，但礼仪服饰式样没有根本性变化，但至

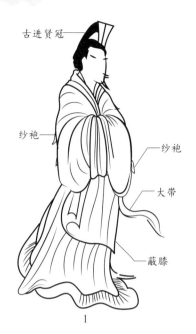

图2-8　司马金龙墓屏风漆画中穿纱衣男性
1.《启母涂山》部分"启"　　2.《李善养孤》部分"幼主"

刘宋晚期（可早至刘宋泰始年间），礼仪服饰变化较大，最明显的是袖式由宽直袖变为广袖。因此，刘宋早中期，朝服式样应当与东晋类似。最接近南朝帝王朝服的图像为宋摹《洛神赋图》（辽宁省博物馆卷）中曹植服饰，其祖本创作年代应为南朝中晚期[1]。经后世反复摹写后，该图出现了一些舛误，并融入宋人审美，但大体上保留了南朝服饰的特征。其中曹植身份为"王"级别，头戴具有宋代特征的远游冠，但保留了六朝两侧透空的冠梁。远游冠正是太子诸王穿朝服时所戴，曹植身衣应是朝服身衣，其身穿浅绛色广袖袍，搭配绛色蔽膝、白曲领，蔽膝外所衬的白色宽织带与唐宋朝服之"大带"类似（图2-9，1）。《洛神赋图》反映的南朝朝服具有宽衣广袖的特征，其祖本应不会早于刘宋晚期。据前所述，北魏孝文帝汉化改革后，南北朝礼仪服饰逐渐趋同，此时北朝礼仪服饰图像可作为南朝的参考。如北魏洛阳永宁寺所出的世俗服饰影塑像T7：2685，头残[2]，其穿广袖长袍，搭配白曲领、蔽膝，蔽膝外衬宽织带，身衣式样几乎与《洛神赋图》中曹植如出一辙（图2-9，2）。可说明两点，一则《洛神赋图》中曹植身衣式样在南北朝真实存在，二则北魏洛阳永宁寺T7：2685所反映的服饰正是南北朝朝服。缘此，《洛神赋图》曹植身衣、北魏洛阳永宁寺T7：2685服饰，均

---

[1]　张珊：《传顾恺之〈洛神赋图〉祖本创作时代再探——从东晋南朝服饰角度谈起》，《南京艺术学院学报（美术与设计）》2018年第6期。

[2]　中国社会科学院考古研究所：《北魏洛阳永宁寺1979～1994年考古发掘报告》，中国大百科全书出版社，1996年，第76页。

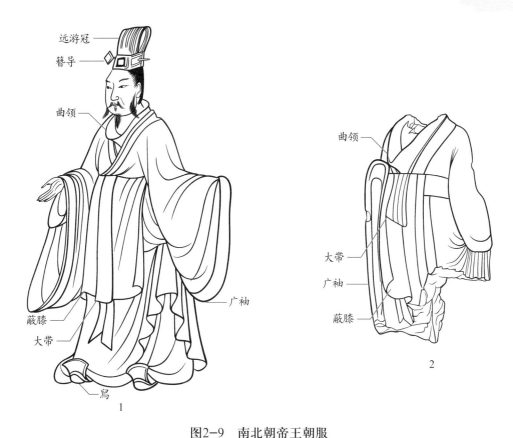

远游冠

簪导

曲领

曲领

广袖

蔽膝

大带

广袖

大带

蔽膝

舄

1

2

图2-9　南北朝帝王朝服

1.宋摹《洛神赋图》（辽宁省博物馆卷）曹植像　2.北魏洛阳永宁寺世俗服饰影塑像T7：2685

可作为南朝帝王朝服身衣的参考。

除此之外，上文首服部分介绍的北魏孝子石棺线刻上戴通天冠的帝舜像（图2-3，2）、北魏神王石碑座《礼佛图》中戴通天冠、远游冠的礼佛帝王像（图2-3，3、4）、莫高窟二九〇窟西魏壁画戴通天远游冠者（图2-4，1、2）、北周康业墓中石屏线刻戴远游冠的男墓主像（图2-4，3），服饰式样均与《洛神赋图》曹植服饰类似，可反映同时期北朝帝王朝服，亦可作为南朝帝王朝服式样的参考。上述南北朝考古资料中所见的帝王朝服，均穿宽博的广袖长袍，搭配蔽膝、大带、曲领，尤其是莫高窟二九〇窟西魏壁画中戴通天冠、远游冠者均穿绛袍，可见黑领与黑衣缘，正与文献所载皂缘中衣相符。值得注意的是，南北朝中晚期图像资料中，帝王朝服身衣均搭配有大曲领，很可能大曲领逐渐成为南北朝朝服的固定搭配；南北朝晚期图像中，朝服蔽膝外则多衬有宽织带，缘于后世大带即是如此式样，这很可能亦是"大带"。《宋书》《南齐书》《隋书》均记载南北朝朝服身衣为"绛纱袍"，但南北朝中晚期朝服图像中，不见身衣有轻透的质感。可能在此时，朝服的布料已用较厚实的纱，代替了轻透薄纱。

三 足服与佩饰

关于帝王朝服之足服，因为不是最重要的服饰，正史文献中相关记载也不够翔实。《晋书·舆服志》载，太子远游冠服所搭配的足服为"绛袜"与"玄舄"[1]，诸王远游冠服足服为"黑舄"[2]。《隋书·礼仪志》载，梁、陈通天冠服足服为"黑舄"[3]，太子远游冠服足服为"绛袜"与"玄舄"[4]，诸王远游冠服足服为"黑舄"[5]。大体来看，与通天冠、远游冠相配的足服应该是舄，颜色为黑色；《女史箴图》、司马金龙墓漆画屏风中穿纱袍者搭配黑舄可作为例证。关于舄，在前文冕服部分中已经有详细的阐述。舄头因为衣冠日益博大，也有增大的趋势。

通天冠服与远游冠服的佩饰是彰显身份的重要标志，为带、绶、配剑等，但图像中只见大带不见衮带；其余与冕服佩饰相同，不再赘述。《女史箴图》《列女仁智图》中所见的男性形象者，多在蔽膝之上系带，在腰中打结后，垂下的部分大约到膝盖之下（图2-7）。其所系之带，应就是东晋大带。而《洛神赋图》（图2-9，1）、北魏洛阳永宁寺俑T7：2685（图2-9，2）、北魏神王石碑座《礼佛图》中帝王等，蔽膝下垂细带，应作实际系袍之用，而蔽膝之上则有白色宽带，似有礼仪功能（图2-3，3、4）。这种宽带，在宋明朝服图像中亦可见，应为南朝大带。从东晋至南朝，朝服大带逐渐从实用性转变为礼仪性。

根据前文，将东晋南朝帝王朝服制度总结见表2-1。

表2-1　东晋南朝帝王朝服制度表

时代	身份	首服	身衣	足服	佩饰
东晋至刘宋中期	皇帝	通天冠、黑介帻。冠体主要部分呈现两侧透空，前部近直，顶部近平，后部卷曲的结构，五梁。有展筒、金博山附蝉。	绛纱袍一领、皂缘中单衣一领、曲领中单一领、青、朱（绛）、黄、白、黑单衣各一领，随五时。	绛袜、黑舄，舄头方，翘起。	珠黄大绶：黄赤地，黄赤缥绀四彩白玉、鞶囊。 大带：素带宽四寸，外白里朱，首尾两段为绿色窄边装饰，中间一段用红色窄边装饰。系在腰前打结后垂下三尺为绿边。 革带：系在大带之下。 木剑：剑柄饰以玉。

[1]　（唐）房玄龄等：《晋书》第三册，中华书局，1974年，第773页。
[2]　（唐）房玄龄等：《晋书》第三册，中华书局，1974年，第773页。
[3]　（唐）魏徵等：《隋书》第一册，中华书局，1973年，第215页。
[4]　（唐）魏徵等：《隋书》第一册，中华书局，1973年，第218页。
[5]　（唐）魏徵等：《隋书》第一册，中华书局，1973年，第219页。

续表

时代	身份	首服	身衣	足服	佩饰
东晋至刘宋中期	皇太子	远游冠、黑介帻。冠体主要部分呈现两侧透空，前部近直，顶部近平，后部卷曲的结构，三梁。	绛纱袍一领、皂缘中单衣一领、曲领中单一领、青、朱（绛）、黄、白、黑单衣各一领，随五时。	绛袜、黑舄，舄头方，翘起。	硃黄绶：硃黄色地，赤、黄、缥、绀四彩。瑜玉、貔兽头鞶囊。大带：素带宽四寸，腰间打结后垂下三尺。革带：系在大带之下。木剑：剑柄饰以玉。
	王	远游冠、黑介帻。冠体主要部分呈现两侧透空，前部近直，顶部近平，后部卷曲的结构，三梁。	绛纱袍一领、皂缘中单衣一领、曲领中单一领、青、朱（绛）、黄、白、黑单衣各一领，随五时。	绛袜、黑舄，舄头方，翘起。	纁朱绶：纁朱色地，赤、黄、缥、绀四彩。山玄玉、鞶囊。大带：素带宽四寸，腰间打结后垂下三尺。革带：系在大带之下。木剑，剑柄饰以玉。
刘宋晚期至梁天监十四年	皇帝	通天冠、黑介帻。冠体主要部分呈现两侧透空，前部近直，顶部近平，后部卷曲的结构，五梁。金博山附蝉。	绛纱袍一领、皂缘中单衣一领、曲领中单一领、青、朱（绛）、黄、白、黑单衣各一领，随五时。	绛袜、黑舄，舄笏头。	硃黄大绶：黄赤地，黄赤缥绀四彩白玉、鞶囊。大带：素带宽四寸，外白里朱，首尾两段为绿色窄边装饰，中间一段用红色窄边装饰。从腰间垂下三尺为绿边。革带：系在大带之下。木剑：剑柄饰以玉。
	皇太子	远游冠、黑介帻。冠体主要部分呈现两侧透空，前部近直，顶部近平，后部卷曲的结构，三梁。	绛纱袍一领、皂缘中单衣一领、曲领中单一领、青、朱（绛）、黄、白、黑单衣各一领，随五时。	绛袜、黑舄，舄笏头。	朱绶：朱色地，赤、黄缥、绀四彩。瑜玉、貔兽头鞶囊。大带：素带宽四寸，从腰间垂下三尺。革带：系在大带之下。木剑：剑柄饰以玉。
	王	远游冠、黑介帻。冠体主要部分呈现两侧透空，前部近直，顶部近平，后部卷曲的结构，三梁。	绛纱袍一领、皂缘中单衣一领、曲领中单一领、青、朱（绛）、黄、白、黑单衣各一领，随五时。	绛袜、黑舄，舄笏头。	纁朱绶：纁朱色地，赤、黄、缥、绀四彩。山玄玉、鞶囊。大带：素带宽四寸，从腰间垂下三尺。革带：系在大带之下。木剑，剑柄饰以玉。

时代	身份	首服	身衣	足服	佩饰
梁天监十四年至陈	皇帝	通天冠、黑介帻。冠体主要部分呈现两侧透空，前部近直，顶部近平，后部卷曲的结构，五梁。无展筒，金博山附蝉。	绛纱袍一领、皂缘中单衣一领、曲领中单一领、青、朱（绛）、黄、白、黑单衣各一领，随五时。	绛袜、黑舄，舄笏头。	黄赤绶：黄赤地，黄赤缥绿绀五彩。白玉，鞶囊。大带：素带宽四寸，外白里朱，首尾两段为绿色窄边装饰，中间一段用红色窄边装饰。从腰间垂下三尺为绿边。革带：系在大带之下。木剑：剑柄饰以玉。
	皇太子	远游冠、黑介帻。冠体主要部分呈现两侧透空，前部近直，顶部近平，后部卷曲的结构，三梁，金博山附蝉。	绛纱袍一领、皂缘中单衣一领、曲领中单一领、青、朱（绛）、黄、白、黑单衣各一领，随五时。	绛袜、黑舄，舄笏头。	硃绶：朱色地，赤、黄缥、绀四彩。瑜玉、蠻兽头鞶囊。大带：素带宽四寸，从腰间垂下三尺。革带：系在大带之下。木剑：剑柄饰以玉。
	诸王	远游冠、黑介帻。冠体主要部分呈现两侧透空，前部近直，顶部近平，后部卷曲的结构，三梁。	绛纱袍一领、皂缘中单衣一领、曲领中单一领、青、朱（绛）、黄、白、黑单衣各一领，随五时。	绛袜、黑舄，舄笏头。	纁朱绶：纁朱色地，赤、黄、缥、绀四彩。山玄玉、鞶囊。大带：素带宽四寸，从腰间垂下三尺。革带：系在大带之下。木剑，剑柄饰以玉。

第二节　东晋南朝文官朝服

　　进贤冠服作为文官的朝服，在中国甚至东亚古代服饰史上均有极其深远的影响。进贤冠礼服体系成熟于东汉，三国两晋南北朝沿袭，历经隋唐宋明的变化发展，一直为文官朝服，虽于满清入主中原后被废止，在朝鲜半岛依旧得以延续。晋室南迁后，中原冠服多缺失，进贤冠服系统在江左得以完整保留。进贤冠服同样包括首服、身衣、足服、配饰三部分，汉六朝时的朝服系统还没有形成类似唐代的服色制度，首服是区分身份等差的主要标志。

一　首服[1]

　　关于东汉至南朝进贤冠的式样，文献有如下记载。《独断》："进贤冠，文官服之。前

---

　　[1]　孙机先生在其《进贤冠与武弁大冠》一文中论述了从汉至明的进贤冠的发展和演变过程，着重探讨了东汉的进贤冠，东晋南朝的进贤冠不是该文的重点研究对象，本文再论进贤冠，试略申孙机先生未尽之意。孙机先生对进贤冠的论述，详见孙机：《中国古舆服论丛》，文物出版社，1993年，第125～128页。

高七寸后三寸，长八寸，公侯三梁，卿大夫尚书博士两梁，千石六百石以下一梁。汉制，礼无文。"[1]《续汉书·舆服志》："进贤冠，古缁布冠也，文儒者之服也。前高七寸，后高三寸，长八寸。公侯三梁，中二千石以下至博士两梁，自博士以下至小史私学弟子，皆一梁。宗室刘氏亦两梁冠，示加服也。"[2]《晋书·舆服志》："进贤冠，古缁布遗象也，斯盖文儒者之服。前高七寸，后高三寸，长八寸，有五梁、三梁、二梁、一梁。"[3]《宋书·礼制》："进贤冠，前高七寸，后高三寸，长八寸，梁数随贵贱，古之缁布冠也。文儒者之所服。"[4]《南齐书·舆服志》："进贤冠……以三梁、二梁、一梁为差，事见《晋令》。"[5]《隋书·礼仪志》："（梁陈）进贤冠，古缁布冠遗象也，斯盖文儒者之服。前高七寸，后高三寸，长八寸。有五梁、三梁、二梁、一梁之别。五梁唯天子所服，其三梁已下，为臣高卑之别云。"[6]以上文字对东汉、东晋、南朝进贤冠形制的描述几乎是一致的，不难看出其中的承袭关系。因此，要探讨东晋南朝的进贤冠，必须研究其最初形态，方能梳理清楚其发展脉络。

进贤冠源于何时，无从考证，最早对其进行记载的为东汉班固所撰《汉书》[7]。冠，并不等同于今天的帽。束发结髻戴冠，是华夏男性成年的象征。早期的冠，大小仅能容纳发髻。男性戴冠可以固定发髻，更重要的是体现华夏族有别于少数民族的礼仪性[8]。东汉至南北朝，士人于冠下戴帻。《续汉书·舆服志》："古者有冠无帻。其戴也，加首有颊，所以安物。"[9]这段文字中，司马彪特意解释了古人如何戴无帻之冠。按照这样的语境，与司马彪同时代的人似乎不知道没有帻如何戴冠；也就是说，晋代的冠必须与帻佩戴使用。在《独断》《后汉书》《晋书》《宋书》《南齐书》等正史文献中，介绍冠时大多会介绍与之配套的帻。

孙机先生引述《续汉书·舆服志》，说帻是由汉之前武将的覆头绛帕演变而来，后"稍稍作颜题"，微覆额；汉代加高这种包头帕的覆额部分（即颜题），后来"施巾连题"，制成类似便帽的式样，称其为帻[10]。西汉早期帻，为"卑贱执事不冠者之所

---

[1]　（汉）蔡邕：《独断》，中华书局，1985年，第28页。

[2]　（晋）司马彪撰、（梁）刘昭注补：《后汉书志》第十二册，中华书局，1965年，第3666页。

[3]　（唐）房玄龄等：《晋书》第三册，中华书局，1974年，第767页。

[4]　（梁）沈约：《宋书》第二册，中华书局，1974年，第503页。

[5]　（梁）萧子显：《南齐书》第一册，中华书局，1972年，第341页。

[6]　（唐）魏徵等：《隋书》第一册，中华书局，1973年，第233、234页。

[7]　《汉书·百官公卿表》："司隶校尉……绥和二年，哀帝复置，但为司隶，冠进贤冠，属大司空，比司直。"——（汉）班固：《汉书》第五册，中华书局，1962年，第737页。《汉书·隽不疑传》："不疑冠进贤冠，带櫑具剑，佩环玦，褒衣博带，盛服至门上谒。"——（汉）班固：《汉书》第十五册，中华书局，1962年，第3035页。

[8]　孙机：《中国古舆服论丛》，文物出版社，1993年，第125页。

[9]　（晋）司马彪撰、（梁）刘昭注补：《后汉书志》第十二册，中华书局，1965年，第3666页。

[10]　孙机：《中国古舆服论丛》，文物出版社，1993年，第125～127页。《后汉书·舆服志》原文："秦雄诸侯，乃加其武将首饰为绛袙，以表贵贱，其后稍稍作颜题。汉兴，续其颜，却摞之，施巾连题，却覆之，今丧帻是其制也。名之曰帻。"——（晋）司马彪撰、（梁）刘昭注补：《后汉书志》第十二册，中华书局，1965年，第3666页。

服。"[1]《汉书·东方朔传》："董君绿帻傅韝，随主前，伏殿下。主乃赞：'馆陶公主胞人臣偃昧死再拜谒。'因叩头谢，上为之起。有诏赐衣冠上。"[2]董偃就是因为身份低微只能戴帻，得到汉武帝认可后，诏赐冠。《后汉书·舆服志》中说帻于汉时兴起，应该就是始于汉元帝时。新莽时期，王莽在帻顶加类似屋顶形状硬挺的巾，以挡住自己的秃顶[3]。到了东汉，戴这种"施屋之帻"日益普遍，并被规范化，正式成为冠下衬垫之物。东汉图像资料中，有多例戴帻人物像，其帻均大如帽，覆额，有坡形尖顶（屋）。

东汉时，冠必与帻配套。《后汉书·弟丕传》："帝善丕说，罢朝，特赐冠帻履袜衣一袭。"[4]而在相关文献中，西汉时皇帝赐衣冠，不会提及帻。东汉之帻已跻身礼服之列，《续汉书·礼仪志》："立春之日，夜漏未尽五刻，京师百官皆衣青衣，郡国县道官下至斗食令史皆服青帻，立青幡，施土牛耕人于门外，以示兆民，至立夏。"[5]东汉帻的颜题围绕到脑后汇合，并延长加高，在脑后形成两个尖角，被称为"耳"。文官戴进贤冠，搭配长耳帻；武官戴武弁，搭配短耳帻[6]，这成为汉六朝约定俗成的规范，并影响隋唐。对于汉代的长耳帻，在中国各地已发现很多实例，均可反映其具体形制。如甘肃武威雷台汉墓出土铜俑[7]的首服，应该就是长耳帻（图2-10，1）；顶部呈坡形如屋顶，即是"屋"；环绕额部的一圈壁，即是颜题；颜题环绕脑后一圈，接合部分高度增加，形成两个尖角，即为"耳"。其构成与《续汉书·舆服志》记载相符。类似者还有河南密县打虎亭汉墓画像石人物像[8]、河北安平逯家庄东汉壁画中车马出行图的人物像[9]、四川简阳夜月洞东汉崖墓陶俑[10]（图2-10，2）等，也是戴这种施屋长耳之帻。除长耳帻外，东汉短耳帻顶部同样施屋（详见第三节武官朝服部分）。

据孙机先生研究，东汉陶俑、壁画、画像石等图像资料中人物所戴的一种冠顶部有前高后低呈现锐角状的构件；与文献中记载的"前高七寸，后高三寸，长八寸"的进贤冠尺度相符，加之其人物身份多属于文儒一类，所以他们所戴的冠应当就是进贤冠（图2-10，4、5）。东汉进贤冠图例，在华北、东北、华东、华南、西北、华中、

---

[1]　（晋）司马彪撰、（梁）刘昭注补：《后汉书志》第十四册，中华书局，1974年，第2855页。

[2]　（汉）班固：《汉书》第五册，中华书局，1962年，第3035页。

[3]　（汉）蔡邕：《独断》，中华书局，1985年，第27页。

[4]　（宋）范晔：《后汉书》第四册，中华书局，1965年，第884页。

[5]　（晋）司马彪撰、（梁）刘昭注补：《后汉书志》第十一册，中华书局，1965年，第3102页。

[6]　《续汉书·舆服志》："高颜题，续之为耳，崇其巾为屋，合后施收……文者长耳，武者短耳，称（衬）其冠也"——（晋）司马彪撰、（梁）刘昭注补：《后汉书志》第十二册，中华书局，1965年，第3666页。《独断》："冠进贤者宜长耳，冠惠文者宜短耳，各随所宜。"——（汉）蔡邕：《独断》，中华书局，1985年，第27页。

[7]　甘肃省博物馆：《武威雷台汉墓》，《考古学报》1974年第2期。

[8]　河南省文化局文物工作队：《河南密县打虎亭发现大型汉壁画墓与汉画象石墓》，《文物》1960年第4期。

[9]　河北省文物研究所：《安平东汉壁画墓发掘简报》，《文物春秋》1989年Z1期。

[10]　方建国、唐朝君：《四川简阳县夜月洞发现东汉崖墓》，《考古》1992年第4期。

图2-10　汉代长耳帻与进贤冠服

1.甘肃武威雷台汉墓铜俑　2.四川简阳县夜月洞东汉崖墓陶俑　3.山东沂南东汉画像石墓孔子像　4.河南密县打虎亭东汉墓画像石戴进贤冠者　5.山东沂南东汉画像石墓戴一梁、二梁进贤冠者

西南大部分地区均有发现。如河北望都县一号东汉墓壁画中戴进贤冠执笏文官者[1]，辽宁辽阳市北园三号东汉墓壁画上的数位戴进贤冠的文吏像[2]，山东沂南画像石、武梁祠画像石上的多例戴不同等级进贤冠的文官像，江苏徐州铜山出土的画像石上的多例戴进贤冠的文官像[3]，安徽褚兰县东汉画像石墓中画像石的多例执便面、执笏、乘舆的戴进贤冠官员像[4]，广州西村皇帝冈42号东汉木墩墓进贤冠木俑[5]，陕西旬邑百子村东汉

[1]　姚鉴：《河北望都县汉墓的墓室结构和壁画》，《文物参考资料》1954年第12期。

[2]　李文信：《辽阳发现的三座壁画古墓》，《文物参考资料》1955年第5期。

[3]　王德庆：《江苏铜山东汉墓清理简报》，《考古通讯》1957年第4期。

[4]　王步毅：《安徽宿县褚兰画像石墓》，《考古学报》1993年第4期。

[5]　广州市文物管理委员会：《广州西村皇帝冈42号东汉木椁墓发掘简报》，《考古通讯》1958年第8期。

墓壁画上的多例头戴进贤冠的文吏像[1]，洛阳东北郊朱村2号墓壁画上的头戴进贤冠墓主人像[2]，湖北当阳半月东汉墓画像石宴乐图中的文官像[3]，四川彭山东汉崖墓头戴进贤冠的文吏俑[4]，重庆丰都杜家包汉墓群戴进贤冠文吏俑[5]，贵州赫章东汉墓头戴进贤冠的文吏俑等[6]。这些戴进贤冠的文官，服饰式样是统一的，东汉时衣冠制度的严格以及中央对地方的影响力可见一斑。已发现的考古资料，类似的进贤冠形象最早出现在新莽时期。如陕西靖边杨桥畔二村新莽墓壁画上其中有戴进贤冠的小吏[7]，冠下有施屋之帻，无长耳。正如文献记载，施屋之帻产生于新莽，但当时帻的形制还没有完全规范化。

  东汉进贤冠图像资料细节比较明晰的有：山东沂南画像石文吏像所戴的进贤冠（图2-10，5），河北望县一号汉墓壁画中执笏文官像所戴进贤冠，洛阳东北郊朱村2号墓壁画上的墓主人像所戴进贤冠（图2-14，1）等。冠体底部，可以非常明显地看出是长耳施屋之帻；帻上架构了一个前高后低呈现锐角状的构件。进贤冠还有簪笔的制度，这在沂南画像石中有体现（图2-10，5）。再看"古者有冠无帻"的实例。如山东沂南东汉画像石墓中的孔子（图2-10，3）、苏武像[8]，头上所戴的均是前高后低呈现角状的小冠，无帻；年代上限为新莽时期的山东东平汉墓壁画文官，也是直接戴这种前高后低呈现角状的小冠[9]；河南"洛阳八里台"西汉墓壁画文官像所戴也是这种无帻之冠[10]。可见，架在帻顶部，前高后低呈现锐角状的构件正是进贤冠的冠体。进贤冠冠体，如何安在帻上？由于缺乏实物，无从考证。图中所见的进贤冠冠体，似乎呈透明的黑纱质地。《后汉书》与《晋书》中都说进贤冠是古代缁布冠的遗象，进贤冠以黑纱布制作冠体，也是合理的。透过黑纱，可见冠骨。正史文献中记载，汉六朝通天冠"铁为卷梁"，进贤冠框架结构应该同为铁骨。至于文献中出现的区分等级的冠梁，"公侯三梁，中二千石以下至博士两梁，自博士以下至小史私学弟子，皆一梁。"[11]在沂南画像石墓，同一画面出现两例冠体不同的进贤冠；这样冠梁就不言而喻了，前者是一梁，后者自然为二梁（图2-10，5）。

  [1] 陕西省考古研究所：《陕西旬邑发现东汉壁画墓》，《考古与文物》2002年第3期。

  [2] 洛阳市第二文物工作队：《洛阳市朱村东汉壁画墓发掘简报》，《文物》1992年第12期。

  [3] 宜昌地区博物馆、当阳市博物馆：《湖北当阳半月东汉墓发掘简报》，《文物》1991年第12期。

  [4] 南京博物院编：《四川彭山汉代崖墓》，文物出版社，1991年，第45、46页。

  [5] 重庆市文物局、重庆市移民局：《重庆库区考古报告集·1999卷》，科学出版社，2006年，第688页。

  [6] 贵州省博物馆：《贵州赫章县汉墓发掘简报》，《考古》1966年第1期。

  [7] 徐光冀主编：《中国出土壁画全集6·陕西》，科学出版社，2012年，第44页。

  [8] 南京博物院、山东省文物管理处：《沂南古画像石墓发掘报告》，文化部文物管理局，1956年，第122、128页。

  [9] 山东省文物考古研究所、东平县文物管理所：《东平后屯汉代壁画墓》，文物出版社，2010年，第28页。

  [10] 徐光冀主编：《中国出土壁画全集5·河南》，科学出版社，2012年，第5页。

  [11] （晋）司马彪撰、（梁）刘昭注补：《后汉书志》第十二册，中华书局，1965年，第3666页。

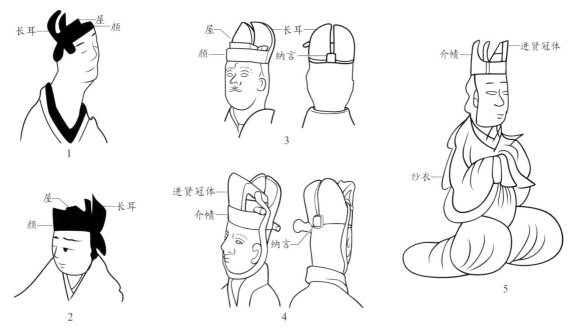

图2-11 三国西晋长耳帻与进贤冠服

1.安徽马鞍山东吴朱然家族墓出土漆盘戴帻贵族像 2.甘肃嘉峪关魏晋壁画墓一号曹魏壁画墓墓主像 3、
4.湖南长沙金盆岭西晋墓陶俑 5.故宫博物院藏西晋当利里社碑文官像

　　已发现的三国时期的图像资料，未见进贤冠，但不乏与进贤冠搭配的长耳帻。如安徽马鞍山东吴朱然家族墓漆盘上的数个彩绘贵族男性像[1]，正是头戴长耳施屋的黑帻（图2-11，1）；嘉峪关魏晋壁画墓一号曹魏墓壁画中墓主人段清像[2]，也是头戴长耳施屋黑帻，且几乎完全继承了东汉的样式（图2-11，2）。

　　西晋时进贤冠相关资料比较多，如嘉峪关西晋壁画墓六号墓壁画《出行图》中的执笏文官像[3]，又如长沙金盆岭西晋墓的骑马俑[4]（图2-11，4）与西晋当利里社碑上的文官像[5]（图2-11，5）等。这些人物均戴进贤冠，冠下有长耳帻。从以上图例可知，西晋进贤冠与东汉者在结构上差别并不大，其主要变化在细部：承冠之帻，帻耳更加长阔，帻屋变低（图2-11）。长沙金盆岭西晋墓戴进贤冠俑（图2-11，4）及同墓出土的戴帻不冠俑（图2-11，3），则可更加清晰地看出此长耳帻与东汉的区别：除了帻耳更加长阔外，帻屋顶部近平，略呈前高后低的斜弧顶状；其帻后部、帻屋上均开孔，插入固发簪导。西晋起，与进贤冠搭配的帻，逐渐有了专有名称——"介帻"，《晋

[1] 安徽省文物考古研究所、马鞍山市文化局：《安徽马鞍山东吴朱然墓发掘简报》，《文物》1986年第3期。

[2] 甘肃省文物队、甘肃省博物馆等：《嘉峪关壁画墓发掘报告》，文物出版社，1985年，图版五四。

[3] 甘肃省文物队、甘肃省博物馆等：《嘉峪关壁画墓发掘报告》，文物出版社，1985年，图版八〇。

[4] 湖南省博物馆：《长沙两晋南朝隋墓发掘报告》，《考古学报》1959年第3期。

[5] 宁可：《记〈晋当利里社碑〉》，《文物》1979年第12期。

图2-12　东晋介帻与进贤冠服

1.江苏南京象山7号东晋墓陶俑　2.朝鲜冬寿墓壁画文侍像　3.朝鲜德兴里墓十三郡太守像之一

书・舆服志》《宋书・礼志》均引《汉注》曰："冠进贤者宜长耳"，又曰"今（与进贤冠搭配的帻）介帻也"[1]。《隋书・礼仪志》记载梁陈的帻："文者长耳，谓之介帻。"[2]《太平御览》引《晋太兴起居注》曰："元帝依故事召陈郡王隐待诏著作，单衣、介帻。"[3]

　　东晋的进贤冠图像资料鲜见，但不乏施屋长耳的介帻。如南京象山七号东晋墓陶俑就有数例戴此类帻（图2-12，1）。又如东晋升平元年冬寿墓壁画中的侍者[4]，也是带施屋长耳之帻（图2-12，2）；帻屋近平，与西晋图像资料中的介帻一致。两晋介帻式样接近，均大如帽。据文献资料记载，进贤冠服依旧是当时文官朝服，所以进贤冠在东晋应没有消失。嘉峪关酒泉丁家闸十六国壁画墓五号墓，时属后凉至北凉时期（相当于东晋晚期或再偏晚些）[5]。该墓墓主人形象者头戴进贤冠，冠下有黑介帻（图2-14，2）。进贤冠冠体呈现出透明的黑纱质感，黑介帻长耳，帻屋顶部近平，略呈前高后低状，这均与西晋进贤冠图像资料所见一致。西晋离东晋不远，而朝服同为晋制，应该是一致的。河西故地后凉至北凉时期的酒泉旧属东汉、西晋辖地，后属前凉、后凉、

---

　　[1]　（唐）房玄龄等：《晋书》第三册，中华书局，1974年，第770页。（梁）沈约：《宋书》第二册，中华书局，1974年，第504页。

　　[2]　（唐）魏徵等：《隋书》第一册，中华书局，1973年，第235页。

　　[3]　（宋）李昉等编：《太平御览》，中华书局，1960年，第1110页。

　　[4]　冬寿之官职为东晋官职，冬寿墓中纪年为东晋永和十三年，系自臣于东晋而处边远之地不知东晋年号已改升平所致。参洪晴玉：《关于冬寿墓的发现与研究》，《考古》1959年第1期。

　　[5]　张宝玺：《嘉峪关酒泉魏晋十六国墓壁画》，甘肃人民美术出版社，2001年，第316页。

西凉、北凉郡治，其多属汉政、前后因袭，又多尊正朔，其朝服制度应属汉晋体系。如西凉政权建立者李暠（自称西汉十六世孙[1]），对东晋王朝奉表称臣，并多次请求晋王朝北伐西征。除河西十六国政权外，不少高句丽贵族也视东晋为正统，向东晋称臣接受封号，并按照规制穿东晋官服。如朝鲜德兴里墓（东晋义熙四年），其墓主人为慕容镇，他曾接受东晋王朝赐予的封号，并担任军政职务[2]。德兴里墓壁画中十三郡太守形象者，衣冠具备，头戴进贤冠，搭配长耳的介帻（图2-12，3）。所以嘉峪关酒泉丁家闸十六国壁画墓五号墓壁画、德兴里墓壁画中的进贤冠，均可作为东晋进贤冠式样的重要参考依据。

此外，还有一点需特别说明。在《宋书·五行志》《晋书·五行志》中，均对东晋后期士人尚"小冠"有所记载。其文曰："冠小而衣裳博大。"[3]《列女仁智图》和司马金龙墓屏风漆画官员形象者，均不戴帻，有一部分戴皮弁，也有一部分戴冠。所戴的冠，呈前高后低状，大小恰能容纳发髻，有簪导，冠梁似用黑纱制作（图1-9，2、图2-7，2）。这与东汉之前的无帻进贤冠有相似之处，又略有不同。若《列女仁智图》确为顾恺之画作的摹本，考虑到顾恺之生活在东晋中晚期，图中的进贤冠可能是画家拟古而刻意为之，也有可能正是东晋末流行小冠。进贤冠下加帻必将增大冠体，这或是为了附和当时审美减小冠体，故不加帻。司马金龙墓屏风漆画官员形象者，所戴进贤冠与《列女仁智图》中所见者类似，进贤冠下均不加帻。所以，这种进贤冠很可能就是文献记载中的"小冠"。南朝人认为东晋末流行戴"小冠"为"服妖"，谓"此禅代之象也"[4]，是东晋王朝灭亡的前兆。因此，南朝人避讳戴小冠。《宋书》载："永初以后，冠还大云。"[5]这种"小冠"，流行时间极短，且未被纳入主流衣冠制度，故应不属于东晋朝服体系。

至于南朝的进贤冠，《宋书》《隋书》等古文献资料详细记载了其规制，其制大多与东晋时相符，冠体"前高七寸，后高三寸，长八寸"，亦是以冠梁多寡区分等级高低，冠下有介帻。但《南齐书·舆服志》中则未提及进贤冠尺寸，仅仅描述了不同级别的文官的冠梁数[6]。迄今不见南朝进贤冠图像，考虑到南北朝中晚期时中国南北礼仪服饰趋同，同时期北朝进贤冠图像亦可作为南朝式样的参考。河南淇县石佛寺吴晏子

[1] 原文见《晋书·凉武昭王》："武昭王讳暠，字玄盛，小字长生，陇西成纪人，姓李氏，汉前将军广之十六世孙也……通涉经史，尤善文义。"详见（唐）房玄龄等：《晋书》第七册，中华书局，1974年，第2257页。

[2] 耿铁华：《高句丽古墓壁画研究》，吉林大学出版社，2008年，第247、248页。

[3] （唐）房玄龄等：《晋书》第三册，中华书局，1974年，第826页。（梁）沈约：《宋书》第三册，中华书局，1974年，第890页。

[4] （梁）沈约：《宋书》第三册，中华书局，1974年，第890页。

[5] （梁）沈约：《宋书》第三册，中华书局，1974年，第890页。

[6] （梁）萧子显：《南齐书》第一册，中华书局，1972年，第341页。

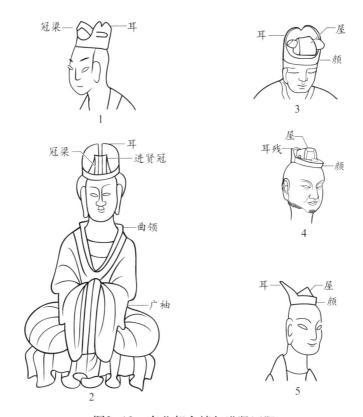

图2-13 南北朝介帻与进贤冠服

1.河南淇县石佛寺吴晏子造像碑供养人像 2.河南洛阳北魏石棺床线刻画墓主人像 3.广西苍梧倒水南朝墓俑 4.河南洛阳永宁寺世俗服饰俑 5.河南荥阳大海寺道哈造像龛供养人像

造像碑供养人像似戴进贤冠[1]（图2-13，1）；洛阳北魏石棺床线刻画上的墓主人首服似三梁进贤冠[2]（图2-13，2），冠梁均较西晋短小。以上进贤冠式样均与德兴里古墓壁画十三郡太守之冠类似。至于南北朝的介帻，南朝施屋长耳介帻图例仅见于广西苍梧倒水南朝墓陶俑[3]（图2-13，3），北朝早期介帻可见洛阳永宁寺影塑像（图2-13，4），两者式样类似：帻屋顶平，屋侧穿孔[4]，但前者体量更大更接近东晋式样，时代应较后者早。纳尔逊博物馆孝子石棺帝舜像，通天冠下介帻有人字形帻屋（图2-3，2），时代在北魏宣武帝至孝武帝时期（500～534年），相当于梁早中期[5]。同一时期也有其他实例，如河南荥阳大海寺道哈造像龛供养人像戴介帻[6]（图2-13，5），人字形帻屋，

[1] 周到主编：《中国画像石全集8·石刻线画》，河南美术出版社、山东美术出版社，2000年，第22页。

[2] 周到主编：《中国画像石全集8·石刻线画》，河南美术出版社、山东美术出版社，2000年，第54页。

[3] 广西梧州市博物馆：《广西苍梧倒水南朝墓》，《文物》1981年第12期。

[4] 中国社会科学院考古研究所：《北魏洛阳永宁寺1979～1994年考古发掘报告》，中国大百科全书出版社，1996年，第59页。

[5] 邹清泉：《北魏画像石榻考辨》，《考古与文物》2014年第5期。

[6] 李静杰：《石佛选粹》，中国世界语出版社，1995年，第14页。

帻后有耳，时代为北魏神龟元年（518 年）；河北磁县湾漳北齐壁画墓陶男俑[1]，戴介帻，人字形屋，时代相当于梁晚期至陈。该阶段介帻较东晋小，均不覆额。前文已述，阎立本《历代帝王图》冕服帝王像所见的通天冠下，也可见两侧透空的"人"字形结构，挡住发髻，簪导从中穿过（图 1-4，1、图 2-5，1）。

由上可知，从两晋至南北朝，介帻有从大至小、斜弧顶屋向人字形屋的演变趋势。帻屋由斜弧顶变为平顶；该变化应始于东晋晚期。平顶帻屋渐变为人字形屋，时间节点不会早于北魏熙平元年（516 年），亦不会晚于神龟元年（518 年），相当于南朝梁天监十五年至天监十七年。由历代帝王图可知，天监之后至唐初，人字形屋一直沿用。《晋书》《宋书》《南齐书》《隋书》中均载尚书令等官员戴二梁进贤冠，冠下之帻为"纳言帻"而非介帻[2]。纳言帻与介帻有何区别？《晋书·舆服志》："又有纳言帻，帻后收又一重，方三寸。"[3]；《宋书·礼志》："又有纳言帻，后收，又一重，方三寸。"[4] 而《南齐书·舆服志》："尚书令、仆射、尚书纳言帻，后饰为异。"[5] 说明纳言帻后饰异于介帻，名曰"收"，"方三寸"。东晋南朝的一寸尺度非常接近，相当今天的 2.5 厘米左右[6]。长沙金盆岭西晋墓中所出陶俑 21：37[7] 所戴帻式样与介帻相同，仅仅帻后两耳接洽处多了方形后饰，尺度与"方三寸"相符（图 2-11，3），应即是纳言帻。同墓所出骑马俑，头戴进贤冠，其搭配的帻后亦有方形后饰[8]（图 2-11，4），亦为纳言帻。

东晋南朝不同等级文官所戴的进贤冠，参考表 2-2～5。

二　身衣、足服与佩饰

汉六朝时的朝服系统，还没有形成类似唐代的服色制度。首服是区分身份等差的主要标志，至于身衣足服区别则不大。与进贤冠相配的身衣，与通天冠、远游冠所相配者相同。文官朝服，由官府提供。一套文官朝服最基本的组成包括：进贤冠一顶、黑介帻一顶、绛纱袍一领、皂缘中单衣一领、革带一条、袷裤一套、袜一双、舄一双。官府提供五时朝服的，即纱袍有五领，分别为青、朱（绛）、黄、白、黑五色，对应春、夏、季夏、秋、冬五时。官府提供四时朝服的，即纱袍有四领，分别为青、朱

---

[1] 中国社会科学院考古研究所、河北省文物研究所：《磁县湾漳北朝壁画墓》，科学出版社，2003 年，第 80 页。

[2] （唐）房玄龄等：《晋书》第三册，中华书局，1974 年，第 730 页。（梁）沈约：《宋书》第二册，中华书局，1974 年，第 508 页。（梁）萧子显：《南齐书》第一册，中华书局，1972 年，第 341 页。（唐）魏徵等：《隋书》第一册，中华书局，1973 年，第 220 页。

[3] （唐）房玄龄等：《晋书》第三册，中华书局，1974 年，第 770 页。

[4] （梁）沈约：《宋书》第二册，中华书局，1974 年，第 504 页。

[5] （梁）萧子显：《南齐书》第一册，中华书局，1972 年，第 341 页。

[6] 计算依据见邱隆：《中国历代度量衡单位量值表及说明》，《中国计量》2006 年第 10 期。

[7] 湖南省博物馆：《长沙两晋南朝隋墓发掘报告》，《考古学报》1959 年第 3 期。

[8] 湖南省博物馆：《长沙两晋南朝隋墓发掘报告》，《考古学报》1959 年第 3 期。

图2-14　汉晋文官朝服

1.河南洛阳东北郊朱村2号墓壁画墓主人像　2.甘肃嘉峪关酒泉丁家闸十六国五号墓壁画墓主人像

（绛）、黄、黑四色，对应春、夏、季夏、冬四时。至于官府不提供的簪导、曲领中衣等，需要官员自备。具体配置参考表2-2～5。

文官在袍外加纱衣的制度，东汉时已经具备，两晋应承袭东汉制度。如河南洛阳东北郊朱村2号墓壁画墓主人像，进贤冠服具备，皂色袍外穿一层透明轻薄的皂色纱衣[1]（图2-14，1），山东沂南东汉墓画像砖上的文官像中，亦可见纱衣痕迹（图2-10，5）。而两晋常朝服则多为皂缘白单衣外绛纱袍。故宫博物院藏西晋当利里社碑上文吏像，所穿的身衣刻意多画了外轮廓，应该就是想表现质感透明轻薄的绛纱袍（图2-11，5）。嘉峪关酒泉丁家闸十六国五号墓壁画墓主人像，也是戴进贤冠，穿浅绛色的袍；绛袍轮廓外有几笔略显突兀的线条，也是想表现纱袍透明的质感；袍以绛色勾勒线条并顺着衣纹褶皱的趋势着色，底色施以白色，可能是想表现绛纱袍下的白单衣（图2-14，2）。西晋离东晋不远，而朝服同为晋制，应该是一致的。十六国西凉的政权范围过去属于西晋而又同是汉人政权，朝服制度应该也类似。《列女仁智图》文官身衣接近东晋文官朝服身衣，单衣外透明的纱袍易辨，可见曲领中衣（图2-7，2）。司马金龙墓屏风漆画上的齐相国田稷像，所穿绛袍之外，顺着衣褶方向刻意画出几条线，应该也是要表现纱袍轻透的质感；有绛缘中衣。以上几例进贤冠身衣的图例，可以看出东晋的进贤冠身衣应当与通天冠、远游冠身衣相同，这与文献记载相符。南朝文官朝服身衣亦应与帝王朝服式样一致。

佩饰，是彰显身份的重要标志；为带、绶、配剑等。绶，是身份和等级的标志

---

[1]　洛阳市第二文物工作队：《洛阳市朱村东汉壁画墓发掘简报》，《文物》1992年第12期。

之一，不是每位文官都有资格佩戴。东晋的绶，是高密度的长织带，悬挂于右腰一侧，与玉佩末端联结后打一个回环再挂在腰带上。如《列女仁智图》上的男性多佩此者（图1-9，2）。南北朝图像资料中，未见绶，具体式样不可知。《历代帝王图》冕服帝王像，其右腰间依旧系绶带；绶、玉的式样已不再打回环，而变成两层叠合的华丽宽织带以及繁复的组玉佩（图1-4）。可见在南北朝，绶的形制逐渐改变；后沿袭到隋代。东晋南朝文武官员，还有佩木剑的制度[1]，这在《列女仁智图》中也有体现（图1-9，2、图2-7，2）。绶印装入鞶囊中，鞶囊和剑都悬挂在革带上。总的来说，东晋南朝百官佩饰与帝王一致，只是在细节上有所区别。足服为舄，在《列女仁智图》呈现出歧头（图2-7，2），然而司马金龙墓屏风漆画中的舄与《女史箴图》中的舄均不是歧头（图2-7，1）；唐宋歧头履较多，歧头的舄应该是因为宋人临摹产生的。

现根据《晋书·舆服志》《晋书·职官志》，《宋书·礼志》《宋书·职官志》，《南齐书·百官志》，《隋书·礼仪志》等，整理东晋南朝是文官所穿的进贤冠服规制，并列入表2-2~4。除此之外，东晋南朝亦有低级文职官员无资格穿朝服，以介帻单衣为官服，详见下表。

表2-2 东晋文官进贤冠服制度统计表

官职	首服	身衣	足服	佩饰
郡公	三梁进贤冠黑介帻	五时朝服	袜、舄	绅带、革带、木剑、鞶囊、玄朱绶、山玄玉
太宰、太傅、太保、丞相、司徒、司空	三梁进贤冠黑介帻	五时朝服	袜、舄	绅带、革带、木剑、鞶囊、紫绶、山玄玉
相国	三梁进贤冠黑介帻	五时朝服	袜、舄	绅带、革带、木剑、鞶囊、绿綟绶、山玄玉
郡侯	三梁进贤冠黑介帻	五时朝服	袜、舄	绅带、革带、木剑、鞶囊、青朱绶、水苍玉
县、乡、亭侯	三梁进贤冠黑介帻	朝服	袜、舄	绅带、革带、木剑、鞶囊、紫绶
尚书令、仆射	二梁进贤冠纳言帻	五时朝服	袜、舄	绅带、革带、木剑、鞶囊、墨绶、水苍玉
尚书	二梁进贤冠纳言帻	五时朝服	袜、舄	绅带、革带、木剑、鞶囊、水苍玉
中书监令、秘书丞	二梁进贤冠纳言帻	五时朝服	袜、舄	绅带、革带、木剑、鞶囊、墨綟绶、水苍玉

---

[1] 《晋书·舆服志》："汉制，自天子至于百官，无不佩剑，其后惟朝带剑，晋世始代之以木，贵者犹用玉首，贱者亦用蚌金银玳瑁为雕饰。"——（唐）房玄龄等：《晋书》第三册，中华书局，1974年，第771页。《宋书·礼志》："汉制，自天子至于百官，无不佩刀……自晋代以来，始以木剑代刃剑。"《南齐书》中无明确记载，南齐沿袭晋，应该同样佩戴木剑。《隋书·礼仪志》记载梁陈佩剑制度，从开国公、侯、伯、子、男，到侍郎、刺史等，无不佩剑。虽未特别说明材质，应该也是木剑。——（唐）魏徵等：《隋书》第一册，中华书局，1973年，第219~223页。

续表

官职	首服	身衣	足服	佩饰
光禄大夫、诸卿、尹	二梁进贤冠黑介帻	五时朝服	袜、舄	绅带、革带、木剑、鞶囊、青绶、水苍玉
御史丞、都水使者	二梁进贤冠黑介帻	五时朝服	袜、舄	绅带、革带、木剑、鞶囊、墨绶、水苍玉
太子保、傅、大长秋、太子詹事	二梁进贤冠黑介帻	五时朝服	袜、舄	绅带、革带、木剑、鞶囊、青绶、水苍玉
太子率更、家令、仆	二梁进贤冠黑介帻	五时朝服	袜、舄	绅带、革带、木剑、鞶囊、墨绶
州刺史	二梁进贤冠黑介帻	绛朝服（夏朝服）	袜、舄	绅带、革带、木剑、鞶囊、墨绶
关内、关中名号侯	二梁进贤冠黑介帻	朝服	袜、舄	绅带、革带、木剑、鞶囊、紫绶
诸博士	二梁进贤冠黑介帻	皂朝服（冬朝服）	袜、舄	绅带、革带、木剑、水苍玉
诸卿尹丞、	二梁进贤冠黑介帻	朝服	袜、舄	绅带、革带、木剑、鞶囊、墨绶
王郡公侯郎中令、大农	二梁进贤冠黑介帻	朝服	袜、舄	绅带、革带、木剑、鞶囊、青绶
尚书左右丞、秘书丞	一梁进贤冠黑介帻	朝服	袜、舄	绅带、革带、木剑、鞶囊、黄绶
尚书秘书郎、太子中舍人、洗马、舍人	一梁进贤冠黑介帻	朝服	袜、舄	绅带、革带、木剑
诸军长史、诸卿尹丞、狱丞、郡国太守相内史、长史、关谷长、王公侯诸署令、长、司理、治书、公主家仆	一梁进贤冠黑介帻	朝服	袜、舄	绅带、革带、木剑、鞶囊、墨绶
太子保傅詹事丞	一梁进贤冠黑介帻	皂朝服（冬朝服）	袜、舄	绅带、革带、木剑、鞶囊、墨绶
郡丞、诸县署令长	介帻	单衣、中衣、裤	袜、舄	绅带、革带、木剑
公车司马、太史、太医、太官、御府、内省令、太子诸署令、仆、门大夫、陵令	一梁进贤冠黑介帻	朝服	袜、舄	绅带、革带、木剑、鞶囊、墨绶
黄门诸署令、仆、长	一梁进贤冠黑介帻	四时朝服	袜、舄	绅带、革带、木剑、鞶囊、墨绶
北军中候丞	一梁进贤冠黑介帻	朝服	袜、舄	绅带、革带、木剑、鞶囊、黄绶

续表

官职	首服	身衣	足服	佩饰
尚书典事、都水使者参事、散骑集书中书尚书令史、门下散骑中书尚书令史、录尚书中书监令仆省事史、秘书著作治书、主书、主玺、主谱令史、兰台殿中兰台谒者都水使者令史、书令史	一梁进贤冠黑介帻	朝服	袜、舄	绅带、革带、木剑
太中中散谏议大夫、议郎、郎中、舍人	一梁进贤冠黑介帻	朝服	袜、舄	绅带、革带、木剑
黄门谒者	一梁进贤冠黑介帻	四时朝服	袜、舄	绅带、革带、木剑
总章监司律司马	一梁进贤冠黑介帻	官府不提供朝服，自备单衣、中衣、裤等	袜、舄（自备）	绅带、革带、木剑（自备）
诸县署丞、太子诸署丞、王公侯诸署及公主家丞	一梁进贤冠黑介帻	朝服	袜、舄	绅带、革带、木剑、鞶囊、黄绶
黄门诸署丞	一梁进贤冠黑介帻	四时朝服	袜、舄	绅带、革带、木剑、鞶囊、黄绶
洛阳卿有秩	一梁进贤冠黑介帻	朝服	袜、舄	绅带、革带、木剑、鞶囊、青绶

表2-3 宋齐文官进贤冠服制度统计表

官职	首服	身衣	足服	佩饰
郡公	三梁进贤冠黑介帻	五时朝服	袜、舄	绅带、革带、木剑、鞶囊、玄朱绶、山玄玉
太宰	三梁进贤冠黑介帻	五时朝服	袜、舄	绅带、革带、木剑、鞶囊、紫绶、山玄玉
太傅	三梁进贤冠黑介帻	五时朝服	袜、舄	绅带、革带、木剑、鞶囊、紫绶、山玄玉
太保	三梁进贤冠黑介帻	五时朝服	袜、舄	绅带、革带、木剑、鞶囊、紫绶、山玄玉
丞相	三梁进贤冠黑介帻	五时朝服	袜、舄	绅带、革带、木剑、鞶囊、紫绶、山玄玉
司徒	三梁进贤冠黑介帻	五时朝服	袜、舄	绅带、革带、木剑、鞶囊、紫绶、山玄玉
司空	三梁进贤冠黑介帻	五时朝服	袜、舄	绅带、革带、木剑、鞶囊、紫绶、山玄玉
相国	三梁进贤冠黑介帻	五时朝服	袜、舄	绅带、革带、木剑、鞶囊、绿綟绶、山玄玉
郡侯	三梁进贤冠黑介帻	五时朝服	袜、舄	绅带、革带、木剑、鞶囊、青朱绶、水苍玉

官职	首服	身衣	足服	佩饰
县、乡、亭侯	三梁进贤冠黑介帻	朝服	袜、舄	绅带、革带、木剑、鞶囊、紫绶
光禄大夫、诸卿、尹	二梁进贤冠黑介帻	五时朝服	袜、舄	绅带、革带、木剑、鞶囊、青绶、水苍玉
尚书令、仆射	二梁进贤冠纳言帻	五时朝服	袜、舄	绅带、革带、木剑、鞶囊、墨绶、水苍玉
尚书	二梁进贤冠纳言帻	五时朝服	袜、舄	绅带、革带、木剑、鞶囊、水苍玉
中书监令、秘书丞	二梁进贤冠纳言帻	五时朝服	袜、舄	绅带、革带、木剑、鞶囊、墨緃绶、水苍玉
御史丞、都水使者	二梁进贤冠黑介帻	五时朝服	袜、舄	绅带、革带、木剑、鞶囊、墨绶、水苍玉
太子保、傅、大长秋、太子詹事	二梁进贤冠黑介帻	五时朝服	袜、舄	绅带、革带、木剑、鞶囊、青绶、水苍玉
太子率更、家令、仆	二梁进贤冠黑介帻	五时朝服	袜、舄	绅带、革带、木剑、鞶囊、墨绶
州刺史	二梁进贤冠黑介帻	绛朝服（夏朝服）	袜、舄	绅带、革带、木剑、鞶囊、墨绶
郡国太守、相、内史	二梁进贤冠黑介帻	朝服	袜、舄	绅带、革带、木剑、鞶囊、青绶
关内、关中名号侯	二梁进贤冠黑介帻	朝服	袜、舄	绅带、革带、木剑、鞶囊、紫绶
诸博士	二梁进贤冠黑介帻	皂朝服（冬朝服）	袜、舄	绅带、革带、木剑、水苍玉
公府长史、诸卿尹丞、诸县署令秩千石者	二梁进贤冠黑介帻	朝服	袜、舄	绅带、革带、木剑、鞶囊、墨绶
王郡公侯郎中令、大农	二梁进贤冠黑介帻	朝服	袜、舄	绅带、革带、木剑、鞶囊、青绶
尚书左右丞、秘书丞	一梁进贤冠黑介帻	朝服	袜、舄	绅带、革带、木剑、鞶囊、黄绶
尚书秘书郎、太子中舍人、洗马、舍人	一梁进贤冠黑介帻	朝服	袜、舄	绅带、革带、木剑
诸军长史、诸卿尹丞、狱丞、太子保傅詹事丞、郡国太守相内史丞、长史、诸县署令长相、关谷长、王公侯诸署令、长、司理、治书、公主家仆	一梁进贤冠黑介帻	朝服	袜、舄	绅带、革带、木剑、鞶囊、墨绶
公车司马、太史、太医、太官、御府、内省令、太子诸署令、仆、门大夫、陵令	一梁进贤冠黑介帻	朝服	袜、舄	绅带、革带、木剑、鞶囊、墨绶

续表

官职	首服	身衣	足服	佩饰
黄门诸署令、仆、长	一梁进贤冠黑介帻	四时朝服	袜、舄	绅带、革带、木剑、鞶囊、墨绶
北军中侯丞	一梁进贤冠黑介帻	朝服	袜、舄	绅带、革带、木剑、鞶囊、黄绶
尚书典事、都水使者参事、散骑集书中书尚书令史、门下散骑中书尚书令史、录尚书中书监令仆省事史、秘书著作治书、主书、主玺、主谱令史、兰台殿中兰台谒者都水使者令史、书令史	一梁进贤冠黑介帻	朝服	袜、舄	绅带、革带、木剑
太中中散谏议大夫、议郎、郎中、舍人	一梁进贤冠黑介帻	朝服	袜、舄	绅带、革带、木剑
黄门谒者	一梁进贤冠黑介帻	四时朝服	袜、舄	绅带、革带、木剑
总章监司律司马	一梁进贤冠黑介帻	（官府不提供朝服，自备单衣、中衣、裤等）	袜、舄（自备）	绅带、革带、木剑（自备）
诸县署丞、太子诸署丞、王公侯诸署及公主家丞	一梁进贤冠黑介帻	朝服	袜、舄	绅带、革带、木剑、鞶囊、黄绶
黄门诸署丞	一梁进贤冠黑介帻	四时朝服	袜、舄	绅带、革带、木剑、鞶囊、黄绶
洛阳卿有秩	一梁进贤冠黑介帻	朝服	袜、舄	绅带、革带、木剑、鞶囊、青绶

表 2-4　梁文官进贤冠服制度表

官职	首服	身衣	足服	佩饰
开国公	三梁进贤冠黑介帻	朝服，朱衣（夏朝服）	袜、舄	绅带、革带、木剑、玄朱绶、水苍玉，兽头鞶囊
开国侯、伯	三梁进贤冠黑介帻	朝服，朱衣（夏朝服）	袜、舄	绅带、革带、木剑、青朱绶、水苍玉，兽头鞶囊
开国子、男	三梁进贤冠黑介帻	朝服，朱衣（夏朝服）	袜、舄	绅带、革带、木剑、青绶、水苍玉，兽头鞶囊
县、乡、亭、关内、关中及名号侯	三梁进贤冠黑介帻	朝服	袜、舄	绅带、革带、木剑、紫绶、水苍玉，兽头鞶囊
太宰、太傅、太保、司徒、司空	三梁进贤冠黑介帻	朝服	袜、舄	绅带、革带、木剑、紫绶、水苍玉，兽头鞶囊

官职	首服	身衣	足服	佩饰
关外侯	二梁进贤冠 黑介帻	朝服	袜、舄	绅带、革带、木剑、青绶、水苍玉、兽头鞶囊
尚书令、仆射、尚书	进贤冠（未载梁数）纳言帻	朝服	袜、舄	绅带、革带、木剑、墨绶、水苍玉，紫荷
中书监、令、秘书监	二梁进贤冠 黑介帻	朝服	袜、舄	绅带、革带、木剑、墨绶、水苍玉、兽头鞶囊
左、右光禄大夫	二梁进贤冠 黑介帻	朝服	袜、舄	绅带、革带、木剑、紫绶、水苍玉、兽头鞶囊
光禄、太中、中散大夫，太常、光禄、弘训太仆、太仆、廷尉、宗正、大鸿胪、大司农、少府、大匠诸卿，丹阳尹，太子保、傅，大长秋，太子詹事	二梁进贤冠 黑介帻	朝服	袜、舄	绅带、革带、木剑、青绶、水苍玉、兽头鞶囊
国子祭酒	二梁进贤冠 黑介帻	皂朝服 （冬朝服）	袜、舄	绅带、革带、木剑、水苍玉
御史中丞、都水使者	二梁进贤冠 黑介帻	朝服	袜、舄	绅带、革带、木剑、墨绶、水苍玉、兽头鞶囊
州刺史	二梁进贤冠 黑介帻	绛朝服 （夏朝服）	袜、舄	绅带、革带、木剑、墨绶、兽头鞶囊
诸博士	二梁进贤冠 黑介帻	皂朝服 （冬朝服）	袜、舄	绅带、革带、木剑、水苍玉
公府长史	二梁进贤冠 黑介帻	朝服	袜、舄	绅带、革带、木剑、墨绶、兽头鞶囊
诸卿尹丞、建康令	二梁进贤冠（簪笔）黑介帻	玄朝服 （冬朝服）	袜、舄	绅带、革带、木剑、黄绶、兽爪鞶囊
诸县署令、秩千石者	二梁进贤冠 黑介帻	朝服	袜、舄	绅带、革带、木剑、墨绶、兽爪鞶囊。
率更、家令、仆	二梁进贤冠 黑介帻	朝服	袜、舄	绅带、革带、木剑、兽头鞶囊
诸开国郎中令、大农、公、傅	二梁进贤冠 黑介帻	朝服	袜、舄	绅带、革带、木剑、青绶
中书侍郎	一梁进贤冠 黑介帻	朝服	袜、舄	绅带、革带、木剑
尚书左、右丞，秘书丞	一梁进贤冠 黑介帻	朝服	袜、舄	绅带、革带、木剑、黄绶，兽爪鞶囊。
尚书，秘书著作郎，太子中舍人、洗马、舍人	一梁进贤冠 黑介帻	朝服	袜、舄	绅带、革带、木剑

官职	首服	身衣	足服	佩饰
诸王友、文学	一梁进贤冠 黑介帻	朱服 （单衣、中衣、裤等自备）	袜、舄	绅带、革带（以上自备）
国子助教	一梁进贤冠(簪笔) 黑介帻	皂朝服 （冬朝服）	袜、舄	绅带、革带、木剑
公府掾属、主簿、祭酒、公府令史	一梁进贤冠 黑介帻	朱服 （单衣、中衣、裤等自备）	袜、舄 （自备）	绅带、革带、木剑（以上自备）
诸卿部丞、狱丞、太子保、傅、詹事丞	一梁进贤冠(簪笔) 黑介帻	皂朝服	袜、舄	绅带、革带、木剑、黄绶、兽爪鞶囊。
诸县署令、长、相	一梁进贤冠 黑介帻	朝服	袜、舄	绅带、革带、木剑、墨绶、兽头鞶囊
太子门大夫	一梁进贤冠 黑介帻	朝服	袜、舄	绅带、革带、木剑、墨绶、兽头鞶囊
太子门陵令、长	一梁进贤冠 黑介帻	朝服	袜、舄	绅带、革带、木剑、墨绶、兽爪鞶囊
黄门诸署令、仆、长丞	一梁进贤冠 黑介帻	朱服 （单衣、中衣、裤等自备）	袜、舄 （自备）	绅带、革带、木剑（以上自备），墨绶
黄门丞	一梁进贤冠 黑介帻	朱服 （单衣、中衣、裤等自备）	袜、舄 （自备）	绅带、革带、木剑（以上自备），黄绶
公府从事中郎	一梁进贤冠 黑介帻	朱服 （单衣、中衣、裤等自备）	袜、舄 （自备）	绅带、革带、木剑（以上自备），黄绶
诸州别驾、治中、从事、主簿、西曹从事	一梁进贤冠(簪笔) 黑介帻	玄朝服 （冬朝服）	袜、舄 （自备）	绅带、革带、木剑
典书、典祠、学官令	一梁进贤冠 黑介帻	朝服	袜、舄	绅带、革带、木剑
太子卫率、率更、家令丞	一梁进贤冠 黑介帻	皂朝服 （冬朝服）	袜、舄	绅带、革带、木剑、黄绶、兽爪鞶囊
内外监典事书吏	一梁进贤冠 黑介帻	朱服 （单衣、中衣、裤等自备）	袜、舄 （自备）	绅带、革带、木剑（以上自备）
尚书都令史，都水参事,门下书令史,集书、中书、尚书、秘书著作掌书主书主图主谱典客令史书令史，监、令、仆射省事，兰台殿中兰台、谒、都水令史，公府令史书令史，太子导客、次客守舍人及诸省典事	一梁进贤冠 黑介帻	朱服 （单衣、中衣、裤等自备）	袜、舄 （自备）	绅带、革带、木剑（以上自备）

官职	首服	身衣	足服	佩饰
尚书都算、度支算、左右校吏	一梁进贤冠 黑介帻	朱服 （单衣、中衣、裤等自备）	袜、舄 （自备）	绅带、革带、木剑（以上自备）
诸县署丞、太子诸署丞、王公侯诸署及公主家令丞、仆	一梁进贤冠 黑介帻	朱服 （单衣、中衣、裤等自备）	袜、舄 （自备）	绅带、革带、木剑（以上自备），黄绶
太中、中散、谏议大夫，议郎、中郎、郎中、舍人	一梁进贤冠 黑介帻	朱服 （单衣、中衣、裤等自备）	袜、舄 （自备）	绅带、革带、木剑（以上自备）
诸门郎	进贤冠（未记载梁数） 黑介帻	朱服 （单衣、中衣、裤等自备）	袜、舄 （自备）	绅带、革带、木剑（以上自备）
诸仆射	进贤冠（未记载梁数） 黑介帻	皂零辟、朝服 （即冬朝服）	袜、舄	绅带、革带、木剑
佐吏	进贤冠（未记载梁数） 黑介帻	官府不提供朝服（单衣、中衣、裤等自备）	袜、舄 （自备）	绅带、革带、木剑（以上自备）
黄门鼓吹	进贤冠（未记载梁数） 黑介帻	朱服 （单衣、中衣、裤等自备）	袜、舄 （自备）	绅带、革带、木剑（以上自备）
诸将军使持节、都督执节史	一梁进贤冠 黑介帻	朱服 （单衣、中衣、裤等自备）	袜、舄 （自备）	绅带、革带、木剑（以上自备）
郡国相、内史丞	介帻	单衣（中衣、裤等自备）	袜、舄 （自备）	绅带、革带、木剑（以上自备）
郡国长史	介帻	单衣（中衣、裤等自备）	袜、舄 （自备）	绅带、革带、木剑（以上自备），兽头鞶囊
郡国丞	介帻	单衣（中衣、裤等自备）	袜、舄 （自备）	绅带、革带、木剑（以上自备），黄绶，兽爪鞶囊。
郡国太守、相、内史	介帻	单衣（中衣、裤等自备）	袜、舄 （自备）	绅带、革带、木剑、青绶，兽头鞶
州都大中正、郡中正	介帻	单衣（中衣、裤等自备）	袜、舄 （自备）	绅带、革带、木剑
诸将军开府功曹、主簿	介帻	单衣（中衣、裤等自备）	袜、舄 （自备）	革带，绅带、木剑（以上自备）
诸县尉	介帻	单衣（中衣、裤等自备）	袜、舄 （自备）	革带、绅带、木剑（以上自备），黄绶、兽爪鞶囊
御节郎、黄钺郎	介帻（簪笔）	朝服	袜、舄	革带、绅带、木剑（以上自备）

表 2-5　陈文官进贤冠服制度表

官职	首服	身衣	足服	佩饰
开国公	三梁进贤冠 黑介帻	朝服，朱衣（夏朝服）	袜、舄	绅带、革带、木剑、玄朱绶、水苍玉，兽头鞶囊
开国侯、伯	三梁进贤冠 黑介帻	朝服，朱衣（夏朝服）	袜、舄	绅带、革带、木剑、青朱绶、水苍玉，兽头鞶囊
开国子、男	三梁进贤冠 黑介帻	朝服，朱衣（夏朝服）	袜、舄	绅带、革带、木剑、青绶、水苍玉、兽头鞶囊
县、乡、亭、关内、关中及名号侯	三梁进贤冠 黑介帻	朝服	袜、舄	绅带、革带、木剑、紫绶、水苍玉、兽头鞶囊
太宰、太傅、太保、司徒、司空、相国、丞相	三梁进贤冠 黑介帻	朝服	袜、舄	绅带、革带、木剑、紫绶、水苍玉、兽头鞶囊
关外侯	二梁进贤冠 黑介帻	朝服	袜、舄	绅带、革带、木剑、青绶、水苍玉、兽头鞶囊
尚书令、仆射	进贤冠（未记载梁数）纳言帻	朝服	袜、舄	绅带、革带、木剑、水苍玉、紫绶、兽头鞶囊
尚书	进贤冠（未记载梁数）纳言帻	朝服	袜、舄	绅带、革带、木剑、水苍玉
中书监、令、秘书监	二梁进贤冠 黑介帻	朝服	袜、舄	绅带、革带、木剑、青绶、水苍玉、兽头鞶囊
左、右光禄大夫	二梁进贤冠 黑介帻	朝服	袜、舄	绅带、革带、木剑、紫绶、水苍玉、兽头鞶囊
光禄、太中、中散大夫，太常、光禄、弘训太仆、太仆、廷尉、宗正、大鸿胪、大司农、少府、云慈训、太舟卿，丹阳尹，太子保、傅，大长秋，太子詹事	二梁进贤冠 黑介帻	朝服	袜、舄	绅带、革带、木剑、青绶、水苍玉，兽头鞶囊
国子祭酒	二梁进贤冠 黑介帻	皂朝服（冬朝服）	袜、舄	绅带、革带、木剑、水苍玉
御史中丞	二梁进贤冠 黑介帻	朝服	袜、舄	绅带、革带、木剑、青绶、水苍玉、兽头鞶囊
州刺史	二梁进贤冠 黑介帻	绛朝服（夏朝服）	袜、舄	绅带、革带、木剑、青绶、兽头鞶囊
诸博士	二梁进贤冠 黑介帻	皂朝服（冬朝服）	袜、舄	绅带、革带、木剑、水苍玉
公府长史	二梁进贤冠 黑介帻	朝服	袜、舄	绅带、革带、木剑、墨绶、兽头鞶囊

官职	首服	身衣	足服	佩饰
诸卿尹丞、建康令	二梁进贤冠（簪笔）黑介帻	玄朝服（冬朝服）	袜、舄	绅带、革带、木剑、黄绶、兽爪鞶囊
诸县署令、秩千石者	二梁进贤冠黑介帻	朝服	袜、舄	绅带、革带、木剑、墨绶、兽爪鞶囊。
率更、家令、仆	二梁进贤冠黑介帻	朝服	袜、舄	绅带、革带、木剑、兽头鞶囊
诸开国郎中令、大农、公、傅	二梁进贤冠黑介帻	朝服	袜、舄	绅带、革带、木剑、青绶
中书侍郎	一梁进贤冠黑介帻	朝服	袜、舄	绅带、革带、木剑
尚书左、右丞，秘书丞	一梁进贤冠黑介帻	朝服	袜、舄	绅带、革带、木剑、黄绶，兽爪鞶囊。
尚书，秘书著作郎，太子中舍人、洗马、舍人	一梁进贤冠黑介帻	朝服	袜、舄	绅带、革带、木剑
诸王友、文学、诸王师	一梁进贤冠黑介帻	朱服（单衣、中衣、裤等自备）	袜、舄	绅带、革带（以上自备）
国子助教	一梁进贤冠（簪笔）黑介帻	皂朝服（冬朝服）	袜、舄	绅带、革带、木剑
公府掾属、主簿、祭酒、公府令史	一梁进贤冠黑介帻	朱服（单衣、中衣、裤等自备）	袜、舄（自备）	绅带、革带、木剑（以上自备）
诸卿部丞、狱丞、太子保、傅、詹事丞	一梁进贤冠（簪笔）黑介帻	皂朝服	袜、舄	绅带、革带、木剑、黄绶、兽爪鞶囊。
诸县署令、长、相	一梁进贤冠黑介帻	朝服	袜、舄	绅带、革带、木剑、墨绶、兽头鞶囊
太子门大夫	一梁进贤冠黑介帻	朝服	袜、舄	绅带、革带、木剑、墨绶、兽头鞶囊
太子门陵令、长	一梁进贤冠黑介帻	朝服	袜、舄	绅带、革带、木剑、墨绶、兽爪鞶囊
黄门诸署令、仆、长丞	一梁进贤冠黑介帻	朱服（单衣、中衣、裤等自备）	袜、舄（自备）	绅带、革带、木剑（以上自备），墨绶
黄门丞	一梁进贤冠黑介帻	朱服（单衣、中衣、裤等自备）	袜、舄（自备）	绅带、革带、木剑（以上自备），黄绶
公府从事中郎	一梁进贤冠黑介帻	朱服（单衣、中衣、裤等自备）	袜、舄（自备）	绅带、革带、木剑（以上自备），黄绶

官职	首服	身衣	足服	佩饰
诸州别驾、治中、从事、主簿、西曹从事	一梁进贤冠（簪笔）黑介帻	玄朝服（冬朝服）	袜、舄（自备）	绅带、革带、木剑
典书、典祠、学官令	一梁进贤冠黑介帻	朝服	袜、舄	绅带、革带、木剑
太子卫率、率更、家令丞	一梁进贤冠黑介帻	皂朝服（冬朝服）	袜、舄	绅带、革带、木剑、黄绶、兽爪鞶囊
内外监典事书吏	一梁进贤冠黑介帻	朱服（单衣、中衣、裤等自备）	袜、舄（自备）	绅带、革带、木剑（以上自备）
尚书都令史，都水参事，门下书令史，集书、中书、尚书、秘书著作掌书主书主图主谱典客令史书令史，监、令、仆射省事，兰台、殿中兰台、谒、都水令史，公府令史书令史，太子导客、次客守舍人及诸省典事	一梁进贤冠黑介帻	朱服（单衣、中衣、裤等自备）	袜、舄（自备）	绅带、革带、木剑（以上自备）
尚书都算、度支算、左右校史	一梁进贤冠黑介帻	朱服（单衣、中衣、裤等自备）	袜、舄（自备）	绅带、革带、木剑（以上自备）
诸县署丞、太子诸署丞、王公侯诸署及公主家令丞、仆	一梁进贤冠黑介帻	朱服（单衣、中衣、裤等自备）	袜、舄（自备）	绅带、革带、木剑（以上自备），黄绶
太中、中散、谏议大夫、议郎、中郎、郎中、舍人	一梁进贤冠黑介帻	朱服（单衣、中衣、裤等自备）	袜、舄（自备）	绅带、革带、木剑（以上自备）
诸门郎	进贤冠（未记载梁数）黑介帻	朱服（单衣、中衣、裤等自备）	袜、舄（自备）	绅带、革带、木剑（以上自备）
诸仆射	进贤冠（未记载梁数）黑介帻	皂零辟、朝服（即冬朝服）	袜、舄	绅带、革带、木剑
佐吏	进贤冠（未记载梁数）黑介帻	官府不提供朝服（单衣、中衣、裤等自备）	袜、舄（自备）	绅带、革带、木剑（以上自备）
黄门鼓吹	进贤冠（未记载梁数）黑介帻	朱服（单衣、中衣、裤等自备）	袜、舄（自备）	绅带、革带、木剑（以上自备）

官职	首服	身衣	足服	佩饰
公府书佐	进贤冠（未记载梁数）黑介帻	朱服（单衣、中衣、裤等自备）	袜、舄（自备）	绅带、革带、木剑（以上自备）
诸王国舍人、司理、谒者、阁下令史、中卫都尉	一梁进贤冠黑介帻	朱服（单衣、中衣、裤等自备）	袜、舄（自备）	绅带、革带、木剑（以上自备）
太子太傅五官功曹、主簿	一梁进贤冠黑介帻	皂朝服（冬朝服）	袜、舄	绅带、革带、木剑
太子二傅门下主记、录事、功曹书佐，门下书佐，记室帐下督、都督省事，法曹书佐，太傅外都督	一梁进贤冠黑介帻	皂衣（单衣、中衣、裤等自备）	袜、舄（自备）	绅带、革带、木剑（以上自备）
太子妃家令	一梁进贤冠黑介帻	绛朝服（夏朝服）	袜、舄	绅带、革带、木剑
诸将军使持节、都督执节史	一梁进贤冠黑介帻	朱服（单衣、中衣、裤等自备）	袜、舄（自备）	绅带、革带、木剑（以上自备）
郡国相、内史丞	介帻	单衣（中衣、裤等自备）	袜、舄（自备）	绅带、革带、木剑（以上自备）
郡国长史	介帻	单衣（中衣、裤等自备）	袜、舄（自备）	绅带、革带、木剑（以上自备），兽头鞶囊
郡国丞	介帻	单衣（中衣、裤等自备）	袜、舄（自备）	绅带、革带、木剑（以上自备），黄绶，兽爪鞶囊
郡国太守、相、内史	介帻	单衣（中衣、裤等自备）	袜、舄（自备）	绅带、革带、木剑、青绶，兽头鞶
州都大中正、郡中正	介帻	单衣（中衣、裤等自备）	袜、舄（自备）	绅带、革带、木剑
诸将军开府功曹、主簿	介帻	单衣（中衣、裤等自备）	袜、舄（自备）	革带、绅带、木剑（以上自备）
诸县尉	介帻	单衣（中衣、裤等自备）	袜、舄（自备）	革带、绅带、木剑（以上自备），黄绶，兽爪鞶囊
御节郎、黄钺郎	介帻（簪笔）	朝服	袜、舄	革带、绅带、木剑（以上自备）
持节节史、制假节节史、诸王书佐	介帻	单衣（自备中衣、裤等）	袜、舄（自备）	绅带、革带、木剑（自备）
文官曹干、尚书二台曹干	介帻	白纱单衣（自备中衣、裤等）	袜、舄（自备）	绅带、革带、木剑（自备）

第三节　东晋南朝武官朝服

武冠服，是武官的朝服。其源于汉代，历经三国两晋南北朝、隋唐、宋明的发展变化，于清代被废止。日本的"武礼冠"，就是在唐代武弁与宋代貂蝉冠基础上设计而成[1]。可见，武冠服同进贤冠服一样，对中国甚至东亚服饰史均产生了重要影响。晋室左迁后，中原衣冠多缺失，武官冠服制度在南方则得以完整保留，直至北魏孝文帝改革后复用于北方。

一　首服[2]

东晋南朝的武冠，源于汉。要厘清东晋南朝武冠的发展演变，必先讨论两汉武冠。关于汉六朝的武冠规制，古籍文献中有所记载。《独断》："武冠，或曰繁冠，今谓之大冠，武官服之。侍中中常侍加黄金珰，附蝉为文，貂尾饰之。"[3]《后汉书·舆服志》："武冠，一曰武弁大冠，诸武官冠之。侍中、中常侍加黄金珰，附蝉为文，貂尾为饰，谓之'赵惠文冠'。胡广说曰：'赵武灵王效胡服，以金珰饰首，前插貂尾，为贵职。秦灭赵，以其君冠赐近臣。'"[4]《晋书·舆服志》："武冠，一名武弁，一名大冠，一名繁冠，一名建冠，一名笼冠，即古之惠文冠。或曰赵惠文王所造，因以为名。亦云，惠者蟪也，其冠文轻细如蝉翼，故名惠文……侍中、常侍则加金珰，附蝉为饰，插以貂毛，黄金为竿，侍中插左，常侍插右。"[5]《宋书·礼制》："武冠，昔惠文冠，本赵服也，一名大冠。凡侍臣则加貂蝉……侍中左貂，常侍右貂。"[6]《南齐书·舆服志》"武冠，侍臣加貂蝉，余军校武职、黄门、散骑、太子中庶子、二率、朝散、都尉，皆冠之。唯武骑虎贲服文衣，插雉尾于武冠上……史臣曰：应劭《汉官》释附蝉，及司马彪志并不见侍中与常侍有异，唯言左右珥貂而已。"[7]《隋书·礼仪志》："（梁陈）武冠，一名武弁，一名大冠，一名繁冠，一名建冠，今人名曰笼冠，即古惠文冠也。天子元服，亦先加大冠。今左右侍臣及诸将军武官通服之。侍中常侍，则加金珰附蝉焉，插以貂尾，黄金为饰云。"[8]

---

[1] 日本武礼冠在奈良时代、平安时代已见。——〔日〕笹间良彦著、庄千里译：《日本历史风俗图录》，四川人民出版社，2019年，第118、147页。其样式与宋貂蝉冠类似，更可能是在唐代武弁、宋代貂蝉冠的基础上发展而来。

[2] 孙机先生在《进贤冠与武弁大冠》一文中已清晰梳理了从汉武弁到宋明貂蝉冠的发展和演变过程，东晋南朝武冠不是该文的研究重点，本文再论武冠，试略申孙机先生未尽之意。孙机先生对武冠的论述见孙机：《中国古舆服论丛》，文物出版社，1993年，第132～140页。

[3] （汉）蔡邕：《独断》，中华书局，1985年，第28页。

[4] （晋）司马彪撰、（梁）刘昭注补：《后汉书·志》第十二册，中华书局，1965年，第3668页。

[5] （唐）房玄龄等：《晋书》第三册，中华书局，1974年，第767、768页。

[6] （梁）沈约：《宋书》第二册，中华书局，1974年，第503页。

[7] （梁）萧子显：《南齐书》第一册，中华书局，1972年，第341、342页。

[8] （唐）魏徵等：《隋书》第一册，中华书局，1973年，第234页。

根据上述文献记载，武冠最初似为赵惠文王所造，所以又称"惠文冠"。因冠文轻细如蝉翼，所以叫"蟬文冠"。据孙机先生考证，以上解释难免附会，武冠之所以称作"惠文冠"，因为其是用縳布制成[1]。蔡邕《独断》载，武冠在东汉时又称"繁冠""大冠"，又云"冠惠文者宜短耳"[2]。《太平御览》引董巴《汉舆服志》说武冠又称"武弁大冠""赵惠文冠"[3]。董巴为曹魏时人，其所说可能是曹魏时武冠称呼。根据晋司马彪《汉书》，推测晋代武冠又称"武弁大冠""赵惠文冠"。《太平御览》引徐爰《宋志》称，刘宋时武冠被世人称为"笼冠"。[4]《隋书》《晋书》均为唐代人所作，其中对武冠的称呼比较多，有"武弁""大冠""繁冠""建冠""笼冠"，《隋书》载唐人通称武冠为"笼冠"。总之"大冠""繁冠""惠文冠"，为汉称。"武弁大冠"为魏晋称呼，魏晋亦称"赵惠文冠"，或源于东汉。"笼冠"之称始于南朝，是南北朝、隋唐时对武冠的俗称。但以上文献记载均以"武冠"开头，再谈其他名称，故汉六朝时"武冠"是比较正统的名称，本书中提及汉六朝此类冠，亦称"武冠"。

古籍文献中对武冠的式样没有详细说明，只是记载与武冠相配的是短耳帻。《汉书·舆服志》："文者长耳，武者短耳，称（承）其冠也。"[5]《独断》："冠惠文者宜短耳"[6]东汉图像资料中，有一些身穿袍的官员形象，执笏与戴进贤冠的文官相随，有时附榜题，可推测他们身份是武官。这些官员头戴施屋之帻，不见耳，应该就是短耳之帻；帻上加平顶垂耳网纹状或者透明的冠。因武冠的材质为縳布，稀疏轻透，网纹状应当是为了表现縳布的质感。综上，可以判断他们所戴的正是当时的"武冠"。如河北望都县一号汉墓壁画榜题为"门下游徼"的执笏官员像[7]，头戴短耳施屋赤帻，帻上有轻透的冠。以此类推，凡是这类式样的冠，均属武冠。

根据已发现的考古资料，最早的武冠出现于西汉。江苏铜山李屯西汉墓陶俑，正是头戴武冠[8]（图2-15，1），有明显的垂耳，冠下无帻。据《续汉书》，早期的冠下不戴帻，这种情况与文献相符。西汉时期亦有武冠搭配帻的案例，如"洛阳八里台"汉墓壁画上即有戴武冠搭配帻的武士形象者[9]（图2-15，2），时代因较铜山李屯汉墓晚。新莽时期，武冠下搭配的帻已为短耳施屋的式样。山东东平汉墓壁画年代下限为

[1] 孙机：《中国古舆服论丛》，文物出版社，1993年，第133页。
[2] （汉）蔡邕：《独断》，中华书局，1985年，第27页。
[3] （宋）李昉等编：《太平御览》第三册，中华书局，1960年，第3058页。
[4] （宋）李昉等编：《太平御览》第三册，中华书局，1960年，第3058页。
[5] （晋）司马彪撰，（梁）刘昭注补：《后汉志》第十二册，中华书局，1965年，第3671页。
[6] （汉）蔡邕：《独断》，中华书局，1985年，第27页。
[7] 姚鉴：《河北望都县汉墓的墓室结构和壁画》，《文物参考资料》1954年第12期。
[8] 徐州博物馆：《江苏铜山县李屯西汉墓清理简报》，《考古》1995年第3期。
[9] 现藏于美国波士顿美术馆。

1　　　　　　　　　　　2　　　　　　　　　　　　3

图2-15　西汉新莽武冠

1.江苏铜山李屯西汉墓陶俑　2.河南洛阳"洛阳八里台"汉墓壁画武士　3.山东东平汉墓壁画戴武冠者

新莽时期，壁画中有数例戴武冠者像，冠下有施屋之帻[1]（图2-15，3）；陕西靖边杨桥畔二村新莽墓壁画武官形象者，头戴武冠，冠下亦有施屋之帻（图1-9，1）[2]。

东汉时期，武冠已经跻身正式的官服之列，迅速在全国各地普及。在中国南北方大部分地区均有发现东汉时武冠实例。如河北安平逯家庄东汉壁画墓戴武冠乘马车形象者[3]，山西离石马茂庄二号墓门楣画像石的车马人物中戴武冠形象者[4]，辽宁辽阳北园三号壁画墓的持弓箭戴武冠形象者[5]，山东沂南画像石戴武冠形象者[6]（图2-16，1），河南南阳瓦店东汉画像石戴武冠者[7]（图2-16，2），河南偃师杏园村东汉墓壁画的头戴武冠骑马者[8]，陕西绥德黄家塔东汉画像石上戴武冠的执笏武官像[9]，湖北枝江姚家港东汉画像砖的人物头戴武冠者[10]，成都市郊东汉墓画像石中头戴武冠者[11]，江苏铜山周庄东汉墓画像石上戴武冠门吏像[12]，安徽亳县（今亳州）曹腾汉墓画像石上执盾武士[13]等。这些戴武冠者，冠下的帻大多清晰可见。山东沂南画像石所见武冠，所戴的冠饰尤其清晰。其帻顶做成坡形的"屋"，高颜题，帻上的武冠呈网状，有垂耳，但垂耳长不覆盖人耳，以冠缨系于颌下（图2-16，1）。从山东沂南画像石上的武冠与帻看，

[1]　山东省文物考古研究所、东平县文物管理所：《东平后屯汉代壁画墓》，文物出版社，2010年，第27页、彩版二四。

[2]　徐光冀主编：《中国出土壁画全集6·陕西》，科学出版社，2012年，第37、44页。

[3]　河北省文物研究所：《安平东汉壁画墓发掘简报》，《文物春秋》1989年Z1期。

[4]　汤池主编：《中国汉画像石全集5·陕西、山西汉画像石》，山东美术出版社、河南美术出版社，2000年，第193页。

[5]　李文信：《辽阳发现的三座壁画古墓》，《文物参考资料》1955年第5期。

[6]　南京博物院、山东省文物管理处：《沂南古画像石墓发掘报告》，文化部文物管理局，1956年。

[7]　王建中主编：《中国画像石全集6·河南汉画像石》，河南美术出版社、山东美术出版社，2000年，第134～135页。

[8]　中国社会科学院考古研究所河南第二工作队：《河南偃师杏园村东汉壁画墓》，《考古》1985年第1期。

[9]　绥德汉代画像石展览馆：《绥德汉代画像石》，陕西人民美术出版社，2001年，第176页。

[10]　黄道华：《枝江姚家港出土的东汉画像砖》，《江汉考古》1991年第1期。

[11]　高文主编：《中国画像石全集7·四川汉画像石》，河南美术出版社、山东美术出版社，2000年，第45页。

[12]　王德庆：《江苏铜山东汉墓清理简报》，《考古通讯》1957年第4期。

[13]　安徽省亳县博物馆：《亳县曹操宗族墓葬》，《文物》1978年第8期。

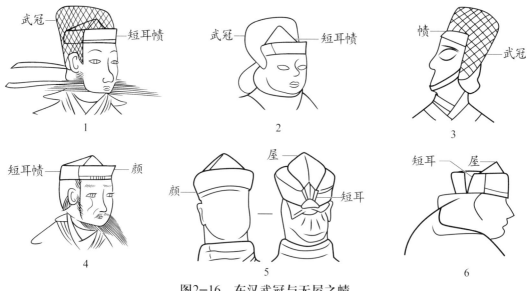

图2-16 东汉武冠与无屋之帻

1.山东沂南东汉墓画像石武官像 2.河南南阳瓦店汉画像石戴武冠者 3.河南方城东汉墓画像石戴武冠者
4.山东沂南东汉墓画像石门吏像 5.四川彭山崖墓戴帻者 6.河南密县打虎亭东汉墓画像石戴帻者

武冠及与之配套的短耳之帻形制和戴法就非常清晰了。

东汉的这种短耳施屋之帻，也常常单戴。如山东沂南汉画像石的门吏像[1]（图2-16，4），陕西绥德四十里铺汉画像石的门吏像[2]、湖南衡阳县道子坪东汉墓铜俑[3]等；就是戴这种施屋之帻，耳不可见。有些图像资料，还可反映这种施屋帻之"短耳"。如四川彭山汉代崖墓戴帻男俑（图2-16，5），帻颜于脑后相接之处短耳清晰可见[4]；河南密县打虎亭汉墓画像石的仆役像（图2-16，6），其所戴帻的颜相接处可见耳[5]。从图像资料看，"文者长耳，武者短耳"，似乎仅仅针对戴冠者。戴武冠的武官配短耳帻，戴进贤冠的文官戴长耳帻，两者常常出现在同一图像资料中。如山东沂南汉墓画像石[6]（图2-10，5、2-16，1）、河南密县打虎亭汉墓石刻[7]中文武官员冠服均有体现。至于单着帻者，似乎没有文武的区分。骑在马上的武士，也有戴长耳的帻，如甘肃武威雷台汉墓铜骑马俑[8]。穿袍的文吏，也有戴短耳之帻。如四川彭山汉代崖墓陶立俑[9]。

[1] 南京博物院、山东省文物管理处：《沂南古画像石墓发掘报告》，文化部文物管理局，1956年，图版29。

[2] 绥德汉画像石展览馆：《绥德汉代画像石》，陕西人民美术出版社，2001年，第171页。

[3] 湖南省博物馆：《湖南衡阳县道子坪东汉墓发掘简报》，《文物》1981年第12期。

[4] 南京博物院：《四川彭山汉代崖墓》，文物出版社，1991年，第44、67、71页。

[5] 河南省文物研究所：《密县打虎亭汉墓》，文物出版社，1993年，第106页。

[6] 南京博物院、山东省文物管理处：《沂南古画像石墓发掘报告》，文化部文物管理局，1956年，图版50。

[7] 河南省文物研究所：《密县打虎亭汉墓》，文物出版社，1993年，第45页。

[8] 甘肃省博物馆：《武威雷台汉墓》，《考古学报》1974年第2期。

[9] 南京博物院：《四川彭山汉代崖墓》，文物出版社，1991年，第44、46、67、71页。

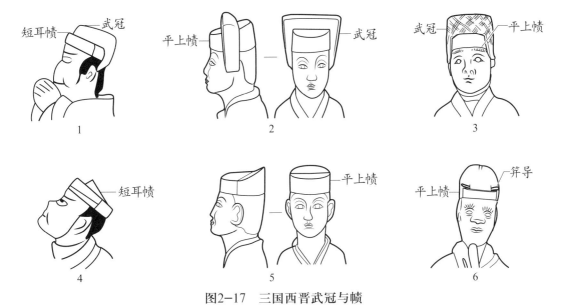

图2-17　三国西晋武冠与帻

1.安徽马鞍山东吴朱然家族墓出土宫闱宴乐图漆案彩绘鼓吹者　2.河南偃师大冢头西晋墓执物俑　3.湖南长沙金盆岭西晋墓男立俑　4.安徽马鞍山东吴朱然家族墓出土宫闱宴乐图漆案彩绘杂耍者　5.河南偃师大冢头西晋墓执物俑　6.湖南长沙金盆岭西晋墓执物俑

　　三国与东汉相距不远，衣冠制度直接沿袭东汉，武冠变化不大。如安徽马鞍山东吴朱然家族墓出土宫闱宴乐图漆案彩绘鼓吹者，头戴武冠，冠下可见帻（图2-17，1）；同漆案上亦可见杂耍者，单戴短耳帻[1]（图2-17，4），其大体式样与东汉时相同。从图像资料看，西晋的武冠与东汉相比没有太大变化，依旧是由穗布制作，有垂耳，以缨系冠。如河南偃师大冢头西晋墓[2]、长沙金盆岭西晋墓[3]均出有武冠俑，武冠式样与东汉时类似（图2-17，2、3）：冠顶不高，有短垂耳。金盆岭西晋墓所出武冠俑之冠上刻有网纹（图2-17，3），应当是为了表现漆纱的质感。与之对应，以上二墓男俑中亦有单戴帻者，帻顶分成两个平面，前部近水平，后部上斜近乎垂直（图2-17，3）。金盆岭西晋墓男俑平上帻耳更高，后部斜面上两纵缝，一扁笄在其中穿插，应为固发之用（图2-17，6）。帻上的这种扁笄结构率先出现在长江以南。总之，西晋武冠下之帻不再是短耳高屋的式样，与之同时，与武冠搭配的帻也有了专有名称。《晋书·舆服志》《宋书·礼志》均引《汉注》曰："冠惠文者，宜短耳。"又说时之"平上帻"与武冠搭配[4]。《隋书·礼仪志》记载梁陈的帻："文者长耳，谓之介帻；武者短耳，

---

[1] 安徽省文物考古研究所、马鞍山市文化局：《安徽马鞍山东吴朱然墓发掘简报》，《文物》1986年第3期。

[2] 偃师市文物旅游局、洛阳市文物考古研究院：《河南偃师大冢头西晋墓发掘简报》，《文物》2016年第9期。

[3] 湖南省博物馆：《长沙两晋南朝隋墓发掘报告》，《考古学报》1959年第3期。

[4] （唐）房玄龄等：《晋书》第三册，中华书局，1974年，第770页。（梁）沈约：《宋书》第二册，中华书局，1974年，第504页。

谓之平上帻。"[1]晋干宝《搜神记》亦载:"有人平上帻,执戟而乘之。"[2]说明最迟至东晋,与武冠搭配的帻被称为"平上帻"。

东晋武冠资料不多,仅发现的少数几例武冠的人物图像亦细节不够清晰。如南昌火车站东晋永和八年墓出土漆奁人物像[3],用笔稚拙,仅能看出大体轮廓,其中有数例人物戴武冠。又如朝鲜东晋升平元年冬寿墓壁画[4],壁画中墓主人冬寿正襟危坐、朝服具备、头戴武冠、冠下有帻,虽描绘细致,但限于画匠的表现能力,但帻的具体样式难以判断(图2-22)。再看司马金龙墓屏风漆画,其上冕服帝王近侍头上所戴为武冠;武冠上有长垂耳,质地轻透,冠下有平上帻(图2-18,1)。同为此画,其上舆夫却仅戴平上帻(图2-18,2)。不少南方晋墓随葬俑所戴的平上帻,后部斜面有两纵裂,施以扁笄,除前文所说列举的西晋案例外,南京石子岗东晋墓[5](图2-18,3)、南京富贵山东晋墓[6]、徐州内华东晋墓[7](图2-18,4),亦发现有戴类似平上帻的俑。尤其是南京石子岗东晋墓陶俑所见平上帻,可见明显的扁笄,或因时代为东晋晚期,其帻体偏小,式样与南朝平上帻几无二致。东晋及同时代武冠与平上帻搭配的图像资料中,或因画者省略细节,这种扁笄结构多不显著,但在冬寿像中却依稀可见(图2-22)。关于这种明显异于东汉时短耳帻的"平上帻"是如何产生的,详见第三章第一节。

南朝武冠载沿袭东晋式样的基础上,又有了新的变化,在诸多考古资料中均有反映。如江苏丹阳金家村南朝大墓[8]、江苏丹阳胡桥南朝大墓[9]均为南齐帝陵,其中大型拼接砖画上都有卤簿图。卤簿即为帝王出行扈从的仪仗队,南齐卤簿图砖画中有多例戴执旄旌仪卫、骑马鼓吹,多戴武冠,亦有单戴平上帻不冠者(图2-19,2、3)。其冠耳长垂,冠体较晋代要高得多,冠下之帻形清晰可见。帻顶分成两个平面,前水平,后上斜;上斜的平面有两纵缝,一扁笄在其中穿插,与东晋平上帻式样类似,但帻体更小一些。冠后有一细长的簪,应为"簪导",固发之用。《释名·释首饰》:"簪,兓也。以兓连冠于发也。又枝也,因形名之也。""导,所以导栎鬓发使入巾帻之里也,

[1](唐)魏徵等:《隋书》第一册,中华书局,1973年,第235页。
[2](晋)干宝撰、汪绍楹校注:《搜神记》,中华书局,1979年,第93页。
[3]江西省文物考古研究所、南昌市博物馆:《南昌火车站东晋墓葬群发掘简报》,《文物》2001年第2期。
[4]洪晴玉:《关于东寿墓的发现和研究》,《考古》1959年第1期。
[5]王志敏、朱江等编:《南京六朝陶俑》,中国古典艺术出版社,1958年,第8页。
[6]南京博物院:《南京富贵山东晋墓发掘报告》,《考古》1966年第4期。
[7]徐州博物馆:《徐州内华发现南北朝陶俑》,《文物》1999年第3期。徐州为南北交界处,在两晋南北朝时一直为各族政权攻占争夺的对象,这批陶俑虽然制作手法风格与南京地区不同,但其衣着式样属于东晋样式,又太元九年"淝水之战",为东晋占领,故这批陶俑时代应该是东晋晚期。该墓随葬俑在本书之后的章节中仍会出现,均作东晋资料。
[8]南京博物院:《江苏丹阳县胡桥、建山两座南朝墓葬》,《文物》1980年第2期。
[9]南京博物院:《江苏丹阳胡桥南朝大墓及砖刻壁画》,《文物》1974年第2期。

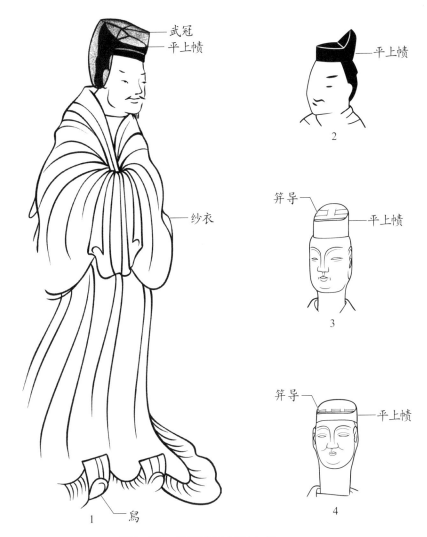

图2-18 东晋武冠与平上帻

1.司马金龙墓漆画屏风冕服帝王近侍 2.司马金龙墓漆画屏风汉成帝舆夫 3.江苏南京石子岗东晋墓男俑
4.江苏徐州内华东晋墓男俑

或曰柝鬓以事名之也。"[1] 上述南朝图像资料中所见的帻，应该就是文献中所记载的
"平上帻"。南朝的武冠服制度很快传播至北朝，如美国纳尔逊博物馆藏北魏孝子石棺
上的帝舜侍从像[2]，几乎和金家村南朝大墓砖画仪卫像穿扮如出一辙（图2-19，1）。又
如河北磁县湾漳村北齐墓壁画中的仪卫[3]，亦是类似穿扮。观南北朝武冠，可见冠内有
二薄片环绕冠周，应是伴随冠体增高产生，用以加固冠体和塑形。

　　《续汉书》《晋书》《宋书》《南齐书》等文献均提到，侍中、常侍也戴武冠附貂蝉。

[1] （汉）刘熙：《释名》，中华书局，1985年，第73页。

[2] 黄明兰：《北魏孝子棺线刻画》，人民美术出版社，1985年，第3页。

[3] 中国社会科学院考古研究所、河北省文物研究所：《磁县湾漳北朝壁画墓》，科学出版社，2003
年，第177页。

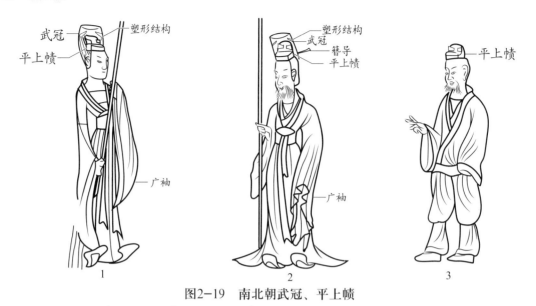

图2-19　南北朝武冠、平上帻

1.美国纳尔逊博物馆藏北魏孝子石棺上的帝舜侍从像　2、3.江苏丹阳金家村南朝大墓砖画仪卫像

虽侍中、常侍作为皇帝近臣不一定由武职官员担任，但其戴武冠，故将其朝服归为武官朝服一类。貂蝉，就是貂尾与附蝉饰的金珰。簪貂尾取其"内劲悍而外温润"[1]。东晋南朝皇帝所戴的通天冠上附蝉饰，侍中、常侍武冠上亦附蝉饰，可能是其身份为皇帝近臣的缘故。目前尚未发现东晋南朝武冠附金珰的图像资料。北魏洛阳永宁寺世俗服饰影塑像[2]（图2-20，1），戴武冠，冠前有一个山形的牌饰，应当就是金珰。因南北朝礼服形制趋同，故可作为南朝武冠式样的参考。通天冠、武冠前的金蝉饰是类似的，《周书·宣帝纪》中载北周宣帝"自比上帝，不欲令人同己"，见常侍武冠前同通天冠一样饰有金蝉饰，"并令去之"[3]。故东晋金蝉饰式样可参前文所引述的南京大学北园东晋墓、南京仙鹤观东晋墓、南京郭家山温氏家族墓所出金蝉饰（图2-2）。据《晋书·舆服志》，在武冠上簪貂尾即"插以貂毛，黄金为竿"，即在貂尾末端装上黄金杆用作长簪，具体图例在南方鲜见。东汉簪貂尾者可见河南洛阳第3850号东汉墓壁画上有戴武冠簪貂尾的人物像[4]（图2-20，2）。北魏宁懋墓石室线刻上的墓主人像[5]，就是头戴武冠，冠下有平上帻，簪貂尾（图2-20，3）。而最为典型的武冠附貂蝉图例为山西太原北齐娄睿墓壁画门官像（图2-23，1），其朝服具备，戴武冠，冠前有金珰，冠侧有貂尾，可作为南朝侍中、常侍武冠式样的参考。

[1]　孙机：《中国古舆服论丛》，文物出版社，1993年，第137页。

[2]　中国社会科学院考古研究所：《北魏洛阳永宁寺1979～1994年考古发掘报告》，中国大百科全书出版社，1996年，第60页。

[3]　（唐）令狐德棻等：《周书》，中华书局，1971年，第125页。

[4]　洛阳市文物工作队：《河南洛阳市第3850号东汉墓》，《考古》1997年第8期。

[5]　郭建邦：《北魏宁懋石室和墓志》，《河南文博通讯》1980年第2期。

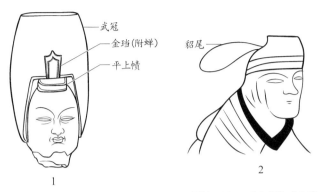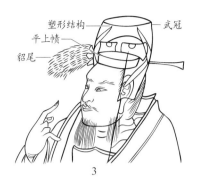

图2-20 武冠附"貂""蝉"

1.河南洛阳永宁寺北魏世俗服饰影塑像 2.河南洛阳第3850号东汉墓壁画人物 3.河南洛阳北魏宁懋墓石室线刻墓主像

《续汉书·舆服志》云:"武冠,俗谓之大冠……加双鹖尾,竖左右,为鹖冠云,五官、左右虎贲、羽林、五中郎将、羽林左右监皆冠鹖冠。"[1]《晋书·舆服志》将"鹖冠"单列,云:"鹖冠,加双鹖尾,竖插两边。"[2]《南齐书·舆服志》描述武冠特别指出:"唯武骑虎贲……插雉尾于武冠上。"[3]《隋书·舆服志》同样单列鹖冠,曰:"鹖冠,犹大冠也,加双鹖尾,竖插两边,故以名焉。武贲中郎将、羽林监、节骑郎,在陛列及卤簿者服之。"[4]唐《通典·礼典》中亦是将鹖冠直接纳入武冠沿革中介绍,说东汉武冠"又加双鹖尾竖左右,名鹖冠",继而沿袭至两晋南北朝[5]。说明东汉至南北朝的"鹖冠"即是在武冠左右装饰鹖尾羽。《续汉书》《晋书》均载"鹖"为一种果勇的鸟类,争斗时至死方休,装饰在武冠上,作为勇猛的象征[6]。遗憾的是,目前尚未发现两晋南北朝鹖冠图像。

综上,武官朝服首服为武冠平上帻,有单戴者,有加貂蝉者,有加貂尾者,有加鹖尾者,以此区分职别。东晋南朝不同职别、等级官员所戴的武冠,参见表2-6～9。

二 身衣、足服与佩饰

东晋南朝文武官员,以首服区别身份。武官朝服身衣、足服、佩饰与帝王、文官一致,不赘述。

武官在袍外加纱衣的制度,东汉时已经具备,两晋应承袭东汉制度。如山东沂

[1] （晋）司马彪撰、（梁）刘昭注补:《后汉书志》第十二册,中华书局,1965年,第3670页。

[2] （唐）房玄龄等:《晋书》第三册,中华书局,1974年,第770页。

[3] （梁）萧子显:《南齐书》第一册,中华书局,1972年,第341页。

[4] （唐）魏徵等:《隋书》第一册,中华书局,1973年,第234页。

[5] （唐）杜佑撰、王文锦等点校:《通典》,中华书局,1988年,第1612、1613页。

[6] （晋）司马彪撰、（梁）刘昭注补:《后汉书志》第十二册,中华书局,1965年,第3670页。

（唐）房玄龄等:《晋书》第三册,中华书局,1974年,第770页。

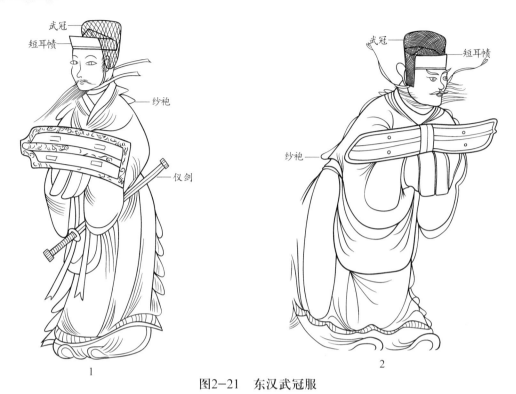

图2-21　东汉武冠服

1.山东沂南东汉墓画像石执盾武士　2.安徽亳县（今亳州）曹腾汉墓画像石执盾武士

南东汉墓画像石、安徽亳县（今亳州）曹腾汉墓画像石上执盾武士像均可见纱衣痕迹（图2-21，1、2）。

东晋南朝与武冠相配的身衣、足服及配饰实例，亦有发现。最典型的为东晋升平元年冬寿墓墓主人像（图2-22），其褒衣博带，手执麈尾，一派东晋名流风度。冬寿接受东晋王朝的封号，所穿的正是东晋朝服，绛纱袍内襟透出，与外襟呈现交叉状，袍下单衣轮廓隐隐透出，右腰悬挂长绶带。

丹阳金家村南朝大墓砖画、丹阳胡桥南朝大墓砖画上戴武冠的执旄旌仪卫、骑马鼓吹因为身份较低，所穿的不是完整的朝服，但其穿广袖袍、佩剑、高舄，可在一定程度上反映南朝朝服的特征（图2-23，2）。山东临朐北齐崔芬墓壁画墓主人像[1]，山西太原北齐娄睿墓壁画门官像[2]，均为武官朝服穿扮：头戴武冠平上帻；身穿广袖绛袍；脚穿黑舄，可见大白曲领、蔽膝、大带。除首服外，整体特征与南北朝帝王朝服一致。尤其是娄睿墓壁画门官，服饰特征描绘细致，武冠加貂蝉，系革带，佩剑，身后有绶（图2-23，1）。考虑到南朝中后期南北礼仪服饰趋同，以上北朝图像资料，可作为南

---

[1]　山东省文物考古研究所、临朐县博物馆：《山东临朐北齐崔芬壁画墓》，《文物》2002年第4期。

[2]　山西省考古研究所、太原市文物考古研究所：《北齐东安王娄睿墓》，文物出版社，2006年，第67页。

图2-22　朝鲜冬寿墓壁画中武冠朝服具备的墓主人像

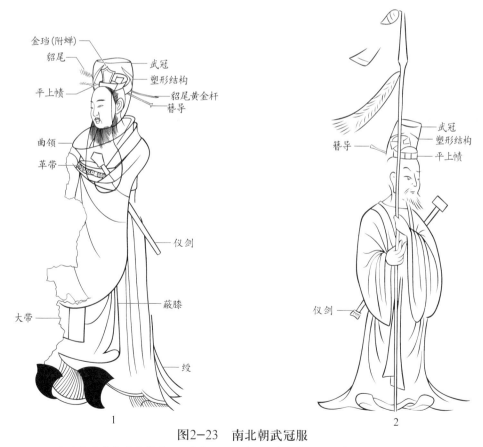

图2-23　南北朝武冠服

1.山西太原北齐娄睿墓壁画门官像　2.江苏丹阳金家村南朝大墓砖画执旗旌仪卫像

朝武冠朝服的参考。

身份比较低的武职人员，如羽林郎、守陵虎贲等，官府不提供朝服，应该也没有穿朝服的资格。武官礼服具体配置参考表2-6～9。

现根据《晋书·舆服志》《晋书·职官志》，《宋书·礼志》《宋书·职官志》，《南齐书·百官志》，《隋书·礼仪志》等，整理东晋南朝时武官所穿的武冠服规制列入表2-6～9。

表2-6　东晋武官武冠服制度统计表

官职	首服	身衣	足服	佩饰
大司马、太尉、诸大将军等武官公及位从公者	武冠平上帻	五时朝服	袜、舄	绅带、革带、木剑、鞶囊、紫绶、山玄玉
诸将军加大者，非武官公	武冠平上帻	五时朝服	袜、舄	绅带、革带、木剑、鞶囊、紫绶、水苍玉
司隶校尉、武尉、左右卫、中坚、中垒、骁骑、游击、前军、左军、右军、后军、宁朔、建威、振威、奋威、扬威、广威、建武、振武、奋武、扬武、广武、左右积弩、强弩诸将军、监军	武冠平上帻	五时朝服	袜、舄	绅带、革带、木剑、鞶囊、青绶、水苍玉
领军、护军、城门五营校尉、东南西北中郎将	武冠平上帻	五时朝服	袜、舄	绅带、革带、木剑、鞶囊、青绶、水苍玉
鹰扬、折冲、轻车、扬烈、威远、宁远、虎威、材官、伏波、凌江诸将军	武冠平上帻	五时朝服	袜、舄	绅带、革带、木剑、鞶囊、青绶
奋武护军、安夷抚军、护军、军州郡国都尉、奉车、驸马、骑都尉、诸护军将兵助郡都尉、水衡、典虞牧官、典牧都尉、度支中郎将、校尉、都尉、司监都尉、材官校尉、王国中尉、宜和伊吾都尉、监淮南津都尉	武冠平上帻	五时朝服	袜、舄	绅带、革带、木剑、鞶囊、青绶
给事中、黄门侍郎、散骑侍郎、太子中庶子、庶子	武冠平上帻	五时朝服	袜、舄	绅带、革带、木剑
冗从仆射、太子卫率	武冠平上帻	五时朝服	袜、舄	绅带、革带、木剑
虎贲中郎将、羽林监	武冠平上帻（其在陛列及备卤簿，鹖尾）	四时朝服（其在陛列及备卤簿，绛纱縠单衣）	袜、舄	绅带、革带、木剑、鞶囊、墨绶

官职	首服	身衣	足服	佩饰
北军中侯、殿中监	武冠平上帻	四时朝服	袜、舄	绅带、革带、木剑、鞶囊、墨绶
护匈奴中郎将、护羌夷戎蛮越乌丸西域戊己校尉	武冠平上帻	朝服	袜、舄	绅带、革带、木剑、鞶囊、青绶
牙门将	武冠平上帻	朝服	袜、舄	绅带、革带、木剑、鞶囊、青绶
骑都督、守	武冠平上帻	朝服	袜、舄	绅带、革带、木剑、鞶囊、青绶
黄门冗从仆射监、太子寺人监	武冠平上帻	四时朝服	袜、舄	绅带、革带、木剑、鞶囊、墨绶
诸军城门五营校尉司马、护匈奴中郎将护羌戎夷蛮越乌丸戊己校尉长史、司马	武冠平上帻	朝服	袜、舄	绅带、革带、木剑、鞶囊、墨绶
公府司马	平上帻	单衣、中衣、裤等	袜、舄	绅带、革带、木剑
太子常从虎贲督、校督、司马虎贲督	武冠平上帻	朝服	袜、舄	绅带、革带、木剑、鞶囊、墨绶
殿中将军	武冠平上帻	四时朝服	袜、舄	绅带、革带、木剑、鞶囊、青绶（宋末不给绶）
水衡、典虞、牧官、典牧、材官、州郡国都尉、司马	武冠平上帻	朝服	袜、舄	绅带、革带、木剑、鞶囊、墨绶
门下中书通事舍人令史、门下主事令史	武冠平上帻	四时朝服	袜、舄	绅带、革带、木剑
节骑郎	武冠平上帻（其在陛列及备卤簿，鹖尾）	朝服（其在陛列及备卤簿，绛纱縠单衣）	袜、舄	绅带、革带、木剑
部曲督护、部曲将	武冠平上帻	朝服	袜、舄	绅带、革带、木剑
司马史	武冠平上帻	朝服	袜、舄	绅带、革带、木剑、鞶囊、墨绶
城门令史	武冠平上帻	官府不提供朝服，自备单衣、中衣、裤等	袜、舄（自备）	绅带、革带、木剑（自备）
诸门仆射佐史、东宫门吏	平上帻	皂朝服（冬朝服）	袜、舄	绅带、革带、木剑
宫内游徼、亭长	武冠平上帻	皂朝服（冬朝服）	袜、舄	绅带、革带、木剑

官职	首服	身衣	足服	佩饰
太医校尉、都尉、总章协律中郎将校尉、都尉	武冠平上帻	朝服	袜、舄	绅带、革带、木剑、鞶囊、青绶
小黄门	武冠平上帻	四时朝服	袜、舄	绅带、革带、木剑
黄门诸署史	武冠平上帻	四时朝服	袜、舄	绅带、革带、木剑
中黄门黄门诸署从官寺人	武冠平上帻	四时科单衣（单衣、裤等自备）	袜、舄	绅带、革带、木剑
殿中司马、及守陵者、殿中太医司马	武冠平上帻	四时朝服	袜、舄	绅带、革带、木剑、鞶囊、墨绶
太医司马	武冠平上帻	朝服	袜、舄	绅带、革带、木剑
总章监鼓吹监司律司马	武冠平上帻	朝服	袜、舄	绅带、革带、木剑、鞶囊、墨绶
黄门称长、园监	武冠平上帻	四时朝服	袜、舄	绅带、革带、木剑、鞶囊、黄绶
诸县尉、关谷塞护道尉	平上帻	单衣、裤、中衣	袜、舄	绅带、革带、木剑、鞶囊、黄绶
宣威将军以下至裨将军	武冠平上帻	朝服	袜、舄	绅带、革带、木剑（若出任刺史、郡守、若万人司马虎贲督以上、及司马史，佩青绶，加鞶囊）
平虏武猛中郎将、校尉、都尉	武冠平上帻	朝服	袜、舄	绅带、革带、木剑（若出任千人司马虎贲督以上、及司马史，佩青绶，加鞶囊）
别部司马、军假司马	武冠平上帻	朝服	袜、舄	绅带、革带、木剑
图像都匠行水中郎将、校尉、都尉	武冠平上帻	朝服	袜、舄	绅带、革带、木剑、鞶囊、青绶（若非以工伎巧能特加此官者，不给青绶，不佩鞶囊）
羽林长郎	武冠平上帻	朝服	袜、舄	绅带、革带、木剑、（佩武猛都尉以上官印者配发青绶，别部司马以下，配发墨绶，有印者佩鞶囊）
长郎壮士	武冠平上帻	（官府不提供朝服，自备单衣、中衣、裤等）在陛列及备卤簿，绛纱縠单衣	袜、舄（自备）	绅带、革带、木剑（自备）

续表

官职	首服	身衣	足服	佩饰
陛下甲仆射主事吏将骑、廷上五牛旗假使虎贲	武冠平上帻（其在陛列及备卤簿，鹖尾）	（官府不提供朝服，自备单衣、中衣、裤等）在陛列及备卤簿，服锦文衣	袜、舃（自备）	绅带、革带、木剑（自备）
守陵虎贲	武冠平上帻	绛科单衣（单衣、中衣、裤等自备）	袜、舃（自备）	绅带、革带、木剑（佩武猛都尉以上官印者配发青绶，别部司马以下，配发墨绶，有印者佩鞶囊）
持椎斧武骑虎贲、五骑传诏虎贲、殿中羽林及守陵者太官尚食虎贲、称饭宰人、诸官尚食虎贲	武冠平上帻（其在陛列及备卤簿，五骑虎贲，鹖尾）	（官府不提供朝服，自备单衣、中衣、裤等）绛褠 其在陛列及备卤簿，五骑虎贲，服锦文衣 宰人服离支衣	袜、舃（自备）	绅带、革带、木剑（佩武猛都尉以上官印者配发青绶，别部司马以下，配发墨绶，有印者佩鞶囊）
黄门鼓吹、及钉官仆射、黄门鼓吹史主事、诸官鼓吹、尚书廊下都坐门下守皞、殿中威仪驺、虎贲常直殿黄云龙门者、门下左右部虎贲羽林驺、给传事者诸导驺、门下中书守皞	武冠平上帻	绛褠（单衣、中衣裤等自备）	袜、舃（自备）	绅带、革带、木剑

表 2-7 宋齐武官冠服制度表

官职	首服	身衣	足服	佩饰
大司马	武冠平上帻	五时朝服	袜、舃	绅带、革带、木剑、鞶囊、紫绶、山玄玉
诸大将军	武冠平上帻	五时朝服	袜、舃	绅带、革带、木剑、鞶囊、紫绶、山玄玉
太尉	武冠平上帻	五时朝服	袜、舃	绅带、革带、木剑、鞶囊、紫绶、山玄玉
其他武官公及位从公者	武冠平上帻	五时朝服	袜、舃	绅带、革带、木剑、鞶囊、紫绶、山玄玉
诸将军加大者，非武官公	武冠平上帻	五时朝服	袜、舃	绅带、革带、木剑、鞶囊、紫绶、水苍玉
卫尉	武冠平上帻	五时朝服	袜、舃	绅带、革带、木剑

官职	首服	身衣	足服	佩饰
司隶校尉、武尉、左右卫、中坚、中垒、骁骑、游击、前军、左军、右军、后军、宁朔、建威、振威、奋威、扬威、广威、建武、振武、奋武、扬武、广武、左右积弩、强弩诸将军、监军	武冠平上帻	五时朝服	袜、舄	绅带、革带、木剑、鞶囊、青绶、水苍玉
领军、护军、城门五营校尉、东南西北中郎将	武冠平上帻	五时朝服	袜、舄	绅带、革带、木剑、鞶囊、青绶、水苍玉
鹰扬、折冲、轻车、扬烈、威远、宁远、虎威、材官、伏波、凌江诸将军	武冠平上帻	五时朝服	袜、舄	绅带、革带、木剑、鞶囊、青绶
奋武护军、安夷抚军、护军、军州郡国都尉、奉车、驸马、骑都尉、诸护军将兵助郡都尉、水衡、典虞、牧官、典牧都尉、度支中郎将、校尉、都尉、司监都尉、材官校尉、王国中尉、宜和伊吾都尉、监淮南津都尉	武冠平上帻	五时朝服	袜、舄	绅带、革带、木剑、鞶囊、青绶
给事中、黄门侍郎、散骑侍郎、太子中庶子、庶子	武冠平上帻	五时朝服	袜、舄	绅带、革带、木剑
冗从仆射、太子卫率	武冠平上帻	五时朝服	袜、舄	绅带、革带、木剑
虎贲中郎将、羽林监	武冠平上帻（其在陛列及备卤簿，鹖尾）	四时朝服（其在陛列及备卤簿，绛纱縠单衣）	袜、舄	绅带、革带、木剑、鞶囊、墨绶
北军中侯、殿中监	武冠平上帻	四时朝服	袜、舄	绅带、革带、木剑、鞶囊、墨绶
护匈奴中郎将、护羌夷戎蛮越乌丸西域戊己校尉	武冠平上帻	朝服	袜、舄	绅带、革带、木剑、鞶囊、青绶
牙门将	武冠平上帻	朝服	袜、舄	绅带、革带、木剑、鞶囊、青绶
骑都督、守	武冠平上帻	朝服	袜、舄	绅带、革带、木剑、鞶囊、青绶
黄门冗从仆射监、太子寺人监	武冠平上帻	四时朝服	袜、舄	绅带、革带、木剑、鞶囊、墨绶
公府司马、诸军城门五营校尉司马、护匈奴中郎将护羌戎夷蛮越乌丸戊己校尉长史、司马	武冠平上帻	朝服	袜、舄	绅带、革带、木剑、鞶囊、墨绶

续表

官职	首服	身衣	足服	佩饰
太子常从虎贲督、校督、司马虎贲督	武冠平上帻	朝服	袜、舄	绅带、革带、木剑、鞶囊、墨绶
殿中将军	武冠平上帻	四时朝服	袜、舄	绅带、革带、木剑、鞶囊、青绶（宋末不给绶）
水衡、典虞、牧官、典牧、材官、州郡国都尉、司马	武冠平上帻	朝服	袜、舄	绅带、革带、木剑、鞶囊、墨绶
门下中书通事舍人令史、门下主事令史	武冠平上帻	四时朝服	袜、舄	绅带、革带、木剑
节骑郎	武冠平上帻（其在陛列及备卤簿，鹖尾）	朝服（其在陛列及备卤簿，绛纱縠单衣）	袜、舄	绅带、革带、木剑
部曲督护、部曲将	武冠平上帻	朝服	袜、舄	绅带、革带、木剑
司马史	武冠平上帻	朝服	袜、舄	绅带、革带、木剑、鞶囊、墨绶
城门令史	武冠平上帻	朝服	袜、舄	绅带、革带、木剑
诸门仆射佐史、东宫门吏	平上帻	皂朝服	袜、舄	绅带、革带、木剑
宫内游徼、亭长	武冠平上帻	皂朝服（冬朝服）	袜、舄	绅带、革带、木剑
太医校尉、都尉、总章协律中郎将校尉、都尉	武冠平上帻	朝服	袜、舄	绅带、革带、木剑、鞶囊、青绶
小黄门	武冠平上帻	四时朝服	袜、舄	绅带、革带、木剑
黄门诸署史	武冠平上帻	四时朝服	袜、舄	绅带、革带、木剑
中黄门黄门诸署从官寺人	武冠平上帻	四时科单衣（自备单衣、中衣、裤等）	袜、舄（自备）	绅带、革带、木剑（自备）
殿中司马、及守陵者、殿中太医司马	武冠平上帻	四时朝服	袜、舄	绅带、革带、木剑、鞶囊、墨绶
太医司马	武冠平上帻	朝服	袜、舄	绅带、革带、木剑
总章监鼓吹监司律司马	武冠平上帻	朝服	袜、舄	绅带、革带、木剑、鞶囊、墨绶
黄门称长、园监	武冠平上帻	四时朝服	袜、舄	绅带、革带、木剑、鞶囊、黄绶
诸县尉、关谷塞护道尉	武冠平上帻	朝服	袜、舄	绅带、革带、木剑、鞶囊、黄绶

135

官职	首服	身衣	足服	佩饰
宣威将军以下至裨将军	武冠 平上帻	朝服	袜、舄	绅带、革带、木剑（若出任刺史、郡守、若万人司马虎贲督以上、及司马史，佩青绶，加鞶囊）
平虏武猛中郎将、校尉、都尉	武冠 平上帻	朝服	袜、舄	绅带、革带、木剑（若出任千人司马虎贲督以上、及司马史，佩青绶，加鞶囊）
别部司马、军假司马	武冠 平上帻	朝服	袜、舄	绅带、革带、木剑
图像都匠行水中郎将、校尉、都尉	武冠 平上帻	朝服	袜、舄	绅带、革带、木剑、鞶囊、青绶（若非以工伎巧能特加此官者，不给青绶，不佩鞶囊）
羽林长郎	武冠 平上帻	朝服	袜、舄	绅带、革带、木剑、（佩武猛都尉以上官印者配发青绶，别部司马以下，配发墨绶，有印者佩鞶囊）
长郎壮士	武冠 平上帻	（官府不提供身衣，自备单衣、中衣、裤等）在陛列及备卤簿，绛纱縠单衣	袜、舄 （自备）	绅带、革带、木剑（自备）
陛下甲仆射主事吏将骑、廷上五牛旗假使虎贲	武冠 平上帻 （其在陛列及备卤簿，鹖尾）	（官府不提供身衣，自备单衣、中衣、裤等）在陛列及备卤簿，服锦文衣	袜、舄 （自备）	绅带、革带、木剑（自备）
陛长	平上帻	（官府不提供身衣，自备单衣、中衣、裤等）	袜、舄	绅带、革带、木剑、鞶囊墨绶
羽林郎	平上帻	（官府不提供身衣，自备单衣、中衣、裤等）在陛列及备卤簿，服绛科单衣，上着韦画要襦	袜、舄 （自备）	绅带、革带、木剑（自备）

续表

官职	首服	身衣	足服	佩饰
举辇迹禽前驱由基强弩司马	平上帻	（官府不提供身衣，自备单衣、中衣、裤等）	袜、舄（自备）	绅带、革带、木剑（佩武猛都尉以上官印者配发青绶，别部司马以下，配发墨绶，有印者佩鞶囊）
守陵虎贲	武冠平上帻	绛科单衣（自备单衣、中衣、裤等）	袜、舄（自备）	绅带、革带、木剑（佩武猛都尉以上官印者配发青绶，别部司马以下，配发墨绶，有印者佩鞶囊）
持椎斧武骑虎贲、五骑传诏虎贲、殿中羽林及守陵者太官尚食虎贲、称饭宰人、诸官尚食虎贲	武冠平上帻（其在陛列及备卤簿，五骑虎贲，鹖尾）	绛褠（自备单衣、中衣、裤等）其在陛列及备卤簿，五骑虎贲，服锦文衣宰人服离支衣	袜、舄（自备）	绅带、革带、木剑（佩武猛都尉以上官印者配发青绶，别部司马以下，配发墨绶，有印者佩鞶囊）
黄门鼓吹、及钉官仆射、黄门鼓吹史主事、诸官鼓吹、尚书廊下都坐门下守皞、殿中威仪驺、虎贲常直殿黄云龙门者、门下左右部虎贲羽林驺、给传事者诸导驺、门下中书守皞	武冠平上帻	绛褠（自备单衣、中衣、裤等）	袜、舄（自备）	绅带、革带、木剑（自备）

表 2-8 **梁武官冠服制度表**

官职	首服	身衣	足服	佩饰
大司马、大将军、太尉、诸位从公者	武冠平上帻	朝服	袜、舄	绅带、革带、木剑、紫绶、山玄玉，兽头鞶囊
侍中散骑常侍、通直常侍	武冠（附貂蝉）平上帻	朝服	袜、舄	绅带、革带、木剑、水苍玉
员外常侍	武冠（附貂蝉）平上帻	朝服	袜、舄	绅带、革带、木剑
骠骑、车骑、卫将军、中军、冠军、辅国将军	武冠平上帻	朝服	袜、舄	绅带、革带、木剑、紫绶、水苍玉，兽头鞶囊
四方中郎将	武冠平上帻	朝服	袜、舄	绅带、革带、木剑、青绶、水苍玉，兽头鞶囊

官职	首服	身衣	足服	佩饰
领、护军，中领、中护军，五营校尉	武冠 平上帻	朝服	袜、舄	绅带、革带、木剑、青绶、水苍玉，兽头鞶囊
弘训卫尉，卫尉，司隶校尉，左右卫、骁骑、游击、前、左、右、后军将军，龙骧、宁朔、建威、振威、奋威、扬威、广威、武威、建武、振武、奋武、扬武、广武等将军，积弩、积射、强弩将军，监军	武冠 平上帻	朝服	袜、舄	绅带、革带、木剑、青绶、水苍玉、兽头鞶
诸军司	武冠 平上帻	朝服	袜、舄	绅带、革带、木剑、青绶、兽头鞶
给事中、黄门侍郎、散骑通直员外、散骑侍郎、奉朝请、太子中庶子、庶子、武卫将军、武骑常侍	武冠 平上帻	朝服	袜、舄	绅带、革带、木剑
武贲中郎将、羽林监	武冠 平上帻	朝服（其在陛牙及备卤簿，着鹖尾，绛纱縠单衣）	袜、舄	绅带、革带、木剑、墨绶、兽头鞶
太子卫率	武冠 平上帻	朝服	袜、舄	绅带、革带、木剑、墨绶、兽头鞶
护匈奴中郎将，护羌、戎、夷、蛮、越、乌丸、西域校尉	武冠 平上帻	朝服	袜、舄	绅带、革带、木剑、青绶、兽头鞶
安夷、抚夷护军，州郡国都尉，奉车、驸马、骑都尉，诸护军	武冠 平上帻（其在陛列及备卤簿，鹖尾）	朝服	袜、舄	绅带、革带、木剑、青绶、兽头鞶
领、护军长史	平上帻	朱服（单衣、中衣、裤等自备）	袜、舄（自备）	绅带、革带、木剑、兽头鞶
诸军长史	武冠 平上帻	单衣（中衣、裤等自备）	袜、舄（自备）	绅带、革带、木剑、兽头鞶
诸署令	武冠 平上帻	朱服（单衣、中衣、裤等自备）	袜、舄（自备）	绅带、革带、木剑
黄门冗从仆射监、太子寺人监	武冠 平上帻	朝服	袜、舄	绅带、革带、木剑、墨绶、兽头鞶
公府司马，领、护军司马，诸军司马，护匈奴中郎将，护羌、戎、夷、蛮、越、乌丸、戊己校尉长史、司马	武冠 平上帻	朝服	袜、舄	绅带、革带、木剑、墨绶、兽头鞶

官职	首服	身衣	足服	佩饰
诸军司马	平上帻	单衣（中衣、裤等自备）	袜、舄（自备）	绅带、革带、木剑（以上自备）
诸府参军	武冠平上帻	单衣（中衣、裤等自备）	袜、舄（自备）	绅带、革带、木剑（以上自备）
直阁将军、诸殿主帅	武冠平上帻	朱服（单衣、中衣、裤等自备）	袜、舄（自备）	绅带、革带、木剑、青绶、兽头鞶囊
诸开国中尉	武冠平上帻	朝服	袜、舄	绅带、革带、木剑、青绶、兽头鞶囊
诸开国三将军	武冠平上帻	朝服	袜、舄	绅带、革带、木剑、青绶、兽头鞶囊
左右常侍、侍郎，典卫中尉司马	武冠平上帻（其在陛列及备卤簿，鹖尾）	朝服	袜、舄	绅带、革带、木剑
太子常从武贲督	武冠平上帻	朝服	袜、舄	绅带、革带、木剑、墨绶、兽爪鞶囊
殿中将军、员外将军	武冠平上帻	朱服（单衣、中衣、裤等自备）	袜、舄（自备）	绅带、革带、木剑（以上自备）
州郡国都尉司马	武冠平上帻	朱服（单衣、中衣、裤等自备）	袜、舄（自备）	绅带、革带、木剑（以上自备）、墨绶、兽头鞶囊
中书通事舍人门下令史、主书典书令史、门下朝廷局书令史、太子门下通事守舍人、主书典守舍人、二宫斋内职左右职局斋干已上	武冠平上帻	朱服（单衣、中衣、裤等自备）	袜、舄（自备）	绅带、革带、木剑（以上自备）
殿中内外局监、太子内外监、殿中守舍人	武冠平上帻	朱服（单衣、中衣、裤等自备）	袜、舄（自备）	绅带、革带、木剑（以上自备）
内监朝廷人领局典事、外监统军队谘详发遣局典事	武冠平上帻	（官府不提供朝服，单衣、中衣、裤等自备）	袜、舄（自备）	绅带、革带、木剑（以上自备）
外监及典事书吏	武冠平上帻	朱服（单衣、中衣、裤等自备）	袜、舄（自备）	绅带、革带、木剑（以上自备）
太官、太医丞	武冠平上帻	（官府不提供朝服，单衣、中衣、裤等自备）	袜、舄（自备）	绅带、革带、木剑（以上自备）

官职	首服	身衣	足服	佩饰
节骑郎	武冠 平上帻（其在陛列及备卤簿者，鹖尾）	朱服 （单衣、中衣、裤等自备，其在陛列及备卤簿者，绛纱縠单衣）	袜、舄 （自备）	绅带、革带、木剑（以上自备）
殿中中郎将、校尉、都尉	武冠 平上帻	朱服 （单衣、中衣、裤等自备，其在陛列及备卤簿者，绛纱縠单衣）	袜、舄(自备)	绅带、革带、木剑（以上自备），青绶、兽头鞶囊
城门侯	武冠 平上帻	朱服 （单衣、中衣、裤等自备，其在陛列及备卤簿者，绛纱縠单衣）	袜、舄(自备)	绅带、革带、木剑（以上自备），墨绶、兽头鞶囊
部曲督、部曲将	武冠 平上帻	朱服 （单衣、中衣、裤等自备，其在陛列及备卤簿者，绛纱縠单衣）	袜、舄(自备)	绅带、革带、木剑（以上自备）
司马吏	武冠 平上帻	朱服 （单衣、中衣、裤等自备，其在陛列及备卤簿者，绛纱縠单衣）	袜、舄(自备)	绅带、革带、木剑（以上自备），墨绶、兽爪鞶囊
总章协律	武冠 平上帻	朱服 （单衣、中衣、裤等自备，其在陛列及备卤簿者，绛纱縠单衣）	袜、舄 （自备）	绅带、革带、木剑（以上自备），艾绶、兽爪鞶囊
黄门后阁舍人、主书、监食、主食、主客、扶侍	武冠 平上帻	朱服 （单衣、中衣、裤等自备，其在陛列及备卤簿者，绛纱縠单衣）	袜、舄 （自备）	绅带、革带、木剑（以上自备）
黄门斋帅	武冠 平上帻	朱服 （单衣、中衣、裤等自备，其在陛列及备卤簿者，绛纱縠单衣）	袜、舄 （自备）	绅带、革带、木剑（以上自备），墨绶、兽头鞶囊

官职	首服	身衣	足服	佩饰
殿中司马	武冠平上帻	朱服（单衣、中衣、裤等自备，其在陛列及备卤簿者，绛纱縠单衣）	袜、舄（自备）	绅带、革带、木剑（以上自备），墨绶、兽头鞶囊
总章监、鼓吹监	武冠平上帻	朱服（单衣、中衣、裤等自备，其在陛列及备卤簿者，绛纱縠单衣）	袜、舄（自备）	绅带、革带、木剑（以上自备），艾绶、兽爪鞶囊
诸四品将兵都尉、牙门将、崇毅、材官、折难、轻骑、扬烈、威远、宁远、宣威、光威、骧威、威烈、威虏、平戎、绥远、绥狄、绥边、绥戎、兽威、威武、烈武、毅武、奋武、讨寇、讨虏、珍难、讨难、讨夷、厉武、横野、陵江、鹰扬、执讯、荡寇、荡虏、荡难、荡逆、殄虏、扫虏、扫难、扫逆、扫寇、厉锋、武奋、武牙、广野	武冠平上帻	朱服（单衣、中衣、裤等自备，其在陛列及备卤簿者，绛纱縠单衣）	袜、舄（自备）	绅带、革带、木剑（以上自备），以此官为刺史、太守给青绶
陛长	武冠平上帻（其在陛列及备卤簿，加鹖尾）	在陛列及备卤簿，服锦文衣（官府不提供朝服，单衣、中衣、裤等自备）	袜、舄（自备）	绅带、革带、木剑（以上自备），墨绶、兽头鞶囊
甲仆射、主事吏将骑、廷上五牛旗假吏武贲	武冠平上帻（其在陛列及备卤簿，鹖尾）	在陛列及备卤簿，服锦文衣（官府不提供朝服，单衣、中衣、裤等自备）	袜、舄（自备）	绅带、革带、木剑（以上自备）
羽林郎	平上帻	在陛列及备卤簿，服绛单衣，上着韦画腰襦（官府不提供朝服，单衣、中衣、裤等自备）	袜、舄（自备）	绅带、革带、木剑（以上自备）
舆辇、迹禽、前驱、由基强弩司马	武冠平上帻	绛科单衣（单衣、中衣、裤等自备）	袜、舄（自备）	绅带、革带、木剑（以上自备）其本位佩武猛都尉已上印者，假墨绶，别部司马已下假墨绶，并兽头鞶
殿中冗从武贲、殿中武贲、持钑戟冗从武贲	武冠平上帻	绛科单衣（单衣、中衣、裤等自备）	袜、舄（自备）	绅带、革带、木剑（以上自备），青绶

续表

官职	首服	身衣	足服	佩饰
持椎斧武骑武贲、五骑传诏武贲、殿中羽林、太官尚食武贲、称饭宰人、诸宫尚食武贲	武冠 平上帻	绛褠（单衣、中衣、裤等自备）	袜、舄（自备）	绅带、革带、木剑（以上自备），墨绶
五骑武贲	武冠 平上帻（其在陛列及备卤簿，鹖尾）	其在陛列及备卤簿，服锦文衣（官府不提供朝服，单衣、中衣、裤等自备）	袜、舄（自备）	绅带、革带、木剑（以上自备）
宰人	平上帻	（官府不提供朝服，单衣、中衣、裤等自备）	袜、舄（自备）	绅带、革带、木剑（以上自备）
领军捉刀人	乌纱帽	裤褶	袜、舄（自备）	革带
诸官鼓吹，尚书廊下都坐门下使守藏守阁、殿中威仪驺，武贲常直殿门云龙门者、门下左右部武贲羽林驺，给传事者诸导驺门下中书守阁、尚书门下武贲羽林驺，兰台五曹节藏仆射廊下守阁、威仪发符驺，都水使者廊下守给驺，谒者威仪驺，诸宫谒者驺	武冠 平上帻	绛褠（自备单衣、中衣、裤等）	袜、舄（自备）	绅带、革带、木剑（自备）

表 2-9 陈武官冠服制度表

官职	首服	身衣	足服	佩饰
大司马、大将军、太尉、诸位从公者	武冠 平上帻	朝服	袜、舄	绅带、革带、木剑、紫绶、山玄玉，兽头鞶囊
侍中散骑常侍、通直常侍	武冠（附貂蝉）平上帻	朝服	袜、舄	绅带、革带、木剑、水苍玉
员外常侍	武冠（附貂蝉）平上帻	朝服	袜、舄	绅带、革带、木剑
镇、卫、骠骑、车骑、中军、中卫、中抚军、中权、四征、四镇、四安、四翊、四平将军、冠军、四方中郎将	武冠 平上帻	朝服	袜、舄	绅带、革带、木剑、紫绶、水苍玉，兽头鞶囊
领、护军	武冠 平上帻	朝服	袜、舄	绅带、革带、木剑、紫绶、水苍玉，兽头鞶囊
中领、中护军，五营校尉	武冠 平上帻	朝服	袜、舄	绅带、革带、木剑、青绶、水苍玉，兽头鞶囊

续表

官职	首服	身衣	足服	佩饰
弘训卫尉，卫尉，骁骑、游击、前、左、右、后军将军，龙骧、宁朔、建威、振威、奋威、扬威、广威、武威、建武、振武、奋武、扬武、广武等将军，监军	武冠平上帻	朝服	袜、舄	绅带、革带、木剑、青绶、水苍玉、兽头鞶
左右卫将军	武冠平上帻	朝服	袜、舄	绅带、革带，（木剑自备）
积弩、积射、强弩将军	武冠平上帻	朝服	袜、舄	绅带、革带、木剑、墨绶、水苍玉、兽头鞶
忠武、军师、武臣、爪牙、龙骑、云麾、镇兵、翊帅、宣惠、宣毅、智威、仁威、勇威、信威、严威、智武、仁武、勇武、信武、严武将军	武冠平上帻	朝服	袜、舄	绅带、革带、木剑、紫绶（以上佩饰官府不提供，自备）
轻车、镇朔、武旅、贞毅、明威、宁远、安远、征远、振远、宣远等将军	武冠平上帻	朝服	袜、舄	绅带、革带、木剑、紫绶、水苍玉、兽头鞶
司隶校尉	武冠平上帻	官府不提供朝服（单衣、中衣、裤等自备）	袜、舄（自备）	绅带、革带、木剑（以上自备）
诸军司	武冠平上帻	朝服	袜、舄	绅带、革带、木剑、青绶、兽头鞶
给事中、黄门侍郎、散骑通直员外、散骑侍郎、奉朝请、太子中庶子、庶子、武骑常侍	武冠平上帻（庶子已上簪笔）	朝服	袜、舄	绅带、革带、木剑
武卫将军	武冠平上帻	朝服（在帝左右侍卫，白布裤褶）	袜、舄	绅带、革带
武贲中郎将、羽林监	武冠平上帻	朝服（其在陛牙及备卤簿，着鹖尾，绛纱縠单衣）	袜、舄	绅带、革带、木剑、墨绶、兽头鞶
太子卫率	武冠平上帻	朝服	袜、舄	绅带、革带、木剑、墨绶、兽头鞶
其庶子，镇蛮、宁蛮、平戎西戎校尉，平越中郎将	武冠平上帻	朝服	袜、舄	绅带、革带、木剑、青绶、兽头鞶
安远、镇蛮护军，州、郡、国都尉，奉车、驸马、骑都尉，诸护军	武冠平上帻（其在陛列及备卤簿，鹖尾）	朝服	袜、舄	绅带、革带、木剑、青绶、兽头鞶
领、护军长史	平上帻	朱服（单衣、中衣、裤等自备）	袜、舄（自备）	绅带、革带、木剑、兽头鞶
诸军长史	武冠平上帻	单衣（中衣、裤等自备）	袜、舄（自备）	绅带、革带、木剑、兽头鞶

官职	首服	身衣	足服	佩饰
诸署令	武冠平上帻	朱服（单衣、中衣、裤等自备）	袜、舄（自备）	绅带、革带、木剑
黄门冗从仆射监、太子寺人监	武冠平上帻	朝服	袜、舄	绅带、革带、木剑、墨绶、兽头鞶囊
公府司马，领、护军司马，诸军司马，护匈奴中郎将，护羌、戎、夷、蛮、越、乌丸、戊己校尉长史、司马，镇安蛮安远护军，蛮、戎、越校尉中郎将长史	武冠平上帻	朝服	袜、舄	绅带、革带、木剑、墨绶、兽头鞶囊
诸府参军	武冠平上帻	单衣（中衣、裤等自备）	袜、舄（自备）	绅带、革带、木剑（以上自备）
直阁将军、诸殿主帅	武冠平上帻	朱服（单衣、中衣、裤等自备）	袜、舄（自备）	绅带、革带、木剑、青绶、兽头鞶囊
诸开国中尉	武冠平上帻	朝服	袜、舄	绅带、革带、木剑、青绶、兽头鞶囊
诸开国三将军	武冠平上帻	朝服	袜、舄	绅带、革带、木剑、墨绶、兽头鞶囊
左右常侍、侍郎，典卫中尉司马（其在陛列及备卤簿，鹖尾）	武冠平上帻	朝服	袜、舄	绅带、革带、木剑
太子常从武贲督	武冠平上帻	朝服	袜、舄	绅带、革带、木剑、墨绶、兽爪鞶囊
殿中将军、员外将军	武冠平上帻	朱服（单衣、中衣、裤等自备）	袜、舄（自备）	绅带、革带、木剑（以上自备）
州郡国都尉司马	武冠平上帻	朱服（单衣、中衣、裤等自备）	袜、舄（自备）	绅带、革带、木剑（以上自备）、墨绶、兽头鞶囊
中书通事舍人门下令史、主书典书令史、门下朝廷局书令史、太子门下通事守舍人、主书典守舍人、二宫斋内职左右职局斋干已上	武冠平上帻	朱服（单衣、中衣、裤等自备）	袜、舄（自备）	绅带、革带、木剑（以上自备）
殿中内外局监、太子内外监、殿中守舍人	武冠平上帻	朱服（单衣、中衣、裤等自备）	袜、舄（自备）	绅带、革带、木剑（以上自备）
内监朝廷人领局典事、外监统军队谘详发遣局典事	武冠平上帻	（官府不提供朝服，单衣、中衣、裤等自备）	袜、舄（自备）	绅带、革带、木剑（以上自备）

官职	首服	身衣	足服	佩饰
外监及典事书吏	武冠 平上帻	朱服 （单衣、中衣、裤等自备）	袜、舄（自备）	绅带、革带、木剑（以上自备）
太官、太医丞	武冠 平上帻	（官府不提供朝服，单衣、中衣、裤等自备）	袜、舄（自备）	绅带、革带、木剑（以上自备）
节骑郎	武冠 平上帻（其在陛列及备卤簿者，鹖尾）	朱服 （单衣、中衣、裤等自备，其在陛列及备卤簿者，绛纱縠单衣）	袜、舄（自备）	绅带、革带、木剑（以上自备）
殿中中郎将、校尉、都尉	武冠 平上帻	朱服 （单衣、中衣、裤等自备）	袜、舄（自备）	绅带、革带、木剑（以上自备），青绶、兽头鞶囊
城门侯	武冠 平上帻	朱服 （单衣、中衣、裤等自备）	袜、舄（自备）	绅带、革带、木剑（以上自备），墨绶、兽头鞶囊
部曲督、部曲将	武冠 平上帻	朱服 （单衣、中衣、裤等自备）	袜、舄（自备）	绅带、革带、木剑（以上自备）
司马吏	武冠 平上帻	朱服 （单衣、中衣、裤等自备）	袜、舄（自备）	绅带、革带、木剑（以上自备），墨绶、兽爪鞶囊
总章协律	武冠 平上帻	朱服 （单衣、中衣、裤等自备）	袜、舄（自备）	绅带、革带、木剑（以上自备），艾绶、兽爪鞶囊
黄门后阁舍人、主书、监食、主食、主客、扶侍	武冠 平上帻	朱服 （单衣、中衣、裤等自备）	袜、舄（自备）	绅带、革带、木剑（以上自备）
黄门斋帅	武冠 平上帻	朱服 （单衣、中衣、裤等自备）	袜、舄（自备）	绅带、革带、木剑（以上自备），墨绶、兽头鞶囊
殿中司马	武冠 平上帻	朱服 （单衣、中衣、裤等自备）	袜、舄（自备）	绅带、革带、木剑（以上自备），墨绶、兽头鞶囊
总章监、鼓吹监	武冠 平上帻	朱服 （单衣、中衣、裤等自备）	袜、舄（自备）	绅带、革带、木剑（以上自备），艾绶、兽爪鞶囊
诸四品将兵都尉、牙门将、崇毅、材官、折难、轻骑、扬烈、威远、宁远、宣威、光威、骧威、威烈、威虏、平戎、绥远、绥狄、绥边、绥戎、兽威、威武、烈武、毅武、奋武、讨寇、讨虏、殄难、讨难、讨夷、厉武、横野、陵江	武冠 平上帻	朱服 （单衣、中衣、裤等自备）	袜、舄（自备）	绅带、革带、木剑（以上自备），以此官为刺史、太守给青绶

官职	首服	身衣	足服	佩饰
鹰扬、执讯、荡寇、荡虏、荡难、荡逆、殄虏、扫虏、扫难、扫逆、扫寇、厉锋、武奋、武牙、广野	武冠平上帻	朱服（单衣、中衣、裤等自备）	袜、舄（自备）	绅带、革带、木剑（以上自备），以此官为刺史、太守给青绶
典仪但帅、典仪正帅	武冠平上帻	朱服（单衣、中衣、裤等自备）	袜、舄（自备）	绅带、革带、木剑（以上自备）
殿但帅、正帅	武冠平上帻	朱服（单衣、中衣、裤等自备）	袜、舄（自备）	绅带、革带、木剑（以上自备），艾绶，兽头鞶囊
殿帅、羽仪帅、员外帅	武冠平上帻	朱服（单衣、中衣、裤等自备）	袜、舄（自备）	绅带、革带、木剑（以上自备）
威雄、猛、烈、振、信、胜、略、风、力、光等十威将军，武猛、略、胜、力、毅、健、烈、威、锐、勇等十武将军	武冠平上帻	朝服	袜、舄	绅带、革带、木剑、青绶、兽头鞶囊
猛毅、烈、威、锐、震、进、智、武、胜、骏等十猛将军	武冠平上帻	朝服	袜、舄	绅带、革带、木剑、青绶、兽头鞶囊
壮武、勇、烈、猛、锐、威、毅、志、意、力等十壮将军，骁雄、桀、猛、烈、武、勇、锐、名、胜、迅等十骁将军，雄猛、威、明、烈、信、武、勇、毅、壮、健等十雄将军	武冠平上帻	朝服	袜、舄	绅带、革带、木剑、青绶、兽头鞶囊
龙骧、武视、云旗、风烈、电威、雷音、驰、锐、进锐、羽骑、突骑、折冲、冠武、和戎、安垒、起猛、英果、扫虏、扫狄、武锐、摧锋、开远、略远、贞威、决胜、清野、坚锐、轻锐、拔山、云勇、振旅等三十号将军	武冠平上帻	朝服	袜、舄	绅带、革带、木剑、青绶、兽头鞶囊
超武、铁骑、楼船、宣猛、树功、克狄、平虏、棱威、戎昭、威戎、伏波、雄戟、长剑、冲冠、雕骑、伏飞、勇骑、破敌、克敌、威虏、前锋、武毅、开边、招远、全威、破阵、荡寇、殄虏、横野、驰射等三十号将军	武冠平上帻	朝服	袜、舄	绅带、革带、木剑、墨绶、兽头鞶囊
并左十二件将军	武冠平上帻	朱服（单衣、中衣、裤等自备）	袜、舄（自备）	绅带、革带、木剑（以上自备）、绶
建威、牙门、期门已下诸将军	武冠平上帻	朱服（单衣、中衣、裤等自备）	袜、舄（自备）	绅带、革带、木剑（以上自备），墨绶、兽头鞶囊

官职	首服	身衣	足服	佩饰
千人督、校督司马、武贲督、牙门将、骑督督、守将兵都尉、太子常从督别部司马、假司马	武冠 平上帻	朱服 （单衣、中衣、裤等自备）	袜、舄（自备）	绅带、革带、木剑（以上自备），墨绶、兽头鞶囊
武猛中郎将、校尉、都尉	武冠 平上帻	朱服 （单衣、中衣、裤等自备）	袜、舄（自备）	绅带、革带、木剑（以上自备），墨绶、兽头鞶囊其以此官为千人司马、道贲督已上及司马，皆假墨绶，兽头鞶。
陛长	武冠（其在陛列及备卤簿，加鹖尾）平上帻	在陛列及备卤簿，服锦文衣（官府不提供朝服，单衣、中衣、裤等自备）	袜、舄（自备）	绅带、革带、木剑（以上自备），墨绶、兽头鞶囊
甲仆射、主事吏将骑、廷上五牛旗假吏武贲	武冠 平上帻（其在陛列及备卤簿，鹖尾）	在陛列及备卤簿，服锦文衣（官府不提供朝服，单衣、中衣、裤等自备）	袜、舄（自备）	绅带、革带、木剑（以上自备）
羽林郎	平上帻	在陛列及备卤簿，服绛单衣，上着韦画腰襦（官府不提供朝服，单衣、中衣、裤等自备）	袜、舄（自备）	绅带、革带、木剑（以上自备）
舆辇、迹禽、前驱、由基强弩司马	武冠 平上帻	绛科单衣 （单衣、中衣、裤等自备）	袜、舄（自备）	绅带、革带、木剑（以上自备），其本位佩武猛都尉已上印者，假墨绶，别部司马已下假墨绶，并兽头鞶
殿中冗从武贲、殿中武贲、持钑戟冗从武贲	武冠 平上帻	绛科单衣 （单衣、中衣、裤等自备）	袜、舄（自备）	绅带、革带、木剑（以上自备），青绶、鞶囊
持椎斧武骑武贲、五骑传诏武贲、殿中羽林、太官尚食武贲、称饭宰人、诸宫尚食武贲	武冠 平上帻	绛褠（单衣、中衣、裤等自备）	袜、舄（自备）	绅带、革带、木剑（以上自备），墨绶
五骑武贲	武冠 平上帻（其在陛列及备卤簿，鹖尾）	其在陛列及备卤簿，服锦文衣（官府不提供朝服，单衣、中衣、裤等自备）	袜、舄（自备）	绅带、革带、木剑（以上自备）
宰人	平上帻	（官府不提供朝服，单衣、中衣、裤等自备）	袜、舄（自备）	绅带、革带、木剑（以上自备）

官职	首服	身衣	足服	佩饰
执仪、斋帅、殿帅、典仪帅、传令、执刀戟、主盖扇麾伞、殿上持兵、车郎、扶车、注疏、萌床、斋阁食司马、唱导饭、主食、殿前帅、殿前威仪、武贲威仪、散给使、阁将、鼓吹士帅副	武冠平上帻	（官府不提供朝服，单衣、中衣、裤等自备）	袜、舄（自备）	绅带、革带、木剑（以上自备）
太子二傅骑吏	武冠平上帻	玄衣（单衣、中衣、裤等自备）	袜、舄（自备）	绅带、革带、木剑（以上自备）
诸官鼓吹，尚书廊下都坐门下使守藏守阁、殿中威仪驺，武贲常直殿门云龙门者、门下左右部武贲羽林驺，给传事者诸导驺门下中书守阁、尚书门下武贲羽林驺，兰台五曹节藏仆射廊下守阁、威仪发符驺，都水使者廊下守给驺，谒者威仪驺，诸宫谒者驺	武冠平上帻	绛褠（自备单衣、中衣、裤等）	袜、舄（自备）	绅带、革带、木剑（自备）
太子卤簿戟吏	武冠平上帻	绛褠（单衣、中衣、裤等自备）	袜、舄（自备）	绅带、革带、木剑（以上自备）
诸王典签帅	平上帻	单衣（自备中衣、裤等）	袜、舄（自备）	绅带、革带、木剑（自备）
领军捉刀人	乌总帽	裤褶	袜、舄（自备）	皮带
案轵、小舆、持车、轺车给使	平上帻	黄布裤褶	袜、舄（自备）	赤罽带
廉帅、整阵、禁防、武官问讯、将士给使	平上帻	白布裤褶	袜、舄（自备）	腰带自备
铫角五音帅、长麾	岑帽	青布裤褶	袜、舄（自备	腰带自备

第四节　东晋南朝其他官员朝服

进贤冠服与武冠服，是文武官员最普遍的礼服冠饰。此外，还有一些官员首服比较特殊，为东汉遗制，主要是高山冠和法冠。这些冠饰在东晋南朝时使用非常少，到隋唐逐渐被淘汰。

高山冠本为战国齐王冠，秦灭齐后让本国谒者戴齐国君王之冠[1]，谒者戴高山冠的

---

[1]　蔡邕《独断》载胡广曰："高山冠，盖齐王冠也。秦灭齐，以其君冠赐谒者。"——（汉）蔡邕：《独断》，中华书局，1985年，第27页。

制度源于此。《后汉书·舆服志》记载："高山冠……中外官谒者、仆射所服。"[1]《晋书·舆服志》："高山冠……中外官谒者、仆射所服。"[2]《宋书·礼志》："谒者高山冠。"[3]《南齐书·舆服志》："高山冠，谒者冠之。"[4]《隋书·礼仪志》："（梁陈）高山冠，中外谒者仆射服之。"[5] 可见，汉六朝谒者仆射戴高山冠。

最早记载其基本式样的，为蔡邕的《独断》。曰："高九寸，铁为卷梁，不展筩，无山。"[6]《后汉书·舆服志》说高山冠"制如通天"，与通天冠的区别是"顶不邪却，直竖，无山述展筩。"[7] 东汉高山冠的式样，可参考河南南阳军帐营东汉墓画像石上戴高山冠执节、执笏的官员形象者[8]（图2-24，1）；其中的高山冠从外观上看，确实与东汉的通天冠相近。《宋书》《晋书》中均记载魏明帝认为高山冠形制与至尊的通天冠相似，有损皇帝的威严，于是下令将其改为比较简陋的式样[9]。至于改制后高山冠的具体式样，文献中无详细记载。因为戴高山冠的官员很少，所以目前发现的两晋南北朝考古资料中未见高山冠具体形象。

根据《宋书·礼志》记载，东晋、刘宋谒者、仆射戴高山冠，官配四时朝服、墨绶、水苍玉[10]。南朝齐存在时间短，其礼制改革不多基本上沿袭刘宋。东晋南朝宋齐谒者、仆射的朝服组成包括高山冠一顶，帻一顶，皂缘中单衣一领，青、朱、黄、黑四色纱袍各一领，革带一条、袷裤一套、袜一双、舄一双。此外，虽文献中没有详细记载，但鞶囊、木剑作为东晋六朝官员不可缺少的佩饰，必定具备。

《隋书·礼仪志》记载，南朝梁陈谒者、仆射戴高山冠，官配朝服，佩饰为墨绶、虎头鞶囊、水苍玉、木剑[11]。南朝梁陈谒者、仆射的朝服组成包括高山冠一顶，帻一顶，绛纱袍一领，皂缘中单衣一领，革带一条、袷裤一套、袜一双、舄一双。

法冠，又称獬豸冠，本为战国楚王冠。"獬豸"是传说中可以明辨是非的独角神羊，据说楚王捕获獬豸并用其制冠[12]。秦灭齐后，让本国御史戴楚国君王之冠，后汉代御史、廷尉监平等执法者戴法冠[13]。《晋书·舆服志》《宋书·礼志》《南齐书·舆服志》

[1] （晋）司马彪撰、（梁）刘昭注补：《后汉书志》第十二册，中华书局，1965年，第3666页。

[2] （唐）房玄龄等：《晋书》第三册，中华书局，1974年，第768页。

[3] （梁）沈约：《宋书》第二册，中华书局，1974年，第503页。

[4] （梁）萧子显：《南齐书》第一册，中华书局，1972年，第342页。

[5] （唐）魏徵等：《隋书》第一册，中华书局，1973年，第234页。

[6] （汉）蔡邕：《独断》，中华书局，1985年，第27页。

[7] （晋）司马彪撰、（梁）刘昭注补：《后汉书志》第十二册，中华书局，1965年，第3666页。

[8] 南阳博物馆：《河南南阳军帐营汉画像石墓》，《考古与文物》1982年第1期。

[9] （梁）沈约：《宋书》第二册，中华书局，1974年，第503页。（唐）房玄龄等：《晋书》第三册，中华书局，1974年，第768页。

[10] （梁）沈约：《宋书》第二册，中华书局，1974年，第514页。

[11] （唐）魏徵等：《隋书》第一册，中华书局，1973年，第226页。

[12] （晋）司马彪撰、（梁）刘昭注补：《后汉书志》第十二册，中华书局，1965年，第3667页。

[13] （汉）蔡邕：《独断》，中华书局，1985年，第27页。

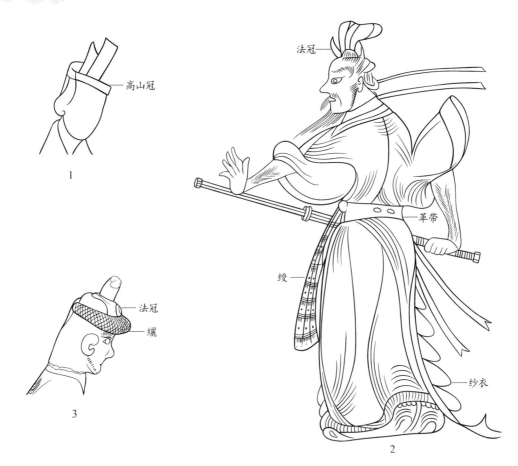

图2-24 汉六朝高山冠与法冠

1.河南南阳军帐营东汉墓画像石上执笏的官员 2.山东沂南画像石执剑者 3.江苏南京东吴丁奉家族墓骑马俑

《隋书·礼仪志》均记载，法冠为执法者所服。[1]《汉官仪》载："古有獬豸兽，主触不直，故执宪者以角形为冠。"[2] 冠饰独角，应是法冠的基本特征[3]。蔡邕《独断》说法冠："高五寸，以纚裹铁柱卷。"[4] 法冠的图像资料鲜见，山东沂南画像石上有一执剑者，衣冠具备，系革带，戴绶，袍外传纱衣，冠前饰有一尖角，似是法冠（图2-24，2）。《晋书·舆服志》云："法冠，一名柱后，或谓之獬豸冠。高五寸，以縱为展筩。铁为柱卷，取其不曲挠也。"[5]《释名》曰："纚，筮也。粗可以筮物也。令辟经丝其杼中一

[1]（唐）房玄龄等：《晋书》第三册，中华书局，1974年，第768页。（梁）沈约：《宋书》第二册，中华书局，1974年，第503页。（梁）萧子显：《南齐书》第一册，中华书局，1972年，第342页。（唐）魏微等：《隋书》第一册，中华书局，1973年，第234页。

[2]（汉）应劭：《汉官仪及其他二种·汉官仪》，商务印书馆，1960年，第24页。

[3] 孙机：《中国古舆服论丛》，文物出版社，1993年，第242页。

[4]（汉）蔡邕：《独断》，中华书局，1985年，第27页。

[5]（唐）房玄龄等：《晋书》第三册，中华书局，1974年，第768页。

间，并一间疏疏者，苓苓然并者历辟而密也。"[1] 縰，同纚，为比较稀疏的织物。六朝法冠的具体式样目前未知，最接近的一例为江苏南京东吴丁奉家族墓所出的一例骑马俑，所戴冠顶部饰有角状物（残），额部围有一圈网状织物，可能即"以縰（纚）为展筒"（图2-24，3）。

《宋书·礼志》载，东晋、刘宋时，黄沙治书侍御史戴法冠，官配朝服、墨绶；侍御史，戴法冠，官配朝服；廷尉正、监、平戴法冠，官配皂零辟朝服、墨绶[2]。南朝齐存在时间短，其礼制改革不多，基本上沿袭刘宋。东晋与南朝宋齐侍御史等众执法者朝服组成包括法冠一顶，帻一顶，绛纱袍一领，皂缘中单衣一领，革带一条、袷裤一套、袜一双、舄一双。虽文献中没有详细记载，但众执法者必配备木剑、鞶囊。

《隋书·礼仪志》记载，梁陈侍御史、治书侍御史戴法冠，官配朝服、木剑，治书侍御史加墨绶；南朝陈又有殿中、兰台侍御史戴法冠、簪笔，官配木剑[3]。梁陈侍御史、治书侍御史等众执法者朝服组成包括法冠一顶，帻一顶，绛纱袍一领，皂缘中单衣一领，革带一条、袷裤一套、袜一双、舄一双。文献中虽没有详细记载，但南朝梁陈众执法者必配备鞶囊。

此外，《宋书》记载，东晋、刘宋仆射东宫门史戴却非冠，官配皂零辟朝服；刘宋大谁士戴樊哙冠，卫士戴却敌冠[4]。《隋书》记载，梁陈佐吏、东宫门吏戴却非冠；大谁、天门士戴樊哙冠；卫士戴却敌冠[5]。以上官员均没有穿朝服的资格，其冠饰佩戴极少，缺乏相关图像资料，故不再详述。东晋南朝还有一些低阶文武官员没有穿朝服的资格，文者朝廷配给介帻与单衣，武者朝廷配给平上帻与裤褶。这类服饰虽是官服，但士庶平日皆可穿戴，实属日常服饰一类（将在第三章日常服饰部分详细讨论）。

[1]　（汉）刘熙：《释名》，中华书局，1985年，第70页。
[2]　（梁）沈约：《宋书》第二册，中华书局，1974年，第510页。
[3]　（唐）魏徵等：《隋书》第一册，中华书局，1973年，第223页。
[4]　（梁）沈约：《宋书》第二册，中华书局，1974年，第517页。
[5]　（唐）魏徵等：《隋书》第一册，中华书局，1973年，第228、231页。

第三章　东晋南朝日常服饰

　　日常服饰是在非正式场合的穿扮，东晋南朝大多数人的日常服饰式样并无等级之分，与祭服、朝服相比更加便捷、随意。对于帝王而言，即使是在非正式场合穿着也必须讲究，他们的日常服饰，往往就是文武官员的礼服。据《晋书》《宋书》《南齐书》《隋书》所载，东晋南朝皇帝的日常服饰有进贤冠服（进贤冠为五梁）、武冠服（武冠附金博山、蝉）；太子诸王有三梁进贤冠服[1]（具体式样参考第二章第二、三节文武官员朝服，不再赘述）。

　　东晋南朝男性礼服有"以冠统服"的特性，冠原本即礼仪性大于实用性，不在日常服饰之列。对于男性日常服饰来说，各式帻、巾、帽（即首服），与各式身衣、足服并无严格的搭配规范，但也有一定约定俗成的搭配习惯。至于女性日常服饰，虽然身份较低的女侍日常服饰以实用为主，但出于对美的追求，贵族妇女日常服饰的繁复程度甚至不逊于正式的礼服。因为日常服饰中首服的穿戴不甚严格，而身衣则彰显着装的整体特征。故本章内容以身衣为准进行分类研究，以此为基础，附带介绍与身衣搭配的首服、足服等。东晋南朝的日常服饰在正史文献并无专门的篇幅详细叙述，仅可以找到零碎的片段，在同时期的小说笔记、诗词歌赋等文献中或有相关的只言片语，但难以准确反映其全貌。在考古发掘所见的图像资料中，反映身份低微的侍从、仆役形象的实例较多，他们所穿的衣物多为日常服饰之属。

　　综合考古资料与文献资料，东晋南朝男性日常服饰主要分为单衣（即袍）、裤褶服两大类；女性日常服饰主要分为裙装、单衣（袍）、裤褶服三类。本章内容主要立足于两晋南北朝考古发掘所见俑、砖画和壁画等服饰图像资料，结合古籍文献中的相关记载，力求尽可能准确地还原东晋南朝日常服饰的面貌。

---

　　[1]　详见（唐）房玄龄等：《晋书》第三册，中华书局，1974年，第766、773页。（梁）沈约：《宋书》第二册，中华书局，1974年，第502、507页。（梁）萧子显：《南齐书》第一册，中华书局，1972年，第340页。（唐）魏徵等：《隋书》第一册，中华书局，1973年，第216、219页。

第一节　东晋南朝日常男装的分类与考证

一　单衣（袍）

单衣在两晋南朝文献出现较为频繁，是东晋南朝贵族穿戴最多的日常服饰。西晋司马彪《续汉书·舆服志》载："今（即西晋）下至贱更小吏，皆通制袍、单衣。"[1] 不同时代的"单衣"所指亦有区别。东汉的"单衣"即字面意思的"单薄的衣裳"。《释名》载："禅衣言无里也。"又说："有里曰複无里曰禅（单）。"[2] "单（禅）"是相对于"复（複）"而言的，就是无衬里的单层衣的通称。而在东晋南朝的语境下，"单衣"则成为一个专有名词，特指袍类长衣。《宋书·礼志》载："单衣，古之深衣也。今单衣制裁与深衣同，唯绢带为异。"[3]《急就篇》颜师古注曰："禅衣似深衣而褒大，亦以其无里故呼为禅衣。"[4] 又说"襜褕，直裾禅衣也，谓之襜褕取之襜襜而宽裕也。"[5] 可见，东晋南朝的单衣是一种"似深衣"的薄而宽大的袍服。本书第二章第一节就已阐明，东晋南朝时的"单衣"是整套朝服的组成之一，属袍类长衣；又称"袍单衣"，也是东晋南朝时"袍"的别称。东晋南朝还有"科单衣"，亦属袍类，比单衣更短些，单衣长及地，科单衣露足。科单衣用料比单衣少得多，《宋书·礼志》云："（朝廷配给布料）单衣七丈二尺，科单衣及皞五丈二尺。"[6]

狭义上的"深衣"，特指战国西汉时流行的曲裾袍，有"续衽钩边"的特征[7]；直裾袍则称为"襜褕"。西汉末，男性深衣逐渐由流行变稀少，新莽东汉图像中已鲜见男式深衣。新莽东汉考古资料中，少数袍可见曲裾后掩，应该是汉深衣遗制。如四川彭山东汉崖墓，多例陶俑穿袍，明显可见背部曲裾后掩[8]（图 3-1，1）。直裾袍在新莽东汉图像资料中亦有反映。如安徽褚兰汉墓，画像石中的执金吾官员形象，即穿直裾袍，衣裾明显在腰侧[9]（图 3-1，2）；陕西省靖边县杨桥畔二村新莽墓，壁画中一武吏形象者同样身穿直裾袍[10]。至两晋，曲裾袍已不再流行，从现有两晋南北朝资料已难发现西汉深衣所特有的曲裾后掩样式。《宋书·礼志》载单衣"制裁与深衣同"，此时"深衣

---

[1]　（晋）司马彪撰、（梁）刘昭注补：《后汉书志》，中华书局，1965年，第3666页。

[2]　（汉）刘熙：《释名》，中华书局，1985年，第79、80页。

[3]　（梁）沈约：《宋书》第二册，中华书局，1974年，第520、521页。

[4]　（汉）史游撰、（唐）颜师古注：《急就篇》，中华书局，1985年，第145页。

[5]　（汉）史游撰、（唐）颜师古注：《急就篇》，中华书局，1985年，第144页。

[6]　（梁）沈约：《宋书》第二册，中华书局，1974年，第518页。

[7]　孙机：《中国古舆服论丛》，文物出版社，1993年，第106页。

[8]　南京博物院：《四川彭山汉代崖墓》，文物出版社，1991年，第44～46、51、52页。

[9]　安徽省文物考古研究所：《安徽宿州褚兰画像石墓》，《考古学报》1993年第4期。

[10]　徐光冀主编：《中国出土壁画全集6·陕西》，科学出版社，2012年，第44页。

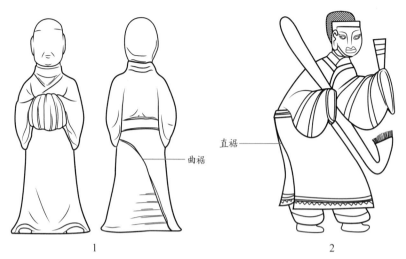

图3-1　东汉袍服

1.四川彭山东汉崖墓陶俑　2.安徽褚兰汉墓画像砖武吏

制"泛指上下连属的袍类长衣。

　　第二章中已讨论，绛纱袍、单衣等与通天冠、武冠、进贤冠等搭配属礼服一类。单衣作为日常服饰外穿，与其搭配的首服相对随意，东晋南朝时单衣作为日常服饰主要与帻搭配，上至帝王，下至平民，皆可如此穿扮。此外，帢、皮弁、巾、帽等也可与单衣搭配，作为士庶日常服饰。下文将就单衣与不同首服的搭配分别考证。

（一）单衣与帻

　　作为日常服饰的单衣，与之搭配的首服多为帻一类，这种搭配习惯源于东汉。前文已述从长耳帻至介帻，从短耳帻至平上帻的发展过程，而东汉至南北朝帻的式样演变不止于此，下文将详细讨论之。

　　《汉官仪》曰："帻者，古之卑贱执事不冠者之所服也，元帝额上有状发，不欲使人见，乃使进帻，群僚随焉。帻本无巾，如今半帻而已。王莽无发，因施巾。故古里语曰：'王莽头秃，施帻屋'。"[1]《独断》则载："帻者，古之卑贱执事不冠者之所服也……元帝额有壮发，不欲使人见，始进帻服之，群臣皆随焉。然尚无巾。如今半帻而已。王莽无髪乃施巾，故语曰：'王莽秃，帻施屋'。"[2]通过以上文献可知，因汉元帝为了遮住额上的头发，方戴帻，此时的帻必然覆额，而帻顶无巾遮挡，应为空顶；王莽戴帻是为了挡住秃顶，方施巾，此时的帻必然覆盖头顶，这也是施巾的目的。从图像资料看，东汉的帻除第二章所提的长耳施屋之帻（图2-10，1、2，图3-2，1、

[1]　（汉）应劭：《汉官仪及其他二种·汉官仪》，商务印书馆，1960年，第48页。

[2]　（汉）蔡邕：《独断》，中华书局，1985年，第27页。

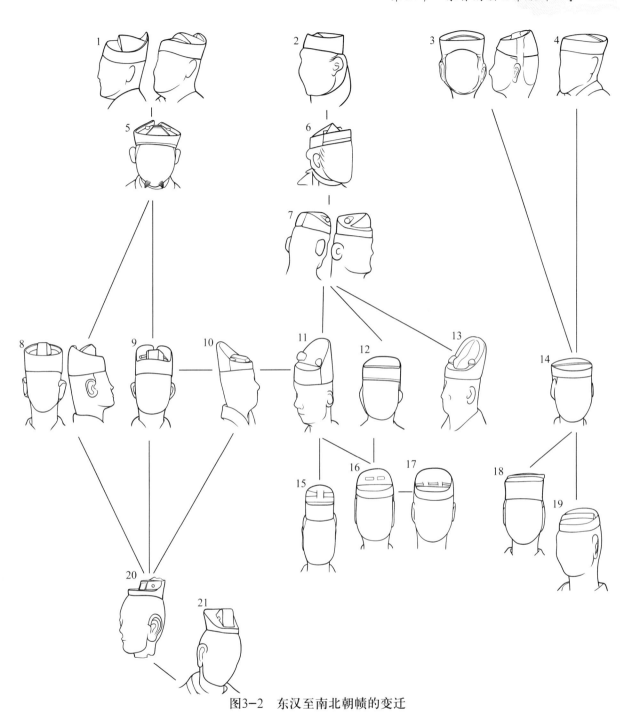

图3-2　东汉至南北朝帻的变迁

1.甘肃武威雷台汉墓铜轺车驾车人　2.河北望都县一号汉墓壁画之"辟车"　3.四川成都新都区东汉崖墓陶俑　4.甘肃武威雷台汉墓骑马武士俑　5.浙江湖州长兴雉城镇西峰坝汉画像石墓随葬俑　6.山东沂南汉画像石小吏像　7.江苏南京丁奉家族墓骑马俑　8.河南偃师大冢头晋墓骑马俑　9.湖南长沙金盆岭西晋墓立俑　10.湖南长沙金盆岭西晋墓骑马俑　11.湖南长沙金盆岭西晋墓持刀立俑　12.山东邹城西晋刘宝墓说唱俑　13.湖南长沙金盆岭西晋墓立俑　14.山东邹城西晋刘宝墓男侍俑　15.江苏南京石子岗东晋墓男俑16.江苏徐州内华东晋墓男俑　17.江苏南京富贵山东晋墓男俑　18.江苏徐州内华东晋墓男俑　19.江苏南京幕府山南朝墓男俑　20.河南洛阳北魏洛阳永宁寺影塑像　21.河北磁县湾漳北齐壁画墓男俑

5）、短耳施屋之帻（图 3-2，2、6）外，中国南北均发现有近似平顶的帻，其前低后高，帻顶部中间有一横杠为分界，应有塑形的功能。北方典型的案例如甘肃武威雷台汉墓骑马武士俑[1]即戴这种平顶帻（图 3-2，4）。南方典型案例如四川成都新都区东汉崖墓[2]（图 3-2，3）、江苏苏州虎丘茶花大队东汉墓[3]亦出有戴此类帻的陶俑。《太平御览》引董巴《汉舆服志》："（帻）汉兴，续其颜，却结之，施巾连题，却覆之，今（即魏）丧帻是也。至孝文，乃高颜，续为之耳，崇其巾为屋，贵贱皆服之。"[4]《续汉书·舆服志》："（帻）汉兴，续其颜，却摞之，施巾连题，却覆之，今（即晋）丧帻是其制也。名之曰帻。帻者，赜也，头首严赜也。至孝文乃高颜题，续之为耳，崇其巾为屋，合后施收，上下群臣贵贱皆服之。"[5]两段记载近乎一致，即是帻在汉代兴起，最初的帻是覆额的"颜（题）"加长连接成环，继而在顶部施巾与环缝合，即"施巾连题"。这种帻与魏晋丧帻式样类似。东汉考古资料中所见的顶部近平的帻，应即董巴等人所说的"施巾连题"之帻。《汉舆服志》《续汉书·舆服志》均载帻在西汉时就已施巾，汉文帝时高颜题、续耳、"崇巾为屋"，施屋之帻方形成，"施巾"与"施屋"是两个概念；而《汉官仪》《独断》则认为帻始于汉元帝时，本是空顶，新莽时方施巾，"施巾"等同"施屋"。东汉图像资料中，有短耳帻帻屋低矮近平如"巾"，河北望都县一号汉墓"辟车"形象者[6]（图 3-2，2）；河南密县打虎亭汉墓石刻小吏形象者[7]所戴帻即属此类；亦有无坡形顶的帻，顶部或因发髻支撑隆起似"屋"，如四川彭山汉代崖墓有多例俑[8]所戴帻均为此类。由此可见，东汉帻低屋如巾，隆巾似屋，"巾"与"屋"界限模糊。坡形高屋之帻图像迄今最早出现在新莽考古资料中，《汉官仪》《独断》作者均为东汉人，其言理应更可信一些。从现有文献来看，帻的渊源依旧模糊不清，但可以确定的是：一、帻起源于汉代，从最初的空顶，再到顶部施巾，继而变平顶为坡形尖顶，即"屋"；二、"施巾连题"平顶的帻，在魏晋时被称为"丧帻"；三、帻的变迁不是单线的，"施巾连题"之帻、长耳施屋帻、短耳施屋帻在东汉时并存。

东汉考古资料中，有帻屋上插笄的案例，如山东沂南汉墓画像石上即有多例侍从所戴的短耳施屋帻，帻屋上插笄（图 3-2，6）；浙江湖州长兴雉城镇西峰坝汉画像石

---

[1] 甘肃省博物馆：《武威雷台汉墓》，《考古学报》1974 年第 2 期。

[2] 成都文物考古研究所、新都区文物管理所：《成都市新都区东汉崖墓的发掘》，《考古》2007 年第 9 期。

[3] 苏州博物馆：《苏州博物馆藏出土文物》，文物出版社，2009 年，第 134 页。

[4] （宋）李昉等编：《太平御览》第三册，中华书局，1960 年，第 3056 页。

[5] （晋）司马彪撰、（梁）刘昭注补：《后汉书志》第十二册，中华书局，1965 年，第 3666 页。

[6] 姚鉴：《河北望都县汉墓的墓室结构和壁画》，《文物参考资料》1954 年第 12 期。

[7] 河南省文物研究所：《密县打虎亭汉墓》，文物出版社，1993 年，第 45 页。

[8] 南京博物院：《四川彭山汉代崖墓》，文物出版社，1991 年，第 69 页。

图3-3　东汉三国袍与帻搭配

1.浙江湖州长兴雉城镇西峰坝汉画像石墓随葬俑　2.山东沂南汉墓画像石小吏像　3.江苏苏州虎丘茶花大队东汉墓陶俑　4.安徽马鞍山东吴朱然家族墓漆盘彩绘贵族　5.甘肃嘉峪关魏晋壁画墓一号墓宴饮图中的贵族　6.河南洛阳曹魏正始八年墓男俑

墓随葬俑所戴的长耳施屋帻，帻屋上亦插笄[1]（图3-2，5）。隆起的帻屋应是容纳发髻之用，而在帻屋上插笄则可有助于结发、固帻。《释名》曰："导，所以导栎鬓发，使入巾帻之里也。或曰栎鬓，以事名之也。"[2] 服虔《通俗文》曰："帻导曰簪。"[3] 东汉帻屋上的这种构件，即"簪"，或"导"。在帻上施簪，很可能是帻从"施巾连题"到

---

[1]　长兴县博物馆：《物阜长兴——长兴文物精华》，浙江人民美术出版社，2009年，第87页。

[2]　（汉）刘熙：《释名》，中华书局，1985年，第73页。

[3]　（汉）服虔撰、段书伟辑校：《通俗文辑校》，中州古籍出版社，1993年，第60页。

"崇巾为屋"后，对其结构的改进。

三国帻的图像较多，基本保留了东汉的式样，长耳施屋帻（图2-11，1、2）、短耳施屋帻（图2-17，4）、"施巾连题"之帻（时名为丧帻）皆有。南京东吴丁奉家族墓骑马俑[1]所戴帻，短耳施屋，帻屋上施簪，与东汉类似（图3-2，6）。西晋帻的图像资料就更多了，中国各地均有发现，多见于中原与长江中下游一带。河南偃师大冢头西晋墓[2]随葬俑所戴帻有介帻（晋人对长耳施屋帻的称呼，如图3-2，8）、平上帻（晋人对前平后斜帻的称呼，如图2-17，5）、丧帻。河南荥阳苜蓿洼西晋墓M18[3]随葬俑所戴帻有介帻（图3-4，1）、丧帻（图3-4，2）。山东邹城西晋刘宝墓[4]随葬俑所戴帻有平上帻（图3-2，12）、丧帻（图3-2，14）。从中原地区发现的西晋介帻图像看，中原一带西晋介帻与东汉长耳施屋帻基本构成相同，虽前者帻屋呈斜弧顶（图3-2，7、8），且较后者体量小得多，依旧可以明显看出两者之间的承袭关系。而丧帻与东汉"施巾连题"之帻式样几乎没有大的区别。中原西晋平上帻，与东汉三国的短耳施屋帻相比，帻屋后移，变扁（图3-2，12）。晋人称"长耳施屋帻"为介帻，或因帻屋小而顶部有横脊，形同"介"字（图3-2，7）。"平上帻"帻是将之名或缘于帻屋靠后，坡形帻屋变平，帻顶相对平直（图2-17，5）。长沙金盆岭西晋墓随葬俑所戴帻中，介帻、平上帻皆有，介帻的式样和中原一带类似，斜弧顶帻屋，但帻耳似更长阔，施簪（图3-2，9）。平上帻有多例，帻耳长短不一，其顶部有均二平面，前近水平，后上斜，上斜的面上有二纵裂，一扁笄插入其中（图3-2，11）。亦有帻的上斜平面上凸起一部分，扁笄横插入其中，扁笄的作用是插入发髻，固帻之用，这里凸起的部分，很可能是为了表现发髻在撑起帻体的痕迹，亦是平上帻的一种（图3-2，13）。还有一种帻，帻耳长阔立起，帻顶近水平，其上有较低的凸起，施簪（图3-2，10），这种帻更像是介于西晋介帻与平上帻之间。长江中下游一带所见的西晋平上帻、介帻图像与中原最明显不同的是，前者均插笄、施簪，后者则无。亦有可能是北方陶俑、壁画所展现的帻造型简略，省去了此部分结构。除此之外，长江中下游一带所见平上帻，帻前后部分界明显，后部较中原一带高耸一些，高度几乎是中原的两倍。

东晋介帻、平上帻、丧帻皆有。东晋早期的帻与西晋式样几乎没有差别，如南京象山七号墓随葬有陶俑群[5]，戴介帻（图3-5，1）、平上帻（图3-5，2）、丧帻（图3-5，3）者皆有，其式样与西晋中原式样相差无几，均不见笄，平上帻后部较低，应

[1] 周保华、周梦圆：《南京五佰村孙吴丁奉家族墓发掘收获》，《中国文物报》2021年1月26日。

[2] 偃师市文物旅游局、洛阳市文物考古研究院：《河南偃师大冢头西晋墓发掘简报》，《文物》2016年第9期。

[3] 杨洪峰、刘良超、于宏伟：《河南荥阳苜蓿洼墓地西晋墓M18发掘简报》，《中原文物》2014年第3期。

[4] 山东邹城市文物局：《山东邹城西晋刘宝墓》，《文物》2005年第1期。

[5] 南京市博物馆：《南京象山5号、6号、7号墓清理简报》，《文物》1972年第11期。

图3-4 西晋单衣与帻搭配

1.河南荥阳苜蓿洼西晋墓M18男侍俑（B型） 2.河南荥阳苜蓿洼西晋墓 M18男侍俑（A型） 3.山东邹城刘宝墓说唱俑 4.山东邹城刘宝墓男侍俑 5.湖南长沙金盆岭西晋墓背物俑 6.江苏南京江宁张家山西晋元康七年墓俑

是晋室南渡后将中原服饰带到南方。南京富贵山东晋墓出有四件陶俑[1]，所戴平上帻前低后高，帻顶部分两平面，前近水平后微上斜，但分界不甚明显，上斜部分施笄，整体上比较接近西晋中原平上帻的式样（图3-2，17）。类似帻亦可见徐州内华东晋墓，如Ⅳ式男俑、Ⅴ式男俑所戴帻。同墓中亦有俑顶所戴平上帻和西晋南方平上帻类似：顶部界明显，前部水平，后部上斜近直竖，上斜面有二纵裂，施以扁笄，应是延续了南方平上帻式样（图3-2，16）。从东晋中晚期考古资料看，平上帻尺度明显逐渐缩小，仅覆头顶，帻后部增高，顶部分界明显，如南京郎家山东晋墓[2]、南京石子岗东晋墓[3]、镇江丁卯"江南世家"工地六朝墓M2[4]随葬俑所戴平上帻（图3-2，15），

[1] 南京博物院：《南京富贵山东晋墓发掘报告》，《考古》1966年第4期。

[2] 南京市文物保管委员会：《南京六朝墓清理简报》，《考古》1959年第5期。

[3] 王志敏、朱江等编：《南京六朝陶俑》，中国古典艺术出版社，1958年，第8页。

[4] 镇江市博物馆、镇江市文管办：《镇江丁卯"江南世家"工地六朝墓》，《东南文化》2008年第4期。

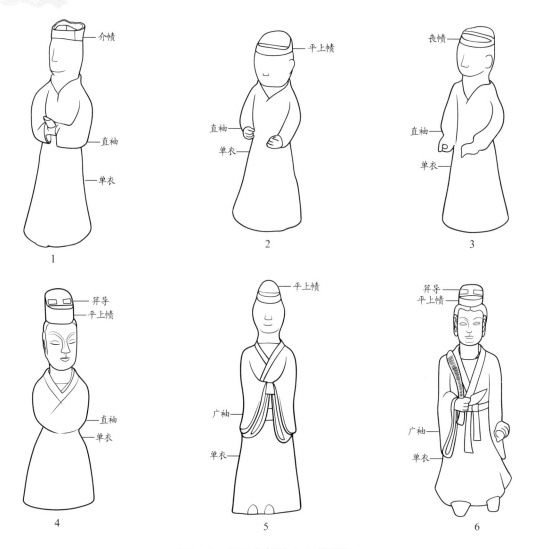

图3-5 东晋南朝单衣与帻搭配

1～3.江苏南京象山七号东晋墓男俑　4.江苏南京江宁谷里街道九岛梦都工地男俑　5.江苏南京板桥南朝墓男俑　6.河南邓县南朝画像砖墓男俑

均属此类。此时的东晋平上帻，明显融入了南方本地的式样，而帻体缩小，或与晋末崇尚小冠的风气有关。中国北方所发现的东晋同时期（即十六国）考古资料中，帻的发展似乎停滞，几乎不见介帻与插扁笄的平上帻。十六国考古资料中的帻图像主要见于"河西故地"，如甘肃酒泉丁家闸十六国五号墓[1]壁画上，即有多例戴长耳平顶帻形象者，冬寿墓壁画中，亦可见多例类似的帻。此种帻亦见于长沙金盆岭西晋墓随葬俑（图3-2，10）。可能是沿袭西晋式样。

　　从目前所见的南朝考古资料看，鲜见介帻；丧帻图像仅见于刘宋早中期，如南京

---

[1]　张宝玺：《嘉峪关酒泉魏晋十六国墓壁画》，甘肃人民美术出版社，2001年，第316页。

幕府山南朝墓男俑[1]；平上帻图像非常丰富，式样与东晋晚期相同，帻顶前半部分近乎水平，后半部分近乎垂直，有扁笄插入（图3-5，4～6）。此时的介帻应没有消失，因南朝及相关文献中常见介帻的记载，如《宋书·礼制》："其（皇帝）拜陵，黑介帻、綖、单衣。"[2]《南齐书·舆服志》："救日蚀，文武官皆免冠，著赤介帻对朝服。"[3]《隋书·礼仪志》："（梁陈）郡国太守、相、内史……单衣，介帻。"[4]介帻在此时常作为特定场合的礼服和低等官员的冠服，地位已然提高。而南朝大墓中的陶俑、砖画等图像资料中所体现的人物，多为武士、侍从等地位较低者，或缘此，戴介帻者鲜见。目前，北方未发现十六国时期的平上帻图像资料，所见造型完整的"平上帻"形象则较集中发现于北魏迁洛之后的墓葬中，式样与同时期南朝平上帻无二致。显然是南朝平上帻式样传播至北朝。这一时期北朝考古资料中可见少量介帻图像，北朝早期的案例如北魏洛阳永宁寺影塑像T10：1120[5]，其介帻有平顶屋，屋侧穿孔以持簪导，耳残；北朝晚期的案例如河北磁县湾漳北齐壁画墓陶男俑[6]，其介帻人字形屋，屋侧保留持簪孔隙，耳短，以上介帻体量与同时期平上帻相同，仅覆头顶（图3-2，21）。既然北朝服饰受南朝影响，那么，北朝的介帻图像可作为同时期南朝图像的参考。

综上，可见帻的发展轨迹（见图3-2）。汉代的长耳施屋帻、短耳施屋帻、"施巾连题"之帻沿袭至三国。西晋时长耳施屋帻演变为介帻，帻屋由坡形顶变为斜弧顶，其体量缩小，保留横笄；短耳施屋帻演变为平上帻，帻屋后移，坡形变平；"施巾连题"之帻式样为丧帻继承。西晋时期亦有帻式样介于介帻与平上帻之间，耳长阔立起，帻顶近水平，其上有较低的凸起。十六国时期，中国北方鲜见帻的踪迹，但上述帻在河西故地亦有存留。长江中下游地区发现的西晋平上帻、介帻均可见扁笄，在帻上施笄依旧源自东汉，这一带发现的平上帻顶部界限明显，上斜部分较高。晋室南迁后，将中原的帻带到南方，东晋早期的介帻、平上帻、丧帻的式样均与西晋中原一带类似，至此，帻大如帽，覆额。而东晋中晚期，帻体缩小，仅覆头顶，平上帻则融入于南方本地的样式：前部近平，后部上斜高耸，上斜的面上有二纵裂，插入扁笄，帻顶界限明显。东晋中晚期的帻沿袭至南朝，并在孝文帝汉化改革后传播至北朝。丧帻在南朝之后逐渐消失。《隋书·礼仪志》曰："（隋）承远游、进贤者，施以掌导，谓之介

[1] 南京市博物馆：《六朝风采》，文物出版社，2004年，第287页。

[2] （梁）沈约：《宋书》第二册，中华书局，1974年，第502页。

[3] （梁）萧子显：《南齐书》第一册，中华书局，1972年，第342页。

[4] （唐）魏徵等：《隋书》第一册，中华书局，1973年，第224页。

[5] 中国社会科学院考古研究所：《北魏洛阳永宁寺1979～1994年考古发掘报告》，中国大百科全书出版社，1996年，第40页。

[6] 中国社会科学院考古研究所、河北省文物研究所：《磁县湾漳北朝壁画墓》，科学出版社，2003年，第80页。

帻。承武弁者，施以笄导，谓之平巾。"[1] 又曰"远游三梁冠……黑介帻、缨翠緌、玉簪导"[2]，说明"掌导"即"簪导"。可见隋代帻沿用南北朝式样，依旧有簪笄固帻。隋代将平上帻更名为"平巾帻"[3]。

东汉考古资料中，所见袍与帻搭配的实例较多。如四川新津崖墓画像石上有戴长耳施屋帻，穿袍的小吏形象者[4]；浙江湖州长兴雉城镇西峰坝汉墓随葬俑亦是戴长耳施屋帻，穿袍（图3-3，1）。山东沂南汉画像石、河南密县打虎亭汉墓画像石上均有戴短耳施屋帻，穿袍的小吏形象者（图3-3，2）。东汉时与袍搭配者除了常见的长耳施屋帻、短耳施屋帻，还有"施巾连题"的无屋之帻。如四川成都新都区东汉崖墓男俑[5]、江苏苏州虎丘茶花大队东汉墓男俑[6]（图3-3，3），均为此类。这种无屋之帻，更多与衣裤装搭配（将在裤褶服部分详细介绍）。从相关考古图像资料可见，无论是与衣裤搭配还是与袍搭配，戴这种无屋之帻者大多身份较低，属兵卒杂役之类。进入三国时期，士人日常多着袍类长衣，首服多为帻。与之对应的考古图像资料较多。如安徽马鞍山东吴朱然家族墓，出土漆盘彩绘中可见数例男性贵族身穿袍，头戴长耳施屋帻[7]（图3-3，4）；嘉峪关魏晋壁画墓一号墓（时代为曹魏）宴饮图中，亦有多例身穿袍、头戴长耳施屋帻[8]的男性贵族（图3-2，5）；洛阳曹魏正始八年墓，随葬男俑身穿袍，头戴"施巾连题"的无屋之帻[9]（图3-2，6）。可以看出，三国的袍帻搭配习惯沿袭东汉。虽然，所见这段时期内的图像资料中袍的结构不是十分清晰；但从整体造型来看，三国时期与东汉没有太大的改变。

西晋时，袍类长衣已被称为"单衣"，依旧是比较普遍的男式日常服饰。单衣与帻搭配在同时期的考古图像资料中常见。单衣与介帻的搭配如河南荥阳苜蓿洼西晋墓M18B型男侍俑[10]（图3-4，1）；单衣与平上帻搭配如山东邹城西晋刘宝墓说唱俑[11]（图

[1] （唐）魏徵等：《隋书》第一册，中华书局，1973年，第267页。

[2] （唐）魏徵等：《隋书》第一册，中华书局，1973年，第265页。

[3] 《隋书·礼仪志》记载梁陈时："武冠，一名武弁"。"武者短耳，谓之平上帻"又说隋代"武弁，平巾帻，诸武职及侍臣通服之""承武弁者，施以笄导，谓之平巾。"——（唐）魏徵等：《隋书》第一册，中华书局，1973年，第234、235、257、267页。

[4] 高文主编：《中国画像石全集7·四川汉画像石》，河南美术出版社、山东美术出版社，2000年，第19页。

[5] 成都文物考古研究所、新都区文物管理所：《成都市新都区东汉崖墓的发掘》，《考古》2007年第9期。

[6] 苏州博物馆：《苏州博物馆藏出土文物》，文物出版社，2009年，第134页。

[7] 安徽省文物考古研究所、马鞍山市文化局：《安徽马鞍山东吴朱然墓发掘简报》，《文物》1986年第3期。

[8] 甘肃省文物队、甘肃省博物馆等：《嘉峪关壁画墓发掘报告》，文物出版社，1985年，图版五四。

[9] 洛阳市文物工作队：《洛阳曹魏正始八年墓发掘报告》，《考古》1989年第4期。

[10] 杨洪峰、刘良超、于宏伟：《河南荥阳苜蓿洼墓地西晋墓M18发掘简报》，《中原文物》2014年第3期。

[11] 山东邹城市文物局：《山东邹城西晋刘宝墓》，《文物》2005年第1期。

3-4，3）、长沙金盆岭西晋墓背物俑[1]（图3-4，5）；单衣与丧帻搭配如洛阳孟津晋墓男侍陶俑[2]、偃师西晋帝陵陪陵男侍陶俑[3]、河南荥阳首蓿洼西晋墓M18A型男侍俑（图3-4，2）等。刘宝墓男侍俑中有科单衣搭配丧帻的案例，科单衣较短，露足（图3-4，4）。需要特别指出的是，南京江宁张家山西晋元康七年（297年）墓瓷俑亦身着单衣（图3-4，6），头戴平上帻，这也是迄今发现最早的有纪年的"平上帻"图像资料[4]，与南朝时流行的"平上帻"式样非常接近。

东晋时期，不乏穿单衣者图像资料，单衣多与帻搭配。南京象山七号东晋墓陶俑群中有多例穿单衣戴帻者，单衣与介帻、平上帻、丧帻搭配者均有[5]（图3-5，1～3），但仅戴介帻者执牍，证明戴介帻者为文侍，地位在侍者中较高。平上帻与单衣的搭配更加日常，干宝《搜神记》中记述夏侯恺死后亡灵归家，依旧穿"平上帻、单衣"找茶喝[6]。到了南朝，考古资料中所见与单衣搭配的帻均为平上帻。如南京江宁谷里街道九岛梦都工地出土陶俑[7]（图3-5，4）、南京西善桥南朝墓陶俑[8]、南京板桥南朝墓陶俑[9]（图3-5，5）、河南邓县南朝画像砖墓陶俑[10]（图3-5，6）等，均为此类。

（二）单衣与帢、皮弁、纱帽等[11]

帢、皮弁、纱帽亦是日常与单衣搭配的首服，戴这一类首服者多为贵族。

《晋书·废帝记》："于是百官入太极前殿，即日桓温使散骑侍郎刘享收帝玺绶。帝著白帢单衣，步下西堂，乘犊车出神兽门。"[12]东晋太和元年冬十一月，司马奕被桓温罢黜时不着朝服，仅穿日常服饰"白帢单衣"；"白帢"即属首服一类。此时天气尚寒，司马奕穿单衣则可证明"单衣"并非单薄衣衫。《宋书·礼制》载："魏武以天下凶荒，资财乏匮，拟古皮弁，裁缣帛以为帢，合乎简易随时之义，以色别其贵贱。本

[1]　湖南省博物馆：《长沙两晋南朝隋墓发掘报告》，《考古学报》1959年第3期。

[2]　洛阳市文物工作队：《洛阳孟津晋墓、北魏墓发掘简报》，《文物》1991年第8期。

[3]　洛阳市第二文物工作队、偃师市文物局：《河南偃师市首阳山西晋帝陵陪葬墓》，《考古》2010年第2期。

[4]　南京博物院：《江苏江宁县张家山西晋墓》，《考古》1985年第10期。

[5]　南京市博物馆：《南京象山5号、6号、7号墓清理简报》，《文物》1972年第11期。

[6]　（晋）干宝撰、汪绍楹校注：《搜神记》，中华书局，1979年，第196页。

[7]　江宁博物馆、东晋历史文化博物馆编：《东山撷芳——江宁博物馆暨东晋历史文化博物馆馆藏精粹》，文物出版社，2013年，第60页。

[8]　南京博物院、南京文物保管委员会：《南京西善桥南朝墓及其砖刻壁画》，《文物》1960年Z1期。

[9]　南京市博物馆：《南京郊区两座南朝墓》，《考古》1983年第4期。

[10]　河南省文化局文物工作队：《邓县彩色画象砖墓》，文物出版社，1959年，第24、26页。

[11]　关于帢、皮弁、纱帽的论述，部分内容出自拙作《东晋南朝的日常冠饰》，原载《大众考古》2018年第7期。

[12]　（梁）沈约：《宋书》第一册，中华书局，1974年，第214页。

施军饰，非为国容也。"又引用东晋徐爱所言："俗说帢本未有歧，荀文若巾之，行触树枝成歧，谓之为善，因而弗改。"[1] 从以上文字可以推测，"帢"源于曹魏，本来式样接近"古皮弁"。至少在东晋，"帢"是有分叉（歧）的。

单从文献看，很难明确"帢"的具体形象。检视图像资料，司马金龙墓出土的漆画屏风上有两例身穿单衣、头戴白帽的贵族形象者；白帽顶端分叉，质地接近软巾（图3-6，1），这种帽应即"帢"。炳灵寺石窟一六九窟壁画中男供养人像也是头戴白帢，身穿单衣[2]；从画面上看，他们所穿的单衣内襟隐现，与外襟掩映呈现交叉状。这种布料在第一章已考证，其与"绛纱袍"质地相同，应该就是文献中所载的"纱縠单衣"[3]，或称"纱袍"（图3-6，2）。这种轻薄透明的纱质单衣在《列女仁智图》《女史箴图》中皆有反映，男女均穿（图1-9，2、图2-7，1）。纱衣可能在东晋时比较流行，不仅是朝服的组成部分，在日常生活中也常常被穿戴。陈寅恪先生指出，十六国时期河陇一带奉汉魏旧典[4]，西秦时陇右设立经学博士。炳灵寺一六九窟壁画中有一例男供养人像，附有"博士南安姚庆子"的题榜[5]；其所服衣冠合乎汉礼，与东晋应该是近似的。四川所见多例南梁佛教石造像背面均有供养人浮雕像，其中多位穿单衣男供养人像头似戴帢，如成都商业街南朝造像（90CST⑤：8）背面浮雕男供养人像[6]（图3-6，3）即是一例。北魏洛阳永宁寺所出影塑像中亦有两例戴帢者，虽仅剩头部，基本式样与四川发现的南梁佛教供养人所戴帢类似，但更加写实，式样更加清晰；帢体较高，仅覆头顶，顶部分叉[7]（图3-6，4）。帢在北魏迁洛前的图像资料中鲜见，应是孝文帝汉化改革后逐渐从南朝引入的。永宁寺影塑像所戴帢，可作为南朝帢之式样的参考。

《续汉书·舆服志》："行大射礼于辟雍……执事者冠皮弁，衣缁麻衣，皂领袖，下素裳，所谓皮弁素积者也。"[8] 此时，皮弁归于礼服一类。据《宋书·礼志》裴松之注，魏文帝召杨彪执挟杖、戴鹿皮冠入朝，杨彪辞让，于是魏文帝"乃使服布单衣皮弁以见"[9]，可见三国时单衣也会搭配皮弁穿，而且不是十分正式的衣着。《释名》：

[1]（梁）沈约：《宋书》第二册，中华书局，1974年，第520页。

[2] 董玉祥：《炳灵寺石窟第169窟》，《敦煌学辑刊》1987年第1期。

[3]《宋书·礼志》："其在陛列及备卤簿，著鹖尾、绛纱縠单衣。"——（梁）沈约：《宋书》第二册，中华书局，1974年，第516页。《隋书·礼仪志》："（梁陈）其在陛牙及备卤簿，著髦尾，绛纱縠单衣。"——（唐）魏徵等：《隋书》第一册，中华书局，1973年，第227页。

[4] 陈寅恪：《隋唐制度渊源略论稿》，中华书局，1963年，第19～23页。

[5] 暨远志：《中国早期佛教供养人服饰》，《敦煌研究》1995年第1期。

[6] 张肖马、雷玉华：《成都商业街南朝石刻造像》，《文物》2001年第10期。

[7] 中国社会科学院考古研究所：《北魏洛阳永宁寺1979～1994年考古发掘报告》，中国大百科全书出版社，1996年，第61页。

[8]（晋）司马彪撰、（梁）刘昭注补：《后汉书》第十二册，中华书局，1974年，第3665页。

[9]（梁）沈约：《宋书》第二册，中华书局，1974年，第520页。

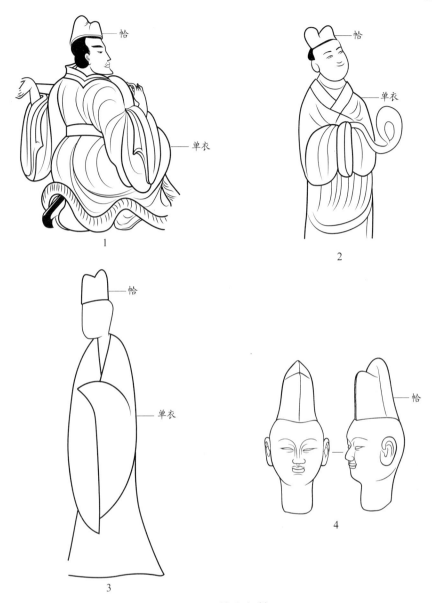

图3-6　单衣与帢

1.司马金龙墓漆画屏风"臣元"像　2.甘肃炳灵寺一六九窟壁画男供养人　3.四川成都商业街南朝造像（90CST⑤：8）背面浮雕男供养人像　4.河南洛阳北魏洛阳永宁寺影塑像

"弁，如双手合抃也。"[1]《续汉书·舆服志》说，皮弁"制如覆杯"[2]。宋人《三礼图》中的皮弁[3]（图3-7，1），呈现下宽、顶小的特征，如同双手合十状又像倒扣的耳杯。孙机先生据此推测，阎立本《历代帝王图》中陈后主（图3-7，2）、隋炀帝所戴冠均属

[1]　（汉）刘熙：《释名》，中华书局，1985年，第72页。

[2]　（晋）司马彪撰、（梁）刘昭注补：《后汉书》第十二册，中华书局，1974年，第3665页。

[3]　（宋）聂崇义集注、张九成撰：《四部丛刊三编·经部·析城郑氏重校三礼图》，上海书店出版社，1935年，第65页。

图3-7　单衣与皮弁

1.聂崇义《三礼图》中戴皮弁帝王像　2.阎立本《历代帝王图》陈后主像　3.司马金龙墓漆画屏风帝舜像
4.河南荥阳王村乡东汉墓壁画男性　5.美国纳尔逊艺术博物馆藏北魏孝子石棺男性　6.湖北襄阳贾家冲墓侍
饮画像砖上的男性

皮弁[1]。《历代帝王图》中凡是有作为的君主形象，均是冕服具备，如隋文帝、魏武帝
等；而亡国之君则均穿日常服饰，其中陈文帝、隋炀帝均穿单衣，戴皮弁。由上说明，
至隋代，单衣皮弁也属于日常服饰，从帝王到士人皆可穿。司马金龙墓漆画屏风中的
帝舜像（图3-7，3），《列女仁智图》《女史箴图》中数例男性贵族像（图2-7，2），
均是穿单衣，搭配一种比较特殊的冠。这种冠也符合"如双手合拱""制如覆杯"的
皮弁外观，整体式样与《历代帝王图》中皮弁也接近。不同的是，后者广覆额，大小
如帽；似仅仅罩住发髻而已，同时加簪导以固发。因晋末尚小冠的传统，可以推测东

[1]　孙机：《中国古典服论丛》，文物出版社，1993年，第132页。

晋时皮弁也偏小，以上冠，应即为东晋皮弁。究其源，东汉皮弁也是如此。如河南荥阳王村乡东汉墓壁画着袍服的男性[1]（图3-7，4），其头上所戴的皮弁与司马金龙墓漆画屏风中的帝舜、《列女仁智图》《女史箴图》中皮弁相同；均是罩住发髻，有固发簪导。司马金龙墓漆画屏风、《列女仁智图》《女史箴图》中所绘人物形象比较正式一些；在单衣外均搭配蔽膝，甚至佩绶。在第二章已经讨论过，或因画师为彰显人物高贵身份，这些男性身衣多符合当时的朝服规制。至于南朝单衣与皮弁的搭配，可参考襄阳贾家冲墓侍饮画像砖上的男性衣着[2]（图3-7，6）。北朝资料中也有数例穿单衣戴皮弁者。如美国纳尔逊艺术博物馆藏北魏孝子石棺，石棺上就有穿单衣戴皮弁的人物[3]（图3-6，5）。

"白纱帽"一词，在南朝文献中出现频率较高。如《南齐书·垣崇祖传》记载："崇祖著白纱帽，肩舆上城，手自转式。"[4]《梁书·侯景传》："（侯景）自篡立后，时著白纱帽，而尚披青袍，或以牙梳插髻。"[5]《隋书·礼仪志》记载"（梁天监）八年，帝改去还皆乘辇，服白纱帽"。[6]据沈从文先生考证，白纱帽与武冠式样有相似之处，但是无垂耳、帽体高，莫高窟二八五窟南壁中层西魏壁画上有二汉化贵族形象者，所戴首服就是白纱帽。两位贵族均着单衣，纱帽下戴平上帻[7]（图3-8，1）。福建闽侯岭南朝墓[8]（图3-8，2）和闽侯古城村南朝墓M1画像砖[9]上均有戴纱帽穿单衣男性形象者，时代大概为南齐至梁。四川成都万佛寺梁普通六年释迦立佛龛背面有供养人浮雕像，其中男供养人似戴纱帽，穿单衣[10]（图3-8，3）。

巾即包头布，原是庶人首服，《释名》载："二十成人，士冠，庶人巾。"[11]到了东汉末期魏晋初期，士人以着巾为雅，这种风气一直延续到东晋南朝。东晋单衣常与巾搭配，陶潜《搜神后记》载："忽有一人，长丈余，萧疏单衣，角巾，来诣之。"[12]南昌火车站东晋墓出土的漆盘，其上绘有四位戴巾着单衣席地而坐的士人[13]（图3-9，

[1]　郑州市文物考古研究所、荥阳市文物保护管理所：《河南荥阳苌村汉代壁画墓调查》，《文物》1996年第3期。

[2]　襄樊市文物管理处：《襄阳贾家冲画像砖墓》，《江汉考古》1986年第1期。

[3]　黄明兰：《北魏孝子棺线刻画》，人民美术出版社，1985年，第4页。

[4]　（梁）萧子显：《南齐书》第一册，中华书局，1972年，第462页。

[5]　（唐）姚思廉：《梁书》第三册，中华书局，1973年，第862页。

[6]　（唐）魏徵等：《隋书》第一册，中华书局，1973年，第217页。

[7]　沈从文：《中国古代服饰研究》，商务印书馆，1981年，第168页。

[8]　福建省博物馆：《福建闽侯南屿南朝墓》，《考古》1980年第1期。

[9]　福建博物院：《闽侯县古城村南朝墓发掘简报》，《福建文博》2012年第4期。

[10]　刘志远、刘廷璧：《成都万佛寺石刻艺术》，中国古典艺术出版社，1958年，第1～5页。

[11]　（汉）刘熙：《释名》，中华书局，1985年，第73页。

[12]　（梁）沈约：《宋书》第二册，中华书局，1974年，第520页。

[13]　江西省文物考古研究所、南昌市博物馆：《南昌火车站东晋墓葬群发掘简报》，《文物》2001年第2期。

图3-8　南北朝单衣与纱帽搭配

1.甘肃莫高窟二八五窟南壁中层西魏壁画男像　2.福建闽侯峏山南朝墓花纹砖男像　3.四川成都万佛寺出土南朝梁普通六年释迦立佛龛背面男供养人浮雕

图3-9　东晋南朝单衣与巾搭配

1.江西南昌火车站东晋墓棋盘彩绘士人像　2.南朝砖画《竹林七贤和荣启期》山涛像　3.传阎立本《历代帝王图》陈宣帝像（摹自传阎立本《历代帝王图》，原图中陈宣帝坐在步辇之上，并在原图基础上省略了步辇部分，以便人物服饰结构更加清晰易辨）

1）。到了南朝"居士野人，皆服巾焉"[1]。六朝士人戴巾的风气，早已不是新的议题，这种现象或与名士崇拜之风有关，前辈学者已做过详尽的探讨，不再赘述[2]。南朝单衣与巾的搭配甚至已跻身礼服之列，《宋书·礼制》载："巾以葛为之……今国子太学生

<hr>

[1]　（梁）沈约：《宋书》第二册，中华书局，1974年，第520页。

[2]　郭黎安：《六朝时期建康居民的饮食与服饰》，《南京社会科学》1995年第10期。傅江：《从容出入望若神仙——试论六朝士族的服饰文化》，《东南文化》1996年第1期。张玉安：《六朝士人服饰的自然主义风尚》，《装饰》2011年第4期。

冠之，服单衣以为朝服，执一卷经以代手板"[1]；《隋书·礼仪志》载："国子生见祭酒博士，单衣角巾。"[2] 南朝单衣与巾的搭配亦是贵族日常服饰，《历代帝王图》中陈宣帝戴巾，穿单衣（图3-9，3）；南京大型南朝墓拼接砖画《竹林七贤和荣启期》中阮籍、山涛、阮咸、向秀均戴巾，其中山涛穿单衣[3]（图3-9，2）。

东晋至刘宋初，男性单衣承袭西晋，式样为交领右衽，直袖，衣长多及地；与其搭配首服多为帻，衣下缘及地。如南京象山7号墓陶俑（时为东晋永昌元年，即322年）[4]（图3-5，1～3）；徐州内华出土的东晋晚期陶俑[5]等。从东汉至西晋，袍、单衣均是直袖，袖端有收口，即"祛"，《释名》："祛，虚也。袖由也，手所由出入也，亦言受也以受手也。"[6] 若袖较宽则下臂部分会呈现出弧形（图3-3，6、图3-4，4、图3-7，4），若袖较窄整体袖型则偏直（图3-3，3、图3-5，1）。

自刘宋中期后，单衣发生了一些变化，最明显体现在衣袖上。单衣衣袖直袖为广袖，即呈现出上臂袖窄，下臂袖宽，袖口大的"喇叭状"袖式（图3-5，5、图3-8，2）。刘宋中期后，南朝单衣特点为交领右衽，广袖，衣长多及地；与其搭配的首服多为平上帻，足服多为高头履，这种流行趋势甚至传播至距建康较远的晋安郡（今福建南安一带）、桂林郡（今广西融安一带）。如广西融安安宁南朝墓M5滑石男俑[7]（图3-10，1）、福建南安皇冠山南朝墓[8] 砖画男像（图3-10，2），均戴平上帻，穿广袖单衣。同时期单衣搭配帢、皮弁、纱帽的实例则较少。

四川地区所见的南朝梁代的佛教石造像，多在背面铭刻有准确的造像纪年。而在这些造像背面，均有供养人浮雕像；其中男供养人均穿单衣。供养人均是以提供资金、物品、劳力等方式资助开窟造像等佛教相关的事项，为纪念其功德，石窟造像上常刻有供养人本人及家眷仆从的形象。因为供养人均是真实存在的人物，供养人像作为其所处时代的服饰依据或判断标准则是非常准确的。

这样的供养人图例较多见。根据大量的图例，可将供养人单衣式样的变化分为三个阶段，第一阶段为，供养人单衣腰线正常，均在胸之下，领口较窄。如成都市西安路南朝梁天监三年（504年）比丘法海造无量寿佛像背面浮雕上男供养人像[9]（图3-11，1），成都市商业街南朝梁天监十年（511年）王州子造释迦牟尼佛像背面浮

[1] （梁）沈约：《宋书》第二册，中华书局，1974年，第520页。
[2] （唐）魏徵等：《隋书》第一册，中华书局，1973年，第235页。
[3] 南京博物院、南京市文物保管委员会：《南京西善桥南朝墓及其砖刻壁画》，《文物》1960年Z1期。
[4] 南京市博物馆：《南京象山5号、6号、7号墓清理简报》，《文物》1972年第11期。
[5] 徐州博物馆：《徐州内华发现南北朝陶俑》，《文物》1999年第3期。
[6] （汉）刘熙：《释名》，中华书局，1985年，第73页。
[7] 广西壮族自治区文物工作队：《广西融安安宁南朝墓发掘简报》，《考古》1984年第7期。
[8] 福建博物院、泉州市博物馆等：《福建南安皇冠山六朝墓群的发掘》，《考古》2014年第5期。
[9] 成都市文物考古工作队、成都市文物考古研究所：《成都市西安路南朝石刻造像清理简报》，《文物》1998年第11期。

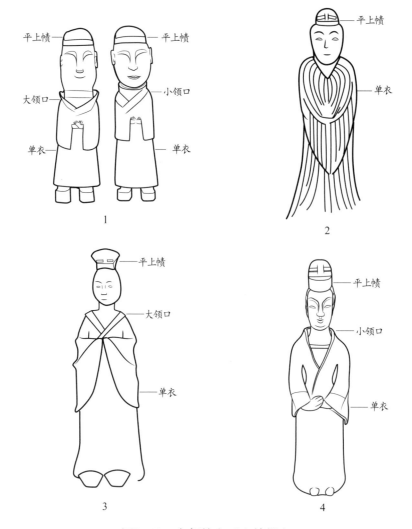

图3-10　南朝单衣平上帻搭配

1.广西融安安宁南朝墓M5男俑　2.福建南安皇冠山南朝墓砖画男像　3.江苏邗江南朝墓画像砖男像　4.江苏南京西善桥南朝墓男俑

雕上的男供养人像[1]（图3-11，2），四川汶川南朝梁普通年间（520～527年）三佛造像背面浮雕上男供养人像[2]（图3-11，3）。第二阶段，供养人其领口变大，腰线有升高的趋势，如成都万佛寺梁普通四年（523年）康胜造释迦立像背面浮雕上的男供养人像[3]（图3-11，4），成都万佛寺梁普通六年（525年）释迦立像背面浮雕上的男供养人像（图3-11，5），成都市西安路梁中大通二年（530年）比丘晃藏造释迦石像

[1]　张肖马、雷玉华：《成都市商业街南朝石刻造像》，《文物》2001年第10期。

[2]　雷玉华、李裕群等：《四川汶川出土的南朝佛教石造像》，《文物》2007年第6期。

[3]　袁曙光：《四川省博物馆藏万佛寺石刻造像整理简报》，《文物》2001年第10期。

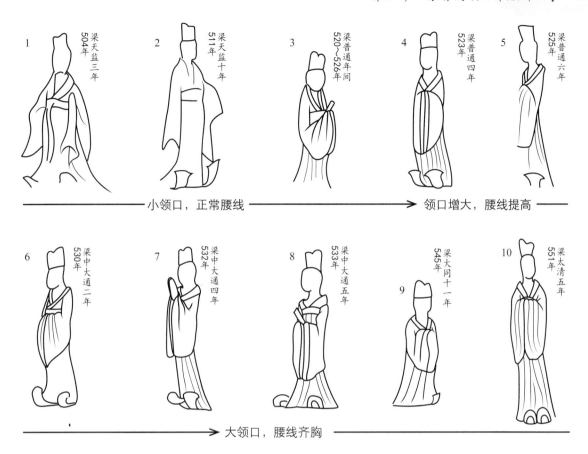

图3-11 四川地区出土南朝佛教造像背面浮雕上男供养人

1.四川成都市西安路南朝比丘法海造无量寿佛像背面浮雕男供养人像 2.四川成都市商业街南朝王州子造释迦牟尼佛像背面浮雕男供养人像 3.四川汶川南朝三佛造像背面浮雕男供养人像 4.四川成都万佛寺南朝康胜造释迦立像背面浮雕男供养人像 5.四川成都万佛寺南朝释迦立像背面浮雕男供养人像 6.四川成都市西安路梁南朝比丘晃藏造释迦石像（H1：3）背面浮雕男供养人像 7.四川大学博物馆藏南朝释僧显造释迦像背面浮雕男供养人像 8.四川成都万佛寺南朝上官法光造释迦立像背面浮雕男供养人像 9.四川成都市西安路出土南朝张元造释迦多宝石像背面浮雕男供养人像 10.四川成都市西安路出土南朝圆雕阿育王造像背面浮雕男供养人像

（H1：3）背面浮雕上的男供养人像[1]（图3-11，6）。第三阶段，供养人所穿单衣均领口变大，近乎露肩，腰线提高近乎齐胸，如四川大学博物馆藏梁中大通四年（532年）释僧显造释迦像背面浮雕上的男供养人像[2]（图3-11，7），成都万佛寺出土梁中大通五年（533年）上官法光造释迦立像背面浮雕上的男供养人像[3]（图3-11，8），四川彭州龙兴寺出土梁中大通五年造像小龛背面浮雕上的男供养人像[4]，成都市西安路出土

---

[1] 成都市文物考古工作队、成都市文物考古研究所：《成都市西安路南朝石刻造像清理简报》，《文物》1998年第11期。

[2] 霍巍：《四川大学博物馆收藏的两尊南朝石刻造像》，《文物》2001年第10期。

[3] 刘志远、刘廷璧：《成都万佛寺石刻艺术》，中国古典艺术出版社，1958年，第5页。

[4] 彭州市博物馆、成都市文物考古研究所：《四川彭州龙兴寺出土石造像》，《文物》2003年第9期。

南朝梁大同十一年（545 年）张元造释迦多宝石像（H1：5）背面浮雕上男供养人像[1]（图 3-11，9），成都市西安路出土南朝梁太清五年（即天正元年，551 年）圆雕阿育王造像（H1：4）背面浮雕上的男供养人像[2]（图 3-11，10）。从这些资料，不难看出这一时期男性单衣的演变趋势。

再看其他地区南朝单衣资料，最早的一例大领口、高腰线的单衣图例为广西融安安宁南朝墓 M5 滑石男俑 M5：18[3]，该墓共出有两例滑石男俑，M5：18（图 3-10，1 左）领口较大、近露肩，M5：19（图 3-10，1 右）领口则较小；时代为南朝宋齐时期，属南朝偏早阶段。这种大领口单衣的男性形象者也见于其他地区南朝墓葬，但时代均到了南朝中晚期，不早于梁中期，如江苏邗江南朝梁墓画像砖中男侍像衣着[4]，领口极阔，欲露肩，腰线齐胸（图 3-10，3）。广西地区较早出现大领口的服饰，或因当地气候湿热，而这种大领口的样式很可能反向影响了南朝其他地区，至南朝中期渐成风尚。结合四川地区所见的南朝梁代的佛教石造像供养人衣着，可知男性单衣的大领口式样大约流行始于梁普通年间。而同一时期南朝的窄领口单衣依旧存在，如南京西善桥南朝墓男俑[5]（图 3-10，4），所反映者即为此。

单衣为东晋南朝朝服身衣的组成部分，也是南朝士人最主要的日常服饰和低级官员官服。《宋书·礼制》记载："江左公府司马无朝服，余止单衣帻。"[6] 从目前的图像资料看，南北朝的单衣大体式样是一致的；所见北朝单衣图像时代均为北魏迁洛之后，多反映于当时的石棺线刻画上，以北魏者多见。如洛阳北魏宁懋墓石室线刻画上的文侍像[7]，美国纳尔逊博物馆藏洛阳北魏孝子石棺线刻上的贵族[8]（图 3-7，5）等。与单衣相比，所见于北朝图像资料中的男性衣着更多为便于行动的衣裤装。北朝的建立者，为狩猎民族的鲜卑族。相对宽大的单衣而言，紧窄的衣裤装更符合他们的生活习惯，甚至被穿到朝会上。《梁书·陈伯之传》记载，北魏元会时，降魏南人褚緭写了一首诗嘲笑北魏衣冠不合礼制。其曰："帽上著笼冠，裤上著朱衣，不知是今是，不知非昔非。"[9] 笼冠即武冠，其应搭配长及地的绛纱单衣，不可见裤。褚緭特意指出

[1] 成都市文物考古工作队、成都市文物考古研究所：《成都市西安路南朝石刻造像清理简报》，《文物》1998 年第 11 期。

[2] 注：正史梁"太清"纪年只有三年，萧氏宗族并不执行侯景号令，萧纪在成都以"太清"纪年至552 年。详见成都市文物考古工作队、成都市文物考古研究所：《成都市西安路南朝石刻造像清理简报》，《文物》1998 年第 11 期。

[3] 广西壮族自治区文物工作队：《广西融安安宁南朝墓发掘简报》，《考古》1984 年第 7 期。

[4] 扬州博物馆：《江苏邗江发现两座南朝画像砖墓》，《考古》1984 年第 3 期。

[5] 南京市博物馆、南京市文物保管委员会：《南京西善桥南朝墓及其砖刻壁画》，《文物》1960 年Z1 期。

[6] （梁）沈约：《宋书》第二册，中华书局，1974 年，第 513 页。

[7] 黄明兰：《北魏孝子棺线刻画》，人民美术出版社，1985 年，第 4、7 页。

[8] 郭建邦：《北魏宁懋石室和墓志》，《河南文博通讯》1980 年第 2 期。

[9] （唐）姚思廉：《梁书》第二册，中华书局，1973 年，第 315 页。

"裤上著朱衣",可见此处"朱衣"为短衣。北朝大臣穿短衣长裤,戴武冠上朝,反映了北朝衣冠不如南朝"正统",亦可体现北朝人更青睐便于行动的穿扮。

二 裤褶服[1]

裤褶是两晋南北朝时期最普遍的男性服饰之一,其以短衣长裤外穿为基本特征,通常被用作士庶日常服饰。裤,又作袴,是汉族传统服饰的组成部分。如江陵马山楚墓就出有棉裤[2]。但按照汉族礼制的传统,裤是不应该外露的,大多会遮掩在裙裳或深衣之下;以短衣长裤外穿为特征的裤褶与古礼不合。早在中华人民共和国成立前,王国维先生就对裤褶进行了考据;他认为两晋南北朝的裤褶服起源于赵武灵王"胡服骑射",历经数百年演变而成[3]。

裤褶古也作"袴褶",二字连用作为一词,始见于《三国志·吴书》裴注引西晋虞溥《江表传》。其曰:"范出,更释褠,著袴(裤)褶……。"[4]在之后的两晋南北朝文献中,"袴(裤)褶"一词频繁出现;然而"袴"与"褶"字,在汉代文献中便已出现。《释名》曰:"袴,跨也。两股各跨别也。褶,袭也。覆上之言也。"[5]又云:"留幕,冀州所名大褶,下至膝者也。"[6]东汉史游《急就篇》:"褕褕袷复袴褶褌"。颜师古注:"袴,谓重衣之最在上者也,其形如袍,短身而广袖。""袴,谓胫衣也。"[7]从《释名》《急就篇》可知,汉代的"褶"为上衣,"袴(裤)"为下装。"褶"的特点是广袖短身,因在冀州称"大褶"的留幕长至膝,或"褶"长不至膝。《释名》同样记载:"裤,贯也。贯两脚上系腰中也。"[8]《急就篇》颜注:"合裆谓之裤,最亲身者也。"[9]"裤"的式样应该更接近今天的满裆裤,贴身穿而避免露体。《汉书·外戚传》有这样关于"袴(裤)"的记载:"光欲皇后擅宠有子,帝时体不安,左右及医皆阿意,言宜禁内,虽宫人使令皆为穷绔,多其带,后宫莫有进者。"东汉服虔注:"穷绔,有前后当,不得交通也。"唐颜师古注:"绔,古之袴(裤)字也,穷绔即今之绲裆袴(裤)也。"[10]霍光刻意让宫女穿满裆的"穷绔",说明当时一般的裤是无裆的,仅作为

---

[1] 关于裤褶服的论述,原文《东晋南朝的裤褶——兼论中国古代裤褶服的起源》,《南京艺术学院学报(美术与设计)》2017年第1期,收入本书时做了部分调整和修改。

[2] 荆州地区博物馆:《湖北江陵马山砖厂一号墓出土大批战国时期丝织品》,《文物》1982年第10期。

[3] 王国维:《古胡服考》,中华书局,1986年。

[4] (晋)陈寿撰、(宋)裴松之注:《三国志》第五册,中华书局,1982年,第1039页。

[5] (汉)刘熙:《释名》,中华书局,1985年,第79页。

[6] (汉)刘熙:《释名》,中华书局,1985年,第81页。

[7] (汉)史游撰、(唐)颜师古注:《急就篇》,中华书局,1985年,第142页。

[8] (汉)刘熙:《释名》,中华书局,1985年,第82页。

[9] (汉)史游撰、(唐)颜师古注:《急就篇》,中华书局,1985年,第142页。

[10] (汉)班固:《汉书》第十九册,中华书局,1962年,第3960页。

"胫衣"。但古人也不可能露体，会在裤内穿满裆的裈。《急就篇》《释名》中有关联的衣物在其中次序也相近，"袴（裤）"字均出现在"褶"字后，不排除裤与褶在东汉本就是搭配穿的服饰。

（一）从两汉的衣裤装到三国西晋的裤褶服

"裤褶"，为短衣长裤的装扮。虽然"袴（裤）褶"一词始见于晋，但短衣长裤的穿着，早在西汉就有。《汉书·景十三王传》记载广川王刘去"其殿门有成庆画，短衣、大绔、长剑。去好之，作七尺五寸剑，被服皆效焉。"[1] 晋代晋灼认为成庆即荆轲；颜师古认为成庆是古之勇士，并非荆轲。[2] 无论是何种情形，可以判断成庆身份为武士；短衣大绔可能是当时武士的日常穿扮。《汉书·武五子转》中张敞像汉宣帝奏报"（刘贺）衣短衣大绔，冠惠文冠，佩玉环，簪笔持牍趋谒。"[3] 意指刘贺行为荒唐，戴惠文冠，环佩簪笔，却穿武士所穿的"短衣大绔（即袴，同裤）"，于礼不合。在已发现的西汉考古图像资料中，也不乏短衣长裤的武士。如美国波士顿美术馆藏"洛阳八里台"的西汉墓壁画，画中有穿衣裤武士形象[4]（图3-12，1）。又如西安理工大学西汉墓，壁画上有穿衣裤骑射者形象；均是穿短衣长及膝，裤宽[5]。从更多的西汉时期图像资料中反映的情况来看，衣裤装更多属于戎装一类。如陕西省咸阳市杨家湾出土的西汉彩绘陶兵俑[6]（图3-12，2），即为此类。又如江苏徐州市凤凰山西汉墓的骑兵俑，其多是穿铠甲，衣长及膝，裤束胫；便于行动[7]。新莽时期壁画中的武士形象者，也多穿衣裤。如陕西靖边县杨桥畔二村新莽墓壁画上的武士[8]；山东东平汉壁画墓M1时代为新莽时期，壁画上的武士[9]（图3-12，3）亦为此类。

所见穿短衣长裤者形象，东汉时期的图像资料数量较西汉更多，且多为武士兵卒。如河北安平逯家庄东汉墓壁画上的辟车、武伯、骑马武士[10]（图3-13，1），河南偃师杏园村东汉墓壁画上的辟车（图3-13，2）、骑马武士（图3-13，3）[11]，甘肃武威雷台

[1]　（汉）班固：《汉书》第十二册，中华书局，1962年，第2428页。

[2]　（汉）班固：《汉书》第十二册，中华书局，1962年，第2428页。

[3]　（汉）班固：《汉书》第十四册，中华书局，1962年，第2776页。

[4]　苏健：《美国波士顿美术馆藏洛阳汉墓壁画考略》，《中原文物》1984年第2期。

[5]　西安市文物保护考古所：《西安理工大学西汉壁画墓发掘简报》，《文物》2006年第5期。

[6]　陕西省文物管理委员会、咸阳市博物馆：《陕西省咸阳市杨家湾出土大批西汉彩绘陶俑》，《文物》1966年第3期。

[7]　徐州博物馆：《江苏徐州市凤凰山西汉墓的发掘》，《考古》2007年第4期。

[8]　徐光冀主编：《中国出土壁画全集6·陕西》，科学出版社，2012年，第45页。

[9]　山东省文物考古研究所、东平县文物管理所：《东平后屯汉代壁画墓》，文物出版社，2010年，第27页，彩版二四。

[10]　河北省文物研究所：《安平东汉壁画墓发掘简报》，《文物春秋》1989年Z1期。

[11]　中国社会科学院考古研究所河南第二工作队：《河南偃师杏园村东汉壁画墓》，《考古》1985年第1期。

1　　　　　　　　　　2　　　　　　　　　　3

图3-12　西汉新莽衣裤装

1."洛阳八里台"西汉墓壁画衣裤武士　2.陕西咸阳杨家湾西汉彩绘陶兵俑　3.山东东平汉墓壁画衣裤武士

汉墓执兵器的武士俑[1]（图 3-13，4），江苏徐州东汉彭城相缪宇墓画像石中的击鼓武士[2]（图 3-13，5），以及湖北枝江姚家港出土东汉画像砖上的武士[3]（图 3-13，6）等。总体来说，步卒裤束胫；身份相对高的武吏裤宽。

作为仆役日常服饰的衣裤装，所见的东汉时期图像资料中也很多。如成都曾家包汉墓画像石杂役形象者[4]（图 3-14，1），江苏铜山安乐村出土画像石杂役形象者[5]（图 3-14，2），河北望都东汉墓执壶提鱼骑马俑[6]（图 3-14，3），以及山东梁山县东汉墓壁画衣裤装人物[7] 等。

可见，短衣长裤的穿扮在东汉时已然广泛。从图像资料看，东汉时仆役、武士等身份较低者以衣裤为日常服饰，贵族着衣裤装的现象尚不普遍。东汉时与衣裤装搭配的首服多为帻，包括施屋之帻与无屋之帻，少数为武冠。

从晋人文献可见，在三国时"袴（裤）褶"二字方开始连用，这也成为衣裤装的名称。因裤褶的便利性，贵族会在骑马狩猎时穿，但依旧不登大雅之堂。《三国志·魏志》："世子仍出田猎，变易服乘，志在驱逐……琰书谏曰：'猥袭虞旅之贱服，忽驰骛

---

[1]　甘肃省博物馆：《武威雷台汉墓》，《考古学报》1974 年第 2 期。

[2]　南京博物院、邳县文化馆：《东汉彭城相缪宇墓》，《文物》1984 年第 8 期。

[3]　黄道华：《枝江姚家港出土的东汉画像砖》，《江汉考古》1991 年第 1 期。

[4]　成都市文物管理处：《四川成都曾家包东汉画像砖石墓》，《文物》1981 年第 10 期。

[5]　江苏省文物管理委员会：《江苏徐州汉画象石》，科学出版社，1959 年，第 52 页。

[6]　吕树芝：《东汉彩绘石雕骑马俑》，《历史教学》1983 年第 1 期。

[7]　关天相、冀刚：《梁山汉墓》，《文物参考资料》1955 年第 5 期。

图3-13 东汉兵卒武士衣裤装

1.河北安平逯家庄东汉墓壁画"辟车"像 2.河南偃师杏园村东汉墓壁画"辟车"像 3.河南偃师杏园村东汉墓壁画骑马武官像 4.甘肃武威雷台汉墓执兵器的武士俑 5.江苏徐州东汉彭城相缪宇墓画像石上的击鼓武士 6.湖北枝江姚家港出土东汉画像砖上的武士

而陵险，志雉兔之小娱，忘社稷之为重，斯诚有识所以恻心也。唯世子燔翳捐襦，以塞众望，不令老臣获罪於天。'"[1] 裤褶，在三国时主要为仆役与武士的日常服饰。如安徽马鞍山朱然墓，漆盘上所画的仆役像、武士多穿裤褶[2]（图3-15，1）。又如南京东吴丁奉家族墓所出铜武士俑，亦穿裤褶[3]（图3-15，2）。再如南京江宁上坊孙吴墓，出有数件穿裤褶的青瓷俑（图3-15，3、4）；其中与裤褶相配的首服依旧是帻[4]。

西晋时期，穿裤褶的侍从、武士首服更多为帻；包括平上帻与丧帻。如长沙金盆

[1] （晋）陈寿撰、（宋）裴松之注：《三国志》第二册，中华书局，1982年，第368页。

[2] 安徽省文物考古研究所、马鞍山市文化局：《安徽马鞍山东吴朱然墓发掘简报》，《文物》1986年第3期。

[3] 周保华、周梦圆：《南京五佰村孙吴丁奉家族墓发掘收获》，《中国文物报》2021年1月26日。

[4] 南京市博物馆、南京市江宁区博物馆：《南京江宁上坊孙吴墓发掘简报》，《文物》2008年第12期。

图3-14　东汉仆役日常服饰裤褶

1.四川成都曾家包东汉墓画像石杂役像　2.江苏铜山县安乐村画像石杂役像　3.河北望都东汉墓执壶提鱼骑马俑

图3-15　三国裤褶服

1.安徽马鞍山朱然墓出土漆盘武士像　2.江苏南京东吴丁奉家族墓所出铜武士俑　3、4.江苏南京江宁上坊孙吴墓青瓷俑

岭西晋墓武士俑[1]（图3-16，1）、广州西晋墓裤褶武士俑[2]（图3-16，2）和山东邹城西晋墓裤褶牵马俑[3]（图3-16，3）、山东滕州西晋墓男侍俑[4]（图3-16，4）等，所见人物均戴平上帻。而山东邹城西晋墓男侍俑[5]（图3-16，5）所见人物戴丧帻。这种裤褶搭配帻的穿法应沿袭东汉。总体来说，西晋的裤褶俑均是窄直袖。

《晋书·舆服志》载："袴（裤）褶之制，未详所起，近世凡车驾亲戎、中外戒严

[1]　湖南省博物馆：《长沙两晋南朝隋墓发掘报告》，《考古学报》1959年第3期。

[2]　广州市文物管理委员会考古组：《广州沙河顶西晋墓》，《考古》1985年第9期。

[3]　山东邹城市文物局：《山东邹城西晋刘宝墓》，《文物》2005年第1期。

[4]　滕州市文化局、滕州市博物馆：《山东滕州市西晋元康九年墓》，《考古》1999年第12期。

[5]　山东邹城市文物局：《山东邹城西晋刘宝墓》，《文物》2005年第1期。

图3-16 西晋裤褶服

1.湖南长沙金盆岭西晋墓武士俑 2.广东广州西晋墓裤褶武士俑 3、5、7、9.山东邹城西晋墓裤褶俑 4.山东滕州西晋墓裤褶俑 6.河南吉利区西晋墓裤褶俑 8.河南洛阳孟津晋墓裤褶俑

服之。服无定色，冠黑帽……"[1]裤褶，已经作为戎装载入服章制度中；其与帽搭配。《晋书·舆服志》称："帽名犹冠也，义取于蒙覆其首，其本缗也。古者冠无帻，冠下有缗，以缯为之。后世施帻于冠，因或裁缨为帽。"[2]古冠下之缗，后被帻替代，继而裁去缗缨，缗单带蒙头，为帽。西晋时帽亦与裤褶搭配，如山西运城十里铺砖墓出土的男俑[3]、河南新安西晋墓男俑[4]、洛阳涧南村西晋墓男俑（图3-16，6）[5]、山东邹城西晋墓牵马俑[6]（图3-16，7），均属此类。与裤褶搭配的还有一种盔式帽，其应为"兜鍪"。《说文》："兜鍪，首铠也。"[7]《广雅》："鍪，釜也。"[8]兜鍪形状接近釜，如同一

---

[1]　（唐）房玄龄等：《晋书》第三册，中华书局，1974年，第772页。

[2]　（唐）房玄龄等：《晋书》第三册，中华书局，1974年，第771页。

[3]　山西省考古研究所、运城市博物馆：《山西运城十里铺砖墓清理简报》，《考古》1989年第5期。

[4]　洛阳市文物工作队：《河南新安西晋墓（C12M262）发掘简报》，《文物》2004年第12期。

[5]　西南民族大学民族研究院、洛阳市文物考古研究院：《洛阳涧西南村西晋墓》，《文物》2012年第12期。

[6]　山东邹城市文物局：《山东邹城西晋刘宝墓》，《文物》2005年第1期。

[7]　（汉）许慎：《说文解字》，中华书局，1963年，第177页。

[8]　（魏）张揖撰、（隋）曹宪音：《广雅》，中华书局，1985年，第85页。

个倒扣的锅。《后汉书·袁绍传》："绍脱兜鍪抵地。"[1] 西晋俑亦有裤褶，戴兜鍪的案例，如洛阳孟津晋墓男俑[2]（图 3-16，8）、山东邹城西晋墓男俑[3] 等（图 3-16，9），概为此者。因此，《晋书·舆服志》说"裤褶之制，未详所起。"是指裤褶在古代礼制中未见记载，并非指中原自古无短衣下裤的装束。

（二）东晋南朝的裤褶服

东晋时期，裤褶的穿戴更加普遍。《晋书·郭文传》："飏以文山行或须皮衣，赠以韦袴（裤）褶一具，文不衲，辞归山中。飏追遣使者置衣室中而去，文亦无言。韦衣乃至烂于户内，竟不服用。"[4]《晋书·郭璞传》："初，璞中兴初行经越城，间遇一人，呼其姓名，因以袴（裤）褶遗之。"[5] 可见，裤褶成为时人日常服饰；其可作为礼物赠人，已经不是"贱服"。南朝时，裤褶作为日常服饰穿戴更加普遍。《宋书·后废帝记》记载宋废帝刘昱"常著小袴（裤）褶，未尝服衣冠。"[6]《宋书·张邵传》："畅为元佐，举哀毕，改服著黄袴（裤）褶，出射堂简人，音仪容止，众皆瞩目，见者皆为尽命。"[7]《南齐书·东昏侯纪》："拜爱姬潘氏为贵妃，乘卧舆。帝骑马从后，著织成袴（裤）褶，金簿帽，执七宝缚矟。"[8]《南齐书·荀伯玉传》："景真于南涧寺舍身斋，有元徽紫皮裤褶，余物称是。"[9] 至南朝中后期，裤褶甚至作为低级官员的官服。《南齐书·吕安国传》齐吕安国在训导其子时说："汝后勿作袴（裤）褶驱使，单衣犹恨不称，当为朱衣官也。"[10] 前文已叙，朱衣即是绛纱袍、绛绯袍的俗称，亦为官配高等朝服代称；单衣为绢袍，也属于官服；裤褶则是低等官吏所穿。《隋书·礼仪志》中记载梁陈领军捉刀人官服为裤褶，陈案轵、小舆、持车、辂车给使、廉帅、整阵、禁防、武官问讯、将士给使、铫角五音帅、长麾的官服也是裤褶[11]。

东晋南朝时期的裤褶服图像资料，相对丰富。就目前所见，可按功能将东晋南朝的裤褶服分为三类。一类是作为仆役武士等身份较低成年人日常服饰；一类是作为贵族士官等身份较高之人日常服饰；一类是童子（未成年男性）的日常服饰。

[1]（宋）范晔撰、（唐）李贤等注：《后汉书》第十二册，中华书局，1974 年，第 2380 页。

[2] 310 国道孟津考古队：《洛阳孟津三十里铺西晋墓发掘报告》，《华夏考古》1993 年第 1 期。

[3] 山东邹城市文物局：《山东邹城西晋刘宝墓》，《文物》2005 年第 1 期。

[4]（唐）房玄龄等：《晋书》第八册，中华书局，1974 年，第 2440 页。

[5]（唐）房玄龄等：《晋书》第六册，中华书局，1974 年，第 1909、1910 页。

[6]（梁）沈约：《宋书》第一册，中华书局，1974 年，第 189 页。

[7]（梁）沈约：《宋书》第五册，中华书局，1974 年，第 1399 页。

[8]（梁）萧子显：《南齐书》第一册，中华书局，1972 年，第 103 页。

[9]（梁）萧子显：《南齐书》第二册，中华书局，1972 年，第 573 页。

[10]（梁）萧子显：《南齐书》第二册，中华书局，1972 年，第 538 页。

[11]（唐）魏徵等：《隋书》第一册，中华书局，1973 年，第 231～233 页。

1. 仆役武士裤褶

仆役武士等人的常服裤褶，东晋南朝均比较普遍，大体由长至腰腹部的直袖短上衣与阔口裤组成。根据目前发现的考古图像资料中东晋南朝裤褶服的式样与搭配的变化可分为如下阶段。

第一阶段为东晋早中期。裤褶服由直袖上衣与阔口裤组成，上衣长至腰腹部（图3-17），少数于胫部束裤（图3-17，3），首服多为丧帻（图3-17，1、2），少数为平上帻（图3-17，3、4），足服或为小履（图3-17，4）或在裤下不可见（图3-17，2）。这种实例，多见于南京地区出土陶俑。

东晋早期裤褶服的资料，所见者较少，有明确纪年者更少。如南京象山7号墓武士俑（图3-17，1），时代为东晋永昌元年（322年）[1]。该俑所见裤褶服由交领窄直袖短衣与长裤组成，这与中原地区西晋裤褶俑（见图3-16，3～5）类似，而与南京地区出土的东吴裤褶俑（图3-15，2～4）做法则有相当大的区别。可见，晋室南迁之初受到了西晋中原文化影响，在同时期的俑亦有不同于西晋中原地区的做法。如南京郭家山东晋温氏家族墓M10[2]，虽无明确纪年，但可确定为东晋早期墓。其中出土的武士俑着裤褶服，直袖短衣与阔裤的特征十分明显；但对长裤的表现方式发生了变化，裤管不分开，以一竖缝区分裤腿（图3-17，3）。

而属东晋中期裤褶俑，南京亦有所发现。如南京北固山东晋升平五年（361年）墓武士俑[3]、南京郭家山东晋温氏家族墓太和六年（371年）墓M12所见的武士俑、南京富贵山东晋墓武士俑，亦可见短衣长裤的装扮。这几例均裤管不分，以一竖直凹槽表现裤腿，或为表现宽大的裤口，不露足（图3-17，2、4）。这与西晋、东晋早期做法不同。较南京象山七号墓而言，南京郭家山东晋温氏家族墓M12的裤褶俑更接近东晋中期的式样，其年代应该较前者为晚。

东晋早期至东晋中期与裤褶服搭配的丧帻（图3-17，1、2），在东汉时已经出现（见图3-13，1、2、4），西晋中原地区亦有发现（见图3-16，5），而在三国西晋时南方地区鲜见。南方地区所见的大量东晋时期丧帻形象的图像资料，推测应该也是晋室南渡后由中原流行到南方的缘故。

第二阶段为东晋中晚期至刘宋。实例多见于江苏地区出土陶俑，所穿裤褶服式样大体与第一阶段相同，具体为窄直袖上衣与阔口裤组成，上衣长至腰腹部，裤口似更阔（图3-18）。该阶段首次出现一种特殊的帽与裤褶搭配的实例（图3-18，5），这种帽有上翻的帽裙（下文简称施裙之帽）。丧帻仍是与裤褶服搭配的首服之一（图3-18，

[1] 南京市博物馆：《南京象山5号、6号、7号墓清理简报》，《文物》1972年第11期。

[2] 南京市博物馆：《南京市郭家山东晋温氏家族墓》，《考古》2008年第6期。

[3] 南京市博物馆：《南京北郊东晋墓发掘简报》，《考古》1983年第4期。

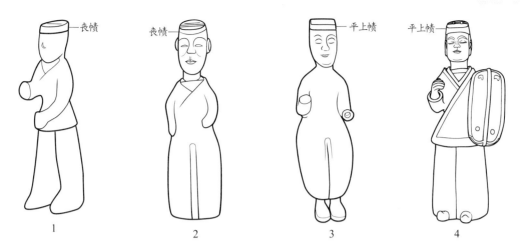

图3-17　东晋早中期裤褶

1.江苏南京象山7号墓武士俑　2.江苏南京北固山东晋墓武士俑　3.江苏南京郭家山东晋温氏家族墓M10武士俑　4.江苏南京富贵山东晋墓武士俑

图3-18　东晋中晚期至刘宋仆役武士裤褶

1、3、5.江苏徐州内华出土东晋俑　2.江苏南京中央门外新宁砖瓦厂六朝墓俑　4.江苏南京太平门外刘宋明昙憘墓男俑　6.江苏南京油坊桥M2南朝墓男俑

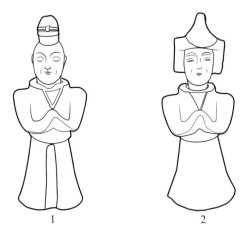

图3-19　江苏镇江丁卯"江南世家"工地六朝墓M2男女俑

1、2），平上帻与裤褶搭配的实例明显增多（图3-18，3、4）。

　　东晋中晚期至刘宋的裤褶俑的长裤做法与上一阶段类似，均是以一竖直凹槽区分裤腿，但裤口更宽，所以常常被误认为裙裳一类。将同一座墓葬中所见的襦裙女俑与裤褶男俑相比，则可确定男俑所穿的是裤非裙裳。如镇江丁卯"江南世家"工地东晋中晚期墓 M2 男、女俑[1]，其衣饰做法类似，男俑下装有明显的凹槽（图 3-19，1），女俑下装则没有这个凹槽（图 3-19，2）；可以判断男俑下装为裤，女俑为裙。东晋中晚期的裤褶俑始现以施裙之帽为首服者，帽顶高且可见针线缝纫的痕迹，有向上翻起且竖在脑后的帽裙，部分俑帽裙断裂。如南京迈皋桥小营村东晋中晚期墓侍俑[2]、徐州内华出土东晋晚期陶俑[3]（图 3-18，5），均为此。这种施裙之帽搭配裤褶的穿法，在刘宋时期也十分常见。如南京雨花台西善桥刘宋墓[4]、南京油坊桥 M2 南朝墓所出刘宋男俑[5]（图 3-18，6），均有戴施裙之帽者。《宋书·五行志》记载："明帝初，司徒建安王休仁统军赭圻，制乌纱帽，反抽帽裙。"[6]文中所说可能就是这种帽，只是材质改为乌纱。

　　第三阶段为南齐至陈，可早至刘宋末。实例见于南京及周边地区出土陶俑、砖画；湖北、河南、陕西等南北交界地带出土南朝陶俑、砖画等。裤褶服上衣长至腰腹部，直袖，衣袖布幅明显加宽，均于近膝处缚裤，足服为小履（图3-20，图3-22）。首服多为平上帻（图3-20），南北交界地带首服可见莲叶帽（图3-21）、巾（图3-22），

　　[1]　镇江市博物馆、镇江市文管办：《镇江丁卯"江南世家"工地六朝墓》，《东南文化》2008年第4期。

　　[2]　南京市博物馆：《南京迈皋桥小营村发现东晋墓》，《考古》1991年第6期。

　　[3]　徐州博物馆：《徐州内华发现南北朝陶俑》，《文物》1999年第3期。

　　[4]　南京市博物馆、雨花台区文化广播电视局：《南京市雨花台区西善桥南朝刘宋墓》，《考古》2013年第4期。

　　[5]　顾苏宁：《南京雨花台区三座六朝墓葬》，《东南文化》1991年第6期。

　　[6]　（梁）沈约：《宋书》第三册，中华书局，1974年，第891页。

图3-20　南齐至陈裤褶与平上帻的搭配

1.江苏丹阳金家村南朝墓砖画仪卫像　2.湖北襄阳贾家冲南朝画像砖墓仆役俑　3.江苏南京仙鹤门南朝墓仆役俑　4、5.河南邓县南朝画像砖墓仆役俑

图3-21　南齐至陈南北交界地带的裤褶与莲叶帽的搭配

1.陕西安康南朝墓仆役俑　2.河南邓县南朝墓画像砖"鼓吹"像

不见丧帻及施裙之帽。

南朝士人崇尚老庄，向往自然与飘逸之美，加上服散的时尚，衣着趋于宽大。[1]可能正是这种士人对服饰的审美倾向，逐渐影响低阶层人群。南齐至陈，武士仆役所穿的日常服饰裤褶有变宽变大的趋势，衣袖加宽尤为明显。如丹阳金家村南朝齐墓砖画中裤褶仪卫像，上衣虽是直袖，但基本上脱离了窄袖的范畴，可纳入宽袖一类（图3-20，1）。

这一阶段仆役、武士等所穿的日常服饰裤褶均于近膝处缚裤；可能是因为裤增宽，如此方可减少拖沓，以便于行动（图3-20）。武士仆役等所穿日常服饰裤褶上衣除了

---

[1]　傅江：《从容出入望若神仙——试论六朝士族的服饰文化》，《东南文化》1996年第1期。

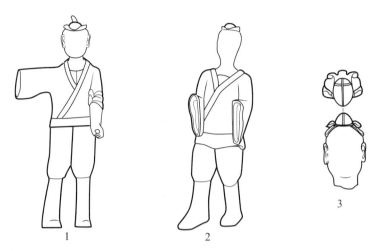

图3-22　南齐至陈与同时期北朝裤褶与巾

1.湖北襄阳贾家冲南朝画像砖墓俑　2.陕西安康南朝墓俑　3.河南洛阳北魏洛阳永宁寺影塑像

交领外，出现似对襟的样式（图3-20，3、5）。从邓县画像砖墓所见的多例陶俑衣饰可以推测，这种"对襟"的式样，其实只是交领领口大，在衣襟交叉处加围腰造成的视觉上的效果，其实依旧是交领（图3-20，4、5）。这样的装束，应该也是为避免宽大的衣摆过于拖沓。

河南邓县、湖北襄阳等地所见的南朝图像资料中，可见一种与裤褶服相配的宽沿帽；南京雨花台区红花乡六朝墓男侍俑[1]亦见此种帽。《北史·萧誉传》记载萧誉在南朝时，担舆者"冬月必须裹头，夏日则加莲叶帽"[2]。从这种宽沿帽的造型来看，可能就是莲叶帽（图3-21，1、2）。在南北交界地带，武士仆役的裤褶服搭配也呈现出北朝特征。河南邓县、湖北襄阳、陕西安康等地所见南朝图像资料中，不少裤褶仆役像不戴帻帽，仅仅在发髻上裹一块包头布（图3-22，1、2）。前文已经讨论，这种包头布即为"巾"。褶裤搭配巾在南方地区相关考古图像资料中很少见，应该源于北方穿扮。《邺中记》载后赵石虎时"皇后出女骑一千为卤簿，冬月着紫纶巾、熟锦裤褶。"[3]有多例北朝褶裤俑，均头扎纶巾。如河南洛阳北魏元邵墓[4]、河南安阳东魏墓，所见褶裤俑[5]即为此类。又如北魏洛阳永宁寺世俗人物影塑像，虽头部以下残，但头上所戴巾式样清晰（图3-22，3），时代在北魏熙平元年至永熙三年之间（516～534年）[6]，即相当

[1]　顾苏宁：《南京雨花台区三座六朝墓葬》，《东南文化》1991年第6期。

[2]　（唐）李延寿：《北史》第十册，中华书局，1974年，第3089页。

[3]　（晋）陆翙：《邺中记（及其他一种）》，中华书局，1985年，第3页。

[4]　洛阳博物馆：《洛阳北魏元邵墓》，《考古》1973年第4期。

[5]　河南省文物管理局南水北调文物保护办公室、河南省文物考古研究所：《河南安阳市固岸墓地Ⅱ区51号东魏墓》，《考古》2008年第5期。

[6]　中国社会科学院考古研究所：《北魏洛阳永宁寺1979～1994年考古发掘报告》，中国大百科全书出版社，1996年，第61页。

于南朝梁中期。河南邓县、湖北襄阳地处南北交界处，其衣着自然或多或少受到北方影响。河南邓县出土褶裤仆役俑头扎紫巾，这种紫巾可能就是《邺中记》记载的"紫纶巾"。以此类推，类似的巾就是六朝文献中常提及的"纶巾"。

2. 贵族士人的日常服饰裤褶

贵族士人的日常服饰裤褶，亦可作为低等官吏的官服，大体由长至腹下膝上的广袖上衣与阔口裤组成，首服均为平上帻，不缚裤（图3-23）。从迄今发现的考古资料看，这种裤褶服最早出现于刘宋中期，并一直延续至南朝末。实例可见于南京地区出土的陶俑、砖画，浙江、福建、江西等地出土陶俑及砖画，湖北、河南等南北交界地带出土南朝陶俑、砖画等。南朝时，无论是时间跨度上还是地域空间上，这类裤褶服的式样未有太大的变化。如南京太平门外刘宋明昙憘墓文吏俑[1]（图3-23，1）；南京雨花台石子岗砖印壁画墓 M5 文吏俑[2]（图3-23，2）；常州戚家村南朝墓仪卫像[3]（图3-23，3）；湖北贾家冲南朝画像砖墓文吏俑[4]（图3-23，4），虽制作风格、身体比例有所差异，但服饰式样几无二致，均戴平上帻，穿广袖裤褶，不缚裤。特别需要指出的是，南京太平门外刘宋明昙憘墓时代为刘宋元徽二年（474 年），随葬文吏俑所穿裤褶为已知纪年的最早的广袖衣。同墓亦随葬有穿窄直袖裤褶，戴平上帻的俑，说明在刘宋元徽二年，这两

1　　　　　　　　2　　　　　　　　3　　　　　　　　4

图3-23　贵族士人日常服饰裤褶

1.江苏南京太平门外刘宋明昙憘墓文吏俑　2.江苏南京雨花台石子岗砖印壁画墓M5文吏俑　3.江苏常州戚家村南朝墓仪卫像　4.湖北襄阳贾家冲南朝画像砖墓文吏俑

[1]　南京市文物管理委员会：《南京太平门外刘宋明昙憘墓》，《考古》1976 年第 1 期。

[2]　南京市博物馆、南京市雨花区文化局：《南京雨花台石子岗砖印壁画墓（M5）发掘简报》，《文物》2014 年第 5 期。

[3]　常州市博物馆：《常州南郊戚家村画像砖墓》，《文物》1979 年第 3 期。

[4]　襄樊市文物管理处：《襄阳贾家冲画像砖墓》，《江汉考古》1986 年第 1 期。

图3-24　直袖裤褶与广袖裤褶
1.河南邓县南朝墓画像砖吹笙者　2.河南邓县南朝墓画像砖吹角者

种式样的裤褶极大概率是同时存在，而这一时期，很可能是广袖流行之始。

贵族士人所穿的裤褶，较武士仆役的裤褶要宽博得多。两者最大的差别在衣袖上，前者为直袖，后者为广袖。所谓直袖，即衣袖的上下臂袖宽相近的袖式；所谓广袖，即呈现出上臂袖窄、下臂袖宽、袖口大的"喇叭状"袖式。从邓县画像砖墓的两例裤褶像就可以明确地分辨出直袖与广袖的区别：吹号角的裤褶乐人衣袖虽宽，但明显属于直袖；吹笙乐人衣袖更宽，尤其是袖口大到近乎拖沓，属于广袖；后者似身份更高一些（图3-24）。贵族士人所穿的裤褶无一例缚裤；足服除了小履之外，还有高头履；这无疑是美观大于便利。

3. 童子裤褶

大户人家豢养男童侍者的风气，自汉代就有了。到了两晋，贵族士人以童侍为雅，时人称之为"僮（童）子""侍僮（童）""僮（童）仆"等，"僮"同"童"。如晋陶渊明《归去来兮辞》："僮仆欢迎，稚子候门。"而有一定身份的门户没有童侍反而显得特殊，李密以《陈情表》上奏晋武帝，倾诉生活孤苦说自己"外无期功强近之亲，内无应门五尺之僮"。徐州内华东晋墓出有一例双髻俑（图3-25，1），其身穿窄直袖裤褶，圆头小履。中分发后再左右结发为双髻，两晋南北朝至隋唐未婚女性会梳这一类发式，或缘此，原报告判断其为"女俑"[1]。同时代，双髻亦是未行冠礼男性的发式，传顾恺之《女史箴图》（唐摹本）上"鉴于小星，戒彼饮遂。比心盘斯，则繁尔类"部分有一端坐读书少年，正是双髻打扮。徐州内华东晋双髻俑双手执牍，《说文》："牍，

---

[1]　徐州市博物馆：《徐州内华发现的南北朝陶俑》，《文物》1999年第3期。

图3-25　东晋南朝童子裤褶

1.江苏徐州内华东晋墓双髻俑　2.宋摹南朝《斫琴图》童子像　3.江苏南京花神庙南朝墓M1童子玉像　4.江苏常州戚家村南朝墓画像砖双髻童子像　5.河南邓县南朝墓"贡献"画像砖童子像

书版也。"[1] 牍为书写文字之板，而东晋仆从能识文断字者，以男性居多。加上该双髻俑身衣、足服样式与同墓男俑相同，故其身份为"童子"更为合理。东晋童子裤褶的图例较少，从徐州内华双髻俑看，其裤褶与同时期成年男性裤褶无二致，窄直袖、阔裤、小履，仅裸露发髻显示未成年。

时至南朝，童子依旧是风雅的象征，如南朝刘孝威《望雨》："侍童拂羽扇，厨人奉滥浆。"[2] 与诗文对应的是宋摹南朝《斫琴图》[3]，画中高士身边均有童子（图3-25，2），其穿广袖裤褶，腰间系有围布，多梳双髻，其或侍立、或持羽扇、或捧箱匣。南京及周边地区南朝图像资料中多见双髻裤褶童子形象者，如南京市雨花台区南朝画像

[1]（汉）许慎：《说文解字》，中华书局，1963年，第143页。

[2]（明）张溥编：《汉魏六朝百三家集·刘豫章集·刘庶子集》，光绪信述堂重刊本，1879年，第93页。

[3] 宋摹《斫琴图》，原本传为顾恺之所作，沈从文先生根据其中人物服饰和器物等特征，将其原本时代定为南朝。详参沈从文：《中国古代服饰研究》，商务印书馆，1981年，第128页。

砖墓中两幅"出行图"中，仕人乘马出行，随从中童子或执扇、或挟方褥，即属此类。又如南京花神庙南朝墓 M1 所出的童子玉像 [1]（图 3-25，3）。常州戚家村南朝墓画像砖上亦有梳两例丫髻，穿裤褶人物（图 3-25，4），原报告亦判断其为"女侍"[2]，但同墓画像砖中，已有两例穿裙装的女侍，其面目较丫髻人物清秀一些。而戚家村画像砖丫髻人物南京花神庙南朝墓童子玉像服饰较为接近。戚家村画像砖中二男二女的侍者搭配亦更合理。所以，戚家村画像砖丫髻人物更可能是"童子"。邓县南朝画像砖 [3] 中也不乏同类形象，穿扮、仪态均与南京及周边地区考古资料呈现的南朝童子类似（图 3-25，5）。因童侍傍身多为彰显高士风流，其多穿广袖裤褶，其式样更接近贵族士人之裤褶。亦有穿宽直袖裤褶劳作的案例。足服则小履、笏头履皆有。

（三）中国古代裤褶服起源

从之前的研究来看，多把裤褶服归为两晋南北朝时期"由胡入汉，胡汉融合"，即由北方少数民族（鲜卑民族建立北魏政权后）传入中原，继而影响南北服饰 [4]。上述判断基于如下认识：（一）现代人对汉魏中原衣冠的直观认识为"宽袍大袖"，"上衣下裳"，而鲜卑族主要穿紧窄衣裤装；（二）两晋南朝正史文献中记载"裤褶之制，未详所起"[5]，南北朝时期裤褶服考古图像资料明显比两晋多。

上衣下裤的装扮，中原自古有之。其或源于赵武灵王"胡服骑射"，但年岁已久，资料缺乏，终不可考。从已发现的考古图像资料看，最迟在西汉，短衣长裤便已作为戎装，这也是武士的日常穿扮。东汉时因衣裤装的便利性，除了武士，仆役也将其作为日常服饰。这种装扮在南北方均有发现，可见已经比较广泛了。三国西晋，始有"裤褶"之名。南北方依旧保留了穿衣裤装的传统，这种装扮多是仆役兵卒所穿，不登大雅之堂，故以紧窄便利为主。至晋室左迁，中国南北衣裤装依旧普遍，东晋十六国均可见类似穿扮。自南朝，裤褶服逐渐跻身低等官服之列，受当时审美风尚的影响逐渐日益宽博。

建立北魏政权的鲜卑族为狩猎民族，他们的服装自然是比较便利的衣裤式样，但

---

[1] 南京市博物馆、南京市雨花台区文管会：《江苏南京市花神庙南朝墓发掘简报》，《考古》1998 年第 8 期。

[2] 常州市博物馆：《常州南郊戚家村画像砖墓》，《文物》1979 年第 3 期。

[3] 河南省文化局文物工作队：《邓县彩色画象砖墓》，文物出版社，1959 年，第 18 页。

[4] 张玉安：《"裤褶"音义简释》，《艺术设计研究》2015 年第 3 期。周晓薇、王菁：《三至九世纪流行的裤褶服与南北文化的融合》，《浙江社会科学》2011 年第 1 期。来霞平：《刍议鲜卑族服饰对南北朝戎服的影响》，《丝绸》2010 年第 10 期。陈进：《从魏晋南北朝时期的褶裤看民族文化融汇》，《中国历史博物馆馆刊》1994 年第 2 期。

[5] 《晋书·舆服志》："裤褶之制，未详所起。"——（唐）房玄龄等：《晋书》第三册，中华书局，1974 年，第 772 页。《宋书·礼志》："（春秋）五霸兵战……则戎服非裤褶之制，（裤褶）未详所起。"——（梁）沈约：《宋书》第二册，中华书局，1974 年，第 504 页。

1　　　　　　　　　　2　　　　　　　　　　3

图3-26　北魏迁洛之前鲜卑族服饰

1.宁夏固原北魏墓出土漆画男像　2.山西大同文瀛路北魏墓壁画男像　3.山西大同云波里路北魏墓壁画男像

鲜卑族与汉族的衣裤装还是有一定区别的。鲜卑族衣裤装的首服均为非常有特色的鲜卑帽；其高屋圆顶，有长帽裙遮住脖颈（图3-26）。《隋书》中亦有记载："如今胡帽，垂裙覆带，盖索发之遗象也。"[1] 鲜卑族上衣虽为交领，但衣衽几乎居中（图3-26，1），且左衽右衽均有；不似汉族衣衽在腰侧，均为右衽。这种情况，集中反映在北魏迁都洛阳之前的相关考古图像资料中。如宁夏固原北魏墓漆画上的人物[2]（图3-26，1），山西大同司马金龙墓陶俑[3]，山西大同下深井北魏墓陶俑[4]，山西大同文瀛路北魏墓壁画中的人物[5]（图3-26，2），山西大同智家堡北魏墓石椁壁画上的人物[6]，山西大同七里村北魏墓陶俑[7]，山西大同沙岭北魏墓壁画中的人物[8]，以及山西大同云波里路北魏墓壁画中的人物[9]（图3-26，3）等。

时属北魏的裤褶服图像资料，多发现于河南洛阳一带，且均为北魏迁洛之后（北魏于494年迁都洛阳，时间相当于南朝齐）。该时期的裤褶服样式，与同时期的南方地区大体相似（图3-27）。如洛阳北魏元邵墓裤褶俑[10]（图3-27，1），洛阳孟津陈村北

---

[1]　（唐）魏徵等：《隋书》第一册，中华书局，1973年，第266页。

[2]　固原县文物工作站：《宁夏固原北魏墓清理简报》，《文物》1988年第6期。

[3]　山西省大同市博物馆、山西省文物工作委员会：《山西大同石家寨北魏司马金龙墓》，《文物》1972年第3期。

[4]　大同市考古研究所：《山西大同下深井北魏墓发掘简报》，《文物》2004年第6期。

[5]　大同市考古研究所：《山西大同文瀛路北魏壁画墓发掘简报》，《文物》2011年第12期。

[6]　王银田、刘俊喜：《大同智家堡北魏石椁壁画》，《文物》2001年第7期。

[7]　大同市考古研究所：《山西大同七里村北魏墓群发掘简报》，《文物》2006年第10期。

[8]　大同市考古研究所：《山西大同沙岭北魏壁画墓发掘简报》，《文物》2006年第10期。

[9]　大同市考古研究所：《山西大同云波里路北魏壁画墓发掘简报》，《文物》2011年第12期。

[10]　洛阳博物馆：《洛阳北魏元邵墓》，《考古》1973年第4期。

图3-27　北魏迁洛之后裤褶服

1.河南洛阳北魏元邵墓男俑　2.河南洛阳孟津陈村北魏壁画墓男俑　3.河南洛阳北魏孝子石棺线刻男像
4.河南洛阳衡山路北魏墓男俑

魏壁画墓陶俑[1]（图3-27，2），洛阳北魏宁懋墓石室线刻画上的裤褶仆役像[2]，洛阳北魏孝子石棺床上的裤褶人物[3]（图3-27，3）等。值得注意的是，北方所见的与南方类似的裤褶似突然出现，且与迁洛之前图像资料中所见的鲜卑衣裤有明显的差异。从上文对东晋南朝裤褶服的讨论可知，六朝南方裤褶服一直都有，而且经历了相对稳定的演变。从迄今发现的图像资料看，北魏的裤褶服并不是承袭鲜卑服，其来源很可能是南方。北魏孝文帝在位期间推行了一系列汉化改革，于太和年间（477~499年）始定衣冠[4]，其衣冠服饰汉化的举措在迁都洛阳后达到高峰。投奔北魏的刘宋皇族刘昶为衣冠改革的主要负责人之一[5]，很可能把南朝裤褶式样引入北魏。无论从文献资料还是考古图像资料看，裤褶服均可能从南朝传入北魏。

　　总体来说，裤褶服应该为汉族初创，其原因如下：第一，衣裤装汉族自古有之，经历了"从贱到贵、从个别到普遍"的发展过程，"裤褶"一词为汉族首创，这个专有名词的诞生意味着汉族衣裤装的制度化与普遍化；第二，两晋南朝的裤褶装发展演变比较平稳，具有连续性；第三，自北魏迁洛后，北朝裤褶式样与迁洛前鲜卑衣裤装相比，差异明显，与南朝裤褶则呈现出高度相似性。

---

[1]　洛阳市文物工作队：《洛阳孟津北陈村北魏壁画墓》，《文物》1995年第8期。

[2]　郭建邦：《北魏宁懋石室和墓志》，《河南文博通讯》1980年第2期。

[3]　洛阳博物馆：《洛阳北魏画象石棺》，《考古》1980年第3期。

[4]　《魏书·礼制》："高祖太和中，始考旧典，以制冠服，百僚六宫，各有差次。"——（北齐）魏收：《魏书》，中华书局，1974年，第2817页。

[5]　《魏书·刘昶传》："……于时改革朝仪，诏昶与蒋少游专主其事。昶条上旧式，略不遗忘。"《魏书·蒋少游传》："……议定衣冠于禁中，少游巧思，令主其事，亦访于刘昶，二意相乖，时致诤竞，积六载乃成，始班赐百官。"——（北齐）魏收：《魏书》，中华书局，1974年，第1309、1971页。

南北朝裤褶装的发展演变，应该也受到南北文化交流的影响。如南朝中晚期，裤褶服搭配纶巾似受北朝服饰影响。北朝的裤褶服也引入了鲜卑族的元素，除右衽上衣外，也有左衽。如洛阳衡山路北魏墓裤褶俑[1]（图3-27，4）、河南安阳东魏墓裤褶俑[2]中均有穿左衽上衣者。北齐、北周时常以圆领上衣搭配阔裤，这种衣裤装则不属于书文讨论的裤褶服范畴。

第二节　东晋南朝日常女装的分类与考证

一　襦裙

短衣长裙，是汉六朝女性最普遍的日常穿扮。《说文》云："襦，短衣也。"[3] 短衣在汉六朝一般称为，襦。有不少描写女性的文学作品襦与裙的搭配，从中可见所用布料各异。如汉乐府《陌上桑》描述衣着光鲜的秦罗敷"缃绮为下裙，紫绮为上襦。"[4] 又如《太平御览》引《东观汉记》说梁鸿妻孟光衣着朴素，穿"布襦裤裙"[5]。东晋南朝短上衣除了"襦"，还有"衫""褐"等名词。《释名》载衫无袖端[6]，南朝中晚期部分女性之襦，严格意义上应为"衫"。杨雄《方言》东晋郭璞注，衫也称作单襦[7]，应同为襦之属。襦裙并非东晋南朝专有的服饰名词，为方便叙述，本书将其连用，泛指上下分体的短衣长裙类女性服饰。

西汉时，女性日常服饰以深衣为主。迄今发现的西汉时考古图像资料中，则不见襦裙的踪迹。自东汉以来，层层缠绕的深衣逐渐被宽大的袍服取代，袍服与襦裙成为女性日常穿扮。东汉画像石中的图像因为色彩单一，无法判断女性衣着是否上下异色，故分不清襦裙与袍服。同时期的壁画中，可以见到东汉穿襦裙的女性形象者。如河南荥阳市王村乡苌村汉墓壁画上的穿襦裙女性[8]（图3-28，1），河南密县打虎亭壁画上穿襦裙的女性[9]。东汉女性把下裙束在上襦上，彰显腰肢；裙长曳地，襦袖阔。

　　[1]　洛阳市第二文物工作队：《洛阳衡山路北魏墓发掘简报》，《文物》2009年第3期。

　　[2]　河南省文物管理局南水北调文物保护办公室、河南省文物考古研究所：《河南安阳市固岸墓地Ⅱ区51号东魏墓》，《考古》2008年第5期。

　　[3]　河南省文化局文物工作队：《河南密县打虎亭发现大型汉代壁画墓和画象石墓》，《文物》1960年第4期。

　　[4]　（宋）郭茂倩编：《乐府诗集》第二册，中华书局，1979年，第411页。

　　[5]　（宋）李昉等编：《太平御览》第三册，中华书局，1960年，第3101页。

　　[6]　（汉）刘熙：《释名》，中华书局，1985年，第80页。

　　[7]　（汉）扬雄撰、（晋）郭璞注、（清）戴震疏证：《輶轩使者绝代语释别国方言（一）》，商务印书馆，1936年，第78页。

　　[8]　荥阳市文物保护管理所、郑州市文物考古研究所：《河南信荥苌村汉代壁画墓调查》，《文物》1996年第3期。

　　[9]　（汉）许慎：《说文解字》，中华书局，1963年，第172页。

图3-28　东汉至西晋女性襦裙

1.河南荥阳市王村乡苌村汉墓壁画女像　2.江苏南京江宁官家山六朝早期墓出土的东吴漆盘女像　3、4.湖北江夏流芳东吴墓女俑　5.河南偃师大冢头西晋墓女俑　6.河南偃师首阳山西晋帝陵陪葬墓女俑　7.河南偃师西晋支伯姬墓出土女俑　8.山东邹城西晋刘宝墓女俑

三国西晋以来，作为女性日常服饰的袍类逐渐减少；襦裙日益增多，逐渐取代袍服成为最主要的女性日常服饰。南方地区所见的三国时期女性衣饰图像资料较少，但其中就有襦裙图像资料。如安徽马鞍山东吴朱然墓出土的漆案和漆盘彩绘中的数位穿襦裙女性形象者[1]，无论是发式还是襦裙式样均与河南密县打虎亭东汉壁画上女性类似；南京江宁官家山六朝墓出土的东吴漆盘中的彩绘人物画像[2]（图3-28，2），其中也有穿襦裙女性，其式样与东汉时类似。可见，三国时襦裙形制多承袭东汉。湖北江夏流芳东吴墓也出土有襦裙女俑，其地方特色明显，有下裙束住上襦的（图3-28，3），也有上襦不系入下裙的（图3-28，4），均为窄直袖[3]。湖北武汉黄陂滠口东吴末晋初古墓中出土的襦裙女俑[4]，也是如此。南方出土的西晋女俑造型简洁，服饰种类难辨。如江苏南京板桥镇石闸湖晋墓出土青瓷女俑，似穿窄袖襦裙[5]。北方地区所见的三国衣饰

[1]　安徽省文物考古研究所、马鞍山市文化局：《安徽马鞍山东吴朱然墓发掘简报》，《文物》1986年第3期。

[2]　南京市博物馆：《江苏江宁官家山六朝早期墓》，《文物》1986年第12期。

[3]　武汉市博物馆、江夏区文物管理所：《江夏流芳东吴墓清理发掘报告》，《江汉考古》1998年第3期。

[4]　武汉市博物馆：《武汉黄陂滠口古墓清理简报》，《文物》1991年第6期。

[5]　南京市文物保管委员会：《南京板桥镇石闸湖晋墓清理简报》，《文物》1965年第6期。

图像资料不多，但不乏西晋实例。其中着襦裙装女俑非常多，且主要集中在河南地区。如洛阳涧西南村西晋墓女俑[1]、洛阳新安县西晋墓女俑[2]、偃师大冢头西晋墓女俑[3]（图3-28，5）、偃师首阳山西晋帝陵陪葬墓女俑[4]（图3-28，6）、偃师西晋支伯姬墓出土女俑[5]（图3-28，7）等，均着襦裙装。北方其他地区也有发现。如山东邹城西晋墓女俑[6]（图3-28，8）、山西运城十里铺砖墓女俑[7]等，亦穿襦裙。北方地区的西晋襦裙式样大体与东汉接近，也是将下裙束在上襦上，裙长曳地；阔袖，袖端收口的"祛"[8]以避免拖沓（图3-28，5～8）。也有少数直袖的例子，如洛阳吉利区西晋墓陶俑[9]、洛阳涧西南村西晋墓陶俑[10]。南方女俑襦裙似与北方不同，更具当地特色。这种服饰的差异，也有可能是图像表现手法与载体不同造成的感官印象。

至于东晋南朝的襦裙[11]，因同时期考古资料可判定绝对年代的相对较少，这为研究相关女性襦裙的时代增加了难度。现以东晋南朝考古资料中女性的襦裙式样及发式特征的变化为主要依据，试判断东晋南朝女性襦裙所属的相对时代，并总结东晋南朝不同阶段女性襦裙的特征。

（一）东晋至刘宋初

迄今发现的东晋至南朝宋初的女性襦裙考古图像资料，多集中见于南京一带，湖北地区也有少量发现。所发现者多为女俑，也有少量的砖画。

南京地区东晋墓中，多见"十字髻"陶俑；由于这种发髻高大，不少陶俑出土时发式已残。如南京迈皋桥小营村东晋墓"十字髻"陶俑[12]，南京苜蓿园东晋墓陶俑[13]等。

---

[1]　西南民族大学民族研究院、洛阳市文物考古研究院：《洛阳涧西南村西晋墓》，《文物》2012年第12期。

[2]　洛阳市文物工作队：《河南新安县晋墓发掘简报》，《华夏考古》1998年第1期。

[3]　偃师市文物旅游局、洛阳市文物考古研究院：《河南偃师大冢头西晋墓发掘简报》，《文物》2016年第9期。

[4]　洛阳市第二文物工作队、偃师市文物局：《河南偃师市首阳山西晋帝陵陪葬墓》，《考古》2010年第2期。

[5]　洛阳市第二文物工作队、偃师商城博物馆：《河南偃师西晋支伯姬墓发掘简报》，《文物》2009年第3期。

[6]　山东邹城市文物局：《山东邹城西晋刘宝墓》，《文物》2005年第1期。

[7]　山西省考古研究所、运城市博物馆：《山西运城十里铺砖墓清理简报》，《考古》1989年第5期。

[8]　《释名》："祛，虚也。袖由也，手所由出入也，亦言受也以受手也。"——（汉）刘熙：《释名》，中华书局，1985年，第73页。

[9]　洛阳市文物工作队：《洛阳吉利区西晋墓发掘简报》，《文物》2010年第8期。

[10]　西南民族大学研究院、洛阳市文物考古研究所：《洛阳涧西南村西晋墓》，《文物》2012年第12期。

[11]　关于东晋南朝襦裙的论述，原文《东晋南朝女性襦裙探析》，载《艺术设计研究》2017年第1期，收入本书时做了部分调整和修改。关于"飞天紒""双髻"的论述，部分内容出自《东晋南朝时期女性的"时尚发型"》一文，原载《大众考古》2016年第2期。

[12]　南京市博物馆：《南京迈皋桥小营村发现东晋墓》，《考古》1991年第6期。

[13]　南京博物院：《南京中山门外苜蓿园东晋墓清理简报》，《考古通讯》1958年第4期。

本文第一章第二节女性朝服部分已经论述过，西晋女性发式最初流行的是"撷子髻"；东晋演变为"十字髻"；而"十字髻"从严整对称的式样（图3-29，1、2）逐渐演变为松散拖沓的"缓鬓倾髻"的式样（图3-29，3、图3-30，2），到了南朝最终往高大夸张的方向发展。这种"缓鬓倾髻"的女俑在南朝墓中也有大量的发现（图3-29，4、图3-30，4、5）。这些墓有准确纪年的不多，一般根据墓室结构和随葬品被判断为南朝早期墓或东晋末南朝初。如南京油坊桥二号墓[1]、南京前新塘南朝墓[2]、南京中央门外新宁砖瓦厂三号墓[3]等。湖北江陵黄山南朝宋元嘉三年（426年）墓，出土女陶俑发式虽残，其"缓鬓倾髻"的形态却依旧可辨；其所穿的襦裙式样与南京一带出土的南朝早期"十字髻"女俑相同；推测两者年代应该接近，为刘宋初。

　　东晋至刘宋初的"十字髻"女俑均呈拱手侍立状，更多服饰细节则没有清晰地表现，因此难以判断究竟是上下连属的袍服或是上襦下裙。南京雨花台区姚家山东晋晚期墓砖画上的女侍像[4]（图3-30，1），发式同为"十字髻"，作拱手侍立状，与"十字髻"女俑的姿态几乎一致；"十字髻"女侍浮雕刻画比较精细，服饰细节明晰，其所穿的短衣长裙可清楚分辨，正是襦裙装。南京尧化门东晋墓"十字髻"女俑（图3-30，2），时代应该为东晋中晚期，裙下摆可见数条刻痕，这在西晋襦裙女俑中亦常见，是为表现间色裙的异色布片分界，据此可以判断其为上衣下裙的穿扮。又如南京中央门外幕府山"十字髻"女俑，时代为东晋或稍晚[5]（图3-30，3）；南京前新塘南朝墓"十字髻"女俑（图3-30，4），时代应该为刘宋初。以上女俑腰腹部均有一圈明显的横纹，应是上衣与下裙的分界线。东晋至南朝初的"十字髻"女俑，无论腰腹部是否有一圈横纹，其整体造型均一致。故而推测，"十字髻"女俑的衣着应该多为襦裙一类；上衣下裙的分界不明可能是因为陶俑腐损。干宝《搜神记》中记载西晋泰始初年衣着式样流行"上俭下丰"，即上衣窄小，下裳宽大。干宝认为这是"君衰弱，臣放纵之象"，属于"服妖"[6]。按照常理，东晋时应当避免衣着"上俭下丰"的"服妖"行为，姚家山东晋晚期墓的女侍像衣着完全没有"上俭下丰"的踪迹，这是符合东晋服饰习俗的。"十字髻"女俑体现的看似上窄下宽的衣着，可能是工匠的制作范式所致。姚家山东晋晚期女侍浮雕衣着（图3-30，1）应该可以代表东晋至刘宋初女性襦裙的大体式样；即上襦长至腰腹部，宽直袖，下裙长及地。此外，南京前新塘南朝墓亦出有一例

[1]　顾苏宁：《南京雨花台区三座六朝墓葬》，《东南文化》1991年第6期。

[2]　南京市博物馆：《南京前新塘南朝墓葬发掘简报》，《文物》1989年第4期。

[3]　李蔚然：《南京六朝墓葬》，《文物》1959年第4期。

[4]　南京市博物馆、雨花台区文化广播电视局：《南京市雨花台区姚家山东晋墓》，《考古》2008年第6期。

[5]　王志敏、朱江等：《南京六朝陶俑》，中国古典艺术出版社，1958年，第14页。

[6]　（晋）干宝撰、汪绍楹校注：《搜神记》，中华书局，1979年，第93页。

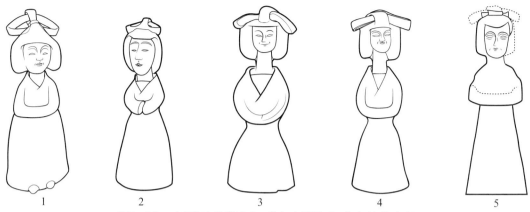

图3-29　东晋至南朝宋初"十字髻"发式女性的穿扮

1.江苏南京雨花台小行墓出土东晋陶女俑　2.江苏南京西善桥东晋太和四年墓女俑　3.江苏南京油坊桥二号墓女俑　4.江苏南京前新塘南朝墓女俑　5.湖北江陵刘宋墓女俑

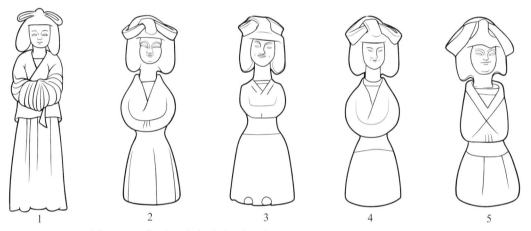

图3-30　东晋至南朝宋初"十字髻"发式女性上襦下裙的穿扮

1.江苏南京姚家山东晋墓砖画女像　2.江苏南京尧化门东晋墓女俑　3.江苏南京幕府山出土女俑　4.江苏南京前新塘南朝墓女俑　5.江苏南京前新塘南朝墓女俑

特别的"十字髻"女俑[1]，其发髻对称下垂，亦穿襦裙，上衣为直袖，但其衣领处刻有两条交叉的线，应是为表现轻透的纱衣衣襟掩映的效果，其襦裙式样整体上与前所引述的"十字髻"女俑一致（图3-30，5）。

东晋的女性襦裙资料中，所见除了"十字髻"女俑外，还有一种特殊发式的女俑：于头顶抽鬟，鬟发依旧为"缓鬓"式，即鬓发（或假发）下垂遮颊。《宋书·五行志》载："宋文帝元嘉六年，民间妇人结发者，三分发，抽其鬟直向上，谓之'飞天紒'始自东府，流被民庶。"[2]"飞天紒"即先结发于头顶，再抽鬟直上。以上的束鬟发式似是"飞天紒"。据《宋书》记载，"飞天紒"应该流行于刘宋初，而类似发

---

[1]　现藏于南京六朝博物馆。

[2]　（梁）沈约:《宋书》第三册，中华书局，1974年，第890页。

图3-31　东晋至南朝初其他发式女俑的襦裙穿扮

1.江苏南京童家山一号墓女俑　2.江苏镇江丁卯"江南世家"工地六朝墓东晋女俑　3.江苏南京石子岗砂石山六朝墓东晋巾帼女俑　4.江苏南京晓庄出土南朝女俑　5.江苏南京雨花台岱山出土东晋女俑

式可能在东晋时就已经出现了，但不是十分普遍。事实上，在目前公开的资料中，东晋"飞天紒"女俑仅有两件，分别为南京童家山一号墓[1]与镇江丁卯"江南世家"工地东晋中期墓（M2）[2]出土；女俑造型均较简洁。南京童家山一号墓女俑衣着式样不明显（图3-31，1），而镇江丁卯六朝墓女俑则可以看出其身穿襦裙（图3-31，2）；两件女俑衣袖虽宽窄难辨，均可看出是明显的直袖。此外，亦发现少量东晋末南朝初戴巾帼的女俑，其所穿应该也是襦裙。如南京石子岗砂石山六朝墓东晋巾帼女俑[3]，其衣着与东晋"十字髻"女俑一致，上衣为直袖；其腹部明显有一圈横缝，应当为上衣下裙的分界（图3-31，3）。又如南京晓庄出土的巾帼女俑（南京六朝博物馆藏），虽经年久蚀损，服饰细节不彰，但直袖依旧可辨，整体式样与石子岗东晋巾帼女俑类似（图3-31，4）。南京雨花台岱山出有东晋裹头巾女俑一例[4]，其襦裙式样与前新塘南朝墓"纱衣女俑"（图3-30，5）一致，亦有表现衣襟掩映的交叉线（图3-31，5）。

　　总体来说，从东晋至南朝宋初，女性襦裙总体特征为上襦长至腰腹部、直袖、下裙长及地、上襦下垂、不束入下裙。

（二）刘宋中晚期

　　前文已叙，南朝士人崇尚老庄，向往自然与飘逸之美，衣着趋于宽大。[5]士人对服

[1]　金琦：《南京甘家巷和童家山六朝墓》，《考古》1963年第6期。
[2]　镇江市博物馆、镇江市文管办：《镇江丁卯"江南世家"工地六朝墓》，《东南文化》2008年第4期。
[3]　王志敏、朱江等：《南京六朝陶俑》，中国古典艺术出版社，1958年，第14页。
[4]　现藏于南京六朝博物馆。
[5]　傅江：《从容出入望若神仙——试论六朝士族的服饰文化》，《东南文化》1996年第1期。

饰的审美倾向，影响了当时服饰的风格走向。汉晋女性襦裙衣袖多为直袖，即使袖型宽大，但上下臂袖宽大体一致；即使是宽袖，袖端均有收口的"祛"以避免拖沓（图3-28，5～8）。与之相反，南朝人刻意增加衣袖下臂的布幅，且袖端不收口，使衣袖呈现出上臂袖相对窄、下臂袖宽的喇叭状，这种衣袖被称为"广袖"。"广袖"的装饰性大于实用性，彰显飘逸，具体何时开始流行不可考。前文已述，南京尧化门宋元徽二年（474年）墓文吏俑，为目前已发现的最早有纪年的广袖衣资料。那么，广袖襦裙的流行不会晚于此时。如南京郭家山温氏家族墓M13时代被判断为东晋末刘宋初[1]，其中出土巾帼女俑着广袖襦裙（图3-32，1）。又如南京油坊桥一号墓，时代被判断为南朝早期[2]，其中出土巾帼女俑，造型粗糙，但可以明显看出其衣袖为直袖。由此推测，郭家山温氏家族墓M13时代晚于油坊桥一号墓，应为刘宋，不会早至东晋。所见属刘宋早期的女性襦裙实物资料中，着广袖襦裙者较少，其多为直袖襦裙；而自刘宋中期后，直袖鲜见，广袖取而代之。如南京尹西村六朝墓M1巾帼女俑为广袖（图3-32，2），其年代被判定为刘宋中期[3]。可见，刘宋早中期是东晋南朝女性襦裙袖式变化的一个过渡阶段。以此为据，将刘宋中期作为东晋南朝襦裙演变的第一个节点。

刘宋中期之后的南朝墓中，这种广袖巾帼女俑多有出土。如南京南郊景家村六朝墓M13巾帼女俑（图3-32，3），外观与郭家山温氏家族墓M13巾帼女俑类似。其服饰为广袖襦裙，拱手于胸前，袖口垂至腹部以下膝之上，上襦下垂至腰腹，不束入下裙，裙长及地面。

图3-32　刘宋中晚期女性襦裙

1.江苏南京市郭家山温氏家族墓M13女俑　2.江苏南京尹西村六朝墓M1女俑　3.江苏南京南郊景家村六朝墓M13

———————————

[1]　南京市博物馆：《南京市郭家山东晋温氏家族墓》，《考古》2008年第6期。

[2]　顾苏宁：《南京雨花台区三座六朝墓葬》，《东南文化》1991年第6期。

[3]　南京市博物馆、雨花台区文化局：《南京尹西村六朝墓发掘简报》——南京市博物馆编《南京文物考古新发现：南京历史文化新探二》，江苏人民出版社，2006年，第61页。

刘宋中晚期的女性襦裙资料比较少，已公开的考古资料仅有上述巾帼女俑实例。其襦裙特征为上襦长至腰腹部，广袖，上襦下垂，不束入下裙，裙长及地。

（三）南齐至陈

从迄今发现的图像资料看，自南齐起，将上襦束入下裙的女性襦裙数量大为增多。如丹阳胡桥宝山南朝大墓，被判断为南齐帝陵[1]；其随葬女俑，头部残缺，襦裙式样依旧可辨；由广袖上襦与下裙组成，有宽腰带（图3-33，1）。而同墓砖画上的飞天，其衣着亦为襦裙，广袖交领，下裙束襦，有宽腰带，腰线位置适中，与女俑所穿襦裙式样如出一辙，虽然有艺术夸张的成分，但也可作为南齐襦裙样式的参考（图3-33，2）。以上广袖襦裙的袖式与刘宋广袖相比更拖沓夸张，且搭配有宽腰带，似缘于南朝中晚期的广袖纤腰之风。如南朝中期诗人吴均《与柳恽相赠答》："纤腰曳广袖，半额画长蛾。"[2]梁简文帝《小垂手》："且复小垂手，广袖拂红尘。"[3]而裙束上襦，系宽腰带，这种穿法可彰显纤细的腰肢。

南朝中晚期墓葬可以判断出准确纪年的很少，然而四川地区出土的一批南朝梁代佛教石造像，却多在背面铭刻有准确的造像纪年。这些造像背面均有供养人浮雕像，其中女供养人与随行女侍像多穿襦裙（图3-34）。因为供养人均是真实存在的人物，以供养人像作其所处时代服饰的依据是非常准确的。

成都市西安路南朝梁天监三年（504年）比丘法海造无量寿佛像背面女供养人像（图3-34，1）[4]似结发于头顶束鬟，身穿广袖襦裙，上襦领口较窄，露脖颈，下裙束襦，腰线偏下，足服为笏头履；成都市商业街南朝梁天监十年（511年）王州子造释迦牟尼佛像背面浮雕上的女供养人像[5]（图3-34，2），虽有些模糊不清，但总体发式及服饰特征与天监三年供养人像同；四川汶川梁普通年间三佛造像背面浮雕左侧女供养人像[6]（图3-34，3），发式与服饰特征与天监年间女供养人类似，似上襦领口更大一些，但不是十分明显；成都万佛寺梁普通四年（523年）康胜造释迦立像背面浮雕的女供养人及女侍像[7]（图3-34，4），均穿襦裙，式样与南朝梁普通年间三佛造像背面浮雕上女性类似。以上女性襦裙的腰线偏低，领口小，脖颈浅露。

[1] 南京博物院：《江苏丹阳县胡桥、建山两座南朝墓》，《文物》1980年第2期。

[2] （陈）徐陵编、（清）吴兆宜等注补、穆克宏点校：《玉台新咏笺注》上册，中华书局，1985年，第231页。

[3] （陈）徐陵编、（清）吴兆宜等注补、穆克宏点校：《玉台新咏笺注》下册，中华书局，1985年，第318页。

[4] 成都市文物考古工作队、成都市文物考古研究所：《成都市西安路南朝石刻造像清理简报》，《文物》1998年第11期。

[5] 张肖马、雷玉华：《成都市商业街南朝石刻造像》，《文物》2001年第10期。

[6] 雷玉华、李裕群等：《四川汶川出土的南朝佛教石造像》，《文物》2007年第6期。

[7] 袁曙光：《四川省博物馆藏万佛寺石刻造像整理简报》，《文物》2001年第10期。

图3-33　南齐女性裙束上襦的穿扮

1.江苏丹阳胡桥宝山南朝大墓女俑　2.江苏丹阳胡桥宝山南朝大墓砖画上的飞天

　　成都万佛寺梁普通六年（525年）释迦立像背面浮雕上的女供养人及女侍像[1]（图3-34，5），女供养人襦裙式样与普通四年者大体相同，但女侍襦裙式样发生了明显的变化；其上襦领口变大，近乎露肩，下裙腰线提高，近乎齐胸。成都市西安路梁中大通二年（530年）比丘晃藏造释迦石像（H1：3）背面浮雕上的女供养人及女侍像[2]（图3-34，6），襦裙均变成大领口与高腰的式样，与普通六年女侍服饰相同。四川大学博物馆藏梁中大通四年（532年）释僧显造释迦像背面浮雕上的女供养人与女侍像[3]（图3-34，7）、成都万佛寺土梁中大通五年（533年）上官法光造释迦立像背面浮雕上的女供养人与女侍像[4]（图3-34，8）、四川彭州龙兴寺梁中大通五年（533年）造像小龛背面浮雕上的女供养人与女侍像[5]、成都市西安路南朝梁大同十一年（545年）张元造释迦多宝石像（H1：5）背面浮雕上的女供养人与女侍像[6]（图3-34，9）、四川万佛寺梁中大同三年（即太清二年，548年）观音造像女供养人及女侍像[7]（图3-34，10），所穿襦裙均领口变大近乎露肩，下裙束襦，腰线提高近乎齐胸，搭配高头履。成都市

---

[1]　袁曙光：《四川省博物馆藏万佛寺石刻造像整理简报》，《文物》2001年第10期。

[2]　成都市文物考古工作队、成都市文物考古研究所：《成都市西安路南朝石刻造像清理简报》，《文物》1998年第11期。

[3]　霍巍：《四川大学博物馆收藏的两尊南朝石刻造像》，《文物》2001年第10期。

[4]　刘志远、刘廷壁：《成都万佛寺石刻艺术》，中国古典艺术出版社，1958年，第5页。

[5]　彭州市博物馆、成都市文物考古研究所：《四川彭州龙兴寺出土石造像》，《文物》2003年第9期。

[6]　成都市文物考古工作队、成都市文物考古研究所：《成都市西安路南朝石刻造像清理简报》，《文物》1998年第11期。

[7]　注：浮雕铭文显示纪年为中大同三年。见袁曙光：《四川省博物馆藏万佛寺石刻造像整理简报》，《文物》2001年第10期。

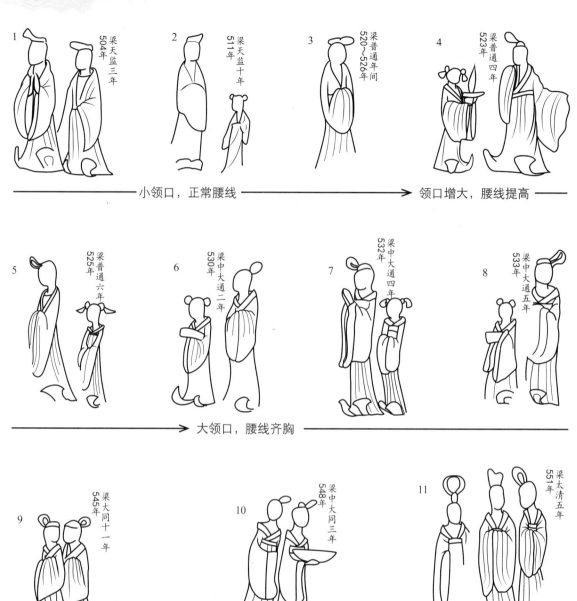

图3-34　四川地区南朝梁佛教造像背面女供养人襦裙着装

1.四川成都市西安路比丘法海造无量寿佛像背面女供养人像　2.四川成都市商业街王州子造释迦牟尼佛像背面浮雕上的女供养人像　3.四川汶川三佛造像背面浮雕左侧女供养人像　4.四川成都万佛寺康胜造释迦立像背面浮雕女供养人及女侍像　5.四川成都万佛寺梁释迦立像背面浮雕女供养人及女侍像　6.四川成都市西安路比丘晃藏造释迦石像（H1：3）背面浮雕女供养人及女侍像　7.四川大学博物馆藏释僧显造释迦像背面浮雕女供养人与女侍像　8.四川彭州龙兴寺造像小龛背面浮雕女供养人与女侍像　9.四川成都市西安路张元造释迦多宝石像（H1：5）背面浮雕女供养人与女侍像　10.四川万佛寺观音造像女供养人及女侍像　11.四川成都市西安路圆雕阿育王造像（H1：4）背面浮雕上的女供养人与女侍像

西安路南朝梁太清五年（即天正元年，551年）圆雕阿育王造像（H1∶4）背面浮雕上的女供养人与女侍像[1]（图3-34，11），均为高腰线的式样，但领口似大小均有。

从丹阳胡桥宝山南朝大墓与四川南朝梁佛教石造像背面浮雕女性襦裙图像看，不难发现南齐至梁女性襦裙领口变大、腰线提高的变化趋势。考虑到建康一带为当时的文化中心，大领口、高腰线襦裙的流行可能更早一些。从南齐至梁天监年间，女性襦裙领口相对小，脖颈浅露，下裙束广袖襦，腰线偏低。梁普通年间（不晚于普通六年），女性襦裙依旧保持交领广袖、下裙束襦的基本式样，同时又有了新的变化；上襦领口变大，近乎露肩，下裙腰线提高，近乎齐胸，与之同时，旧有的正常领口、低腰线依旧存在。此后，大领口高腰线襦裙渐成风气，至梁中大通年间逐渐取代小领口成为最流行的式样，这种样式一直持续到南朝梁晚期，小领口似与之并存。

南京灵山萧子恪墓（即南京灵山南朝墓M2）年代为梁大通三年（529年）[2]，其中出土的襦裙女俑[3]，裙束上襦，领口不大，腰线偏上（图3-37，4）。南京张家库南朝墓女俑[4]与萧子恪墓女俑属同一范式，衣着式样极近。南京江宁区胡村南朝墓[5]画像砖上的女性襦裙的腰线、领口式样与张家库墓、萧子恪墓所出者相近，其时代应相去不远（图3-36，3）。可见，大小领口的襦裙是并存的，但腰线虽不及胸，但均偏高。

大领高腰的女装样式，在北朝也非常普遍，南北方出现的时间接近，南朝似更早一些。据前文，同时期的男性单衣中也有这种"大领口"的案例。虽最早一例大领口、高腰线服饰为宋齐时期的广西融安安宁南朝墓男俑单衣，但这种式样服饰的流行始于梁中期，而女性襦裙的"大领口"的流行较男性更早一些。所见南朝陈服饰图像资料极少，1973年发掘的南京灵山南朝大墓，被罗宗真先生判断为陈文帝永宁陵[6]，本书观点与罗宗真先生一致。该墓中出有多例女俑，均穿大领口单衣，作端手状，腰线不可见。北齐、北周至隋，襦裙的样式依旧保持上襦大领口、下裙高腰线及广袖的特征。如河北磁县北齐天保四年（553年）元良墓襦裙装陶女俑[7]、西安北周康业墓围屏线刻画上的襦裙装女侍像[8]和麦积山一六二窟隋代壁画中的襦裙装女供养人像等，可见这种大领高腰襦裙在北方地区一直流行。南朝陈应也延续了梁大领高腰襦裙的式样。

总体来说，自南齐至梁早中期，上襦领口较窄，露脖颈，可见宽腰带，腰线在胸

[1]　成都市文物考古工作队、成都市文物考古研究所：《成都市西安路南朝石刻造像清理简报》，《文物》1998年第11期。

[2]　邵磊：《南京灵山梁代萧子恪墓的发现与研究》，《南京晓庄学院学报》2012年第5期。

[3]　南京市博物馆：《南京市灵山南朝墓发掘简报》，《考古》2012年第11期。

[4]　王志敏、朱江等：《南京六朝陶俑》，中国古典艺术出版社，1958年，第31页。

[5]　南京市博物馆：《南京市江宁区胡村南朝墓》，《考古》2008年第6期。

[6]　罗宗真：《六朝陵墓及其石刻》，《南京博物院集刊》第1辑，南京博物院，1979年。罗宗真：《六朝考古》，南京大学出版社，1994年，第71～74页。

[7]　磁县文物保管所：《河北磁县北齐元良墓》，《考古》1997年第3期。

[8]　西安市文物保护考古所：《西安北周康业墓发掘简报》，《文物》2008年第6期。

部之下，裙长及地。梁中晚期（不晚于普通六年）至陈，上襦多为阔领口，几乎露肩，可见宽腰带，腰线齐胸。因此，大领口、高腰线的襦裙，其时代为梁中晚期；而小领口、裙束上襦的裙装，在南齐至陈一直存在。以女性襦裙的腰线高低、领口大小为依据，作为部分南朝女性襦裙图像资料所属的相对年代的判断依据，进而推测其所属墓葬的时代。

如扬州邗江南朝墓M1，原报告将其年代判断为南朝梁武帝时期[1]；其所出画像砖上的女性形象所着襦裙均由广袖上襦与下裙组成，上襦多为阔领口，几乎露肩，因做拱手于胸前，腰带不可见（图3-35，1）；以此为据，至少可将此墓的相对时代缩小至梁武帝普通年间至太清年间（520～549年）。浙江省余杭南朝画像砖墓M12，原报告将其年代判断为南朝齐梁时期[2]；其画像砖上的女性形象所着襦裙线条虽简单，但大领口与高腰线清晰可辨（图3-35，2）；故可将此墓时代范围缩小至梁普通年间至梁末（520～560年）。江苏常州田社村南朝墓，原报告将其年代定为南朝梁陈时期[3]；其画像砖上的所见女性形象所着襦裙可见明显的大领口与高腰线（图3-35，3），故可将此墓相对年代缩小至梁普通年间至陈末（520～589年）。同理，南京雨花台南朝墓[4]画像砖上女性形象者（图3-35，4）其襦裙也有高腰线及大领口，其该墓相对年代应该也在梁普通年间至陈（520～589年）。湖北襄阳麒麟清水沟南朝墓[5]所出女俑（图3-35，5）与画像砖女像，大领口、小领口两种襦裙并存，因此墓葬年代很可能在梁普通至陈（520～589年）。

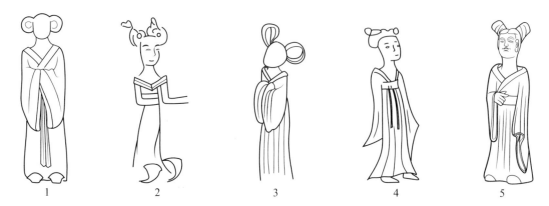

图3-35　南朝梁中晚期之后南朝女性襦裙的大领高腰式样

1.江苏扬州邗江南朝墓M1画像砖女像　2.浙江余杭南朝画像砖墓M12画像砖女像　3.江苏常州田社村南朝墓花纹砖女像　4.江苏南京雨花台南朝画像砖墓画像砖女像　5.湖北襄阳麒麟清水沟南朝墓女俑

[1]　扬州博物馆：《江苏邗江发现两座南朝画像砖墓》，《考古》1984年第3期。

[2]　杭州市文物考古研究所、余杭博物馆：《余杭小横山东晋南朝墓》，文物出版社，2013年，第356页。

[3]　常州市博物馆、武进县博物馆：《江苏常州南郊画像、花纹砖墓》，《考古》1994年第12期。

[4]　南京市博物馆、雨花台区文化广播管理局：《南京市雨花台区南朝画像砖墓》，《考古》2008年第6期。

[5]　襄阳市文物考古研究所：《湖北襄阳麒麟清水沟南朝画像砖墓发掘简报》，《文物》2017年第11期。

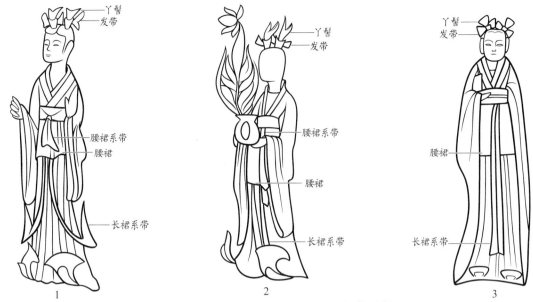

图3-36　南齐之后女性襦裙搭配腰裙的式样

1.湖北襄阳樊城杜甫巷墓地M82画像砖女供养人　2.湖北襄阳贾家冲南朝墓画像砖女供养人　3.江苏南京江宁区胡村南朝墓画像砖女像

除单纯的短衣加长裙的搭配外，南齐之后的襦裙又增加了更多的式样。最普遍的是在短衣长裙外加腰裙，比较典型的图像为襄阳樊城杜甫巷墓地M82画像砖女供养人所穿襦裙[1] 所穿的襦裙，小领口，裙束上襦，垂下细长腰带；长裙外又系腰裙，裙摆长至腹部；以宽带束腰，彰显腰肢，又一重宽腰带垂下（图3-36，1）。襄阳贾家冲南朝墓画像砖女供养人[2]（图3-36，2）、南京江宁区胡村南朝墓[3] 画像砖女性所穿襦裙、（图3-36，3），亦属此类。以上三例女像发式亦如出一辙，均为系发带的丫髻，说明这种穿扮是当时的流行式样。大领口，高腰线的襦裙，亦有搭配腰裙的案例，如襄阳博物馆旧藏"贵妇出游"画像砖，其上女性均襦裙领口近露肩，腰线齐胸，依旧搭配腰裙，内外垂下两重腰带（图1-16，1）。

裲裆衫亦常与襦裙搭配穿。《玉台新咏·近代吴歌九首》："留衫绣两裆，迮置罗裳里。"[4] "两裆"又作"裲裆"，"裳"即是"裙"。《释名》："裲裆，其一当胸、其一当背，因之名也。"[5] 从这段注释可知，裲裆形制如同今天的背心；裲裆衫搭配襦裙，相当于女性穿襦裙后再多加一件背心。裲裆，本为内衣，从晋代起，逐渐外穿，干

[1]　襄阳市博物馆、襄阳市文物考古研究所等：《天国之享——襄阳南朝画像砖艺术》，科学出版社，2016年，第126页。

[2]　襄樊市文物管理处：《襄阳贾家冲画像砖墓》，《江汉考古》1986年第1期。

[3]　南京市博物馆：《南京市江宁区胡村南朝墓》，《考古》2008年第6期。

[4]　（陈）徐陵编、（清）吴兆宜等注补、穆克宏点校：《玉台新咏笺注》下册，中华书局，1985年，第482页。

[5]　（汉）刘熙：《释名》，中华书局，1985年，第79页。

宝《搜神记》："元康末，妇人出两裆，加乎交领之上。此内出外也。"[1] 所见汉六朝时期的图像资料中，有不少儿童仅穿内衣，即裲裆。如东汉彭城相缪宇墓画像石的童子像 [2]、南京江宁官家山六朝早期墓漆盘的彩绘童子像 [3]、南京江宁上坊孙吴墓漆盘盖上的彩绘童子像 [4]（图 3-37，1），儿童均着裲裆。《女史箴图》中所见的幼儿像衣着式样比较清晰，其中裲裆衫已经"内出外"，肩部有两根宽布带，式样与今天的"吊带裙"类似（图 3-37，2）。干宝《搜神记》中描述女子的衣着："木中有好妇人，形体如生人，着白练衫，丹绣裲裆。"[5] 已发现的东晋图像资料中不见穿裲裆女性的案例。南朝图像资料中有女子穿裲裆搭配襦裙的图例，时代均为齐梁之际，《乐府诗集》收录有南朝梁横吹曲辞，其中有这样的句子："阳春二三月，单衫绣裲裆。"[6] 开春出游时，将裲裆加在单衫外，既保暖又方便活动。河南邓县南朝墓画像砖上的出游贵妇形象者 [7]（图 3-37，4），就是在广袖襦裙外加裲裆，南京灵山萧子恪墓女俑 [8]（图 3-37，3）、江苏常州戚家村南朝墓画像砖上的女性形象者（图 3-37，5），亦为此类。以上三例资料中的女性，均在襦裙外加裲裆，裲裆式样如今天的"吊带短裙"，肩带尺幅较宽，裙摆长至腹部。湖北谷城肖家营墓 M40 女俑 [9]（图 3-37，6），亦是在广袖襦裙外加裲裆，裲裆为宽肩带，因年久脱色，裲裆裙摆不易识别，无法确定是裲裆是短裙还是长裙的式样。

上述南朝女性图像中，抽鬟发式较为常见，该种发式，先结发于头顶，再抽鬟直上，束鬟发式应是《宋书·五行志》所载的"飞天紒"。如四川所见南朝造像中女供养人像（图 3-34，1）、邓县南朝墓画像砖上的出游贵妇像（图 3-37，4）、湖北谷城肖家营南朝墓女俑（图 3-37，6）等，均为此类。《宋书·五行志》记载飞天紒"始自东府，流被民庶"的现象预示着"时司徒彭城王义康居东府，其后卒以陵上徙废"[10] 的事件。而该发式本身与这一事件无关，故类似发式在南朝中晚期依旧比较流行。

南朝中晚期，双鬟亦是年轻女性常用的发式。陈后主《三妇艳词十一首》："小妇初两鬟，含娇新脸红。"[11] 四川南朝造像背后的供养人浮雕像中，梳双鬟者多矮小，看似年轻一些。双鬟为古代未婚女性的标志。杜甫《负薪行》："夔州处女发半华，

[1]　（晋）干宝撰、汪绍楹校注：《搜神记》，中华书局，1979 年，第 93 页。
[2]　南京博物院、邳县文化馆：《东汉彭城相缪宇墓》，《文物》1984 年第 8 期。
[3]　南京市博物馆：《江苏江宁官家山六朝早期墓》，《文物》1986 年第 12 期。
[4]　南京市博物馆、南京市江宁区博物馆：《南京江宁上坊孙吴墓发掘简报》，《文物》2008 年第 12 期。
[5]　（晋）干宝撰、汪绍楹校注：《搜神记》，中华书局，1979 年，第 206 页。
[6]　（宋）郭茂倩编：《乐府诗集》第一册，中华书局，1979 年，第 364 页。
[7]　河南省文化局文物工作队：《邓县彩色画象砖墓》，文物出版社，1959 年，第 23 页。
[8]　常州市博物馆：《常州南郊戚家村画像砖墓》，《文物》1979 年第 3 期。
[9]　襄樊市考古队、谷城县博物馆：《湖北谷城县肖家营墓地》，《考古》2006 年第 11 期。
[10]　（梁）沈约：《宋书》第三册，中华书局，1974 年，第 890 页。
[11]　（宋）郭茂倩编：《乐府诗集》第二册，中华书局，1979 年，第 519 页。

图3-37　六朝各式裲裆

1.江苏南京江宁上坊孙吴墓出土漆盘盖上的童子画像　2.顾恺之《女史箴图》中的幼儿画像　3.河南邓县南朝墓出游画像砖女像　4.江苏南京灵山萧子恪墓女俑　5.江苏常州戚家村南朝墓画像砖女像　6.湖北谷城肖家营墓M40女俑

四十五十无夫家……至老双鬟只垂颈，野花山叶银钗并。"就是描述女性至老未嫁，仍梳双鬟[1]。双鬟始于何时不可考，在东汉图像资料中，已有这种发式，如四川彭山汉代崖墓即出有双鬟女俑[2]。丹阳胡桥宝山南朝大墓女俑[3]，也是双鬟。双鬟图像资料以南北

---

[1]　上海市戏曲学校中国服装史研究组：《中国历代妇女妆饰》，学林出版社，1988年，第37页。

[2]　南京博物院：《四川彭山汉代崖墓》，文物出版社，1991年，第75页。

[3]　南京博物院：《江苏丹阳县胡桥、建山两座南朝墓葬》，《文物》1980年第2期。

朝时期为多，从目前所见，北朝的双鬟髻流行时间大体与南朝相当。双髻的式样较丰富，多为中分发后，左右盘髻，如湖北襄阳麒麟清水沟南朝墓女俑（图3-35，5）；亦有左右结环者，后世称之为"双鬟"，如常州田舍村南朝画像砖女像（图3-35，3）、常州戚家村南朝墓画像砖女像（图3-37，4），即为此类；还有在头顶束两个对称直竖小辫，系以丝带，因为看似"丫"字，被后世命名为"丫髻"，如江宁胡村南朝墓画像砖女像，襄阳贾家冲画像砖墓女俑，均属此类（图3-36）。除此之外，还有更复杂的双髻式样，如先在左右盘髻再结环（图3-40，2）、先在头顶结发再抽髻（图1-18，4）等。又因女侍多为年轻未婚女性，梳"丫髻""双鬟"发式者居多，后人将年轻女侍称为"丫鬟""丫头"。

巾帼是汉六朝女性常用的头饰，在东晋南朝一直是外命妇祭礼服的首服，东晋南朝巾帼女俑均有发现。南朝巾帼女俑外观多雷同，可能是因为这种女俑身份为女侍，地位比较低，所穿的广袖襦裙样式变化不大，也有可能是当时随葬陶俑中比较常用的一种范式，自刘宋中期定型后一直沿用。除南京外，巾帼女俑在浙江、江西等地亦有出土。南齐至陈的巾帼女俑，外观多与刘宋巾帼女俑雷同；所见均拱手于胸前，袖口垂至腹部以下膝之上，襦长及腰腹，裙长及地面（图3-38，1、2）。与此同时，戴巾帼，穿窄直袖襦裙的女俑未完全消失，在南朝中晚期墓葬中依旧有发现，但数量极少，如南京雨花台石子岗南朝砖印壁画墓 M5 中，即有窄直袖襦裙巾帼女俑与广袖襦裙巾帼女俑两种[1]。有可能这两种襦裙并存了一段时间，但就流行程度看，广袖襦裙要远远

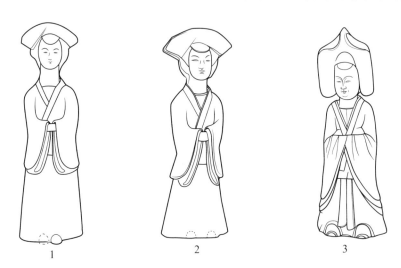

图3-38　南朝齐之后南朝女性襦裙上襦不束入下裙的式样列举

1.江苏南京童家山南朝墓女俑　2.江西南昌县小兰乡南朝墓女俑　3.江苏南京博物院藏江苏南京西善桥出土南齐女俑

---

[1]　南京市博物馆、南京雨花台区文物局：《南京雨花台石子岗南朝砖印壁画墓（M5）发掘简报》，《文物》2014 年第 5 期。

超过直袖襦裙。此外，丹阳胡桥宝山南朝大墓女俑[1]，南京博物院藏南京西善桥出土南齐女俑（图 3-38，3），发式均为"十字髻"；服饰为广袖襦裙，上襦长及腹部；女俑拱手胸前袖口垂至膝下，裙不束襦，腰带下垂可见，足服似为高履。由此可见，这种上襦下垂、不束入下裙的穿法在南齐至陈依然存在。

二　单衣与裤褶服

从相关图像资料看，东晋南朝女性日常服饰以襦裙装为主。也有穿单衣与裤褶服的实例，但所占比例很小。

南京江宁东善桥南朝墓出有一件女俑[2]，腰系带，难以判断是上下连属的袍服还是分体的裙装，因其腰带较细，未围至后腰，更近似袍服（图 3-39，1）。暂将其列为直袖单衣，从服饰特征看，其时代应为刘宋早期。前文已经提及，《晋书》《宋书》中均记载有"女尚书"。女尚书穿着打扮与男性相同，头戴武冠、平上帻，身穿男式单衣。如南京灵山南朝大墓武冠女俑[3]（图 1-27，1），所见为此。武冠女俑的衣着应不属于日常服饰一类，但南京灵山南朝大墓中也有梳双髻穿单衣的女俑（图 3-39，2）。另在南京花神庙南朝墓所见的丫髻女俑[4]（图 3-39，3），也似着单衣。

两晋女性穿衣裤装的记载，最早见于《世说新语》中说王武子家"婢子百余人，皆绫罗绔襹"[5]，绔同袴（裤），襹即上衣，绔襹即是裤褶。《艺文类聚·布帛部》引《世说新语》这一段时，则直接说："婢子百馀人，皆绫罗袴（裤）褶"[6]。东晋穿裤褶女性图例鲜见，南朝女侍穿裤褶的实例相对多一些，已发现的南朝裤褶装女性形象，时代均为南朝中晚期。南京灵山南朝大墓女俑[7]即穿裤褶，其双髻垂鬟，广袖阔裤，一臂端起，一臂下垂（图 3-40，1）。阎立本《历代帝王图》中，陈文帝身后二侍女亦是裤褶装扮（图 3-40，2），均与南京灵山南朝大墓女俑如出一辙。广西壮族自治区融安县南朝梁天监十八年（519 年）墓的滑石女侍俑，其发式为双鬟、身穿广袖裤褶、高头履[8]（图 3-40，3）。湖北谷城肖家营南朝墓女俑，丫髻、身穿广袖裤褶、圆头小履[9]。

女性穿裤褶的现象，亦见于北方考古图像资料。十六国时期者，如咸阳市头道塬

---

[1]　南京博物院：《江苏丹阳县胡桥、建山两座南朝墓》，《文物》1980 年第 2 期。

[2]　吴学文：《江苏江宁东善桥南朝墓》，《考古》1978 年第 2 期。

[3]　南京市博物馆：《六朝风采》，文物出版社，2004 年，第 294 页。

[4]　南京市博物馆、南京市雨花台区文管会：《江苏南京市花神庙南朝墓发掘简报》，《考古》1998 年第 8 期。

[5]　（宋）刘庆义撰、徐震堮著：《世说新语校笺》，中华书局，1984 年，第 469 页。

[6]　（唐）欧阳询：《艺文类聚》，中华书局，1965 年，第 1460 页。

[7]　南京市博物馆编：《六朝风采》，文物出版社，2004 年，第 299 页。

[8]　广西壮族自治区文物工作队：《广西壮族自治区融安县南朝墓》，《考古》1983 年第 9 期。

[9]　襄樊市考古队、谷城县博物馆：《湖北谷城县肖家营墓地》，《考古》2006 年第 11 期。

1　　　　　　　　2　　　　　　　　3

图3-39　南朝单衣女俑

1.江苏南京江宁东善桥南朝墓女俑　2.江苏南京灵山南朝大墓女俑　3.江苏南京花神庙南朝墓女俑

十六国墓女俑，其发式似撷子髻；属该时期且女性穿衣裤的图像资料并不罕见 [1]。又如甘肃酒泉丁家闸十六国五号墓壁画中，墓主身边有衣裤装女侍 [2]（图 3-41，1）。北魏时期者，如洛阳宁懋墓线刻丫髻裤褶侍女形象者 [3]（图 3-41，2），其时代为北魏孝昌三年（527 年）。北齐者，如山西太原娄睿墓双髻女俑 [4]，甚至如男性一样在近膝处缚裤（图 3-41，3）。可见，在两晋南北朝时期，北方女性穿衣裤装的现象较南方更早。

　　裤褶严格说属男装类。《礼记·内则》云："男女不通衣裳。" [5] 西汉以来，儒学在意识形态上占据着统治地位。在以儒学价值标准为导向的社会环境下，服饰制度是"礼"的重要组成部分，已经成为一种行为甚至道德规范。服制代表的是等级和身份，同时体现了男女之间不可逾越的界限。《南史》载："（南齐时）东阳女子娄逞变服诈为丈夫，粗知围棋，解文义，遍游公卿，仕至扬州议曹从事。事发，明帝驱令还东。逞始作妇人服而去，叹曰：'如此之伎，还为老妪，岂不惜哉。'此人妖也。阴而欲为阳，事不果故泄，敬则、遥光、显达、慧景之应也。" [6] 可见在儒家的道德体系下，历朝历代在服饰上僭越逾制都是绝不允许的。违反服制的行为也与灾异学术联系起来，预示

[1]　咸阳市文物考古研究所：《陕西咸阳市头道塬十六国墓葬》，《考古》2005 年第 6 期。

[2]　张宝玺：《嘉峪关酒泉魏晋十六国墓壁画》，甘肃人民美术出版社，2001 年，第 316 页。

[3]　郭建邦：《北魏宁懋石室和墓志》，《河南文博通讯》1980 年第 2 期。

[4]　山西省考古研究所、太原市文物考古研究所：《北齐东安王娄睿墓》，文物出版社，2006 年，第 116 页。

[5]　（清）孙希旦：《礼记集解》，中华书局，1989 年，第 735 页。

[6]　（唐）李延寿：《南史》第四册，中华书局，1975 年，第 1143 页。

图3-40　南朝女性裤褶服

1.江苏南京灵山南朝大墓女俑　2.阎立本《历代帝王图》陈文帝侍女　3.广西融安县南朝墓女俑

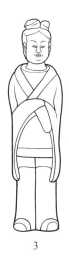

图3-41　十六国北朝女性裤褶服

1.甘肃酒泉丁家闸十六国五号墓壁画女侍　2.河南洛阳宁懋墓的丫髻裤褶侍女　3.山西太原娄睿墓双髻女俑

着祸乱，被称为“服妖”[1]。

两晋南北朝时期，北方少数民族较多，可能对女着男装不十分看重。与女性衣裙相比，男装尤其是衣裤装更加便于行动，所以受到少数民族青睐。而在南方，对女性穿男装还是有所顾忌的。已发现的南朝穿裤褶服的女性形象者，身份均为侍女，地位比较低。当然，南朝女性所穿裤褶与同时期的男性所穿者还是有较大区别的；女性所穿裤褶衣袖与童子裤褶类似，较成年男性更为宽大，且从不束裤，看似裙装。女侍穿裤褶的主要原因应该是因为其利于行动，可以更好地劳动。

---

[1]　李剑国、孟琳：《简论唐前“服妖”现象》，《武汉大学学报（人文科学版）》2006年第7期。

第三节 东晋南朝男女日常服饰的型式

一 东晋南朝男性日常服饰的型式

东晋南朝时期的男性日常服饰图像资料，多见于江苏南京一带，为陶俑或砖画。浙江、福建、广东、广西、江西等地区，所见者较少。而湖北、河南、陕西等南北方交界处，所见者多，且体现出南北服饰交流的特征。根据身衣不同，东晋南朝男性日常服饰可分为单衣与裤褶服二类。

（一）单衣

单衣为东晋南朝时袍类长衣的专有名称，上下连属，衣长及地。按与单衣搭配的首服不同，可分六型。

A 型 平上帻。

是东晋南朝与单衣最常见的搭配。按衣袖、领口及腰线的变化可分为三式。

Ⅰ式 直袖（即衣袖上下宽度一致），窄领口，腰线在胸以下。

仅见于东晋至刘宋早期。如南京象山 7 号墓东晋永昌元年陶侍俑 [1]（图 3-42，1）、徐州内华东晋晚期陶俑 [2]（图 3-42，2）、南京江宁谷里街道九岛梦都工地陶俑 [3]（图 3-5，4）等，均头戴平上帻，身穿直袖单衣；交领、窄领口，腰线在胸以下；衣长及地，下缘掩足。

Ⅱ式 广袖（即上臂袖窄，下臂袖宽，袖端不收口的"喇叭状"袖式），窄领口，腰线在胸以下。

多见于南朝中晚期。多交领，衣长多及地，穿小履、高履者皆有。如南京灵山南朝墓石男侍俑 [4]（图 3-42，3）、河南邓县南朝画像砖墓文吏俑 [5]，均穿高履（图 3-5，6）。南京板桥南朝墓男俑 [6]，穿小履（图 3-5，5）。

Ⅲ式 广袖（即上臂袖窄，下臂袖宽，袖端不收口的"喇叭状"袖式），宽领口，腰线齐胸。

多见于南梁中后期。实例较少。衣长多及地，下缘不掩足，足服多为高头履。如

---

[1] 南京市博物馆：《南京象山 5 号、6 号、7 号墓清理简报》，《文物》1972 年第 11 期。

[2] 徐州博物馆：《徐州内华发现南北朝陶俑》，《文物》1999 年第 3 期。

[3] 江宁博物馆、东晋历史文化博物馆：《东山撷芳——江宁博物馆暨东晋历史文化博物馆馆藏精粹》，文物出版社，2013 年。

[4] 南京市博物馆：《六朝风采》，文物出版社，2004 年，第 269 页。

[5] 河南省文化局文物工作队：《邓县彩色画象砖墓》，文物出版社，1959 年，第 24、26 页。

[6] 南京市博物馆：《南京郊区两座南朝墓》，《考古》1983 年第 4 期。

图3-42 A型男性单衣

1.A型Ⅰ式江苏南京象山7号东晋墓男俑 2.A型Ⅰ式江苏徐州内华出土东晋男俑 3.A型Ⅱ式江苏南京灵山南朝大墓男俑 4.A型Ⅲ式江苏扬州邗江南朝墓画像砖男像

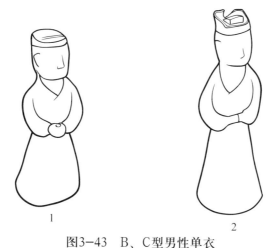

图3-43 B、C型男性单衣

1.B型江苏南京象山7号东晋墓男俑 2.C型江苏南京象山7号东晋墓男俑

扬州邗江南朝梁武帝中期墓画像砖上的文吏像[1]（图3-42，4），所见交领、宽大领口、衣长及地，足服为高头履。

B型 丧帻。

东晋南朝时期单衣与丧帻的搭配，目前仅见东晋早期的实例。如东晋永昌元年（322年）的南京象山7号墓陶俑[2]，其单衣为直袖，窄领口，腰线在胸以下，衣长及地，下缘掩足（图3-43，1）。单衣与丧帻的搭配，上可追至西晋。如洛阳孟津晋墓

---

[1] 扬州博物馆：《江苏邗江发现两座南朝画像砖墓》，《考古》1984年第3期。

[2] 南京市博物馆：《南京象山5号、6号、7号墓清理简报》，《文物》1972年第11期。

男侍俑[1]、偃师西晋帝陵陪陵男侍俑[2]、河南荥阳苜蓿洼西晋墓男侍俑[3]（图3-4，2）等，均为此。东晋初的此类穿扮，应该是沿袭西晋，东晋中期后则逐渐不再流行。

C型　介帻。

介帻与单衣搭配者，目前仅见东晋早期者。如纪年为东晋永昌元年（322年）的南京象山7号墓陶侍俑[4]，便为这样的穿扮；单衣为直袖，腰线齐胸，衣长及地，下缘掩足（图3-43，2）。

D型　帢。

东晋至南朝早期帢与单衣搭配者，未见实例，但见诸文献，同时期北方相关考古资料中，亦可见其式样。南朝中晚期帢与单衣搭配者，江苏一带未见实例，但在四川地区南朝佛教石造像背面的供养人浮雕形象上多有反映。按衣袖、领口及腰线的变化，可分为三式。

I式　宽直袖（即衣袖上下宽度一致），窄领口，腰线在胸以下。

东晋南朝本无实例，但文献中不乏东晋"白帢单衣"的记载，故推测东晋至南朝早期，应有此类服饰。同时代的司马金龙墓屏风漆画中"臣元"（图3-6，1）、炳灵寺一六九窟壁画男供养人（图3-6，2）均穿此类服饰，由此推测东晋至南朝早期帢与单衣搭配的式样。

II式　广袖（即上臂袖窄，下臂袖宽，袖端不收口的"喇叭状"袖式），窄领口，腰线在胸以下。

多见于南朝中期（下限为梁普通年间）。如成都商业街南朝造像（90CST⑤：8）背面浮雕男供养人像[5]（图3-6，3）；成都市西安路南朝梁天监三年（504年）比丘法海造无量寿佛像背面男供养人像[6]（图3-11，1）；成都市商业街梁天监十年（511年）王州子造释迦牟尼佛像背面浮雕上的男供养人像[7]（图3-44，1）；四川汶川南朝梁普通年间三佛造像背面浮雕上的男供养人像[8]（图3-11，3）。这些实例衣着为交领，衣长多及地，下缘不掩足，足服多为高头履。

III式　广袖（即上臂袖窄，下臂袖宽，袖端不收口的"喇叭状"袖式），宽领口，

[1]　洛阳市文物工作队：《洛阳孟津晋墓、北魏墓发掘简报》，《文物》1991年第8期。

[2]　洛阳市第二文物工作队、偃师市文物局：《河南偃师市首阳山西晋帝陵陪葬墓》，《考古》2010年第2期。

[3]　杨洪峰、刘良超、于宏伟：《河南荥阳苜蓿洼墓地西晋墓M18发掘简报》，《中原文物》2014年第3期。

[4]　南京市博物馆：《南京象山5号、6号、7号墓清理简报》，《文物》1972年第11期。

[5]　张肖马、雷玉华：《成都市商业街南朝石刻造像》，《文物》2001年第10期。

[6]　成都市文物考古工作队、成都市文物考古研究所：《成都市西安路南朝石刻造像清理简报》，《文物》1998年第11期。

[7]　张肖马、雷玉华：《成都市商业街南朝石刻造像》，《文物》2001年第10期。

[8]　雷玉华、李裕群等：《四川汶川出土的南朝佛教石造像》，《文物》2007年第6期。

1　　　　　　　2　　　　　　　　　　　　3　　　　　　　4

图3-44　D、F型男性单衣

1.D型Ⅱ式成都市梁天监十年王州子造释迦牟尼佛像背面浮雕男供养人像　2.D型Ⅲ式四川大学博物馆藏南朝释僧显造释迦像背面浮雕男供养人像　3.F型Ⅰ式闽侯古城村南朝墓M1砖画男供养人像　4.F型Ⅱ式成都万佛寺康胜造释迦立像背面浮雕男供养人像

腰线齐胸。

多见于南朝晚期（上限为梁普通年间）。所见实例衣长多及地，下缘不掩足，足服多为高头履。如四川大学博物馆藏梁中大通四年（532年）释僧显造释迦像背面浮雕上的男供养人像[1]（图3-44，2）；成都万佛寺梁中大通五年（533年）上官法光造释迦立像背面浮雕上的男供养人像[2]（图3-11，8）；四川彭州龙兴寺梁中大通五年（533年）造像小龛背面浮雕上的男供养人像[3]；成都市西安路南朝梁大同十一年（545年）张元造释迦多宝石像（H1∶5）背面浮雕上的男供养人像[4]（图3-11，9）；四川万佛寺出土梁中大同三年（即太清二年，548年）观音造像男供养人像[5]等。

E型　皮弁。

东晋者未见实例，但传世绘画及同时期相关资料中可见此类服饰。南朝者迄今仅见一例。按衣袖、领口及腰线的变化，可分为二式。

Ⅰ式　宽直袖（即衣袖上下宽度一致），窄领口，腰线在胸以下。

如唐摹《女史箴图》中有数例穿皮弁单衣者（图2-7，1），司马金龙墓漆画屏风中"帝舜"亦穿皮弁单衣（图3-7，3）。

[1]　霍巍：《四川大学博物馆收藏的两尊南朝石刻造像》，《文物》2001年第10期。

[2]　刘志远、刘廷璧：《成都万佛寺石刻艺术》，中国古典艺术出版社，1958年，第5页。

[3]　彭州市博物馆、成都市文物考古研究所：《四川彭州龙兴寺出土石造像》，《文物》2003年第9期。

[4]　成都市文物考古工作队、成都市文物考古研究所：《成都市西安路南朝石刻造像清理简报》，《文物》1998年第11期。

[5]　袁曙光：《四川省博物馆藏万佛寺石刻造像整理简报》，《文物》2001年第10期。

Ⅱ式 广袖（即上臂袖窄，下臂袖宽，袖端不收口的"喇叭状"袖式），窄领口，腰线在胸以下。

如襄阳贾家冲南朝画像砖墓砖画男性衣着，为皮弁与单衣的搭配，单衣为交领广袖[1]（图3-7，6）。

F型 纱帽。

实例较少，仅见于南朝中晚期。与纱帽搭配的单衣，均为交领广袖。按衣袖、领口及腰线的变化，可分为二式。

Ⅰ式 广袖（即上臂袖窄，下臂袖宽，袖端不收口的"喇叭状"袖式），窄领口，腰线在胸以下。

如福建闽侯古城村南朝墓M1[2]砖画上戴纱帽穿单衣男性（图3-44，3），时代大概在南朝齐梁之际。

Ⅱ式 广袖（即上臂袖窄，下臂袖宽，袖端不收口的"喇叭状"袖式），宽领口，高腰线。

如福建闽侯南屿南朝墓[3]花纹砖戴纱帽穿单衣男性（图3-8，2），时代大概在萧梁。又如四川成都万佛寺南朝梁普通六年释迦立佛龛背面的男供养人浮雕像，似戴纱帽，穿单衣[4]（图3-8，3）；成都万佛寺梁普通四年康胜造释迦立像背面浮雕上的男供养人像[5]（图3-44，4）亦如此。

（二）裤褶服

裤褶服即短衣搭配长裤的穿扮。按与其搭配首服的差异，可分六型。

A型 平上帻。

东晋、南朝时期与裤褶搭配最多的首服。按衣袖差异可分二亚型。

Aa型 直袖。

即衣袖上下宽度一致。穿直袖裤褶者多身份较低，属仆役一类。按照袖口布幅宽窄的变化，可分二式。

Ⅰ式 窄袖。

多见于东晋至南朝早期。裤褶由窄直袖上衣与阔口裤组成，上衣长至腰腹部，裤不掩足，脚穿小履。如南京郭家山东晋温氏家族墓M10武俑[6]（图3-17，3）、镇江丁

---

[1] 襄樊市文物管理处：《襄阳贾家冲画像砖墓》，《江汉考古》1986年第1期。

[2] 福建博物院：《闽侯县古城村南朝墓发掘简报》，《福建文博》2012年第4期。

[3] 福建省博物馆：《福建闽侯南屿南朝墓》，《考古》1980年第1期。

[4] 刘志远、刘廷壁：《成都万佛寺石刻艺术》，中国古典艺术出版社，1958年，第1～5页。

[5] 袁曙光：《四川省博物馆藏万佛寺石刻造像整理简报》，《文物》2001年第10期。

[6] 南京市博物馆：《南京市郭家山东晋温氏家族墓》，《考古》2008年第6期。

1 　　　　　　　　2 　　　　　　　　3

图3-45　Aa型Ⅰ式男性裤褶服

1.江苏南京郎家山东晋晚期墓男俑　2.江苏徐州内华出土东晋男俑　3.江苏南京雨花台华为工地出土南朝早期男俑

卯"江南世家"工地东晋中晚期墓（M2）男侍俑[1]（图3-19，1），南京郎家山东晋晚期墓男侍俑[2]（图3-45，1）、徐州内华东晋陶俑[3]（图3-45，2）、南京太平门外刘宋元徽二年明昙憘墓陶侍俑[4]（图3-18，4）、南京雨花台华为工地出土南朝早期俑（图3-45，3）等。

Ⅱ式　宽袖。

多见于南朝中晚期。裤褶由宽直袖上衣与阔口裤组成，上衣长至腰腹部，交领，裤不掩足，均在近膝处缚裤，脚穿小履，系围布、不系围布者均有。如江苏丹阳金王陈村南朝齐墓砖画仪卫像[5]（图3-20，1），南京栖霞灵山大浦塘村南朝墓男俑[6]（图3-46，1）、湖北谷城肖家营南朝墓男俑[7]（图3-46，2）、湖北襄阳贾家冲南朝画像砖墓陶俑[8]（图3-20，2）与同墓画像砖上的男侍像[9]（图3-46，3），河南邓县南朝画像砖墓男俑[10]（图3-20，4、5）等。

[1]　镇江市博物馆、镇江市文管办：《镇江丁卯"江南世家"工地六朝墓》，《东南文化》2008年第4期。

[2]　南京市文物保管委员会：《南京六朝墓清理简报》，《考古》1959年第5期。

[3]　徐州博物馆：《徐州内华发现南北朝陶俑》，《文物》1999年第3期。

[4]　南京市文物管理委员会：《南京太平门外刘宋明昙憘墓》，《考古》1976年第1期。

[5]　南京博物院：《江苏丹阳县胡桥、建山两座南朝墓葬》，《文物》1980年第2期。

[6]　南京六朝博物馆藏。

[7]　襄樊市考古队、谷城县博物馆：《湖北谷城县肖家营墓地》，《考古》2006年第11期。

[8]　襄樊市文物管理处：《襄阳贾家冲画像砖墓》，《江汉考古》1986年第1期。

[9]　襄樊市文物管理处：《襄阳贾家冲画像砖墓》，《江汉考古》1986年第1期。

[10]　河南省文化局文物工作队：《邓县彩色画象砖墓》，文物出版社，1959年，第39、41、42、45～47页。

1　　　　　　　　　　　2　　　　　　　　　　　3

图3-46　Aa型Ⅱ式男性裤褶

1.江苏南京栖霞灵山大浦塘村南朝墓男俑　2.湖北谷城肖家营南朝墓男俑　3.湖北襄阳贾家冲南朝墓画像砖男侍像

1　　　　　　　　2　图3-47　Ab型男性裤褶[3]　　　　4

1.江苏南京雨花台区华为工地出土南朝男俑　2.江苏南京南郊景家村六朝墓M13文吏俑　3.江西南昌小兰乡南昌墓文吏俑　4.浙江嵊州祠堂山南朝墓文吏俑

　　Ab型　广袖。

　　即上臂袖窄，下臂袖宽，袖端不收口的"喇叭状"袖式。着广袖裤褶者多为文吏一类，身份似比直袖裤褶高一些。

　　广袖裤褶始见于南朝早期，由广袖上衣与阔口裤组成，上衣长至膝部，不束裤。南朝早期案例如南京太平门外刘宋明昙憘墓文吏俑（图3-23，1）、南京雨花台华为工地出土的南朝男俑[1]（图3-47，1）。至南朝中晚期，穿此类裤褶的男俑范式趋同，如南

　　　　———————————
　　　　[1]　南京六朝博物馆藏。

京南郊景家村南朝早期墓（M13）文吏俑[1]（图3-47，2），南京雨花台石子岗南朝中晚期画像砖墓（M5）文吏俑[2]（图3-23，2），南京童家山南朝墓文吏俑[3]，南昌小兰乡南朝墓文吏俑[4]（图3-47，3），嵊州市祠堂山汉六朝墓文吏俑[5]（图3-47，4）和常州戚家村南朝画像砖墓仪卫像[6]（图3-23，3）等；均是穿广袖裤褶。

B 型　袭帻。

多见于东晋至南朝早期。裤褶由交领直袖上衣与阔口裤组成，上衣长至腰腹部，袖口较窄，裤多掩足。如南京小行地铁工地出土东晋男俑[7]（图3-48，1），南京北固山东晋升平五年墓武士俑[8]（图3-17，2），南京郭家山东晋温氏家族墓 M12 陶武俑[9]（图3-48，2），南京苜蓿园东晋墓 M2 陶侍俑[10]。也有裤不掩盖足的例子。如徐州内华东晋晚期陶俑（图3-18，1）和南京中央门外新宁砖瓦厂六朝墓男俑[11]（图3-18，2），二者均穿阔口裤，不束裤，脚穿小履。

图3-48　B、C型男性裤褶

1.B型江苏南京小行地铁工地出土东晋男俑　2.B型江苏南京郭家山东晋温氏家族墓M12武士俑　3.C型江苏南京雨花台区西善桥刘宋墓（M19）男俑　4.C型江苏南京雨花台区景家村南朝墓M10男俑

[1]　南京市博物馆：《南京考古资料汇编》，凤凰出版社，2013年，第1474页。

[2]　南京市博物馆、南京市雨花台区文化局：《南京雨花台石子岗砖印壁画墓（M5）发掘简报》，《文物》2014年第5期。

[3]　南京市博物馆：《南京童家山南朝清理简报》，《考古》1985年第1期。

[4]　涂伟华：《江西南昌县小兰乡南朝墓葬出土彩色陶俑》，《南方文物》2006年第4期。

[5]　浙江省文物考古研究所、嵊州市文物管理处：《嵊州市祠堂山汉六朝墓发掘简报》，《东方博物》第四十七辑，浙江大学出版社，2013年。

[6]　常州市博物馆：《常州南郊戚家村画像砖墓》，《文物》1979年第3期。

[7]　南京六朝博物馆藏。

[8]　南京市博物馆：《南京市北郊东晋墓发掘简报》，《考古》1983年第4期。

[9]　南京市博物馆：《南京市郭家山东晋温氏家族墓》，《考古》2008年第6期。

[10]　南京博物院：《南京中山门外苜蓿园东晋墓清理简报》，《考古通讯》1958年第4期。

[11]　南京市文物保管委员会：《南京六朝墓清理简报》，《考古》1959年第5期。

C 型　施裙之帽。

多见于东晋中期至南朝早期，与裤褶服搭配。裤褶由交领直袖上衣与阔口裤组成，上衣长至腰腹部，袖口较窄，裤多不掩足，露出小履。如南京迈皋桥小营村东晋墓男俑[1]、徐州内华东晋墓男俑[2]（图3-18，5）、南京雨花台区西善桥刘宋墓（M19）男俑[3]（图3-48，3）、南京雨花台区景家村南朝墓 M10 男俑[4]（图3-48，4）等。

D 型　莲叶帽。

见于南朝中晚期，与裤褶服搭配，目前多发现于南北方交界处的南朝墓中。裤褶服由宽直袖交领上衣与阔口裤组成，上衣长至腰腹，近膝处缚裤，脚穿小履。如陕西安康长岭南朝墓仆役俑[5]（图3-21，1）、河南邓县南朝墓画像砖上的鼓吹像（图3-21，2，图3-24，2）、襄阳市博物馆藏鼓吹奏乐画像砖吹角者像（图3-49，1）。

E 型　巾。

见于南朝中晚期，与裤褶服搭配，目前多发现于南北方交界处的南朝墓中。裤褶服由宽直袖交领上衣与阔口裤组成，上衣长至腰腹，近膝处缚裤，脚穿小履。如湖北襄阳贾家冲画像砖墓男俑[6]（图3-22，1），陕西安康长岭南朝墓男俑[7]（图3-22，2），

图3-49　D、E型男性裤褶

1.D型湖北襄阳市博物馆藏鼓吹奏乐画像砖吹角者像　2.E型河南邓县南朝画像砖墓男俑

[1]　南京市博物馆：《南京迈皋桥小营村发现东晋墓》，《考古》1991年第6期。

[2]　徐州博物馆：《徐州内华发现南北朝陶俑》，《文物》1999年第3期。

[3]　南京市博物馆、雨花台区文化广播电视局：《南京市雨花台区西善桥南朝刘宋墓》，《考古》2013年第4期。

[4]　南京市博物馆：《南京考古资料汇编》，凤凰出版社，2013年，第1470页。

[5]　李启良、徐信印：《陕西安康长岭南朝墓清理简报》，《考古与文物》1986年第3期。

[6]　襄樊市文物管理处：《襄阳贾家冲画像砖墓》，《江汉考古》1986年第1期。

[7]　李启良、徐信印：《陕西安康长岭南朝墓清理简报》，《考古与文物》1986年第3期。

湖北谷城县肖家营南朝墓男俑[1] 和河南邓县南朝画像砖墓男俑[2]（图3-49，2）等。

F 型　双髻（即童子裤褶）。

东晋、南朝时期童子无首服，直接穿裤褶。按衣袖差异可分二亚型。

Fa 型　直袖。

即衣袖上下宽度一致。

Ⅰ式　窄袖。

目前仅见于徐州内华东晋墓童子俑（图3-25，1）。双髻，裤褶由窄直袖上衣与阔口裤组成，上衣长至腰腹部，裤不掩足，脚穿小履。

Ⅱ式　宽袖。

见于南朝中晚期，南朝政域内均有发现。裤褶由宽直袖上衣与阔口裤组成，上衣长至腰腹部，交领，裤不掩足，均在近膝处缚裤，脚穿小履（或芒鞋），系围布，为便于劳作。如邓县南朝墓画像砖童子像[3]（图3-50，1），其均捧执重物，多属此类。

Fb 型　广袖。

即上臂袖窄，下臂袖宽，袖端不收口的"喇叭状"袖式。

见于南朝中晚期，南朝政域内均有发现。裤褶服由广袖交领上衣与阔口裤组成，上衣长至腰腹，缚裤、敞口的裤式均有。缚裤者如襄阳麒麟清水沟南朝墓画像砖童子像[4]（图3-50，2、3）。敞口裤者如常州戚家村画像砖童子像（图3-25，4）；襄阳市博物馆藏出行游乐画像砖童子像（图3-50，4）等。

图3-50　F型男性裤褶

1.Fa型Ⅱ式河南邓县南朝墓画像砖童子像　2、3.Fb型湖北襄阳麒麟清水沟南朝墓画像砖童子像　4.Fb型湖北襄阳市博物馆藏出行游乐画像砖童子像

[1]　襄樊市考古队、谷城县博物馆：《湖北谷城县肖家营墓地》，《考古》2006年第11期。
[2]　河南省文化局文物工作队：《邓县彩色画象砖墓》，文物出版社，1959年，第45页。
[3]　河南省文化局文物工作队：《邓县彩色画象砖墓》，文物出版社，1959年，第15页。
[4]　襄阳市文物考古研究所：《湖北襄阳麒麟清水沟南朝画像砖墓发掘简报》，《文物》2017年第11期。

二 东晋南朝女性日常服饰的型式

东晋南朝时期的女性日常服饰图像资料，亦多见于江苏南京一带，为出土陶俑或墓葬砖画。其他地区也多见，特别是湖北、河南、陕西等南北交界地带，有大量反映女性日常服饰的南朝中晚期图像材料，多为出土陶俑或墓葬砖画。此外，女性日常服饰图像亦见于四川地区的南朝造像背面的供养人浮雕像。相关的传世绘画，因经过多次临摹有失真的可能，故不作为东晋南朝女性日常服饰的依据。东晋南朝女性日常服饰，根据身衣不同可分为襦裙、裤褶服与单衣三类。

（一）襦裙

襦裙由上襦（即短上衣）与下裙组成，是东晋南朝女性主要的日常服饰。按照穿着方式不同可分三型。

A 型　上襦下垂，不束入裙内。按发式不同可分三亚型。

Aa 型　十字髻。即正中有发髻，左右有对称发鬟，正面呈"十字"状的发式。根据上襦袖式变化可分为三式。

Ⅰ式　直袖。即衣袖上下宽度一致。

多见于东晋至刘宋早期。襦裙由直袖上襦与下裙组成，上襦垂至腹部，下裙及地，多掩足。如南京郭家山温氏家族东晋早期墓 M10 女俑 [1]（图 3-51，1）；南京尧化门东晋墓女俑 [2]（图 3-30，2）；南京雨花台大鱼村六朝墓 M10 陶女俑 [3]（图 3-51，2）；南京雨花台小行出土东晋女俑（图 3-51，3）；南京中央门外幕府山"十字髻"女俑 [4]（图 3-30，3）和南京前新塘南朝早期墓女俑 [5]（图 3-30，4）等。

Ⅱ式　广袖。即上臂袖窄，下臂袖宽，袖端不收口的"喇叭状"袖式，袖口较宽。

目前所见两例，时代大致为南朝中晚期。襦裙由广袖上襦与下裙组成，上襦垂至腹部，袖口较宽，下裙及地。如仪征博物馆藏南朝十字髻女俑（图 3-52，1）；南京西善桥宫山大墓十字髻女俑 [6]（图 3-52，2）等。这两例女俑所穿襦裙均为广袖，裙长及地，露出小履，时代为南朝中晚期 [7]，均不见上衣下裙的分界，考虑到此类发式的女俑

---

[1]　南京市博物馆：《南京市郭家山东晋温氏家族墓》，《考古》2008 年第 6 期。

[2]　南京市博物馆：《六朝风采》，文物出版社，2004 年，第 281 页。

[3]　江苏省文物局：《江苏考古（2012～2013）》，南京出版社，2015 年，第 153 页。原报告将此墓时代定为东晋晚期至南朝初，但笔者根据此墓随葬裤褶男俑的穿扮特征及襦裙女俑对称"十字髻"发式作法，推测其时代应该早至东晋中期。

[4]　王志敏、朱江等：《南京六朝陶俑》，中国古典艺术出版社，1958 年，第 14 页。

[5]　南京市博物馆：《南京前新塘南朝墓葬发掘简报》，《文物》1989 年第 4 期。

[6]　南京博物院、南京文物保管委员会：《南京西善桥南朝墓及其砖刻壁画》，《文物》1960 年 Z1 期。

[7]　南京西善桥宫山大墓时代有较大争议，罗宗真、王志高二位先生在《六朝文物》第三章中将其年代定位南朝中晚期。参罗宗真、王志高：《六朝文物》，南京出版社，2004 年，第 77～79 页。

图3-51　Aa型Ⅰ式襦裙

1.江苏南京郭家山温氏家族东晋早期墓M10女俑　2.江苏南京雨花台大鱼村六朝墓M10陶女俑　3.江苏南京雨花台小行出土东晋女俑

图3-52　Aa型Ⅱ式襦裙

1.江苏仪征博物馆藏南朝女俑　2.江苏南京西善桥宫山大墓女俑

多穿襦裙，故将其纳入襦裙一类。

　　Ⅲ式　广袖。即上臂袖窄，下臂袖宽，袖端不收口的"喇叭状"袖式；袖口变更宽，下垂近曳地。

　　见于南朝中晚期。考虑到南朝广袖日益宽博直至拖沓的趋势，下垂近曳地的广袖襦裙应出现的更晚一些。襦裙由广袖上襦与下裙组成，上襦垂至腹部，袖口宽大，下垂近曳地，下裙及地。如丹阳胡桥宝山南朝大墓女俑，南京博物院藏南京西善桥出土

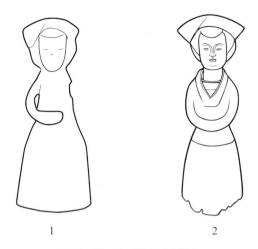

图3-53　Ac型 I 式襦裙

1.江苏南京油坊桥南朝早期墓M1女俑　2.江苏南京雨花台石子岗南朝砖印壁画墓M5女俑

南齐女俑（图 3-38，3），便为此形象者。

Ab 型　飞天紒。即结发于头顶，抽鬟直竖的发式。直袖。即衣袖上下宽度一致。

迄今仅发现两例，时代应为东晋中晚期。襦裙由直袖上襦与下裙组成，上襦长至腹部，裙长及地掩足。如南京童家山一号墓东晋女俑[1]（图 3-31，1）和镇江丁卯"江南世家"工地东晋中晚期墓（M2）女俑[2]（图 3-31，2）。

Ac 型　巾帼。根据上襦袖式变化可分二式。

I 式　直袖。即衣袖上下宽度一致。

多见于东晋，南朝亦见，但中晚期较少。襦裙由直袖上襦与下裙组成，上襦长至腹部，裙长及地不掩足，足服为小履。如南京石子岗砂石山六朝墓东晋巾帼女俑（图 3-31，3）、南京油坊桥南朝早期墓（M1）女俑[3]（图 3-53，1）、南京雨花台石子岗南朝砖印壁画墓 M5 女俑（图 3-53，2）等。

II 式　广袖。即上臂袖窄，下臂袖宽，袖端不收口的"喇叭状"袖式。

多见于刘宋中期至南朝晚期。襦裙由广袖上襦与下裙组成，拱手于胸前，袖口垂至腹部以下膝之上，襦长及腰腹，裙长及地面，足服可见，多为小履，亦有高履的案例。这种广袖巾帼女俑除南京地区外，在浙江、江西等地均有出土，外观多雷同，属同一范式。如南京童家山南朝墓女俑[4]（图 3-38，1）、南京晓庄纬一路出土南朝女俑[5]

[1]　金琦：《南京甘家巷和童家山六朝墓》，《考古》1963 年第 6 期。

[2]　镇江市博物馆、镇江市文管办：《镇江丁卯"江南世家"工地六朝墓》，《东南文化》2008 年第 4 期。

[3]　顾苏宁：《南京雨花台区三座六朝墓葬》，《东南文化》1991 年第 6 期。

[4]　南京市博物馆、雨花台区文化局：《南京尹西村六朝墓发掘简报》，《南京文物考古新发现：南京历史文化新探二》，江苏人民出版社，2006 年，第 61 页。

[5]　南京六朝博物馆藏。

1　　　　　　　　　2　　　　　　　　　3

图3-54　Ac型Ⅱ式襦裙

1.江苏南京晓庄纬一路出土南朝女俑　2.江苏南京栖霞区十月村南朝墓女俑　3.江苏南京雨花台区铁心桥南朝墓女俑

（图3-54，1）、南京栖霞区十月村南朝墓女俑 [1]（图3-54，2）、浙江嵊州市祠堂山汉六朝墓南朝梁天监三年（504年）女俑 [2] 和江西南昌县小兰乡南朝墓女俑 [3]（图3-38，2）等。高履的案例如南京市雨花台区铁心桥小村南朝墓巾帼俑 [4]（图3-54，3）。

B 型　上襦束入下裙内，可见腰带。

襦裙由广上襦与下裙组成，裙束上襦可见宽腰带，裙长及地不掩足，足服多高头履，少数为小履。亦有搭配腰裙者，可见双重腰带。南朝中晚期较多见，梁中期后，襦裙腰线似逐渐增高，南朝齐腰线在胸部以下，至南朝梁普通年间则腰线齐胸。按发式不同可分为二亚型。

Ba 型　飞天紒。根据上襦领口及腰线的变化可分二式。

Ⅰ式　广袖，窄领口，腰线在胸以下。

多见于南朝梁早中期。襦裙由广袖上襦与下裙组成，上襦领口较窄，仅露脖颈，足服多高头履，少数为小履。如襄阳贾家冲南朝墓画像砖上的穿襦裙女性形象者 [5]（图3-55，1）；成都市商业街16号出土南朝佛造像（90CST ⑤：9）背面女供养像 [6]（图3-55，2）；成都万佛寺梁普通六年释迦立佛龛背面浮雕女供养人像 [7]（图3-34，5）等。

[1]　南京六朝博物馆藏。

[2]　浙江省文物考古研究所、嵊州市文物管理处：《嵊州市祠堂山汉六朝墓发掘简报》，《东方博物》第四十七辑，浙江大学出版社，2013年。

[3]　涂伟华：《江西南昌小兰乡南朝墓出土彩色陶俑》，《南方文物》2006年第4期。

[4]　南京市博物馆：《南京市雨花台区铁心桥小村南朝墓发掘简报》，《东南文化》2015年第2期，第57页。

[5]　襄樊市文物管理处：《襄阳贾家冲画像砖墓》，《江汉考古》1986年第1期。

[6]　张肖马、雷玉华：《成都市商业街南朝石刻造像》，《文物》2001年第10期。

[7]　袁曙光：《四川省博物馆藏万佛寺石刻造像整理简报》，《文物》2001年第10期。

1 　　　　　　　2 　　　　　　　3 　　　　　　　4

图3-55　Ba型襦裙

1.Ba型Ⅰ式湖北襄阳贾家冲南朝墓画像砖女性　2.Ba型Ⅰ式四川成都市商业街16号出土南朝佛造像
（90CST⑤：9）背面女供养像　3.Ba型Ⅱ式四川成都万佛寺南朝普通四年造像龛背面浮雕女供养人像
4.Ba型Ⅱ式四川成都万佛寺梁中大通五年上官法光造释迦立像背面浮雕女供养人像

Ⅱ式　广袖，阔领口，近露肩，腰线齐胸。

多见于南朝梁中晚期。襦裙由广袖上襦与下裙组成，上襦领口阔，近露肩，腰线提高至齐胸，足服多为高头履，少数为小履。如成都万佛寺南朝梁普通四年造像龛背面浮雕女供养人像[1]（图3-55，3），成都市西安路梁中大通二年比丘晃藏造释迦石像背面浮雕女供养人像[2]（图3-34，6），四川大学博物馆藏梁中大通四年释僧显造释迦像背面浮雕女供养人像[3]（图3-34，7），成都万佛寺梁中大通五年上官法光造释迦立像背面浮雕女供养人像[4]（图3-55，4）和成都万佛寺南朝中大同三年（即太清二年，548年）观音造像背面浮雕女供养人像[5]（图3-34，10）等。

Bb型　双髻。根据上襦领口及腰线的变化可分二式。

Ⅰ式　广袖，窄领口，腰线在胸以下。

多见于南朝梁早中期。襦裙由广袖上襦与下裙组成，上襦领口较窄，仅露脖颈，足服多高头履，少数为小履。如成都万佛寺梁普通四年康胜造释迦立像背面浮雕女侍像[6]（图3-34，4），襄阳贾家冲南朝墓女俑及画像砖上的襦裙装女性[7]（图3-56，1、图3-56，2）和南京江宁胡村南朝墓画像砖女性形象者[8]（图3-36，3）等。

[1]　袁曙光：《四川省博物馆藏万佛寺石刻造像整理简报》，《文物》2001年第10期。
[2]　成都市文物考古工作队、成都市文物考古研究所：《成都市西安路南朝石刻造像清理简报》，《文物》1998年第11期。
[3]　霍巍：《四川大学博物馆收藏的两尊南朝石刻造像》，《文物》2001年第10期。
[4]　袁曙光：《四川省博物馆藏万佛寺石刻造像整理简报》，《文物》2001年第10期。
[5]　袁曙光：《四川省博物馆藏万佛寺石刻造像整理简报》，《文物》2001年第10期。
[6]　袁曙光：《四川省博物馆藏万佛寺石刻造像整理简报》，《文物》2001年第10期。
[7]　襄樊市文物管理处：《襄阳贾家冲画像砖墓》，《江汉考古》1986年第1期。
[8]　南京市博物馆：《南京江宁区胡村南朝墓》，《考古》2008年第6期。

Ⅱ式　广袖，阔领口，近露肩，腰线齐胸。

多见于梁中晚期至陈。襦裙由广袖上襦与下裙组成，上襦领口阔，近露肩，腰线提高至齐胸，足服多为高头履，少数为小履。如扬州邗江南朝梁墓画像砖上的襦裙装女性（图3-35，1）、常州南郊南朝墓画像砖上的襦裙装女性（图3-35，3）、襄阳麒麟清水沟南朝墓女俑（图3-35，5）、南京江宁横溪街道陶吴社区出土南朝女俑[1]（图3-56，3）、四川大学博物馆藏梁中大通四年释僧显造释迦像背面浮雕女侍像（图3-34，7）、成都市西安路梁中大通二年（530年）比丘晃藏造释迦石像（H1：3）背面浮雕上的女侍像[2]（图3-56，4）等。

C型　襦裙外加裲裆衫。

时代均为南朝中晚期。襦裙外加裲裆衫均腰线较高，上襦为广袖，长裙及地，上襦是否束入下裙未知。足服为笏头履。时代为南朝中晚期。按发式不同可分二亚型。

Ca型　飞天紒。

邓县南朝画像砖墓中砖画女像[3]（图3-37，3）；湖北谷城肖家营墓M40女俑[4]（图3-37，6）；襄阳贾家冲南朝画像砖墓女俑[5]（图3-57，1），便为此。

Cb型　双髻。

图3-56　Bb型襦裙

1.Bb型Ⅰ式湖北襄阳贾家冲南朝墓女俑　2.Bb型Ⅰ式湖北襄阳贾家冲南朝墓画像砖女像　3.Bb型Ⅱ式江苏南京江宁横溪街道陶吴社区出土南朝女俑　4.Bb型Ⅱ式四川成都市西安路南朝比丘晃藏造释迦石像（H1：3）背面浮雕女侍像

---

[1]　江宁博物馆、东晋历史文化博物馆：《东山撷芳——江宁博物馆暨东晋历史文化博物馆藏精粹》，文物出版社，2013年，第61页。

[2]　成都市文物考古工作队、成都市文物考古研究所：《成都市西安路南朝石刻造像清理简报》，《文物》1998年第11期。

[3]　河南省文化局文物工作队：《邓县彩色画象砖墓》，文物出版社，1959年，第23页。

[4]　襄樊市考古队、谷城县博物馆：《湖北谷城县肖家营墓地》，《考古》2006年第11期。

[5]　襄樊市文物管理处：《襄阳贾家冲画像砖墓》，《江汉考古》1986年第1期。

图3-57　C型襦裙

1.Ca型湖北襄阳贾家冲南朝画像砖墓女俑　2.Cb型江苏常州戚家村南朝墓画像砖女像　3.Cb型河南邓县南朝墓画像砖女像

如邓县南朝墓画像砖女像[1]（图3-57，3）和常州戚家村南朝墓画像砖女像[2]（图3-57，2）。

（二）裤褶服

女性穿裤褶服比较少见，发式均为双髻。根据上衣袖式变化可分二式。

Ⅰ式　直袖。

仅见一例，时代为南朝初，即镇江何家门自来水厂南朝墓随葬俑[3]（图3-58，1）。但该例性别存疑，亦有可能是童子俑。裤褶为交领直袖上衣与阔口裤组成，上衣长至腰腹部，袖口较窄，裤不掩足，露出小履。

Ⅱ式　广袖。

见于南朝中晚期。裤褶为交领广袖上衣与阔口裤组成，上衣长至腰腹部，裤不掩足，露出高头履。如湖北谷城肖家营南朝墓女俑[4]（图3-58，2）、南京雨花台华为工地出土人物纹灯奁画像砖侍女像[5]（图3-58，3）、南京灵山南朝墓女俑[6]（图3-40，1）、广西壮族自治区融安县南朝梁天监十八年（519年）墓滑石女侍俑[7]（图3-40，3）等。

---

[1] 河南省文化局文物工作队：《邓县彩色画象砖墓》，文物出版社，1959年，第23页。

[2] 常州市博物馆：《常州南郊戚家村画像砖墓》，《文物》1979年第3期。

[3] 杨正宏、肖梦龙等：《镇江出土陶瓷器》，文物出版社，2010年，第94页。

[4] 襄樊市考古队、谷城县博物馆：《湖北谷城县肖家营墓地》，《考古》2006年第11期。

[5] 南京市博物馆藏。

[6] 南京市博物馆：《六朝风采》，文物出版社，2004年。

[7] 广西壮族自治区文物工作队：《广西壮族自治区融安县南朝墓》，《考古》1983年第9期。

1　　　　　　　　　　2　　　　　　　　　3

图3-58　女性裤褶服

1. I 式江苏镇江何家门自来水厂南朝墓随葬俑　2. II 式湖北谷城肖家营南朝墓女俑　3. II 式江苏南京雨花台华为工地出土人物纹灯龛画像砖侍女像

（三）单衣

根据上衣袖式变化分二式。

I 式　直袖。

时代大致在南朝。发式为缓鬓式。仅南京江宁东善桥南朝墓女俑[1]一例（图3-39，1）。

II 式　广袖

时代大致在南朝中晚期，实例较少，双髻。如南京灵山南朝墓女俑[2]（图3-39，2），便为此形象。

第四节　东晋南朝男女日常服饰的分期

经过以上的初步分析，可大致将东晋南朝男女日常服饰作如下分期（表3-1）。

一　第一期

（一）典型服饰

1. 男性单衣

以 A 型 I 式、B 型和 C 型单衣最具代表性。A 型 I 式单衣典型者如江苏徐州内华

[1]　吴学文：《江苏江宁东善桥南朝墓》，《考古》1978年第2期。

[2]　南京市博物馆：《六朝风采》，文物出版社，2004年，第294页。

东晋晚期单衣陶俑（图3-42，2），B型、C型单衣典型者如南京象山7号墓陶俑（图3-43，1、2）。所见单衣典型特征为交领直袖、上下连属，衣长及地。

2. 男性裤褶

以Aa型Ⅰ式、B型、C型、Fa型Ⅰ式裤褶最具代表性。Aa型Ⅰ式裤褶典型者如南京富贵山东晋墓武士俑（图3-17，4）；B型裤褶典型者如南京小行地铁工地出土东晋男俑（图3-48，1）、南京中央门外新宁砖瓦厂六朝墓俑（图3-18，2）；C型裤褶典型者如南京雨花台区西善桥刘宋墓男俑（图3-48，3）；Fa型Ⅰ式裤褶典型者如徐州内华东晋墓童子俑（图3-25，1）。所见裤褶均由交领窄直袖上衣与阔口裤组成，上衣长至腰腹部，袖口较窄，裤多掩足。

3. 女性襦裙

以Aa型Ⅰ式、Ab型和Ac型Ⅰ式襦裙最具代表性。Aa型Ⅰ式襦裙典型者如南京雨花台姚家山东晋晚期墓砖画上女侍像（图3-30，1）、南京前新塘南朝早期墓女俑（图3-30，4），Ab型襦裙典型者如江苏镇江丁卯"江南世家"工地东晋中晚期墓（M2）女俑（图3-31，2），Ac型Ⅰ式襦裙典型者如南京石子岗砂石山六朝墓东晋女俑（图3-31，3）。所见襦裙由直袖上襦（即短上衣）与下裙组成，上襦下垂，不束入裙内。

4. 女性裤褶

镇江何家门自来水厂南朝墓随葬俑（图3-58，1），若为女性，则其服饰为Ⅰ式裤褶的典型代表。其袖口较窄、裤不掩足、露出小履直袖的服饰特点，具有明显的时代特征。

此时男女日常服饰均属于比较合体的范畴，即使宽大但不至拖沓，最明显的特征体现在衣袖袖式上，均为直袖，即衣袖上下宽度一致，袖口较窄。

（二）时代

本期男女日常服饰所见的"窄直袖"形态，主要流行于东晋至刘宋早期。如南京象山7号墓[1]单衣男俑与裤褶男俑，时为东晋永昌元年（322年）；南京市郭家山东晋温氏家族墓M12裤褶男俑[2]，时为东晋太和六年（371年）；南京雨花台区西善桥刘宋墓裤褶男俑，时为宋元嘉三年至十一年（426～434年）[3]；南京西善桥墓襦裙女俑[4]，

---

[1] 南京市博物馆：《南京象山5号、6号、7号墓清理简报》，《文物》1972年第11期。

[2] 南京市博物馆：《南京市郭家山东晋温氏家族墓》，《考古》2008年第6期。

[3] 南京市博物馆、雨花台区文化广播电视局：《南京市雨花台区西善桥南朝刘宋墓》，《考古》2013年第4期。

[4] 葛治功：《南京西善桥东晋泰和四年墓清理简报》，《考古通讯》1958年第4期。

女性日常服饰					
襦裙					裤褶
B型				C型	
Ba型		Bb型		Ca型	Cb型
					I式
加腰裙 I式	加腰裙 II式	加腰裙 I式	加腰裙 II式		II式

表 3-1　东晋南朝男性日常服饰分期图表

裤褶						A型		
B型	C型	D型	E型	F型				
				Fa型	Fb型	Aa型	Ab型	Ac型
				I式		I式		I式
						II式	III式	II式
		II式		II式	缚裤			

待此说明。

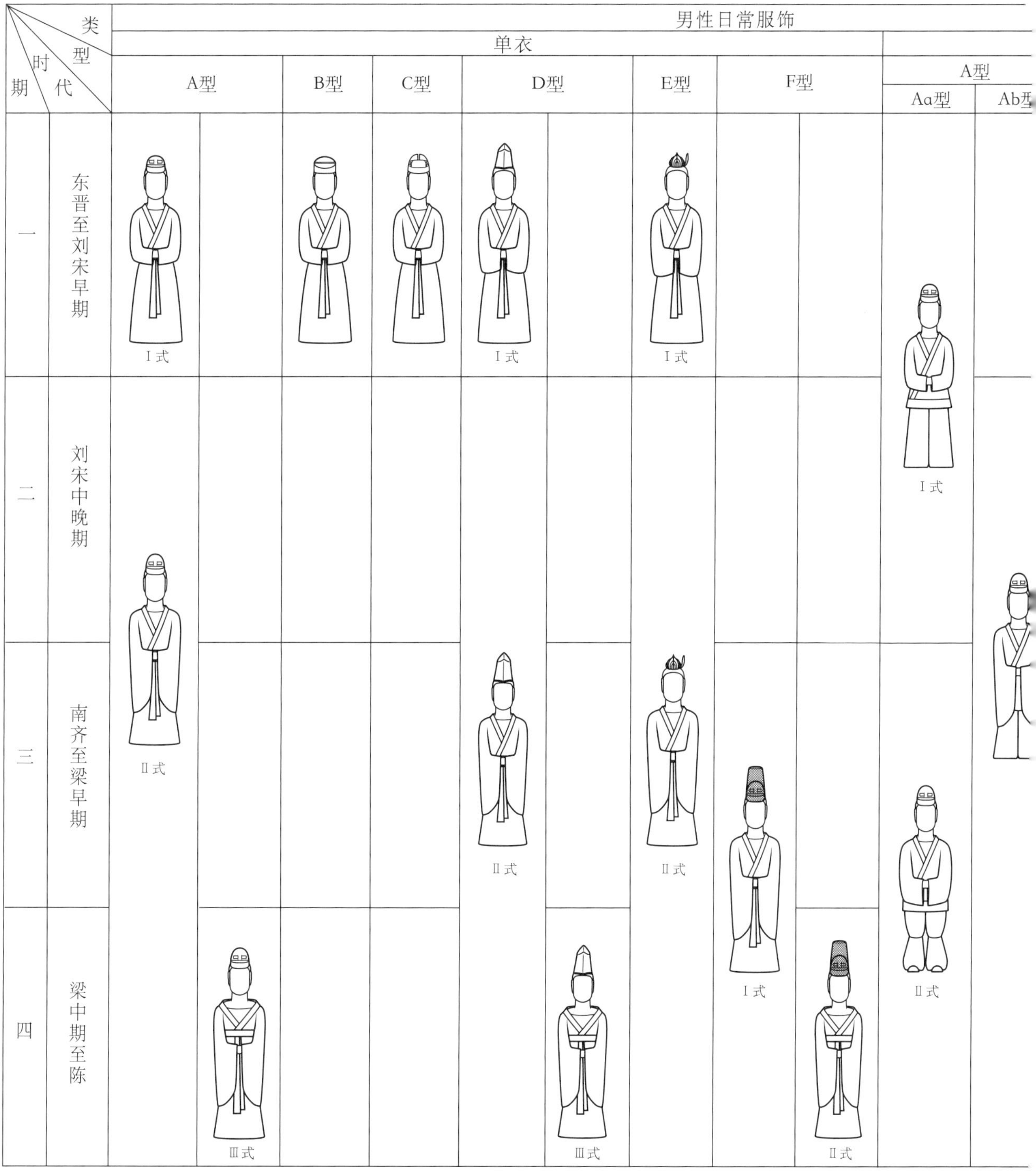

类型 时代 期代	男性日常服饰							
	单衣						A型	
	A型	B型	C型	D型	E型	F型	Aa型	Ab型
一 东晋至刘宋早期	I式			I式	I式		I式	
二 刘宋中晚期	II式							
三 南齐至梁早期				II式	II式	I式	II式	II式
四 梁中期至陈	III式			III式		II式		

注：男性单衣 A 型、D 型、F 型，女性襦裙 Ac 型、Ba 型、Bb 型等型式图中间的纵向分隔线并非是区分亚型，仅为方便展示，

时为东晋太和四年（369 年）；湖北江陵黄山南朝墓襦裙女俑，时为南朝宋元嘉三年（426 年）。该期女性的"十字髻"发式，也多见于东晋至刘宋初。如南京郭家山温氏家族墓 M10 女俑 [1]、南京北郊张蔡村女俑 [2]，时为东晋早期；南京油坊桥二号墓女俑 [3]、南京前新塘南朝墓女俑 [4]，时为刘宋初。

综上，本期时代可判定为东晋至刘宋早期。

二　第二期

（一）典型服饰

1. 男性单衣

以 A 型 II 式单衣最具代表性，A 型 I 式已不见。典型者如广西融安安宁南朝墓 M5 男俑（图 3-10，1 右）。所见交领广袖，衣长多及地，下缘不掩足。

2. 男性裤褶

以 Ab 型裤褶最具代表性。典型者如南京太平门外刘宋元徽二年明昙憘墓文吏俑（图 3-23，1）、南京南郊景家村南朝早期墓（M13）文吏俑（图 3-47，2）。

所见裤褶由广袖上衣与阔口裤组成；上衣长至近膝处，裤口阔，不束裤。此外，Aa 型 I 式裤褶、C 型裤褶在该期依旧存在，不见 B 型裤褶。未见 F 型裤褶。Aa 型 I 式裤褶典型者如南京太平门外刘宋元徽二年明昙憘墓男侍俑（图 3-18，4）。C 型裤褶典型者如南京油坊桥 M2 南朝墓所出刘宋男俑 [5]（图 3-18，6）。

3. 女性襦裙

以 Ac 型 II 式襦裙最具代表性，不见 Aa 型 I 式、Ab 型襦裙。Ac 型 II 式襦裙典型者如南京尹西村六朝墓 M1 巾帼女俑 [6]（图 3-32，2）、南京南郊景家村南朝早期墓（M13）女俑 [7]（图 3-32，3）。所见襦裙由广袖上襦与下裙组成，上襦长至腹部，裙长及地不掩足，足服为小履。

---

[1]　南京市博物馆：《南京市郭家山东晋温氏家族墓》，《考古》2008 年第 6 期。

[2]　南京市博物馆：《南京北郊三座六朝墓葬发掘简报》，《东南文化》1989 年第 2 期。

[3]　顾苏宁：《南京雨花台区三座六朝墓葬》，《东南文化》1991 年第 6 期。

[4]　南京市博物馆：《南京前新塘南朝墓葬发掘简报》，《文物》1989 年第 4 期。

[5]　顾苏宁：《南京雨花台区三座六朝墓葬》，《东南文化》1991 年第 6 期。

[6]　南京市博物馆、雨花台区文化局：《南京尹西村六朝墓发掘简报》，《南京文物考古新发现：南京历史文化新探二》，江苏人民出版社，2006 年，第 61 页。

[7]　南京市博物馆：《南京考古资料汇编》，凤凰出版社，2013 年，第 1474 页。

该期未见女性裤褶。

本期男女日常服饰基本式样和穿法与上一期一致，但整体上有变宽的趋势，最为明显的变化体现在袖式上。男性日常服饰除直袖外，出现广袖，即上臂袖窄，下臂袖宽，袖端不收口的"喇叭状"袖式。女性日常服饰不见直袖，均为广袖。

（二）时代

本期所见男女日常服饰中"广袖"的形态，始见于刘宋中晚期。如南京尹西村六朝墓 M1 襦裙女俑 [1]，时为刘宋中期；南京太平门外刘宋明昙憘墓裤褶男俑，时为刘宋元徽二年（474 年）。刘宋中晚期未见直袖女性襦裙，男性日常服饰中窄直袖与广袖共存。如南京南郊景家村六朝墓 M13，时为刘宋中期。

综上，本期时代判定为刘宋中晚期。

三　第三期

（一）典型服饰

1. 男性单衣

以 A 型 II 式、D 型 II 式、E 型 II 式、F 型 I 式单衣最具代表性，不见 B 型、A 型 I 式、C 型、D 型 I 式、E 型 I 式。A 型 II 式单衣典型者如河南邓县南朝画像砖墓文吏俑（图 3-5，6），D 型 II 式单衣如成都市商业街南朝梁天监十年王州子造释迦牟尼佛像背面浮雕上的男供养人像（图 3-11，2），E 型 II 式男性单衣典型者如湖北襄阳贾家冲南朝画像砖墓砖画上的男性 [2]（图 3-7，6），F 型 I 式单衣典型者福建闽侯古城村南朝墓 M1 砖画男像 [3]（图 3-44，3）。以上单衣均交领广袖，衣长多及地，下缘不掩足。

2. 男性裤褶

以 Aa 型 II 式、Ab 型裤褶最具代表性，亦有 D 型、E 型、Fa 型 II 式、Fb 型裤褶，不见 Aa 型 I 式、B 型、C 型、Fa 型 I 式裤褶。Aa 型 II 式裤褶典型者如江苏丹阳金王陈村南朝齐墓砖画仪卫像（图 3-20，1），河南邓县南朝画像砖墓仆役俑（图 3-20，4、5）。D 型裤褶的典型式样邓县南朝墓画像砖鼓吹像（图 3-21，2）。E 型典型式样如陕西安康长岭南朝墓男俑（图 3-22，2）。Fa 型 II 式裤褶典型式样均可见于邓县南朝墓画像砖童子像（图 3-50，1）。这种着装由宽直袖上衣与阔口裤组成，上衣长至腰腹

---

[1]　南京市博物馆、雨花台区文化局：《南京尹西村六朝墓发掘简报》，《南京文物考古新发现：南京历史文化新探二》，江苏人民出版社，2006 年，第 61 页。

[2]　襄樊市文物管理处：《襄阳贾家冲画像砖墓》，《江汉考古》1986 年第 1 期。

[3]　福建博物院：《闽侯县古城村南朝墓发掘简报》，《福建文博》2012 年第 4 期。

部，交领，裤不掩足；多均在近膝处缚裤，脚穿小履。Fb 型裤褶典型式样可见常州戚家村南朝墓画像砖童子像（图 3-25，4）。

Ab 型男性裤褶典型者如南京雨花台石子岗南朝中晚期砖印壁画墓（M5）文吏俑（图 3-23，2）。这种着装多为士官等身份较高之人日常服饰，由广袖上衣与阔口裤组成；上衣长至近膝处，裤口阔，不束裤。

3. 女性襦裙

Ba 型 I 式、Bb 型 I 式襦裙最具代表性；不见 Aa 型 I 式、Ab 型。Ac 型 I 式襦裙鲜少，如南京雨花台石子岗南朝砖印壁画墓 M5 女俑（图 3-53，2）。Ba 型 I 式典型者如湖北襄阳贾家冲南朝墓画像砖女像（图 3-55，1），Bb 型 I 式典型者如湖北襄阳贾家冲南朝墓女俑与画像砖女像（图 3-56，1、2）。这些襦裙着装均由广上襦与下裙组成，腰线较低，裙束上襦，可见宽腰带，有围腰裙者，裙长及地。

此外，本期女性襦裙亦可见 Aa 型 II 式、Aa 型 III 式、Ac 型 II 式、C 型者，均由广上襦与下裙组成，实例较 B 型少。Aa 型 II 式襦裙典型者如南京西善桥宫山大墓女俑（图 3-52，2）；Aa 型 III 式襦裙典型者如南京西善桥油坊村南朝大墓女俑（图 3-38，3）；Ac 型 II 式襦裙典型者如南京雨花台区铁心桥小村南朝墓巾帼俑（图 3-54，3）；C 型襦裙典型者如常州戚家村南朝墓画像砖女像（图 3-57，2）、河南邓县南朝墓画像砖女像（图 3-37，3），广袖上襦加裲裆衫。

4. 女性裤褶

以 II 式裤褶最具代表性，不见 I 式女性裤褶。II 式裤褶典型者如广西壮族自治区融安县南朝梁天监十八年（519 年）墓滑石女侍俑[1]。这些裤褶均由交领广袖上衣与阔口裤组成，上衣长至腰腹部，裤不掩足，露出高头履。

本期男女日常服饰均较上一期宽大。男性单衣、女性襦裙、士官等身份较高之人的日常服饰裤褶均为广袖，且袖口较上一期更大，即使是仆役兵卒之类身份较低之人，袖式以宽直袖代替之前的窄直袖。

（二）时代

本期所见男性裤褶的"宽直袖"形态，始现于南齐。如丹阳金王陈村南朝墓[2]、丹阳胡桥南朝大墓[3] 所见。如前所述女性襦裙上襦束入下裙、低腰线的特征，则主要见

---

[1]　广西壮族自治区文物工作队：《广西壮族自治区融安县南朝墓》，《考古》1983 年第 9 期。

[2]　南京博物院：《江苏丹阳县胡桥、建山两座南朝墓葬》，《文物》1980 年第 2 期。

[3]　南京博物院：《江苏丹阳胡桥南朝大墓及砖刻壁画》，《文物》1974 年第 2 期。

于南朝齐至南朝梁早期（大约在梁普通年间前）。如江苏丹阳胡桥宝山南朝大墓襦裙女俑，时为南齐；四川佛教石造像背面女供养人浮雕纪年为梁普通四年之前者；该期男女日常服饰均有日益褒博的趋势，广袖袖口逐渐加宽，甚至曳地。

综上，该期时代可定为南齐至梁早期。

四 第四期

（一）典型服饰

1. 男性单衣

以 A 型 III 式、D 型 III 式、F 型 II 式单衣最具代表性，不见 A 型 I 式、A 型 II 式、B 型、C 型、D 型 I 式、E 型 I 式。A 型 III 式单衣典型者如扬州邗江南朝墓男像（图 3-42，4），D 型 III 式单衣如四川大学博物馆藏梁中大通四年释僧显造释迦像背面浮雕上的男供养人像（图 3-44，2），F 型 II 式单衣如福建闽侯南屿南朝墓花纹砖男像（图 3-8，2）。以上单衣均交领广袖，大领口、高腰线，衣长多及地，下缘不掩足。

2. 男性裤褶

同第三期，以 Aa 型 II 式、Ab 型裤褶最具代表性，亦有 Fa 型 II 式、Fb 型裤褶，不见 Aa 型 I 式、B 型、C 型、Fa 型 I 式裤褶。Aa 型 II 式裤褶典型者如南京灵山大浦塘村南朝墓男俑（图 3-46，1）。Fa 型 II 式裤褶典型者如南京花神庙南朝墓 M1 童子玉像（图 3-25，3）。以上裤褶均由宽直袖上衣与阔口裤组成，上衣长至腰腹部，交领，裤不掩足；均在近膝处缚裤，脚穿小履。Ab 型男性裤褶典型者如湖北麒麟清水沟南朝墓男俑（M1：4、M1：5）[1] 。Fb 型裤褶典型者如麒麟清水沟南朝墓画像砖童子像（图 3-50，2）。以上着装多为士官等身份较高之人日常服饰，由广袖上衣与阔口裤组成；上衣长至近膝好处，裤口阔，不束裤。

3. 女性襦裙

以 Ba 型 II 式、Bb 型 II 式襦裙最具代表性，不见 Aa 型 I 式、Ab 型襦裙。Ba 型 II 式典型者如四川大学博物馆藏梁中大通四年（532 年）释僧显造释迦像背面浮雕上的女供养人像（图 3-34，7），Bb 型 II 式典型者如扬州邗江南朝梁墓画像砖上的襦裙装女性（图 3-35，1）。这些襦裙着装均由广上襦与下裙组成，裙束上襦，可见宽腰带，裙长及地。

此外，本期女性襦裙亦可见 Ac 型 II 式，C 型。均由广上襦与下裙组成，上襦覆盖

---

[1] 襄阳市文物考古研究所：《湖北襄阳麒麟清水沟南朝画像砖墓发掘简报》，《文物》2017 年第 11 期。

下裙，实例较 B 型少。Ac 型 II 式襦裙典型者如梁朝桂阳王萧象墓巾帼俑[1]。C 型典型者如南京灵山萧子恪墓女俑（图 3-37，4）。

4. 女性裤褶

同第三期，以 II 式裤褶最具代表性。典型者如南京灵山南朝墓女俑（图 3-40，1）。这些裤褶均由交领广袖上衣与阔口裤组成，上衣长至腰腹部，裤不掩足，露出高头履。

本期男女日常服饰式样与上一期基本一致，宽大是主流，袖式均为广袖、宽直袖，尤其是裤褶，直接延续了上一期的式样。主要变化体现在单衣与襦裙的腰线、领口上，多体现大领口、高腰线的特征，领口近露肩，腰线近齐胸。上一期的窄领口、低腰线的服饰依旧存在，与之并行。

（二）时代

本期所见男女服饰的大领口、高腰线，流行于梁中晚期（上限约为梁普通年间）直至陈。如本章第一节、第二节所述，四川佛教石造像背面供养人浮雕纪年为梁普通四年之后者多属此类。

综上，该期时代可定为梁中期至陈。

分期图表详见表 3-1。

---

[1]　南京博物院:《梁朝桂阳王萧象墓》,《文物》1990 年第 8 期。

第四章 东晋南朝服饰的历史地位

第一节 东晋南朝服饰对汉魏服饰的继承

东汉时，中国衣冠制度成熟、定型，是中国服饰史上一个重要的时期。东汉衣冠制度，为三国完全继承。因曹魏地处中原，所以"汉魏衣冠"成为华夏衣冠正朔的指代。两晋南北朝时期，是中国历史上的一个特殊时期。自五胡乱华，中国出现大规模的人口流动，晋室南迁，汉族政权失去了对中国北方大部分地区的控制力，北方的衣冠制度逐渐缺失。正如《隋书·礼仪志》记载："自晋左迁，中原礼仪多缺。"[1]而与此同时，晋室渡江后，"汉魏衣冠"也随之得以保留。前秦王猛临终前劝诫苻坚说"晋虽僻陋吴、越，乃正朔相承。"所以要"亲仁善邻，国之宝也。"[2]苻坚之弟苻融甚至也说："正朔会不归人。江东虽不绝如綖，然天之所相，终不可灭。"[3]可见，时人认为东晋继承华夏正统，这种"正朔相承"体现在服饰上就是东晋对汉魏祭服、朝服等衣冠制度的继承。东晋南朝服饰，均与汉魏服饰有较深的渊源关系。这在前几章的内容中均有详细的论述，本节内容是在前几章的基础上，对东晋南朝服饰对汉魏服饰的继承情况做简要的总结。

一 东晋南朝对汉魏祭服的继承

冕服，是儒家礼制体系下最正统的男性祭服。东汉永平年间，汉明帝参照《尚书·皋陶篇》《周官》《礼记》，制定了相对完整和系统的冕服制度；取古礼规范又有所变化，为魏晋所继承。《独断》《后汉书·舆服志》中记载的东汉永平后冕服制度，与《晋书》《宋书》《南齐书》中记载的两晋宋齐冕服制度、《隋书·礼仪志》中记载的南朝梁陈冕服制度大体一致。冕服帝王形象冕冠为平冕者，目前所知最早为东汉的实例。如山东沂南汉画像石石墓中的尧、舜像（图1-1，1）、山东武梁祠画像石上的上古帝王像（图1-1，2）。东汉后，这种平冕帝王的图像资料才逐一出现（图1-1）。

---

[1] （唐）魏徵等：《隋书》第一册，中华书局，1973年，第238页。

[2] （唐）房玄龄等：《晋书》第十册，中华书局，1974年，第2933页。

[3] （唐）房玄龄等：《晋书》第十册，中华书局，1974年，第2935页。

第一章第一节，已经讨论过东汉冕服。东汉皇帝冕服基本组成如下：首服为平冕，冕板宽七寸，长一尺二寸，上表面为玄色，侧面、下表面为朱色，冕旒十二根，前垂四寸，后垂三寸，旒端系一颗白玉珠，冕侧垂黄色丝线，在丝线一段系上玉瑱；身衣为玄衣纁裳，赤皮韨（蔽膝），服章为：日、月、星辰、山、龙、华虫、藻、火、粉、米、黼、黻[1]；足服为赤舄。佩饰为黄赤绶、白玉、刀等。东汉公卿诸侯等冕服与皇帝冕服基本相同，以服章数、冕旒数、佩饰等区分身份等级高低。太子诸王、三公诸侯服章为山龙以下九章，具体为山、龙、华虫、藻、火、粉、米、黼、黻，冕旒数为九，青玉旒珠；九卿及以下官员用华虫以下七章，即为华虫、藻、火、粉、米、黼、黻，冕旒数为七，黑玉旒珠。三国冕服承袭汉制，变化不大。魏明帝以珊瑚珠代替白玉珠，作为皇帝冕冠之旒珠；认为公卿服章的黼、黻有损皇帝的威严，于是下令减去这两章，冕旒数也相应减少二旒。西晋初期沿用曹魏制度，后又把皇帝冕冠旒珠改为白玉珠。

东晋至南朝宋泰始年间，依旧保留汉魏冕服制度。东晋刘宋初，服章制度与东汉区别主要在冕旒、服章与佩饰上。因为江左美玉难得，东晋初以珊瑚杂珠作皇帝冕冠旒珠；后为了遵从汉制，将皇帝冕冠旒珠以白珍珠代白玉珠。因魏明帝减损公卿黼黻之饰，继而为晋宋所遵循[2]。故三公服章为山、龙、华虫、藻、火、粉、米七章；卿大夫服章数为华虫、藻、火、粉、米五章，服章数减少两章，冕旒相应减少至七旒、五旒。改东汉佩刀制度为佩木剑。刘宋孝武帝于泰始四年修订的五冕，加长冕旒。因为与汉制不符，"泰始冕制"于南齐建国初即被废止，复用东晋制度，而"冕旒齐肩"的制度得以保留，当时长、短两种冕旒并存。至齐永明六年，再次重新制定公卿服章与冕旒数量，复用黼、黻二章，改三公七旒为八旒，服章为山龙以下九章，即：山、龙、华虫、藻、火、粉、米、黼、黻；改卿大夫五旒为六旒，服章为华虫以下七章，即：华虫、藻、火、粉、米、黼、黻。梁陈制度与齐相同，只是在服章上依照主要是依照郑玄之说加入宗彝[3]，梁陈时冕服十二章为日、月、星辰、山、龙、华虫、火、宗彝、藻、粉、米、黼黻。公侯的服章依旧为山龙以下九章，即为山、龙、华虫、火、宗彝、藻、粉、米、黼黻。东晋的冕服制度与东汉基本接近。刘宋中期后，冕服制度不变，但具体式样与穿法发生了一定的改变：袖式从宽直袖变为广袖；上衣开始从不束入下裳，后逐渐束入下裳；革带逐渐从大带之内移到大带之外；绶带从挂在右腰的打回环的长织带逐渐过渡到两层叠合的宽织带；玉佩由单一的饰件逐渐演变为复杂的组玉佩。

---

[1]　东汉的十二章确切是什么，历史文献没有明确记载，"日、月、星辰、山、龙、华虫、藻、火、粉、米、黼、黻"为王宇清先生研究所得，不赘述。详见王宇清：《冕服服章之研究》，中华丛书编审委员会，1966 年，第 102～105 页。

[2]　（梁）沈约：《宋书》第二册，中华书局，1974 年，第 502 页。

[3]　阎步克：《宗经、复古与尊君、实用（中）——中古〈周礼〉六冕制度的兴衰变异》，《北京大学学报（哲学社会科学版）》2006 年第 1 期。

但东汉冕服最主要也是最关键的组成部分，即首服平冕、身衣上红下黑、赤皮蔽膝、赤舄、佩绶玉、服章制度等，均在东晋南朝得以保留。

东汉命妇的祭服，由袿衣和下裳组成，袿衣为深衣制，也是《周礼》记载的皇后服饰"三翟"的遗制。据《后汉书·舆服志》记载，皇后庙服为绀色袿衣与皂色下裳，蚕服为青色袿衣与缥色下裳，戴步摇[1]。东晋南朝宋齐皇后祭服仍规定为"深衣制"，庙服为皂上皂下，蚕服为青上青下；南朝梁陈皇后庙服皂上皂下，蚕服为青上缥下。因为绀色为略微带红的黑色，皂色为黑色，缥色为淡青色。可见，东晋、南朝宋齐皇后祭服色调与东汉是基本保持一致的。东汉贵人蚕服服色为缥上缥下，东晋南朝三夫人同样为纯缥上下；东汉外命妇庙服为缥上缥下、蚕服为皂上皂下，东晋南朝外命妇庙服为纯缥上下、蚕服为纯皂上下。东晋南朝都规定，亲蚕、入庙时，只有皇后与长公主可簪步摇；外命妇均戴绀缯帼，这也是沿袭东汉制度。从以上叙述，不难看出东晋南朝命妇祭服是继承东汉制度。

东汉的袿衣，在衣下缘有多组"圭角"形装饰，并添加飘带（图1-22，2）。三国西晋的命妇礼服虽然不详，但第一章第三节命妇礼服章节已经考证。据此可知，东晋早期的皇后祭服形制大体上与东汉相同，只是在细节上可能更加繁复一些（图1-23）。可能由于这种袿衣的形制过于复杂，东晋中期之后至南朝，袿衣被简化成袿襦大衣，衣下缘不再附着袿饰，只是在腰间围一条两边装饰有对称袿饰的蔽膝以彰显袿衣遗制（图1-24、25）。

二　东晋南朝对汉魏朝服的继承

东汉的朝服，主要特点为"以冠统服"。首服，是区分身份等级的主要标志；身衣足服区别则不大。"以冠统服"的朝服制度，被东晋南朝所继承。

东汉皇帝朝服的首服，为通天冠；太子诸王朝服的首服，为远游冠。东晋南朝的通天冠、远游冠，与东汉的通天冠、远游冠在外观上差别较大。东汉时通天冠、远游冠梁平直，通天冠前金博山如柱状，高于冠体。东晋南朝时通天冠、远游冠梁卷曲（图2-1、3），通天冠金博山为冠前"圭"形牌饰，远远小于冠体。三国西晋的通天冠资料鲜见，但从东晋南朝通天、远游冠图像资料看，东汉遗制十分明显。首先，东晋南朝其主要结构为冠梁、展筩、颜题，冠体两侧透空。其次通天冠前均有金博山，作为和远游冠的主要区别。最重要的是，天子冠通天，太子诸王冠远游的制度被东晋南朝作为正统的衣冠制度所继承。

东汉文官朝服的首服，为进贤冠。进贤冠前高三寸，后高七寸，长八寸，公侯三

[1]　（晋）司马彪撰、（梁）刘昭注补：《后汉书志》第十二册，中华书局，1965年，第3676页。

梁、卿大夫、尚书、博士、宗室刘二梁、千石、六百石以下一梁[1]。东汉进贤冠，以黑纱布制作冠体，冠下佩戴长耳施屋之帻（图2-10，4、5）。东晋南朝时的进贤冠，冠体式样与东汉一致，同样以黑纱布制作冠体。东晋南朝时进贤冠的冠下之帻依旧为长耳施屋之帻，此时被命名为"介帻"，大体式样与东汉相同；帻耳与东汉相比更加长阔，帻屋变低，帻后部、帻屋上均开孔，插入固发簪导（图2-12、13）。可见，东晋南朝的进贤冠形制沿袭东汉，但结构上有细微的变化，使之更加实用。根据《晋书》《南齐书》《隋书》等记载可知，东晋、南朝时公侯三梁；卿大夫、博士、尚书等二千石及千石以上文官两梁；中书郎、秘书丞郎、著作郎、尚书丞郎、太子洗马舍人、六百石以下至于令史、门郎、小史、并冠一梁[2]。可见东晋南朝同样以冠梁区分文官等级，大体上的划分方式与东汉一致。东晋南朝时有五梁进贤冠为皇帝日常服饰，这是东汉时没有的。总体上，东晋南朝进贤冠的式样、配给制度均沿袭东汉。

东汉武官的朝服的首服，为武冠，这始于西汉时期。武冠不具有区分等级的作用，其等级主要由其所佩绶来区分。侍中、常侍为皇帝近臣，故冠前有金珰附蝉饰，簪貂尾。东汉武冠的材质为纱，稀疏轻透，在纱上涂黑漆以保持冠形状硬挺，平顶，两边有垂耳，以缨固冠，冠下戴短耳施屋之帻（图2-16）。三国时，武冠直接承袭东汉，无太大变化（图2-17，1）。西晋时，武冠式样不变，但冠下的短耳帻发生变化，帻屋相对较低，两侧开孔插入簪导，耳长（图2-17，2、3）。东晋时，武冠大体式样与东汉相同只是冠的垂耳略长些，冠下之帻耳长阔后斜，帻顶近平，无屋（图2-18）。南朝时，武冠覆耳，冠变高，顶部小，武冠下之帻式样清晰可见；帻顶似分成两个平面，前水平，后上斜；上斜的平面有两纵缝，一扁笄在其中穿插，被称为"平上帻"（图2-19）。东晋南朝，武冠为武官朝服之首服，侍中、常侍武冠依旧附蝉、簪貂尾（参图2-20）。东晋南朝的武冠与东汉武冠相比形制上有一些变化，但材质、构成与使用范围相同，可见东晋南朝继承了东汉的武冠制度。

此外，东汉谒者仆射戴高山冠、执法者戴法冠、宫殿门吏仆射戴却非冠等，均被东晋南朝所继承。

东汉时朝服的身衣，无高下之分，为袍类长衣；随五时色，即青、朱、黄、白、黑五色。从新莽时期起，朝服有在袍外加一件纱衣的制度，史书无载。也发现有相关的实例。如陕西靖边县杨桥畔二村新莽墓壁画[3]上可见戴通天冠者及一干衣冠执笏的文

[1]（汉）蔡邕：《独断》，中华书局，1985年，第27页。（晋）司马彪撰，（梁）刘昭注补：《后汉书志》第十四册，中华书局，1974年，第2855页。

[2]（唐）房玄龄等：《晋书》第三册，中华书局，1974年，第767页。（梁）萧子显：《南齐书》第一册，中华书局，1972年，第341页。（唐）魏徵等：《隋书》第一册，中华书局，1973年，第220～233页。

[3] 徐光冀主编：《中国出土壁画全集6·陕西》，科学出版社，2012年，第42～45页。

武官员像，均是在袍外罩一件轻透的纱衣（图 2-6）；洛阳东北郊朱村东汉墓壁画[1] 上的墓主人形象者进贤冠服具备，袍外穿一层纱衣（图 2-14，1）。东晋南朝史料中对朝服的记载比较详细，官配朝服最基本的部分为冠一顶、帻一顶、绛纱袍一领、皂缘中单衣一领、革带一条、袷裤一套、袜一双、舄一双。帝王及高级官员，官给五时朝服，就是提供随五时色的纱衣五领，分别为青、朱、黄、白、黑五色；次高级官员官给四时朝服，就是提供随四时色纱衣四领，分别为青、朱、黄、黑四色。东晋南朝的朝服身衣，式样同样为袍类长衣，也有加纱袍的制度。可见，东晋南朝继承了东汉五时朝服的制度并有所损益。东汉朝服的佩绶与祭服相同，绶带很长，故挂在右腰间打回环。后被东晋所继承。南朝之后，绶带式样改变，但是佩绶制度依旧得以保留。

另外，东汉时命妇无专门的朝服，均以蚕服为朝服。东晋、南朝也保留了这个制度。

三　东晋南朝对汉魏日常服饰的继承

日常服饰，是在非正式场合的穿扮；无等级之分，不具有礼仪功能；往往无文，历代变化也比较大。但东晋南朝日常服饰沿袭汉魏，或多或少带有汉魏时日常服饰的痕迹，也继承了一些约定俗成的规制。如东晋南朝服饰无论是单衣、襦裙还是裤褶多为交领右衽，而北朝同样的服饰则多次出现左衽。

汉魏时的男性日常服饰，主要为袍服，有衣裾或后掩，或为直襟（图 3-1）；与之搭配的首服为帻，分为长耳施屋之帻（图 3-3，1、4、5）、短耳施屋之帻（图 3-3，2）与施巾连题之帻（三国时称"丧帻"，图 3-3，3、6）。汉魏袍服沿袭发展至东晋南朝，在当时被称为"单衣"。东汉人穿纱衣的习俗，也被东晋所继承。东汉时仆役武士等平日里穿的衣裤装（图 3-13、14），逐渐演变为东晋南朝男性日常服饰裤褶服（图 3-18~22）。与单衣、裤褶搭配的首服，主要为帻，东晋时为介帻、平上帻与丧帻；到了南朝，丧帻不再流行，介帻地位提高，与单衣搭配的帻多为平上帻。东晋南朝的介帻，由东汉长耳施屋之帻发展而来；平上帻，由短耳施屋之帻发展而来；施巾连题之帻，三国时期更名为丧帻，自东汉以来没有太多变化，直至南朝逐渐被淘汰（图 3-2）。西汉女性日常服饰为深衣，到了东汉女性的日常穿扮中的襦裙开始受到欢迎，运用十分普遍（图 3-28，1）。东汉秦罗敷"缃绮为下裙，紫绮为上襦。"孟光妻则"布襦裤裙"。至东晋南朝时，襦裙则成为最受当时女性欢迎的日常服饰（图 3-29~36）。

总体上，东晋南朝继承了汉魏礼仪，与之相应的汉魏祭服体系（包括平冕、黑衣红裳、赤皮蔽膝、服章制度、佩绶制度等）、朝服体系（皇帝之通天冠、文官之进贤

---

[1]　洛阳市第二文物工作队：《洛阳市朱村东汉壁画墓发掘简报》，《文物》1992 年第 12 期。

冠、武冠之武冠，纱袍单衣、服色随时节等）基本上被东晋南朝完整继承。因此，尽管在东晋南北朝时期"北强南弱"之形势为客观存在。然而晋室左迁后，在文化上南方依旧代表了华夏正统，衣冠服饰是中华礼制中重要的一环。故后人将"晋室左迁"称为"衣冠南渡"。自五胡乱华后，中原衣冠缺失。正因为东晋南朝对汉魏衣冠的继承，汉魏礼仪服饰文化才未就此断裂。

第二节　东晋南朝时期南北服饰的交流

晋室南渡，中原礼仪缺失。北方十六国因不同民族政权更迭，大规模徙民频繁，其衣冠服饰缺乏稳定发展的条件，故此时的北方服饰没有形成一个完备的体系。鲜卑最终统一北方，形成南北朝对立之局势。为与南方争取文化上的正统地位，北方鲜卑政权在社会制度、文化上都有汉化倾向。这种汉化的趋势，到北魏孝文帝迁都洛阳后最盛。南朝衣冠，是北魏衣冠制定的参考标准。北魏熙平二年之后，其祭服、朝服等具有礼仪功能的衣冠制度逐渐与南方趋于统一。这种汉式礼服体系，在北魏分裂后依旧被推崇。

一　东晋十六国时期

东晋王朝偏安江左，完整保留了汉魏祭服、朝服等礼仪服饰体系，其日常服饰体系在承继西晋的基础上也与南方当地服饰结合，并呈现出新的变化。东晋褶裤、单衣、襦裙等日常服饰式样，与西晋相比变化并不大。东晋女性的"十字髻"，是在西晋女性"撷子髻"的基础上发展演变而来（图1-11~13）。见于东晋早期陶俑上的"平上帻"与西晋中原地区一致；东晋中晚期的所见的"平上帻"，则融入了南方当地帻的式样：即前部近平，后部上斜高耸并施以偏笄。总体上，东晋服饰为西晋的延续，承继汉魏服饰，并无颠覆性的改变。

北方十六国多为少数民族政权，祭服、朝服等儒家体系下的礼仪服饰自然缺失。尽管如此，北方地依旧有大量的汉民居住，而且从秦汉至魏晋，汉人穿衣习俗早已根深蒂固。所以在即便汉族政权失去了北方大部分地区的控制力，汉族的日常穿扮并未消失。与此同时，北方汉族服饰也难免受到外来少数民族服饰影响，呈现出新的特征。

陈寅恪先生指出，十六国时期河陇一带奉汉魏旧典[1]。西秦时陇右设立经学博士，灵寺石窟一六九窟西秦壁画中男供养人像附有"博士南安姚庆子"的题榜[2]，其身穿单衣、头戴帕帽拱手而立（图3-6，2）；女供养人，则穿袿衣，罗带飘飘，穿扮合乎汉

---

[1]　陈寅恪：《隋唐制度渊源略论稿》，中华书局，1963年，第19~23页。
[2]　暨远志：《中国早期佛教供养人服饰》，《敦煌研究》1995年第1期。

魏礼仪（图1-24，2）。女供养人的褂衣式样，与同时期东晋褂衣类似（图1-24，1），与东晋服饰有交流的可能。《晋书》记载李暠是西汉将军李广的十六世孙[1]，其所建立的西凉政权依旧遵循汉晋衣冠制度。酒泉丁家闸十六国五号墓属西凉墓，墓室壁画上的墓主人形象者头戴进贤冠，身穿绛纱袍，正是晋代的文官朝服（图2-14，2）；同墓壁画上的男侍、乐人，均头戴帻，身穿单衣，也是西晋穿扮。该墓壁画上同样有衣裤装女侍像（图3-41，1），这在儒学价值标准为导向的汉魏服饰中是不允许出现的，应该是北方少数民族的习俗。

十六国中原地区，西晋服饰依旧有影响力。如陕西咸阳平陵十六国墓[2]（图4-1，1、2）、陕西咸阳头道塬十六国墓[3]、西安草场坡十六国墓[4]（图4-4，1、图4-5，1）中均随葬有"十字髻"女俑。其发式与南京一带发现的东晋"十字髻"女俑发式有相似之处，和东晋早期的尤其接近（图1-13，1～4）；东晋中晚期的"十字髻"则更加高大夸张。在第一章第三节命妇祭服部分已经详细论证过，这种"十字髻"发式源于西晋的"撷子髻"。所见西晋"撷子髻"实例中，尚未发现鬓发遮颊"缓鬓"。"缓鬓式"十字髻女俑在东晋与十六国关中一带同时流行，虽有两者有交流的可能性，更合

图4-1 西晋、十六国女性襦裙

1.陕西咸阳平陵十六国墓女乐俑　2.陕西咸阳平陵十六国墓女立俑　3.河南洛阳吉利区西晋墓女俑

---

[1]《晋书·凉武昭王》："武昭王讳暠，字玄盛，小字长生，陇西成纪人，姓李氏，汉前将军广之十六世孙也……通涉经史，尤善文义。"——（唐）房玄龄等：《晋书》第七册，中华书局，1974年，第2257页。

[2] 咸阳市文物考古研究所：《咸阳平陵十六国墓清理简报》，《文物》2004年第8期。

[3] 咸阳市文物考古研究所：《陕西咸阳市头道塬十六国墓葬》，《考古》2005年第6期。

[4] 陕西省文物管理委员会：《西安南郊草厂坡北朝墓的发掘》，《考古》1959年第6期。原报告将此墓定位北朝墓，后张小舟于《考古学报》1987年第1期发表的《北方地区魏晋十六国墓的分区与分期》一文中将其定为前秦、后秦时期。

理的解释是这种"缓鬟"的式样在西晋末期就存在；晋室南迁后在南方与北方并存，并虽时间推移逐渐呈现出差异。陕西咸阳平陵十六国墓、陕西咸阳头道源十六国墓女俑襦裙式样与北方西晋墓"撷子髻"女俑的类似，如河南洛阳吉利区西晋墓女俑[1]（图4-1，3），河南偃师大冢头西晋墓女俑[2]（图3-28，5）所穿襦裙，即为此类。

西安洪庆原十六国梁猛墓[3]、西安草厂坡十六国墓、咸阳头道源十六国墓、咸阳文林小区前秦朱氏家族墓[4]，均出有穿裤褶戴帽男俑，帽似由左右对称的两部分组成，中间有缝合的痕迹，后部可见上翻的帽裙（图4-2，1、2）。魏晋考古资料中类似穿扮者较多见，如甘肃嘉峪关魏晋6号墓砖画男侍衣着[5]（图4-2，3）同为此属，但帽裙下垂；河南吉利区西晋墓、山东邹城西晋刘宝墓牵马俑所穿衣着亦如此，其帽中部有缝，但帽裙不明显（图3-16，6、7）。裤褶与帽的搭配，在东晋考古资料中亦常见，如南京迈皋桥小营村东晋中晚期墓侍俑、徐州内华出土东晋晚期陶俑（图3-18，5），其帽基本结构与十六国男俑相同：中部有缝，后部有上翻的帽裙，但帽裙更阔。可见，这种帽与裤褶的搭配在魏晋时期已存在，为东晋、十六国继承，并演变出不同的式样。

西安草厂坡十六国墓、西安洪庆原十六国梁猛墓均出有戴武冠、穿单衣男俑（图

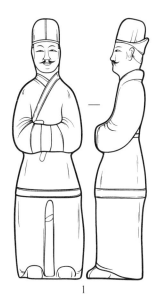

| 1 | 2 | 3 |

图4-2　魏晋与十六国帽与裤褶的搭配

1.陕西西安洪庆原十六国梁猛墓男俑　2.陕西西安草厂坡十六国墓男俑　3.甘肃嘉峪关魏晋9号墓砖画男侍

[1] 洛阳市文物工作队：《洛阳吉利区西晋墓发掘简报》，《文物》2010年第8期。

[2] 偃师市文物旅游局、洛阳市文物考古研究院：《河南偃师大冢头西晋墓发掘简报》，《文物》2016年第9期。

[3] 西安市文物保护考古研究院：《陕西西安洪庆原十六国梁猛墓发掘简报》，《考古与文物》2018年第4期。

[4] 咸阳市文物考古研究所：《陕西咸阳市文林小区前秦朱氏家族墓的发掘》，《考古》2005年第4期。

[5] 张宝玺：《嘉峪关酒泉魏晋十六国墓壁画》，甘肃人民美术出版社，2001年，第202页。

图4-3 十六国戴武冠、帻男俑

1.陕西西安草厂坡十六国墓男俑 2、3.陕西西安洪庆原十六国梁猛墓男俑

4-3，1、2），衣着与西晋武冠俑一致，如河南偃师大冢头西晋墓男俑（图2-17，2）即如此。西安洪庆原十六国梁猛墓亦可见戴帻，穿裤褶男俑（图4-3，3），类似穿扮俑在山东邹城西晋刘宝墓（图3-16，5）、山东滕州西晋墓（图3-16，4）中亦可见。类似穿扮的东晋俑较多见，南京富贵山东晋墓武士俑（图3-17，4）、徐州内华东晋墓男侍俑（图3-45，2），皆为此属。可见西晋帻与裤褶的搭配为东晋、十六国继承。

西安草场坡十六国墓女乐俑、咸阳国际机场高速路工地出土的十六国女乐俑[1]，均穿袿衣。这些女乐俑所穿袿衣上衣及腹，下摆装饰层叠的"圭饰"，不似东晋早期袿衣上衣长至膝下；亦不似东晋中晚期将"圭饰"移至蔽膝上。其在式样上，更接近三国朱然墓漆案宫闱宴乐图中的"皇后"所穿袿衣（图1-22，6）。可见，西安一带考古资料中所见的十六国袿衣，接近较早的式样。很可能西晋袿衣即如此，为十六国部分地区直接继承，同时在河陇、江左等地衍生出不同的式样。

西安草场坡十六国墓女侍俑，身穿"背带裙"；与南朝的"裲裆衫"类似，在北朝资料中亦有发现，如河北省吴桥北魏墓[2]、山西太原市娄睿墓[3]女侍俑，就有穿这种"背带裙"的实例。这在东晋考古资料中是比较少见的，但传世绘画唐摹顾恺之《女史箴图》中的儿童，即穿这种"背带裙"（图3-37，2）。可能这种"背带裙"源于西晋，

[1] 陕西省考古研究院：《西安咸阳国际机场专用高速公路十六国墓发掘简报》，《文博》2009年第4期。

[2] 河北省沧州地区文化馆：《河北省吴桥四座北朝墓葬》，《文物》1984年第9期。

[3] 山西省考古研究所、太原市文物管理委员会：《太原市北齐娄叡墓发掘简报》，《考古学报》1979年第3期。

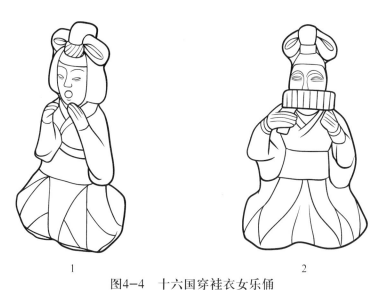

图4-4　十六国穿袿衣女乐俑

1.陕西西安草厂坡十六国墓女乐俑　2.陕西咸阳国际机场高速路工地十六国墓女乐俑

图4-5　十六国与北朝穿"背带裙"女俑

1.陕西西安草厂坡十六国墓女俑　2.山西太原市娄睿墓女俑

在十六国中原地区被保留，继而沿袭至北朝，而在东晋逐渐发展为"裲裆衫"。

　　魏晋服饰，尤其是日常服饰，在十六国依旧有较大的影响力，原因有二：一为当地汉民保留西晋穿着习俗；二为汉人政权尊奉汉魏旧典。目前还没有明显的证据表明东晋十六国时期的服饰有大规模交流、融合的现象。

二　南北朝时期

　　建立北魏政权的鲜卑族，男性多穿衣裤装，女性或穿衣裤装或穿衣裙。鲜卑男女的首服，均为非常有特色的鲜卑帽；高屋圆顶，有长帽裙遮住脖颈。鲜卑帽一直沿用到隋唐，被称为"胡帽"。《隋书》中记载："如今胡帽，垂裙覆带，盖索发之遗象也。"[1]"索发""索头""索虏"均是对鲜卑人的蔑称，源于鲜卑族的常见发式——辫发。鲜卑族上衣虽为交领但衣衽、几乎居中，左衽右衽均有；不似汉族衣衽在腰侧，均为右衽。这种现象，集中见于在北魏迁都洛阳之前相关考古实例。如宁夏固原北魏墓漆画人物像[2]，山西大同司马金龙墓随葬俑[3]，山西大同下深井北魏墓随葬俑[4]，山西大同文瀛路北魏墓壁画人物像[5]，山西大同智家堡北魏墓石椁壁画人物像[6]，山西大同七里村北魏墓随葬俑[7]，山西大同沙岭北魏墓壁画人物像[8]，山西大同云波里路北魏墓壁画人物像[9]等（图3-26）。可见，鲜卑族本民族的服饰与汉晋服饰有非常大的差异。为与南方争取文化上的正统，北魏孝文帝在太和年间（477～499年）进行服饰汉化改革，"始定衣冠"[10]。山东儒生蒋少游与投奔北魏的南朝皇族刘昶等为衣冠改革的主要负责人。刘昶大致记得刘宋衣冠旧式，二人意见不一致，常常争论，耗时六年衣冠制度始成[11]。这次改革的效果是显著的，龙门石窟宾阳洞的《帝后礼佛图》中的孝文帝（图1-3，1）、文昭皇后及随从形象，均是宽衣广袖，一派南朝贵族风度[12]。

　　北魏孝文帝不仅对祭服、朝服等礼仪服饰进行改革，对日常服饰的改革也十分严格。《魏书·景穆十二王传》中记载孝文帝对元澄说："朕昨入城（洛阳），见车上妇人冠帽而著小襦袄者，若为如此，尚书何为不察？"[13]女性戴帽穿小襦袄，即为鲜卑

---

[1]　（唐）魏徵等：《隋书》第一册，中华书局，1973年，第266页。

[2]　固原县文物工作站：《宁夏固原北魏墓清理简报》，《文物》1984年第6期。

[3]　山西省大同市博物馆、山西省文物工作委员会：《山西大同石家寨北魏司马金龙墓》，《文物》1972年第3期。

[4]　大同市考古研究所：《山西大同下深井北魏墓发掘简报》，《文物》2004年第6期。

[5]　大同市考古研究所：《山西大同文瀛路北魏壁画墓发掘简报》，《文物》2011年第12期。

[6]　王银田、刘俊喜：《大同智家堡北魏石椁壁画》，《文物》2001年第7期。

[7]　大同市考古研究所：《山西大同七里村北魏墓群发掘简报》，《文物》2006年第10期。

[8]　大同市考古研究所：《山西大同沙岭北魏壁画墓发掘简报》，《文物》2006年第10期。

[9]　大同市考古研究所：《山西大同云波里路北魏壁画墓发掘简报》，《文物》2011年第12期。

[10]　《魏书·礼制》："高祖太和中，始考旧典，以制冠服，百僚六宫，各有差次。"——（北齐）魏收：《魏书》第八册，中华书局，1974年，第2817页。

[11]　《魏书·刘昶传》："……于时改革朝仪，诏昶与蒋少游专主其事。昶条上旧式，略不遗忘。"——（北齐）魏收：《魏书》第四册，中华书局，1974年，第1309页。《魏书·蒋少游传》："……议定衣冠于禁中，少游巧思，令主其事，亦访于刘昶，二意相乖，时致诤竞，积六载乃成，始班赐百官。"——（北齐）魏收：《魏书》第六册，中华书局，1974年，第1971页。

[12]　孙机：《中国古舆服论丛》，中华书局，1993年，第170页。

[13]　（北齐）魏收：《魏书》第二册，中华书局，1974年，第469页。

图4-6　南北朝服饰风格对比

1.河南洛阳宁懋石室线刻墓主与女侍像　2.南朝砖画《竹林七贤与荣启期》向秀

装。当元澄回答说穿鲜卑装的人比不穿的人少得多，也未令孝文帝满意[1]。相对祭服、朝服等礼仪服饰的改革而言，对鲜卑百姓日常服饰的改革要困难得多，因为改变生活习惯不是一朝一夕。尽管如此，在北魏迁洛后，穿鲜卑装的百姓已经远远少于穿汉装的百姓。洛阳一带服饰改革顺利地推行，亦可能是因汉晋日常服饰在十六国中原地区汉民中影响力未减，孝文帝迁都洛阳后，当地服饰或多或少保留了汉晋旧俗。北魏迁洛后，相关考古图像资料中的鲜卑装也一度绝迹。从图像资料看，北魏迁洛后，贵族服饰不仅在式样上与南朝趋同，在穿扮风格上也与南朝有类似之处：如北魏宁懋石室线刻墓主像[2]，墓主宁懋刻意敞开交领，作不羁之姿（图4-6，1），疑对南朝"名士风度"（图4-6，2）的仿效，这是南北服饰文化交流与融合的体现。

　　隋唐对北魏太和年间耗时六年制定的衣冠评价并不高，认为北魏永和衣冠"尚不周恰"[3]。这可能是因为，制定衣冠制度的负责人刘昶，作为刘宋皇族仅仅对刘宋衣冠存有印象，但他本人没多少学识[4]；而蒋少游原为乐安博昌人，后作为"平齐户"被掳至北魏平城，也谈不上对正统的衣冠制度有深入的研究。北魏景明年间的龙门石窟《帝

---

[1]　（北齐）魏收：《魏书》第二册，中华书局，1974年，第470页。

[2]　郭建邦：《北魏宁懋石室和墓志》，《河南文博通讯》1980年第2期，第40页。

[3]　《隋书·礼仪志》："至太和中，方考故实，正定前谬，更造衣冠，尚不能周恰。"——（唐）魏徵等：《隋书》第一册，中华书局，1973年，第238页。

[4]　《魏书·刘昶传》："昶虽学不渊博恰，略览子史……"——（北齐）魏收：《魏书》第四册，中华书局，1974年，第1307页。

后礼佛图》中的孝文帝冕服虽一派汉魏风度，但究其细节，则不见交领与曲领中衣；冕服上衣似直接加在裲裆衫之上，与《后汉书》《晋书》《宋书》等正史文献中记载不符。北魏肃宗时期，孝明帝召集在朝名学依照汉代古礼重新修订衣冠制度，于熙平二年（517年）确定服制[1]。应该说，熙平二年之后的衣冠制度比太和年间的更加符合汉魏衣冠制度。完成于北魏孝昌末年的巩县石窟第一窟《礼佛图》浮雕中的冕服帝王，上衣则加在曲领上，与《晋书》中记载的冕服式样较接近（图1-3，2）。

有研究者认为北朝服饰汉化是遵循汉魏古制，而非学习南朝衣冠[2]。儒家礼仪体系下的祭服与朝服是汉魏衣冠制度的核心部分，也是华夏礼仪的重要载体。祭服与朝服，一直是由官府依礼制作，并根据身份等级分配。自"五胡乱华"，不同民族政权更迭频繁。一因少数民族政权对儒家礼制的重视程度不如汉族；二因在时局动荡的北方不具备制定完备的祭服与朝服的客观条件，所以会呈现出"自晋左迁，中原礼仪多缺"的局面。东晋政权在江淮以南维持偏安统治，受北方战乱影响较少。虽东晋一朝始终动荡，但作为汉族政权，重视衣冠礼制，自然会保留完备的礼仪服饰制度；这一整套制度也为南朝所继承。前文已述，《晋服制令》为南朝时制定衣冠制度的重要参考标准。北魏欲与南朝争取文化上的正统地位，自然要在衣冠制度上下功夫。但汉魏正统礼仪服饰虽然有可能见诸当时留存的东汉、三国文献，然而古人对衣冠服饰的文字描述仅限于必备的规章，对式样的描述比较简略；实际的礼仪服饰在中原已经缺失多年，其具体式样大多无据可依。所以孝文帝才会令"条上旧式，略不遗忘"的南朝贵族刘昶协助当时的中原儒生蒋少游一起制定衣冠。即便如此，耗时六年完成的北魏永和衣冠"尚不周恰"。后北魏孝明帝重新修定衣冠制度，于熙平二年方成，其直接依据应该是同时期萧梁衣冠制度。这种北朝对南朝的衣冠制度学习同样体现在图像资料上，北魏孝明帝中后期的礼仪服饰、日常服饰均与南朝呈现出明显的趋同性。如美国纳尔逊博物馆藏北魏孝子石棺上的帝舜随从像[3]（图2-19，1）与丹阳金家村南朝大墓[4]、丹阳胡桥南朝大墓[5]砖画上仪卫像（图2-19，2）均戴武冠，穿单衣，服饰完全一致。宁懋石室线刻女侍（图4-6，1）与常州戚家村女侍（图3-37，5），均梳双鬟，穿裲裆衫、广袖襦裙，搭配宽腰带、高履，穿扮类似。

[1]　《魏书·礼制》："肃宗时，又招侍中崔光、安丰王延明及在朝名学更议之，条章粗备焉。"——（北齐）魏收：《魏书》第八册，中华书局，1974年，第2817页。《隋书·礼仪志》："自晋左迁，中原礼仪多缺。……至太和中，方考故实，正定前谬，更造衣冠，尚不能周洽。及至熙平二年，太傅、清河王怿、黄门侍郎韦延详等，奏定五时朝服，准汉故事，五郊衣帻，各如方色焉。"——（唐）魏徵等：《隋书》第一册，中华书局，1973年，第238页。

[2]　黄良莹：《北朝服饰研究》，苏州大学博士学位论文，2009年。范英豪：《同源而异趣的南北朝"褒衣博带"》，《装饰》2006年第1期。

[3]　黄明兰：《北魏孝子棺线刻画》，人民美术出版社，1985年，第3页。

[4]　南京博物院：《江苏丹阳县胡桥、建山两座南朝墓葬》，《文物》1980年第2期。

[5]　南京博物院：《江苏丹阳胡桥南朝大墓及砖刻壁画》，《文物》1974年第2期。

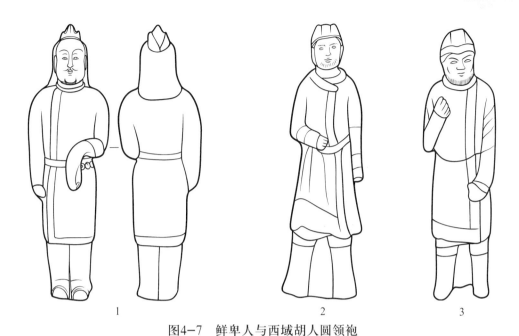

图4-7　鲜卑人与西域胡人圆领袍

1.山西太原北齐娄睿墓男俑　2.河北曲阳北魏墓胡人俑　3.河南洛阳衡山路北魏墓胡人俑

　　高氏控制东魏，随后建立北齐，对该地区的服饰也产生了影响。陈寅恪先生认为，北齐建立依靠的是鲜卑化的武装集团——六镇军人，因此对洛阳汉化文官集团是排斥的。所以与北魏相比，北齐呈现出鲜卑化明显的特征。与此同时，北齐起用大批西域胡人，呈现出西胡化的特征[1]。这样的风气，自然改变了服饰的流行趋势。在目前发现的东魏、北齐墓壁画与随葬陶俑中，均可见穿圆领袍、戴鲜卑帽者，北齐墓中尤其多。如河南安阳北齐贾进墓陶俑[2]、河北磁县东陈村北齐尧峻墓陶俑[3]、山西太原北齐娄睿墓壁画武士像与陶俑[4]（图4-7，1）等。鲜卑帽是鲜卑族服饰，而圆领袍在北魏图像资料中仅见于西域胡人服饰。如河北曲阳北魏墓胡人俑[5]（图4-7，2）、河南洛阳衡山路北魏墓胡人俑[6]（图4-7，3），均穿圆领袍，式样与北齐鲜卑人所穿的圆领袍同，唯衣衽往左，不同于后者衣衽往右。缘此，圆领袍在北齐的流行，或受西域胡人服饰影响。虽然东魏北齐鲜卑化与西胡化明显，但北魏自孝文帝永和年间时汉式衣冠制度沿用已久，加上要与南朝争取文化上的正统，这套完备的汉式衣冠制度被一直沿用至北齐河

　　[1]　陈寅恪口述、万绳楠整理：《陈寅恪魏晋南北朝史讲演录》，黄山书社，1987年，第297页。

　　[2]　河南省文物管理局南水北调文物保护管理办公室、安阳市文物考古研究所：《河南安阳县北齐贾进墓》，《考古》2011年第4期。

　　[3]　磁县文化馆：《河北磁县东陈村北齐尧峻墓》，《文物》1984年第4期。

　　[4]　山西省考古研究所、太原市文物管理委员会：《太原市北齐娄叡墓发掘简报》，《考古学报》1979年第3期。

　　[5]　河北省博物馆文物管理处：《河北曲阳发现北魏墓》，《考古》1972年第5期。

　　[6]　洛阳市第二文物工作队：《洛阳衡山北魏墓发掘简报》，《文物》2009年第3期。

清初[1]。

与之同时，北齐统治者视南朝衣冠为正统，在礼服上依旧对标南朝，甚至连北齐高欢都说："江东复有一吴儿老翁萧衍者，专事衣冠礼乐，中原士大夫望之，以为正朔所在。"[2]据唐《通典·礼典》的沿革部分，君臣冠冕巾帻等制度，均为"北齐采陈之制"[3]。据《隋书·礼仪志》记载，北齐河清年间，重新制定的衣冠制度也没有脱离汉晋礼仪服饰体系的框架；祭服为冕服，帝王朝服为通天远游冠服、文官朝服为进贤冠服、武官朝服为武冠服。皇帝衮冕首服为"平冕，黑介帻，垂白珠十二旒，饰以五采玉，以组为缨，色如其绶，黈纩，玉笄"；身衣"皂衣，绛裳，裳前三幅，后四幅，织成为之，十二章，缘绛中单，织成绲带，硃绂"；足服"赤舄"；佩饰"黄赤绶，五采，黄赤缥绿绀""白玉""鹿卢剑"[4]。王侯、公卿衮冕式样基本与皇帝同，以旒数、服章、佩绶作为等级区分：太子上公"九旒""九章"；三公"八旒""八章"；卿"六旒""六章"[5]。皇帝拜陵之服为"黑介帻，白纱单衣"[6]。皇帝朝服为"通天金博山冠、绛纱袍"；太子诸王朝服："远游三梁冠""绛纱袍"[7]。文官朝服为进贤冠服、武官与皇帝侍臣朝服为武冠（弁）服[8]。除此之外，还有不同节令时朝服随五时色的制度[9]。内外命妇"以钿数花钗多少为品秩"，最高等级为皇后"假髻，步摇，十二钿，八雀九华"[10]。与梁陈的衣冠制度对比，不难发现，北齐与前者几乎如出一辙。北齐图像资料中，虽然鲜卑装、"胡服"占很大的比例，但与同时期南朝服饰类似的平上帻单衣（图4-8，1）、武冠服（图4-8，2）裤褶服等依旧常见。如河北磁县湾漳村北齐墓壁画及陶俑[11]、山西太原北齐娄睿墓壁画及陶俑[12]中均有这样的实例。文献和图像资料均可证明唐《通典》对说北齐衣冠"采陈之制"是准确的。

西魏、北周政权，实施胡汉并重的政策[13]。西魏以北魏正统自居，应会保留北魏汉

---

[1]《隋书·礼仪志》："及至熙平二年，太傅、清河王怿、黄门侍郎韦廷祥等，奏定五时朝服，准汉故事，五郊衣帻，各如方色焉。及后齐因之。河清中，改易旧物，著令定制云。"——（唐）魏徵等：《隋书》第一册，中华书局，1973年，第238页。

[2]（唐）李百药：《北齐书》卷二十四《杜弼传》，中华书局，1972年，第二册，第347页。

[3]（唐）杜佑撰，王文锦等点校：《通典》，中华书局，1988年，第1601～1623页。

[4]（唐）魏徵等：《隋书》第一册，中华书局，1973年，第238页。

[5]（唐）魏徵等：《隋书》第一册，中华书局，1973年，第239、240页。

[6]（唐）魏徵等：《隋书》第一册，中华书局，1973年，第238页。

[7]（唐）魏徵等：《隋书》第一册，中华书局，1973年，第240页。

[8]（唐）魏徵等：《隋书》第一册，中华书局，1973年，第239、240页。

[9]（唐）魏徵等：《隋书》第一册，中华书局，1973年，第240页。

[10]（唐）魏徵等：《隋书》第一册，中华书局，1973年，第243页。

[11]中国社会科学院考古研究所、河北省文物研究所邺城考古工作队：《河北磁县湾漳北朝墓》，《考古》1990年第7期。

[12]山西省考古研究所、太原市文物考古研究所：《北齐东安王娄睿墓》，文物出版社，2006年，第65、67、102、103页等。

[13]陈寅恪口述、万绳楠整理：《陈寅恪魏晋南北朝史讲演录》，黄山书社，1987年，第317页。

图4-8　北齐与陈服饰对比

1、2.河北磁县湾漳村北齐墓陶俑　3、4.江苏南京灵山南朝大墓陶俑

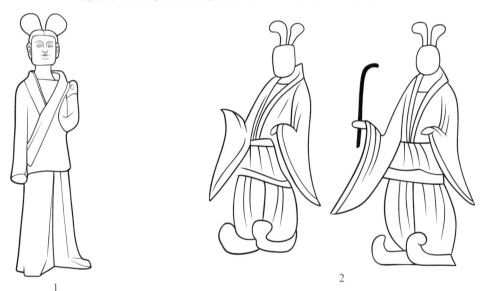

图4-9　南北朝丫髻童子服饰对比

1.陕西汉中出土的童子俑　2.浙江余杭小横山南朝墓砖画童子像

化衣冠，礼仪服饰如敦煌西魏壁画上，多见穿通天冠、远游冠服者（图2-4，1、2）；日常服饰如陕西汉中出土的丫髻裤褶童子俑[1]（图4-9，1）。该例童子俑在衣着与发

---

[1]　现藏于中国国家博物馆。原定为女俑，但丫髻、裤褶多为童子穿扮，加上该例俑面部特征更近男性，本书将其定位童子俑。

式上几乎与浙江余杭小横山南朝墓所见砖画童子像（图 4-9，2）如出一辙[1]。北周宇文泰托古改制，模仿《周礼》建立周官制度以维系胡汉共治，同时在文化上对抗北齐与萧梁。宇文泰的举措，必定涉及衣冠制度，《隋书·礼仪志》中就有相关记载。《隋书》中记载的祭服、朝服制度并未脱离汉晋礼服框架，仅仅是在冕服服章与冕冠上进行了更加细化与严格的等级区分[2]。北周在继承北齐衣冠制度的基础上，又为区分不同的祭祀场合，增加了多种祭服式样，如皇帝"祀昊天上帝，则苍衣苍冕；祀东方上帝及朝日，则青衣青冕；祀南方上帝，则硃衣硃冕；祭皇地祇、祀中央上帝，则黄衣黄冕；祀西方上帝及夕月，则素衣素冕；祀北方上帝，祭神州、社稷，则玄衣玄冕；享先皇、加元服、纳后、朝诸侯，则象衣象冕"；公侯除衮冕外，又加"方冕"[3]。而隋文帝认为北周"舆辇衣冠，甚多迂怪"[4]，故隋舆服制度依旧采用依"梁陈之制"的"北齐之法"[5]。西安北周粟特人康业墓围屏石刻上的男墓主及随从像，既有穿远游冠服（图 2-4，3）、武冠服（图 4-10，1）之类的汉式朝服形象者，又有穿粟特圆领袍形象者（图 4-10，2）；至于女墓主一行人像，则袿裳鲜明，罗带飘飘，悉如南朝命妇的装扮[6]（图 1-16，3、图 1-25，4）。

在南北朝服饰交流中，除南朝衣冠制度传播至北朝外，北朝服饰也会影响南朝。梁武帝时期，衣冠制度似有"北风南渐"的趋势。《洛阳伽蓝记》记载，陈庆之出使北方目睹洛阳衣冠礼仪后由衷赞叹，并把北朝的服饰带回南方。"庆之因此羽仪服式，悉如魏法，江表士庶，竞相模仿，褒衣博带，被及秣陵。"[7]《伽蓝记》作者杨衒之为北朝人，其叙述难免夸张，但也不是毫无依据。据迄今考古资料，宽衣广袖服饰最早见于南朝，但南北朝中期，北朝服饰似比南朝更宽博，南朝广袖及膝，而北朝广袖几乎及地。虽南朝图像资料中这种近乎拖沓的广袖亦可见，但多见于南北交界处，建康一带则相对少。南北朝虽时军事冲突，亦有和平通使。南北双方对外交往来均十分重视。据《资治通鉴》《南史》《北史》《魏书》等史料统计，南北朝 170 年间，南北通使计 151 次，其中北朝遣南朝使 84 次，南朝遣北朝使 67 次，与之同时，南北朝边境贸易互市从未中断[8]。《魏书·食货志》中亦有南北朝通商互市的记载[9]。官方和民间的往来，必定会促动服饰文化的交流。南北朝中晚期考古资料显示，当时两地服饰

[1] 杭州市文物考古研究所、余杭博物馆：《余杭小横山东晋南朝墓》，文物出版社，2013 年，第 98 页。

[2] （唐）魏徵等：《隋书》第一册，中华书局，1973 年，第 244～250 页。

[3] （唐）魏徵等：《隋书》第一册，中华书局，1973 年，第 244～246 页。

[4] （唐）魏徵等：《隋书》第一册，中华书局，1973 年，第 254 页。

[5] （唐）杜佑撰，王文锦等点校：《通典》，中华书局，1988 年，第 1601～1623 页。

[6] 西安市文物保护考古所：《西安北周康业墓发掘简报》，《文物》2008 年第 6 期。

[7] （魏）杨衒之撰、周祖谟校释：《洛阳伽蓝记》，中华书局，1963 年，第 108、109 页。

[8] 许辉：《南北朝关系述论》，《江苏社会科学》2002 年第 3 期。

[9] （北齐）《魏书·食货志》："世宗延昌三年……（北魏）又于南垂立互市，以致南货，羽毛齿革之属无远不至"——（北齐）魏收：《魏书》第八册，中华书局，1974 年，第 2857 页。

1

2

图4-10　西安北周粟特人康业墓围屏石刻

1.康业墓围屏石刻上穿汉式衣冠的随从　2.康业墓围屏石刻上穿粟特圆领袍的随从

流行风向保持一致，尤其是礼仪服饰已趋同。如梁中期图像资料中，女性襦裙（图3-35）、男性袍服（图3-11，6～10）中突然出现领口增大、腰线提高的现象。江苏邗江南朝梁画像砖墓上的男女侍者像，领口极阔，近乎露肩，腰线极高，近乎齐胸。南朝发现最早类似衣着的图像资料为广西融安安宁南朝墓 M5 滑石男俑，但此类服饰

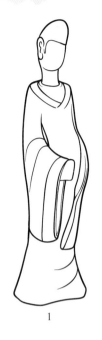  

　　　　1　　　　　　　　　　2　　　　　　　　　　　3

图4-11　北朝穿大领高腰襦裙的女性

1.河南洛阳孟津北魏墓女俑　2.美国纳尔逊博物馆藏北魏孝子石棺郭巨妻　3.山东临朐北齐崔芬墓壁画女墓主像

大量流行始于梁普通年间（520～527年）。与此同时，类似服装式样北魏迁洛后的图像资料中极其普遍。目前发现最早的是洛阳孟津北魏正光五年（524年）墓随葬陶女俑[1]（图4-11，1）。而南朝梁天监十年（511年）王叔子造释迦牟尼佛像背面浮雕上的供养人像[2]与偃师杏园北魏熙平元年（516年）墓陶俑的衣领大小、腰线位置均正常。从迄今发现的考古资料看，高腰阔领的服饰在南北朝出现的时代近乎一致，难以判断先后，这也可体现南北朝服饰交流的频繁。

　　北齐、北周，粟特人的圆领袍因为紧窄便利受到欢迎，但一直未在南朝流行。可能是因为其终究属"胡服"，而且紧窄的式样不符合南朝人的审美，不为南朝人所喜爱。

第三节　东晋南朝服饰对后世的影响

　　隋唐南北统一，服饰变为双轨制：一类是汉式服装，主要用作祭服、朝服等礼仪服饰；一类是经北齐、北周改革后的"西胡化"服装，以圆领袍为主，用作日常服

[1]　洛阳市工作队：《洛阳孟津晋墓、北魏墓发掘简报》，《文物》1991年第8期。

[2]　张肖马、雷玉华：《成都市商业街南朝石刻造像》，《文物》2001年第10期。

饰[1]。隋唐服饰体系，种类较前代更丰富，是比较复杂的复合体系。其主要包括三个来源：一是在东晋南朝服饰体系影响下的南北汉式礼仪服饰；二是以鲜卑族为主的北方少数民族的日常服饰；三是以粟特人为主的西域胡人日常服饰。

东晋南朝服饰，对后世的影响主要体现在祭服、朝服等礼仪服饰体系上。《隋书》记载，隋初，太子庶子、摄太常少卿裴政上奏建议改革北朝的服章制度。因为"后魏已来，制度咸阙"，"所造车服，多参胡制"而北周因袭北魏舆服有所改革，导致"舆辇衣冠，其多迁怪。"[2]而与此同时，隋朝统治者对梁陈衣冠制度却没有异议。《隋书》中同时也记载，隋高祖在南下灭陈之前，衣冠制度"皆未能备。""至平陈，得其器物，衣冠法服，始依礼具。"[3]东晋南朝的这套完整的礼仪服饰系统，影响力很大，隋唐宋明的祭服、朝服都没有脱离其轨道，甚至对整个东亚礼服体系都产生影响。

一 东晋南朝祭服对后世的影响

"周礼六冕"（即大裘冕、衮冕、鷩冕、毳冕、希冕、玄冕），一直是中国古代新王朝制定祭服制度的最重要的参考标准。汉魏祭服，主要保留"周礼六冕"中的"衮冕"。东晋南朝继承汉魏"衮冕"最主要也是最关键的组成部分，即首服平冕、身衣上红下黑、赤皮蔽膝、大带、赤舄、佩绶玉、十二服章制度等，成为后世冕服的参照。东晋南朝之后，祭服系统进行了多次托古改制。隋唐均恢复"周礼六冕"。宋代有大裘冕、衮冕。明代有衮冕。

根据《隋书·礼仪志》，隋代衮冕首服为平冕，冕旒垂珠，有黈纩充耳、组缨；身衣为玄衣纁裳，红色蔽膝；足服为赤舄加金饰；佩饰为大带、革带、绶、鹿卢玉具剑[4]。皇帝冕冠有十二旒，身衣服章为日月星辰十二章；太子诸王公冕冠有九旒，身衣服章为日月星辰等九章[5]。《旧唐书·舆服志》记载唐代衮冕首服为平冕，冕旒垂珠，有黈纩充耳、组缨；身衣为玄衣纁裳，红色蔽膝；足服为赤舄加金饰；佩饰为大带、革带、绶、鹿卢玉具剑，皇帝冕冠有十二旒，身衣服章为日月星辰等十二章[6]。可见，隋唐衮冕制度继承了东晋南朝时关键组成部分，即：首服平冕、身衣上红下黑、红蔽膝、赤舄、佩绶玉、服章等级等。隋唐时除衮冕外的其余五冕，服饰组成部分与衮冕基本相同，无外乎平冕、上衣下裳、蔽膝、舄、绶玉等，除大裘冕上衣材质黑羔皮外，其余鷩冕、毳冕、希冕、玄冕等四类冕服，均是相应减少服章数量以区分等级。东晋南朝冕板加在通天冠

---

[1] 孙机：《中国古舆服论丛》，文物出版社，1993年，第167页。

[2] （唐）魏徵等：《隋书》第一册，中华书局，1973年，第254、255页。

[3] （唐）魏徵等：《隋书》第一册，中华书局，1973年，第262页。

[4] （唐）魏徵等：《隋书》第一册，中华书局，1973年，第254页。

[5] （唐）魏徵等：《隋书》第一册，中华书局，1973年，第255～257页。

[6] （后晋）刘昫等：《旧唐书》第六册，中华书局，1975年，第1936页。

上的戴法在唐代逐渐发生变化，演化成承冕之冠与冕板合二为一，成为一个整体。

两宋冕服制度，大大小小的改革前后共计十二次。宋初仅有衮冕，到宋神宗元丰四年初制大裘冕，之后衮冕、大裘冕并行[1]。宋代冕服的式样，比东晋南朝时华丽精巧得多。如《宋史·舆服志》中记载的宋仁宗景祐二年的冕冠：冕板顶面裱上青罗，并画上彩色龙鳞图案，冕板底面则裱上红罗，并画上紫云白鹤图案，以金丝网装饰在冕板上，金丝网中编结出四条龙纹，冕板四周装饰有花坠子与素坠子，冕壳裱青罗，青罗之上采画出龙鳞，再填上细密的云龙纹，天河带、组带、款慢带依旧，收冠的纳言用青罗制成，其上画出彩色龙鳞，冕壳上金棱条，依旧用金，再配上黈纩及玉簪。[2] 这已经是简化过的冕冠，尚且如此繁琐，之前的宋冕华丽程度可想而知。北宋初、景祐二年、政和年间所定的衮冕身衣制度均为青衣红裳；建隆元年、南宋初所定的衮冕身衣制度为黑衣红裳。[3] 宋代的冕服虽华丽繁琐且变化多，但依旧保持了东晋南朝时冕服的主要部分，万变不离其宗，平冕、上衣下裳、十二服章、大带、革带、蔽膝、舄、佩绶玉等仍是宋代衮冕的构成基要。辽、金、元虽然是少数民族政权，依旧制定冕服制度，均有衮冕，由首服平冕；身衣青衣红裳、蔽膝；足服舄；佩饰大带、革带、绶玉、剑等组成[4]。

明代祭服废除五冕，仅用衮冕，在《大明会典》[5]、《明史·舆服志》[6]均有详细记载。与宋辽金元冕服制度相比，似与汉晋旧制更接近一些，基本组成部分依然为首服平冕；身衣上衣下裳、蔽膝；足服舄；佩饰大带、绶玉、剑等。首服冕冠用皂纱制作，冕板玄表朱里，有黈纩充耳，以旒数与服章数区分等级：皇帝为十二旒十二章；太子亲王九旒九章；亲王世子八旒七章；郡王七旒五章[7]。皇帝冕服身衣为黑衣黄裳，蔽膝随裳色，太子诸王衮服为青衣红裳，蔽膝随裳色[8]。

东晋南朝的冕服组成，即首服平冕；身衣为黑衣红裳、蔽膝；佩饰为大带、绶、玉等，以及冕服十二章，均被后世继承并发扬（东晋冕服可参见图1-1、3、南朝冕服可参考图1-3，2）。从历代冕服图像资料看，均可见明显的平冕垂旒，其中的传承与发展显而易见（隋唐冕服可参考图1-4，宋明冕服可参考图4-12）。

---

[1] 根据《宋史·舆服志》内容统计。详见（元）脱脱等：《宋史》第十一册，中华书局，1977年，第3517～3534页。

[2] （元）脱脱等：《宋史》第十一册，中华书局，1977年，第3524、3525页。

[3] （元）脱脱等：《宋史》第十一册，中华书局，1977年，第3522、3523～3525、3528、3529页。

[4] 详见《辽史·仪卫志》——（元）脱脱等：《辽史》第二册，中华书局，1974年，第907～909页。《金史·舆服志》——（元）脱脱等：《金史》第三册，中华书局，1975年，第976、977页。《元史·舆服志》——（明）宋濂等：《元史》第七册，中华书局，1976年，第1930～1934页。

[5] （明）李梦阳撰、申时行等重修：《大明会典》第二册，广陵书社，2007年，第1017～1022页。

[6] （清）张廷玉等：《明史》第六册，中华书局，1974年，第1615、1616页。

[7] （清）张廷玉等：《明史》第六册，中华书局，1974年，第1615、1616页。

[8] （清）张廷玉等：《明史》第六册，中华书局，1974年，第1615、1616、1625～1627、1629页。

 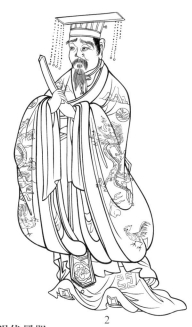

图4-12 宋代与明代冕服

1.宋《三礼图》中的衮冕 2.明《三才图会》中的衮冕

至于命妇祭服，隋唐根据《周礼》记载，对命妇服饰做了进一步改革，东晋南朝之袿襡大衣，在唐代时成了一种高级舞衣，后因式样繁复，逐渐不再使用。

二 东晋南朝朝服对后世的影响

（一）东晋南朝帝王朝服对后世的影响

第二章已述，东晋南朝帝王朝服为通天冠、远游冠服。其首服为通天冠、远游冠；身衣为绛纱袍、绛缘白单衣、白曲领、绛纱蔽膝等；足服为黑舄；佩饰为大带、绶玉、剑等。东晋南朝通天、远游冠式样相近，基本结构为冠梁，冠体两侧透空，通天冠五梁、远游冠三梁，通天冠前有"圭"形小牌饰，即金博山，远游冠则无。从刘宋晚期起，身衣由宽直袖变为广袖。绶玉在南朝中晚期逐渐变为从中折叠的式样，玉也转变为组玉佩。

《隋书·礼仪志》记载隋代皇帝朝服，首服"通天冠，加金博山，附蝉，十二首，施珠翠，黑介帻，玉簪导。"身衣："绛纱袍，深衣制，白纱内单，皂领、襈、襈、裾，绛纱蔽膝，白假带，方心曲领。"佩饰与足服："革带、剑、佩、绶、舄，与上（衮冕）同。""白玉双佩，玄组。双大绶，六采，玄黄赤白缥绿，纯玄质，长二丈四尺，五百首，广一尺；小双绶，长二尺六寸，色同大绶，而首半之，间施三玉环。"[1]太子诸王

---

[1] （唐）魏徵等：《隋书》第一册，中华书局，1973年，第255页。

朝服，首服："远游三梁冠，加金附蝉，九首，施珠翠，黑介帻，缨翠緌，犀簪导。"身衣："绛纱袍，白纱内单，皂领、襈、裾、裙，白假带，方心曲领，绛纱蔽膝。"足服"袜，舄。"佩饰："革带、剑、佩、绶与上（衮冕）同。"佩绶："瑜玉双佩，硃组。双大绶，四采，赤白缥绀，纯硃质，长一丈八尺，三百二十首，广九寸；小双绶，长二尺六寸，色同大绶，而首半之，间施二玉环。"[1]

通过以上文字可知，隋代帝王朝服制度与梁陈大致相同，皇帝、皇子以首服、佩绶区分等级，身衣、足服基本一致。《通典·礼典》亦载，通天冠、远游冠陈因梁制，北齐"依之"，隋"因之"，在南北朝的基础上，隋通天冠"加金博山附蝉，十二首，施珠翠，黑介帻，玉簪导"；远游冠"加金附蝉，九首，施珠翠，黑介帻，翠緌，犀簪导"[2]。可见隋金博山、介帻、簪导式样或材质，应有别于南北朝，但基本结构应与南北朝一致。隋代佩绶变化较明显，总体来说更加华丽繁复。据《隋书·礼仪志》，隋仿周制，将前代单件的绶，改成"双大绶""小双绶"、且小双绶"间施三玉环"；前代单件组佩，改为"双佩"。为何大带更名为"白假带"，很可能革带为实际束腰之用，而大带仅仅为装饰，故称"假带"。隋代帝王朝服图像不多见，少有的案例也细节不明，如莫高窟三〇一窟壁画《萨埵太子本生》中的太子像，头部已缺，仅可见其穿广袖绛袍，白纱内单，白腰带。莫高窟三二三窟南壁东侧上部壁画，亦与隋代朝服衔接紧密，其绘有隋文帝请昙延法师入朝的故事，创作年代为初唐[3]，与隋相距不远。隋文帝身衣式样与《萨埵太子本生》太子一致，可作为隋帝王朝服式样的有力旁证（图4-13，2）。莫高窟三二三窟壁画中隋文帝所戴通天冠已模糊不清，其服色年久失真，但依旧可见卷曲的冠梁、广袖袍、曲领、蔽膝、舄、绶，与《隋书》记载相符。

《通典·沿革》载唐皇帝朝服，首服通天冠，式样与隋代同，仅"其缨改以翠緌"[4]。《旧唐书·舆服志》载唐皇帝朝服，首服"通天冠，加金博山，附蝉十二首，施珠翠，黑介帻，发缨翠緌，玉若犀簪导。"身衣"绛纱里，白纱中单，领、襈，饰以织成。朱襈、裾，白裙，白裙襦。亦裙衫也。绛纱蔽漆，白假带，方心曲领。"佩饰与足服"其革带、珮（同佩）、剑、绶、袜、舄与上（衮冕）同"[5]。佩绶为："白玉双珮（同佩），玄组双大绶，六彩，玄、黄、赤、白、缥、绿，纯玄质，长二丈四尺，五百首，广一尺。小双绶长二尺一寸，色同大绶而首半之，间施三玉环。"[6]皇子朝服，首服"远游三梁冠，加金附蝉九首，施珠翠，黑介帻，发缨翠緌，犀簪导。"身衣"绛

[1]（唐）魏徵等：《隋书》第一册，中华书局，1973年，第254页。

[2]（唐）杜佑撰、王文锦等点校：《通典》，中华书局，1992年，第1608、1609页。

[3] 敦煌文物研究所编：《中国石窟·敦煌莫高窟·三》，文物出版社，1987年，第227页。

[4]（唐）杜佑撰、王文锦等点校：《通典》，中华书局，1992年，第1608页。

[5]（后晋）刘昫等：《旧唐书》第六册，中华书局，1975年，第1937页。

[6]（后晋）刘昫等：《旧唐书》第六册，中华书局，1975年，第1936页。

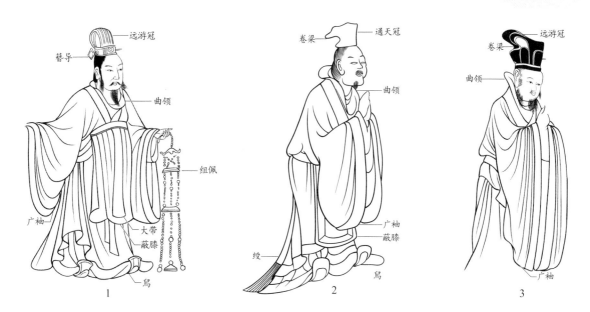

图4-13　南朝与隋唐通天冠服

1.宋摹《洛神赋图》（辽宁省博物馆卷）曹植像　2.甘肃莫高窟三二三南壁东侧上部壁画隋文帝像
3.甘肃莫高窟一四八窟盛唐壁画礼佛帝王像

纱袍，白纱中单，皂领、襈、襈、裙，白裙襦，白假带，方心曲领，绛纱蔽膝。"佩饰："其革带、剑、珮（同佩）、绶、袜、舄与上（衮冕）同。"[1] 佩绶为："瑜玉双珮（同佩），珠组双大绶，四彩，赤、白、缥、绀，纯珠质，长一丈八尺，三百二十首，广九寸。小双绶长二尺六寸，色同大绶而首半之，施二玉环也。"[2] 两《唐书》中对通天冠、远游冠服的记载与《通典》相符，仅《新唐书·车服志》载唐通天冠"二十四梁"[3]。而据《通典·沿革》隋唐通天冠因袭南朝，应为五梁，敦煌壁画中有不少带通天冠的帝王像，画面均较简略，但冠梁均未达十二梁，如莫高窟一五八窟盛唐壁画中礼佛的帝王，通天冠似为五梁。《新唐书》为宋人所作，"二十四梁"极有可能是附会宋通天冠制度。唐代帝王朝服图像在敦煌壁画中并不罕见，或因年久失色，或因构图简略，难以将服饰构件完整呈现。但通天冠、远游冠卷曲的冠梁、冠前金博山、介帻；广袖袍、大曲领、宽腰带均可辨认，可反映唐代帝王朝服的大体式样，莫高窟一四八窟盛唐壁画中礼佛帝王便是一例（图4-13，3）。

《通典·沿革》中记有历代君臣服章制度的演变，其中以通天冠、远游冠，绛纱袍为朝服的制度始于晋，为南朝所继承，又沿袭至隋唐[4]。文献中所载的隋唐通天冠、远

[1]（后晋）刘昫等：《旧唐书》第六册，中华书局，1975年，第1940、1941页。

[2]（后晋）刘昫等：《旧唐书》第六册，中华书局，1975年，第1940页。

[3]（宋）欧阳修等：《新唐书》第二册，中华书局，1975年，第515页。

[4]（唐）杜佑撰、王文锦等点校：《通典》，中华书局，1992年，第1608页。

游冠之"首",即装饰在冠顶的珠翠[1],东晋、南朝正史无文。但司马金龙墓漆画屏风中,远游冠顶饰珠翠与未饰者皆有,说明从渊源上来说,通天、远游冠之"首"应来自于东晋南朝。朝服"方心曲领",但图像中仅可见与南北朝类似的大曲领,何为"方心"?《太平御览·服章部》引《礼记·深衣》曰:"曲袷如矩以应方。"又注:"袷,曲领也。古者方领。"[2],可能是曲领原本剪裁并缝合成方形,但因布料较软,穿戴后呈现圆形的式样。将南北朝帝王朝服图像与隋唐对比可发现通天冠、远游冠在沿袭南朝的基础上又有了新的创造:保留了卷曲的冠梁;冠体增大如帽;冠顶装饰有珠翠;冠前金博山变尖圭形为矩形。通天冠服的足服变黑舄为赤舄。而身衣几乎完全保留了南朝式样:绛纱袍同样为广袖,搭配白曲领,服饰整体上较为宽博,与隋唐流行的紧窄的圆领袍有显著的差异。虽从文献看,隋唐佩绶较南北朝要华丽得多,但从图像资料看其在式样上与南北朝几无二致。

据《宋史·舆服志》,皇帝常朝服为衫袍,而通天冠服,用于"大祭祀致斋、正旦冬至五月朔大朝会、大册命、亲耕籍田"等场合[3],其功能已转变为祭服。《宋史·舆服志》描述通天冠:"二十四梁,加金博山,附蝉十二,高广各一尺。青表朱里,首施珠翠,黑介帻,组缨翠緌,玉犀簪导。"与其搭配的身衣为:"绛纱袍,以织成云龙红金条纱为之,红里,皂襈、褾、裾,绛纱裙,蔽膝如袍饰,并皂襈、褾。白纱中单,朱领、褾、襈、裾。白罗方心曲领。"足服与佩饰:"白袜,黑舄,佩绶如衮。"[4]佩绶的式样:"白玉双佩。大绶六采,赤、黄、黑、白、缥、绿,小绶三色,如大绶,间施玉环三。"[5]南熏殿旧藏《宋宣祖坐像轴》中有穿通天、绛纱袍宋宣祖像;南宋《女孝经图》中亦绘有穿通天冠服的帝王,其通天冠两侧已不再透空,但冠体上部均为卷曲的结构,应是卷梁的遗识,冠顶有珠饰;绛纱袍广袖黑缘,戴有上圆下方似"白项圈"的佩件。宋卫湜《礼记集说》载:"今朝服有方心曲领,以白罗为之,方二寸许,缀于圆领之上,以系于颈后结之也。"[6]宋宣祖像、《女孝经图》中帝王所戴的"白项圈",即为宋"方心曲领"(图4-14)。

太子远游冠服,"受册、谒庙、朝会则服之",依旧为朝服之属。其首服:"远游冠,十八梁,青罗表,金涂银钑花饰,犀簪导,红丝组为缨,博山,政和加附蝉";其身衣:"朱明服,红花金条纱衣,红纱里,皂襈、襈。红纱裳,红纱蔽膝,并红纱里。白花罗中单,皂襈、襈,白罗方心曲领。"其足服佩饰:"罗袜,黑舄,革带,剑,珮

[1] 孙机:《中国古舆服论丛》,文物出版社,1993年,第130页。

[2] (宋)李昉等编:《太平御览》第三册,中华书局,1960年,第3084页。

[3] (元)脱脱等:《宋史》第十一册,中华书局,1977年,第3530页。

[4] (元)脱脱等:《宋史》第十一册,中华书局,1977年,第3530页。

[5] (元)脱脱等:《宋史》第十一册,中华书局,1977年,第3528、3529页。

[6] (宋)卫湜:《礼记集说》卷一百四十五,通志堂藏版(影印本),1677年(康熙十六年),第12页。

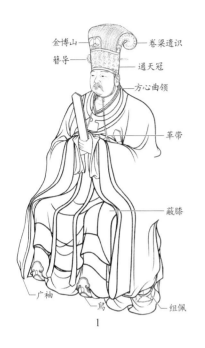  

1   2   3

图4-14 宋明通天冠服

1.南薰殿旧藏《宋宣祖坐像轴》 2.南宋《女孝经图》帝王像 3.明代水陆画中穿通天冠服的仙官像

（同佩），绶，余同衮服。"[1]珮（同佩）绶式样："瑜玉双珮（同佩）。四采织成大绶，结二玉环，金涂银钑花饰。"[2]宋远游冠服图像、实物鲜见，但从《宋史·舆服志》对通天冠服、远游冠服的描述来看，两者的式样是相似的，均为多梁的冠搭配皂缘红衣、白罗方心曲领、黑舄，两宋通天冠服图像，可作为远游冠式样的有力参考依据。从图像看，宋通天冠服在继承唐代的同时也有了新的变化：通天冠保留了卷曲的结构与金博山，但冠梁增多、冠颜增高，也更加华丽；绛纱袍亦为皂缘广袖，但材质更加精美；"方心曲领"不同于前代防止交领上拥的"大立领式"的曲领，已无实际功能，转化为彻底的礼仪符号。值得注意的是，宋宣祖之通天冠金博山近方，与唐代类似，而《女孝经图》中通天冠金博山恢复了早期的尖圭形，且后者冠颜较低。前者应反映了北宋制度，后者则以南宋通天冠为依据。可见南宋通天冠制似有一些"复古"的举动：主要为降低冠颜高度、将金博山恢复为尖圭形。

《元史》未提及当时通天冠、远游冠服式样，但有皇帝在郊祀宗庙等场合的穿戴通天冠服的记录[3]，其应是承袭宋制，作祭服之用。着通天、远游冠服的元代帝王图例罕有，而元永乐宫壁画仙官中即有穿通天冠服者，这类创作应不乏现实依据，虽为追求

---

[1] （元）脱脱等：《宋史》第十一册，中华书局，1977年，第3533、3534页。

[2] （元）脱脱等：《宋史》第十一册，中华书局，1977年，第3533页。

[3] （明）宋濂等：《元史》第六册，中华书局，1976年，第1805、1874页。

更好艺术效果难免增饰，但大体上可以反映元代通天、远游冠服的特征：其冠梁卷曲、冠顶饰珠；朱衣广袖、方心曲领，与宋通天冠服类似。

据《明史·舆服志》，明代通天冠服亦是作为皇帝祭服使用，皇子冠婚、醮戒等场合亦可穿戴，首服"（通天）冠加金博山附蝉，十二首，施珠翠，黑介帻，组缨，玉簪导"；身衣"绛纱袍，深衣制。白纱内单，皂领、襈、襈、裾。绛纱蔽膝，白假带，方心曲领。"足服与佩饰"白袜，赤舄。其革带、珮（同佩）绶，与衮服同。"珮（同佩）绶式样"与衮服同"。[1]《明史·礼志》记载皇太子有远游冠服，其余诸王则无 [2]。《大明集礼》中绘有通天、远游冠式样，亦绘制与之相配的绛纱袍、中单、蔽膝、革带、假带、珮（同佩）、绶等 [3]，可较为准确地反映明通天、远游冠服的式样。尽管如此，这些冠服图均以冠、袍、蔽膝、带具、鞋履、佩绶等单个品类的形式逐一呈现，未与穿着者结合展示，难以了解其尺度。虽明代穿通天、远游冠服的帝王图像无存，但同时期水陆画中有穿通天冠服之仙官，其通天冠顶部卷曲，冠颜上有额花，尖圭形金博山左右饰有云纹；绛纱袍为广袖皂缘，搭配有白内单、红裳、红蔽膝、方心曲领，可见身侧组佩与身后之绶。（图4-14，3）这些服饰要素，与《大明集礼》所绘大体相当，仅额花、冠梁数等细节有异，又增加披帛以丰富画面，总体来说，此中写实的成分大于想象的成分。

从图像资料看，元明通天、远游冠服均承袭宋式：首服冠侧不透空，冠梁数繁多且保留卷梁的遗识；绛纱袍广袖黑缘；方心曲领仅有礼仪性功能。

将东晋至明代通天、远游冠服图进行对比可见，虽历代冠服变化显著，冠体后卷的特征得以保留，此为东晋遗识，南朝出现的端部为方形的簪导沿用至宋元；南朝的广袖绛纱袍一直沿用至明；东晋南朝朝服搭配的白曲领，在隋唐被纳入朝服制度中，并更名为"方心曲领"，至宋代彻底转化为礼仪符号。

（二）东晋南朝文官朝服对后世的影响

第二章已述，东晋南朝的文官冠服进贤冠服，以冠梁区分文官等级，由冠体与黑介帻组成，南朝时进贤冠似逐渐与介帻合二为一，两者界限逐渐模糊；身衣为绛纱袍、单衣、中衣、绛纱蔽膝等；足服为黑舄；佩饰为大带、绶玉等。身衣、足服、佩饰式样与帝王朝服一致。

《隋书·礼仪志》对百官朝服记载如下："朝服，亦名具服。冠、帻，簪导，白笔，绛纱单衣，白纱内单，皂领、袖，皂襈，革带，钩䚢，假带，曲领方心，绛纱蔽膝，

---

[1] （清）张廷玉等：《明史》第六册，中华书局，1974年，第1618、1619页。

[2] （清）张廷玉等：《明史》第五册，中华书局，1974年，第1379页。

[3] （明）徐一夔：《大明集礼·卷四十》内府刻本（影印本），1530年（明嘉靖九年），第9～13、23～31页。

图4-15　隋唐文官朝服

1.甘肃敦煌莫高窟三二三窟壁画中隋文帝随行官员　2.陕西西安陕西历史博物馆藏初唐彩绘文官俑　3.陕西西安市唐金乡县主墓随葬文官俑

襈，舄，绶，剑，珮（同佩）。"[1] 可见文武官员朝服身衣、足服、佩饰式样相同，唯以首服区分职别。绛纱单衣即为绛纱袍，从以上文字看，百官朝服身衣式样亦与帝王朝服相同。关于文官首服，《隋书》载："进贤冠，黑介帻，文官服之。从三品已上三梁，从五品已上两梁，流内九品已上一梁。"[2] 莫高窟三二三窟壁画中隋文帝随行官员均穿朝服（图4-15，1），其身衣、足服、佩饰均与隋文帝一致。图中进贤冠，仅覆头顶，耳阔梁短，与南北朝进贤冠相似，但隋进贤冠双耳已合并，耳尖变圆。

《旧唐书·舆服志》载唐官员朝服："朝服，亦名具服。冠，帻，缨，簪导，绛纱单衣，白纱中单，皂领、襈、裾，白裙襦，亦裙衫也。革带，钩䚢，假带，曲领方心，绛纱蔽膝，袜，舄，剑，珮（同佩），绶。"[3] 与隋制基本相同。又云："进贤冠，三品以上三梁，五品以上两梁，九品以上一梁。皆三公、太子三师三少、五等爵、尚书省、秘书省、诸寺监学、太子詹事府、三寺及散官，亲王师友、文学、国官，若诸州县关津岳渎等流内九品以上服之。"[4]《新唐书·车服志》所载淄布冠与《旧唐书》中进贤冠类似[5]。穿朝服的唐代文官的图例颇丰，大量见于唐墓随葬俑中，如时属初唐的彩绘文

[1]　（唐）魏徵等：《隋书》第一册，中华书局，1972年，第258页。
[2]　（唐）魏徵等：《隋书》第一册，中华书局，1972年，第257页。
[3]　（后晋）刘昫等：《旧唐书》第六册，中华书局，1975年，第1944页。
[4]　（后晋）刘昫等：《旧唐书》第六册，中华书局，1975年，第1943页。
[5]　（宋）欧阳修等：《新唐书》第二册，中华书局，1975年，第516页。

官俑（陕西历史博物馆藏），即头戴进贤冠，身穿广袖袍，与隋文官朝服式样类型，唯进贤冠体量增大如帽（图4-15，2）；又如时属盛唐的金乡县主墓随葬文官俑，进贤冠式样与初唐同，但受当时流行风尚影响，在广袖袍内衬半臂，显得肩部宽阔（图4-15，3）。

据《宋史·舆服志》百官朝服"一曰进贤冠，二曰貂蝉冠，三曰獬豸冠，皆朱衣朱裳。"[1] 又言，进贤冠"以漆布为之，上缕纸为额花，金涂银铜饰，后有纳言，以梁数为差"；"獬豸冠即进贤冠，其梁上刻木为獬豸角，碧粉涂之，梁数从本品"；而貂蝉冠不单戴，是加在进贤冠上 [2]。至此，文武官员首服式样不再区分。朝服身衣为"绯罗袍，白花罗中单，绯罗裙，绯罗蔽膝，并皂缥襈，白罗大带，白罗方心曲领"；足服为"皂皮履"；佩饰依旧是区分等级的标准，如剑等级由高至低分"玉剑""银剑""铜剑"；绶等级由高至低分"晕锦绶，二玉环"；"师子锦绶，银环"；"练鹊锦绶，铜环" [3]。宋进贤冠服式样可参南宋画作《宋高宗御赐功臣像》之陈康伯像（图4-16，1），其戴五梁进贤冠，广袖朱衣，搭配方心曲领、蔽膝、白罗大带，戴锦绶，穿履。可以明显看出，宋进贤冠服承袭唐代，保留了大冠体与圆阔的冠耳，广袖朱衣、蔽膝的式样，但冠耳、冠颜部分涂金，冠梁部分体量大大增加，方心曲领与宋通天冠服相同。《元史·舆服志》未载百官朝服，但记有助祭执事官戴"貂蝉冠、獬豸冠、七梁冠、六梁冠、五梁冠、四梁冠、三梁冠、二梁冠" [4]，应是沿袭宋制。

《明史·舆服志》记载，明代文武官朝服"俱用梁冠"，以冠梁数多寡区分等级 [5]。明代应是沿用元代冠名，将进贤冠称为"梁冠"，《三才图会》《大明集礼》[6] 中，就有不同等级梁冠的图样。洪武朝服身衣"赤罗衣，白纱中单，青饰领缘，赤罗裳，青缘，赤罗蔽膝"；佩饰与足服"大带赤、白二色绢，革带，珮（同佩）绶，白袜黑履"。以佩饰区分等级，如革带由高至低分玉带、金带、银带、乌角带；绶分云凤四色花锦绶，玉绶环；云鹤花锦绶，金绶环；盘雕花锦绶，银镀金绶环；紫织成盘雕花锦绶，银镀金绶环；练鹊三色花锦绶，银绶环；鸂鶒二色花锦绶，铜绶环 [7]。嘉靖八年对朝服制度进行了局部改革，但总体上沿袭洪武制度 [8]。明代官员容像存世较多，其中不乏官员朝服图，如图4-16，2中所示三梁冠朝服图，几乎与宋代朝服式样一致，但冠式更为华

[1] （元）脱脱等：《宋史》第十一册，中华书局，1977年，第3550页。

[2] （元）脱脱等：《宋史》第十一册，中华书局，1977年，第3558页。

[3] （元）脱脱等：《宋史》第十一册，中华书局，1977年，第3550页。

[4] （明）宋濂等：《元史》第七册，中华书局，1976年，第1935页。

[5] （清）张廷玉等：《明史》第六册，中华书局，1974年，第1634页。

[6] （明）徐一夔：《大明集礼·卷四十》内府刻本（影印本），1530年（明嘉靖九年），第34～37页。（明）王圻、（明）王思义编集：《三才图会》，上海古籍出版社，1988年，第1524、1525页。

[7] （清）张廷玉等：《明史》第六册，中华书局，1974年，第1634、1635页。

[8] （清）张廷玉等：《明史》第六册，中华书局，1974年，第1635页。

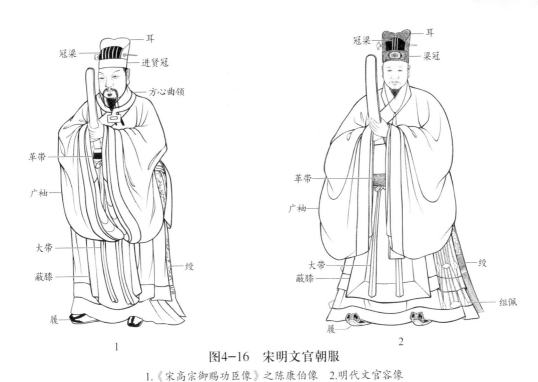

图4-16 宋明文官朝服

1.《宋高宗御赐功臣像》之陈康伯像 2.明代文官容像

丽，也不再搭配方心曲领。明代的方心曲领并未消失，而是与皇帝通天冠服、官员祭服等搭配。

从东晋至明代，进贤冠、梁冠均以梁数区分贵贱，东晋"纳言帻"逐渐转化为进贤冠后"纳言"饰；南朝广袖朱衣一直沿用至明；从宋代起，足服以履代舄，但保留黑色。东晋南朝文官朝服所搭配的白曲领，至隋唐方列入服制，自宋代失去功能性，成为礼仪性佩件，至明代不再与官员朝服搭配，而成为祭服专属。

（三）东晋南朝武官、侍臣朝服对后世的影响

如第二章所述，东晋南朝武官与侍臣朝服为武冠服，武冠服首服由漆纱制成的武冠加平上帻组成，无等级差异，侍中、常侍武冠依旧附蝉、簪貂尾，羽林郎等官员武冠两侧加鹖尾。朝服身衣与帝王同，以绶玉等佩绶区分等级。

《通典·沿革》叙述了武冠的历史发展，晋因汉制，又沿袭至南朝，北齐依之，又为隋唐继承。其文曰："隋依名武弁，武职及侍臣通服之。侍臣加金珰附蝉，以貂为饰。侍左者左珥，侍右者右珥"又云"大唐因之，乘舆加金附蝉，平巾帻。侍中、中书令则加貂蝉。侍左者左珥，侍右者右珥。"[1]武冠服身衣、佩饰与同时代文官朝服一致。隋唐武冠图像，大量见于传世绘画、墓室壁画、随葬陶俑中，其中最典型的案例

---

[1] （唐）杜佑撰、王文锦等点校：《通典》，中华书局，1992年，第1613页。

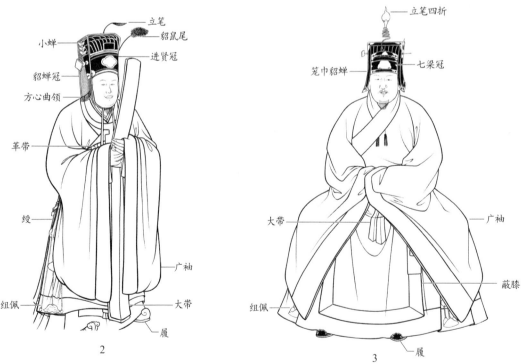

图4-17　唐武弁服与宋明貂蝉冠服

1.唐章怀太子墓壁画《礼宾图》中的鸿胪寺官员　2.宋末元初《赵鼎像》　3.明《颍国武襄公杨洪像》

为唐章怀太子墓壁画《礼宾图》中的鸿胪寺官员[1]（图4-17，1），均戴武弁，平巾帻，穿广袖红袍，搭配大曲领，白假带，其身后之绶亦可见。隋唐武弁服式样几乎与南北朝武冠服一致，隋唐武弁之耳方，而南北朝武冠耳圆。南北朝武冠服人物图像中，有曲领与无曲领者均有，可见曲领并非当时朝服的必要构成。

前文已述，宋明文武官员朝服不再区分，身衣、足服均相同，亦佩饰区分等级。据《宋史·舆服志》："貂蝉冠一名笼巾，织藤漆之，形正方，如平巾帻。饰以银，前有银花，上缀玳瑁蝉，左右为三小蝉，御玉鼻，左插貂尾"[2]，直接加在进贤冠上。宋初，一二品官员"进贤五梁冠"，"中书门下则冠加笼巾貂蝉"；元丰二年之后，最高等级的官员首服为"貂蝉笼巾七梁冠"，宰相、亲王、使相、三师、三公服之[3]。南宋则"第一等七梁，加貂蝉笼巾、貂鼠尾、立笔"[4]。宋貂蝉笼巾服可参宋末元初画师所绘《赵鼎像》（图4-17，2），其朝服具备，头戴貂蝉冠，冠形方，侧边有三小蝉，前有额花，左插貂鼠尾，顶部有立笔，与《宋史》所载相符。赵鼎之朝服身衣为广袖红袍；搭配方心曲领、大带，足服为黑履，可见身侧的组佩与身后之绶。对比唐武弁服与宋貂蝉笼巾服，不难发现其首服变化明显，但宋代保留了唐代的方垂耳和漆纱材质；身衣均为广袖红袍的式样；绶则均挂在身后。

据《明史·舆服志》，明代冠梁数最高为八梁："公冠八梁，加笼巾貂蝉，立笔五折，四柱，香草五段，前后玉蝉。侯七梁，笼巾貂蝉，立笔四折，四柱，香草四段，前后金蝉。伯七梁，笼巾貂蝉，立笔二折，四柱，香草二段，前后玳瑁蝉。俱插雉尾。驸马与侯同，不用雉尾。一品，冠七梁，不用笼巾貂蝉"[5]明代笼巾服可参《颍国武襄公杨洪像》（图4-17，3），其笼巾貂蝉加于七梁冠之上，有立笔四折，可与《明史》的描述完全对应。对比宋明朝服图像，可见明代朝服基本继承宋式，身衣依旧是广袖红袍；笼巾貂蝉方顶、方垂耳，但其材质从宋代轻透的纱质变得硬挺厚实；大带较宋代窄小。

隋唐武弁沿袭南北朝武冠制度，其高顶、长垂耳的式样与"不单戴"的属性又为宋明貂蝉冠（笼巾貂蝉）所继承。日本奈良时代、平安时代的武礼冠，亦有高顶、长垂耳特征[6]，可能是在唐代武弁、宋代貂蝉冠的基础上发展而来。

综上，从东晋南朝至明代，朝服制度在继承前代的基础上均有新的变革，尽管如此，东晋南朝的朝服制度依旧影响深远。首先，晋代继承东汉以首服、绶玉区分身份、

---

[1] 陕西省博物馆、乾县文教局唐墓发掘组：《唐章怀太子墓发掘简报》，《文物》1972年第7期。

[2] （元）脱脱等：《宋史》第十一册，中华书局，1977年，第3558页。

[3] （元）脱脱等：《宋史》第十一册，中华书局，1977年，第3554、3555页。

[4] （元）脱脱等：《宋史》第十一册，中华书局，1977年，第3558页。

[5] 〔清〕张廷玉等：《明史》第六册，中华书局，1974年，第1634、1635页。

[6] 〔日〕笹间良彦著、庄千里译：《日本历史风俗图录》，四川人民出版社，2019年，第118、147页。

品级的制度，并沿袭至后世；第二，以红色作为朝服身衣的主色，在晋代列入典章，在东晋得以保存，这一服色沿用至明代；第三，从南朝起，朝服身衣衣袖由宽直袖变为广袖，沿用至明代；第四，东晋、南朝朝服所搭配的白曲领，沿袭至隋代被计入典章，至宋代成为一个单纯的礼仪符号，明代依旧在祭祀场合穿戴；第五，晋代继承东汉以冠梁数区分官员品级的制度，沿用至明代；第六，南朝武冠顶变高，垂耳变长，基本式样为隋唐武弁所继承，并影响宋明貂蝉冠的式样。中国古代完整的朝服制度始于东汉，终于清代。尽管如此，这套制度对东亚的礼仪服饰的发展影响深远，日本的武礼冠式样应是在唐代武弁、宋代貂蝉冠的基础上发展而来。明代朝服传播至朝鲜半岛，梁冠（进贤冠）、方心曲领至今依旧运用于韩国的大型传统祭祀活动中。

结　语

　　两晋南北朝，是中国古代服饰史上的一个重要分水岭。以汉族服饰为主导的华夏服饰体系在东汉成熟定型，并被三国西晋所继承。但这个成熟的衣冠系统在十六国时期很快被南下的草原民族打破，直接导致"中原衣冠缺失"。南北朝时期，中华服饰系统又融入鲜卑族服饰，以及中亚服饰，呈现出全新的面貌。纵观隋唐服饰，融纳"胡服"与承继汉晋并举。隋唐日常服饰中的圆领袍、帔子、幞头、郭洛带、乌皮六合靴等"胡服"成分，来源于北朝服饰文化；而天子诸王公卿的祭服、朝服等礼仪服饰系统，则与东晋南朝服饰系统密切相关。晋室偏安江左，"衣冠南渡"，汉魏服饰系统得以很大程度的保留。故时人认为东晋继承华夏正统，这种"正朔相承"的礼仪服饰系统，同样沿袭至南朝。北朝统治者为与南方争取文化上的正统，对礼仪服饰体系进行了汉化改革。北魏政权虽自诩承继汉魏，但其礼仪服饰的直接参考标准依旧是在东晋南朝得以保留的"汉魏衣冠"。在衣冠礼制上，南朝依旧是"正朔所在"。

　　东晋南朝的帝王百官祭服，主要继承了东汉"永平冕制"。即首服为冕冠，平冕独立，以冠承冕，以冕旒数量、旒珠材质定等级；身衣上红下黑、赤皮蔽膝，以服章数量定等级；足服为赤舄；佩饰为大带、革带、绶玉等，以绶玉差异反映身份等级。在冕服基本组成不变的情况下，东晋南朝冕服的细节则发生了一些改变。主要改变如下：东晋南朝初冕旒从前垂四寸，后垂三寸，到南朝中期又增旒长齐肩的式样；东晋时，冕服上衣为宽直袖，不束入下裳，南朝刘宋中期后冕服上衣为广袖，束入下裳；东晋南朝冕服有日益加宽加长的趋势，故舄头越来越高；东晋南朝初，绶为长绶带打回环后挂在右腰间，到南朝中晚期逐渐发展成两层叠合的华丽的宽织带。东晋南朝的命妇祭服制度承袭东汉，以首饰步摇与花钿、绶带区分等级，身衣由东汉"袿衣"发展而来，并沿用东汉命妇祭服的"深衣制"、服色与"襳髾"之饰，及以蚕服作朝服的制度。东晋早中期，内外命妇祭服身衣样式与东汉者类似。内外命妇祭服由深衣制的长袿衣与下裳组成，袿衣下缘有"圭角"装饰。内命妇发式为"大手（首）髻"，由西晋的"撷子髻"发展而来；外命妇头戴巾帼。东晋中期至南朝，命妇发式变化不大；身衣由袿衣简化成袿襦大衣，主要由深衣袍、有袿饰的蔽膝组成。南朝后，袿襦大衣逐渐由宽直袖，转变为广袖。

东晋南朝的帝王百官朝服，继承了汉魏朝服"以冠统服"的特点。首服是区分身份等级的主要标志，至于身衣足服区别则不大。东晋至南朝早期，皇帝的朝服，首服为通天冠、黑介帻。通天冠体主要部分呈现两侧透空、前部近直、顶部近平、后部卷曲的结构，冠梁数为五，有展筒、金博山附蝉，簪导在冠后簪发，介帻施屋。南朝中晚期皇帝首服，依旧是通天冠、黑介帻，但通天冠式样相对东晋而言逐渐简化；冠前展筒，与冠梁合而为一，其余样式基本不变。东晋南朝太子诸王朝服首服，为远游冠；基本样式与通天冠一致，但冠前无金博山冠梁数为三，梁天监十四年后，太子远游冠前加金博山附蝉。东晋南朝的通天冠、远游冠与东汉时相比已有较大的差别，但主要结构两侧透空的冠体、冠梁、颜题得以保留。冠前附蝉饰的金博山饰，用其有无则来区分通天冠、远游冠的制度也得以沿袭。东晋南朝时，文官的首服为进贤冠，冠体式样与东汉一致，同样以冠梁数量区分官阶高低。东晋南朝时的进贤冠下之帻依旧为长耳施屋之帻，此时被命名为"介帻"，大体式样与东汉相同；帻耳与东汉相比更加长阔，帻屋变低，帻后部、帻屋上均开孔，插入固发簪导。东晋南朝武官的首服为武冠、平上帻；武冠从最初与汉魏一致，后垂耳逐渐加长，冠体逐渐加高，可能是为了配合较高的平上帻。平上帻是由东汉的短耳施屋之帻与南方的施筓导之帻融合演化而来；帻顶似分成两个平面，前水平，后上斜，上斜的平面有两纵缝，一扁筓在其中穿插。东晋南朝谒者仆射戴高山冠、执法者戴法冠，承继东汉制度，但相关图像资料缺乏。东晋南朝官配朝服最基本的部分为冠一顶、帻一顶、绛纱袍一领、皂缘中单衣一领、革带一条、袷裤一套、袜一双、舄一双。帝王及高级官员官给五时朝服，即提供随五时色的纱衣五领，分别为青、朱、黄、白、黑五色；次高级官员官给四时朝服，即提供随四时色纱衣四领，分别为青、朱、黄、黑四色。东晋南朝的朝服身衣式样为袍类长衣，有加纱袍的制度、朝服随时节易色的制度，均源于汉代。

东晋南朝的日常服饰，多沿袭汉魏，但又受到南方本地日常服饰以及北方汉化日常服饰式样的影响。男性日常服饰，主要包括单衣与裤褶服。单衣是汉魏深衣的遗制，属于宽博的袍服，衣长及地；为士人主要的日常服饰。裤褶服为短衣长裤的装扮，为最普遍的士庶日常服饰。身份较低的武士、仆役，其裤褶服由长至腰腹部直袖上衣与阔口裤组成，多在近膝出缚裤，以利于行动；身份较高的官吏士人，裤褶服有长至膝部的广袖上衣与阔口裤组成，不束裤。女性日常服饰，主要为襦裙，即短衣长裙的搭配。襦裙从东晋南朝初流行的上襦下垂、不束入下裙，到南朝中后期流行上襦束入下裙彰显腰身。南朝中晚期以后，襦裙腰线从腰部升高至齐胸，上襦领口从露颈脖增阔至欲露肩，与之前低腰线、小领口襦裙并行。此外，东晋南朝时期，也有女性穿单衣作为日常服饰，地位较低的女性仆从穿裤褶作为日常服饰。女性穿裤褶的习俗，应受北方影响。

根据东晋南朝男女日常服饰的演变情况，可分为四期。第一期为东晋至刘宋早期。此时的男女日常服饰，均属于比较合体的范畴。最明显的特征体现在衣袖袖式上，均为窄直袖，即衣袖上下宽度一致，袖口较窄。第二期为刘宋中晚期。该期男女日常服饰基本式样和穿法与上一期一致，但整体上有变宽的趋势。最为明显的变化，体现在袖式上。男性日常服饰除直袖外，出现广袖，即上臂袖窄，下臂袖宽，袖端不收口的"喇叭状"袖式；女性日常服饰亦有直袖、广袖并存，但前者较少见。第三期为南齐至梁早期。该期男女日常服饰，式样均宽博。士官等身份较高之人的日常服饰裤褶均为广袖，且袖口较上一期更大；即使是仆役兵卒等所穿的裤褶，袖式以宽直袖代替之前的窄直袖。男女日常服饰袖口甚至广至曳地。第四期为梁中期至陈。该期男女日常服饰与第三期大体相同，主要变化体现在单衣与襦裙的腰线、领口上，出现大领口、高腰线的特征，领口近露肩，腰线近齐胸。之前的小领口，正常腰线的服饰与之并行。

北方十六国因政权更迭，人口流动频繁，其衣冠服饰缺乏稳定发展的条件，没有形成一个完备的服饰体系。统一北方的鲜卑族，为与南方争取文化上的正统地位以统一胡汉，在社会制度、文化上都有汉化趋势，到北魏孝文帝迁都洛阳后最盛。承袭汉晋的南朝衣冠是北魏衣冠制度的直接参考标准，北魏晚期，其祭服、朝服等具有礼仪功能的衣冠样式逐渐与南方趋于统一。这种汉式礼服体系，在北魏分裂后依旧被推崇。与此同时，随着南北文化的交流，北朝的日常服饰式样，也应对南朝服饰产生影响，但并不明显。

汉魏衣冠为东晋所继承，又沿袭至南朝。继中原"汉魏衣冠"服饰体系之后，东晋南朝时南方的服饰体系成为华夏衣冠正朔的代表，并反向影响北方服饰。南朝的礼仪服饰体系以及在南朝影响下形成的北朝礼仪服饰体系、汉民族日常服饰体系、鲜卑民族服饰、北齐及北周时进入中国的粟特人服饰，共同形成了多元的中国隋唐服饰系统。中古祭服、朝服等礼仪服饰体系以南方服饰系统为主，中古日常服饰体系以北方服饰系统为主。由南朝主导的南北朝时礼服体系后为隋唐承袭，再传至后世对宋明祭服、朝服系统均产生极大的影响，直到清代方被废止。所以说，东晋南朝服饰上承汉魏，下启隋唐，是中国服饰史上的重要篇章。

主要参考文献

一 传世典籍及注释

（汉）刘向集录：《战国策》，上海古籍出版社，1985 年。

（汉）班固：《汉书》，中华书局，1962 年。

（汉）服虔撰、段书伟辑校：《通俗文辑校》，中州古籍出版社，1993 年。

（汉）应劭：《汉官仪及其他二种·汉官仪》，商务印书馆，1960 年。

（汉）卫宏撰、（清）孙星衍校：《汉旧仪》，中华书局，1985 年。

（汉）蔡邕：《独断》，中华书局，1985 年。

（汉）郑玄注、（唐）贾公彦疏、黄侃经文句读：《周礼注疏》，上海古籍出版社，1990 年。

（汉）郑玄注、（唐）贾公彦疏、黄侃经文句读：《仪礼注疏》，上海古籍出版社，1990 年。

（汉）刘熙：《释名》，中华书局，1985 年。

（汉）郑玄注、（唐）孔颖达等正义、黄侃经文句读：《礼记正义》，上海古籍出版社，1990 年。

（汉）郑玄：《周礼郑氏注》，中华书局，1985 年。

（汉）郑玄注、（宋）王应麟辑：《周易郑注（及其他一种）》，中华书局，1985 年。

（汉）史游撰、（唐）颜师古注、（宋）王应麟补注，（清）钱保塘补音：《急就篇》，中华书局，1985 年。

（汉）许慎：《说文解字》，中华书局，1963 年。

（魏）张揖撰、（隋）曹宪音：《广雅》，中华书局，1985 年。

（三国）王肃注：《孔子家语》，上海古籍出版社，1990 年。

（晋）司马彪撰、（梁）刘昭注补：《后汉书（志）》，中华书局，1965 年。

（晋）干宝撰、汪绍楹校注：《搜神记》，中华书局，1979 年。

（晋）陈寿撰、（宋）裴松之注：《三国志》，中华书局，1982 年。

（晋）陆翙：《邺中记（及其他一种）》，中华书局，1985 年。

（宋）范晔撰、（唐）李贤注：《后汉书》，中华书局，1965 年。

（梁）沈约：《宋书》，中华书局，1974 年。

（梁）萧子显：《南齐书》，中华书局，1972 年。

（梁）萧统编、（唐）李善注：《文选》，中华书局，1977 年。

（陈）徐陵编、（清）吴兆宜等注补、穆克宏点校：《玉台新咏笺注》，中华书局，1985 年。

（魏）杨衒之撰、周祖谟校释：《洛阳伽蓝记》，中华书局，1963 年。

（北齐）魏收：《魏书》，中华书局，1974 年。

（北齐）颜之推撰、（清）赵曦明注，（清）卢文弨补注：《颜氏家训》，中华书局，1985 年。

（北周）庾信撰、（清）倪注、许逸民校点：《庾子山集注》，中华书局，1980 年。

（唐）房玄龄等：《晋书》，中华书局，1974 年。

（唐）李百药：《北齐书》，中华书局，1972 年。

（唐）魏徵等：《隋书》，中华书局，1973 年。

（唐）令狐德棻等：《周书》，中华书局，1971 年。

（唐）姚思廉：《梁书》，中华书局，1973 年。

（唐）李延寿：《北史》，中华书局，1974 年。

（唐）李延寿：《南史》，中华书局，1975 年。

（唐）杜佑撰、王文锦等点校：《通典》，中华书局，1988 年。

（后晋）刘昫等：《旧唐书》，中华书局，1975 年。

（宋）沈括撰、胡道静校注：《新校正梦溪笔谈》，中华书局，1975 年。

（宋）李昉等编：《太平御览》，中华书局，1960 年。

（宋）欧阳修等：《新唐书》，中华书局，1975 年。

（宋）郭茂倩编：《乐府诗集》，中华书局，1979 年。

（宋）卫湜：《礼记集说》，通志堂藏版（影印本），1677 年（康熙十六年）。

（宋）陈澔注：《礼记集说》，上海古籍出版社，1987 年。

（宋）洪兴祖撰、白化文等点校：《楚辞补注》，中华书局，1983 年。

（宋）聂崇义：《新定三礼图》，通志堂藏版（影印本），1673 年（康熙十二年）。

（元）脱脱等：《宋史》，中华书局，1977 年。

（明）宋濂等：《元史》，中华书局，1976 年。

（明）李梦阳等撰、申时行等重修：《大明会典》，广陵书社，2007 年。

（明）徐一夔：《大明集礼·卷四十》内府刻本（影印本），1530 年（明嘉靖九年）。

（明）王圻、（明）王思义编集：《三才图会》，上海古籍出版社，1988年。

（明）张溥编：《汉魏六朝百三家集·刘豫章集·刘庶子集》，光绪信述堂重刊本，1879年。

（清）赵翼著、王树民校证：《廿二史札记校证》，中华书局，1984年。

（清）张廷玉等：《明史》，中华书局，1974年。

（清）马瑞辰撰、陈金生点校：《毛诗传笺通释》，中华书局，1989年。

（清）郝懿行等：《尔雅·广雅·方言·释名　清疏四种合刊》，上海古籍出版社，1987年。

二　考古发掘报告、简报、图录

（一）报告

重庆

重庆市文物局、重庆市移民局：《重庆库区考古报告集·1999卷》，科学出版社，2006年。

甘肃

甘肃省文物队、甘肃省博物馆等：《嘉峪关壁画墓发掘报告》，文物出版社，1985年。

山东

南京博物院、山东省文物管理处：《沂南古画像石墓发掘报告》，文化部文物管理局，1956年。

山东省文物考古研究所、东平县文物管理所：《东平后屯汉代壁画墓》，文物出版社，2010年。

河北

中国社会科学院考古研究所、河北省文物管理处：《满城汉墓发掘报告》，文物出版社，1980年。

中国社会科学院考古研究所、河北省文物研究所：《磁县湾漳北朝壁画墓》，科学出版社，2003年。

河南

河南省文化局文物工作队：《邓县彩色画象砖墓》，文物出版社，1959年。

河南省文化局文物工作队：《巩县石窟寺》，文物出版社，1963年。

河南省文物研究所：《密县打虎亭汉墓》，文物出版社，1993年。

中国社会科学院考古研究所：《北魏洛阳永宁寺1979～1994年考古发掘报告》，中国大百科全书出版社，1996年。

湖南

湖南省博物馆、中国科学院考古研究所：《长沙马王堆一号汉墓》，文物出版社，1973 年。

江苏

江苏省文物管理委员会：《江苏徐州汉画象石》，科学出版社，1959 年。

山西

山西省考古研究所、太原市文物考古研究所：《北齐东安王娄睿墓》，文物出版社，2006 年。

四川

南京博物院：《四川彭山汉代崖墓》，文物出版社，1991 年。

（二）简报

安徽

安徽省亳县博物馆：《亳县曹操宗族墓葬》，《文物》1978 年第 8 期。

安徽省文物考古研究所、马鞍山市文化局：《安徽马鞍山东吴朱然墓发掘简报》，《文物》1986 年第 3 期。

王步毅：《安徽宿县褚兰画像石墓》，《考古学报》1993 年第 4 期。

福建

福建省文物管理委员会：《福建南安丰州东晋、南朝、唐墓清理简报》，《考古通讯》1958 年第 6 期。

福建博物院、泉州市博物馆等：《福建南安市皇冠山六朝墓群的发掘》，《考古》2014 年第 5 期。

甘肃

甘肃省博物馆：《武威磨咀子三座汉墓发掘简报》，《文物》1972 年第 12 期。

甘肃省博物馆：《武威雷台汉墓》，《考古学报》1974 年第 2 期。

广东

广州市文物管理委员会：《广州西村皇帝冈 42 号东汉木椁墓发掘简报》，《考古通讯》1958 年第 8 期。

广州市文物管理委员会考古组：《广州沙河顶西晋墓》，《考古》1985 年第 9 期。

广西

广西梧州市博物馆：《广西苍梧倒水南朝墓》，《文物》1981 年第 12 期。

广西壮族自治区文物工作队：《广西壮族自治区融安县南朝墓》，《考古》1983 年第 9 期。

广西壮族自治区文物工作队：《广西融安安宁南朝墓发掘简报》，《考古》1984 年第 7 期。

贵州

贵州省博物馆：《贵州赫章县汉墓发掘简报》，《考古》1966 年第 1 期。

贵州省博物馆考古组：《贵州平坝马场东晋南朝墓》，《考古》1973 年第 6 期。

河北

姚鉴：《河北望都县汉墓的墓室结构和壁画》，《文物参考资料》1954 年第 12 期。

河北省博物馆文物管理处：《河北曲阳发现北魏墓》，《考古》1972 年第 5 期。

磁县文化馆：《河北磁县东陈村北齐尧峻墓》，《文物》1984 年第 4 期。

河北省沧州地区文化馆：《河北省吴桥四座北朝墓葬》，《文物》1984 年第 9 期。

河北省文物研究所：《安平东汉壁画墓发掘简报》，《文物春秋》1989 年 Z1 期。

中国社会科学院考古研究所、河北省文物研究所邺城考古工作队：《河北磁县湾漳北朝墓》，《考古》1990 年第 7 期。

磁县文物保管所：《河北磁县北齐元良墓》，《考古》1997 年第 3 期。

河南

河南省文化局文物工作队：《河南密县打虎亭发现大型汉代壁画墓和画象石墓》，《文物》1960 年第 4 期。

洛阳博物馆：《洛阳北魏元邵墓》，《考古》1973 年第 4 期。

郭建邦：《北魏宁懋石室和墓志》，《河南文博通讯》1980 年第 2 期。

洛阳博物馆：《洛阳北魏画象石棺》，《考古》1980 年第 3 期。

南阳博物馆：《河南南阳英庄汉画像石墓》，《中原文物》1983 年第 3 期。

中国社会科学院考古研究所河南第二工作队：《河南偃师杏园村东汉壁画墓》，《考古》1985 年第 1 期。

洛阳市文物工作队：《洛阳曹魏正始八年墓发掘报告》，《考古》1989 年第 4 期。

河南省南阳地区文物研究所：《新野樊集汉画像砖墓》，《考古学报》1990 年第 4 期。

洛阳市文物工作队：《洛阳孟津晋墓、北魏墓发掘简报》，《文物》1991 年第 8 期。

洛阳市第二文物工作队：《洛阳市朱村东汉壁画墓发掘简报》，《文物》1992 年第 12 期。

310 国道孟津考古队：《洛阳孟津三十里铺西晋墓发掘报告》，《华夏考古》1993 年第 1 期。

洛阳市文物工作队：《洛阳孟津北陈村北魏壁画墓》，《文物》1995 年第 8 期。

郑州市文物考古研究所、荥阳市文物保护管理所:《河南荥阳苌村汉代壁画墓调查》,《文物》1996 年第 3 期。

洛阳市第二文物工作队:《洛阳谷水晋墓》,《文物》1996 年第 8 期。

洛阳市文物工作队:《河南洛阳市第 3850 号东汉墓》,《考古》1997 年第 8 期。

洛阳市文物工作队:《河南新安县晋墓发掘简报》,《华夏考古》1998 年第 1 期。

洛阳市文物工作队:《河南新安西晋墓(C12M262)发掘简报》,《文物》2004 年第 12 期。

河南省文物管理局南水北调文物保护办公室、河南省文物考古研究所:《河南安阳市固岸墓地Ⅱ区 51 号东魏墓》,《考古》2008 年第 5 期。

洛阳市第二文物工作队:《洛阳衡山路北魏墓发掘简报》,《文物》2009 年第 3 期。

洛阳市第二文物工作队、偃师商城博物馆:《河南偃师西晋支伯姬墓发掘简报》,《文物》2009 年第 3 期。

洛阳市第二文物工作队、偃师市文物局:《河南偃师市首阳山西晋帝陵陪葬墓》,《考古》2010 年第 2 期。

洛阳市文物工作队:《洛阳吉利区西晋墓发掘简报》,《文物》2010 年第 8 期。

河南省文物管理局南水北调文物保护办公室、四川大学考古学系:《河南卫辉市大司马村晋墓发掘简报》,《考古》2010 年第 10 期。

西南民族大学民族研究院、洛阳市文物考古研究院:《洛阳涧西南村西晋墓》,《文物》2012 年第 12 期。

杨洪峰、刘良超、于宏伟:《河南荥阳首蓿洼墓地西晋墓 M18 发掘简报》,《中原文物》2014 年第 3 期。

偃师市文物旅游局、洛阳市文物考古研究院:《河南偃师大冢头西晋墓发掘简报》,《文物》2016 年第 9 期。

湖北

襄樊市文物管理处:《襄阳贾家冲画像砖墓》,《江汉考古》1986 年第 1 期。

江陵县文物局:《江陵黄山南朝墓》,《江汉考古》1986 年第 2 期。

武汉市博物馆:《武汉黄陂滠口古墓清理简报》,《文物》1991 年第 6 期。

宜昌地区博物馆、当阳市博物馆:《湖北当阳半月东汉墓发掘简报》,《文物》1991 年第 12 期。

武汉市博物馆、江夏区文物管理所:《江夏流芳东吴墓清理发掘报告》,《江汉考古》1998 年第 3 期。

襄樊市考古队、谷城县博物馆:《湖北谷城县肖家营墓地》,《考古》2006 年第

11 期。

谷城县博物馆：《湖北谷城六朝画像砖墓发掘简报》，《文物》2013 年第 7 期。

襄阳市文物考古研究所：《湖北襄阳麒麟清水沟南朝画像砖墓发掘简报》，《文物》2017 年第 11 期。

湖南

湖南省博物馆：《长沙两晋南朝隋墓发掘报告》，《考古学报》1959 年第 3 期。

湖南省博物馆：《湖南衡阳县道子坪东汉墓发掘简报》，《文物》1981 年第 12 期。

江苏

王德庆：《江苏铜山东汉墓清理简报》，《考古通讯》1957 年第 4 期。

南京博物院：《南京中山门外苜蓿园东晋墓清理简报》，《考古通讯》1958 年第 4 期。

李鑑昭：《南京北郊合班村六朝墓清理》，《考古》1959 年第 4 期。

南京市文物保管委员会：《南京六朝墓清理简报》，《考古》1959 年第 5 期。

南京博物院、南京市文物保管委员会：《南京西善桥南朝墓及其砖刻壁画》，《文物》1960 年 Z1 期。

南京市文物管理委员会：《南京中华门外晋墓清理》，《考古》1961 年第 6 期。

罗宗真：《南京西善桥油坊村南朝大墓的发掘》，《考古》1963 年第 6 期。

南京市文物保管委员会：《南京板桥镇石闸湖晋墓清理简报》，《文物》1965 年第 6 期。

南京市博物馆：《南京象山 5 号、6 号、7 号墓清理简报》，《文物》1972 年第 11 期。

南京大学历史系考古组：《南京大学北园东晋墓》，《文物》1973 年第 4 期。

南京博物院：《江苏丹阳胡桥南朝大墓及砖刻壁画》，《文物》1974 年第 2 期。

南京市文物管理委员会：《南京太平门外刘宋明昙憘墓》，《考古》1976 年第 1 期。

常州市博物馆：《常州南郊戚家村画像砖墓》，《文物》1979 年第 3 期。

南京博物院：《江苏丹阳县胡桥、建山两座南朝墓葬》，《文物》1980 年第 2 期。

南京市博物馆：《南京北郊郭家山东晋墓葬发掘简报》，《文物》1981 年第 12 期。

南京市博物馆：《南京郊区两座南朝墓》，《考古》1983 年第 4 期。

南京市博物馆：《南京北郊东晋墓发掘简报》，《考古》1983 年第 4 期。

扬州博物馆：《江苏邗江发现两座南朝画像砖墓》，《考古》1984 年第 3 期。

南京博物院、邳县文化馆：《东汉彭城相缪宇墓》，《文物》1984 年第 8 期。

南京市博物馆：《南京童家山南朝墓清理简报》，《考古》1985 年第 1 期。

南京博物院：《江苏江宁县张家山西晋墓》，《考古》1985 年第 10 期。

南京市博物馆：《江苏江宁官家山六朝早期墓》，《文物》1986 年第 12 期。

徐州博物馆、南京大学历史系考古专业：《徐州北洞山西汉墓发掘简报》，《文物》1988 年第 2 期。

南京市博物馆：《南京北郊三座六朝墓葬发掘简报》，《东南文化》1989 年第 2 期。

南京市博物馆：《南京前新塘南朝墓葬发掘简报》，《文物》1989 年第 4 期。

南京博物院：《梁朝桂阳王萧象墓》，《文物》1990 年第 8 期。

南京市博物馆：《南京油坊桥发现一座南朝画像砖墓》，《考古》1990 年第 10 期。

南京市博物馆：《南京迈皋桥小营村发现东晋墓》，《考古》1991 年第 6 期。

顾苏宁：《南京市雨花台区三座六朝墓葬》，《东南文化》1991 年第 6 期。

常州市博物馆、武进县博物馆：《江苏常州南郊画像、花纹砖墓》，《考古》1994 年第 12 期。

徐州博物馆：《江苏徐州市米山汉墓》，《考古》1996 年第 4 期。

南京市博物馆：《南京西善桥南朝墓》，《文物》1997 年第 11 期。

南京市博物馆、南京市雨花台区文管会：《江苏南京市花神庙南朝墓发掘简报》，《考古》1998 年第 8 期。

南京市博物馆、栖霞区文管会：《江苏南京市白龙山南朝墓》，《考古》1998 年第 12 期。

徐州博物馆：《徐州内华发现南北朝陶俑》，《文物》1999 年第 3 期。

南京市博物馆：《江苏南京仙鹤观东晋墓》，《文物》2001 年第 3 期。

南京市博物馆、雨花台区文化局：《南京尹西村六朝墓发掘报告》，《南京文物考古新发现：南京历史文化新探二》，江苏人民出版社，2006 年。

徐州博物馆：《江苏徐州市凤凰山西汉墓的发掘》，《考古》2007 年第 4 期。

镇江市博物馆、镇江市文管办：《镇江丁卯"江南世家"工地六朝墓》，《东南文化》2008 年第 4 期。

南京市博物馆、雨花台区文化广播电视局：《南京市雨花台区姚家山东晋墓》，《考古》2008 年第 6 期。

南京市博物馆：《南京市郭家山东晋温氏家族墓》，《考古》2008 年第 6 期。

南京市博物馆、南京市江宁区博物馆：《南京江宁上坊孙吴墓发掘简报》，《文物》2008 年第 12 期。

南京市博物馆：《南京市灵山南朝墓发掘简报》，《考古》2012 年第 11 期。

南京市博物馆、雨花台区文化广播电视局：《南京市雨花台区西善桥南朝刘宋墓》,《考古》2013 年第 4 期。

南京市博物馆、南京市雨花台区文化局:《南京雨花台石子岗砖印壁画墓(M5)发掘简报》,《文物》2014 年第 5 期。

周保华、周梦圆:《南京五佰村孙吴丁奉家族墓发掘收获》,《中国文物报》2021 年 1 月 26 日。

江西

江西省文物考古研究所、南昌市博物馆:《南昌火车站东晋墓葬群发掘简报》,《文物》2001 年第 2 期。

涂伟华:《江西南昌县小兰乡南朝墓葬出土彩色陶俑》,《南方文物》2006 年第 4 期。

辽宁

李文信:《辽阳发现的三座壁画古墓》,《文物参考资料》1955 年第 5 期。

宁夏

固原县文物工作站:《宁夏固原北魏墓清理简报》,《文物》1984 年第 6 期。

山东

滕州市文化局、滕州市博物馆:《山东滕州市西晋元康九年墓》,《考古》1999 年第 12 期。

山东省文物考古研究所、临朐县博物馆:《山东临朐北齐崔芬壁画墓》,《文物》2002 年第 4 期。

山东邹城市文物局:《山东邹城西晋刘宝墓》,《文物》2005 年第 1 期。

山西

山西省大同市博物馆、山西省文物工作委员会:《山西大同石家寨北魏司马金龙墓》,《文物》1972 年第 3 期。

山西省考古研究所、太原市文物管理委员会:《太原市北齐娄叡墓发掘简报》,《考古学报》1979 年第 3 期。

山西省考古研究所、运城市博物馆:《山西运城十里铺砖墓清理简报》,《考古》1989 年第 5 期。

王银田、刘俊喜:《大同智家堡北魏石椁壁画》,《文物》2001 年第 7 期。

大同市考古研究所:《山西大同下深井北魏墓发掘简报》,《文物》2004 年第 6 期。

大同市考古研究所:《山西大同七里村北魏墓群发掘简报》,《文物》2006 年第 10 期。

大同市考古研究所:《山西大同沙岭北魏壁画墓发掘简报》,《文物》2006 年第

10 期。

大同市考古研究所：《山西大同文瀛路北魏壁画墓发掘简报》，《文物》2011 年第
12 期。

大同市考古研究所：《山西大同云波里路北魏壁画墓发掘简报》，《文物》2011 年
第 12 期。

陕西

陕西省文物管理委员会、咸阳市博物馆：《陕西省咸阳市杨家湾出土大批西汉彩绘
陶俑》，《文物》1966 年第 3 期。

李启良、徐信印：《陕西安康长岭南朝墓清理简报》，《考古与文物》1986 年第
3 期。

陕西省考古研究所：《西安发现的北周安伽墓》，《文物》2001 年第 1 期。

咸阳市文物考古研究所：《咸阳平陵十六国墓清理简报》，《文物》2001 年第
7 期。

陕西省考古研究所：《陕西旬邑发现东汉壁画墓》，《考古与文物》2002 年第
3 期。

咸阳市文物考古研究所：《陕西咸阳市文林小区前秦朱氏家族墓的发掘》，《考古》
2005 年第 4 期。

咸阳市文物考古研究所：《陕西咸阳市头道塬十六国墓葬》，《考古》2005 年第
6 期。

西安市文物保护考古所：《西安理工大学西汉壁画墓发掘简报》，《文物》2006 年
第 5 期。

西安市文物保护考古所：《西安北周康业墓发掘简报》，《文物》2008 年第 6 期。

陕西省考古研究院：《西安咸阳国际机场专用高速公路十六国墓发掘简报》，《文
博》2009 年第 4 期。

西安市文物保护考古研究所：《陕西西安洪庆原十六国梁猛墓发掘简报》，《考古
与文物》2018 年第 4 期。

四川

成都市文物管理处：《四川成都曾家包东汉画像砖石墓》，《文物》1981 年第
10 期。

方建国、唐朝君：《四川简阳县夜月洞发现东汉崖墓》，《考古》1992 年第 4 期。

成都市文物考古工作队、成都市文物考古研究所：《成都市西安路南朝石刻造像清
理简报》，《文物》1998 年第 11 期。

张肖马、雷玉华：《成都市商业街南朝石刻造像》，《文物》2001 年第 10 期。

彭州市博物馆、成都市文物考古研究所：《四川彭州龙兴寺出土石造像》，《文物》2003年第9期。

成都文物考古研究所、新都区文物管理所：《成都市新都区东汉崖墓的发掘》，《考古》2007年第9期。

浙江

浙江省文物考古研究所、嵊州市文物管理处：《嵊州市祠堂山汉六朝墓发掘简报》，《东方博物》第四十七辑，浙江大学出版社，2013年。

杭州市文物考古研究所、余杭博物馆：《浙江省余杭小横山南朝画像砖墓M109清理简报》，《文物》2013年第5期。

（三）图录

董玉祥主编：《中国美术全集·绘画编17·麦积山等石窟壁画》，人民美术出版社，1987年。

高文主编：《中国画像石全集7·四川汉画像石》，河南美术出版社、山东美术出版社，2000年。

贺云翱等：《佛教初传南方之路文物图录》，文物出版社，1993年。

黄明兰：《北魏孝子棺线刻画》，人民美术出版社，1985年。

江宁博物馆、东晋历史文化博物馆编：《东山撷芳—江宁博物馆暨东晋历史文化博物馆馆藏精粹》，文物出版社，2013年。

赖非主编：《中国画像石全集1·山东汉画像石》，山东美术出版社、河南美术出版社，2000年。

刘志远、刘廷壁：《成都万佛寺石刻艺术》，中国古典艺术出版社，1958年。

南京市博物馆：《六朝风采》，文物出版社，2004年。

苏州博物馆：《苏州博物馆藏出土文物》，文物出版社，2009年。

绥德汉画像石展览馆：《绥德汉代画像石》，陕西人民美术出版社，2001年。

汤池主编：《中国画像石全集4·江苏、安徽、浙江汉画像石》，山东美术出版社、河南美术出版社，2000年。

王建中主编：《中国画像石全集6·河南汉画像石》，河南美术出版社、山东美术出版社，2000年。

王志敏、朱江等：《南京六朝陶俑》，中国古典艺术出版社，1958年。

襄阳市博物馆、襄阳市文物考古研究所等：《天国之享—襄阳南朝画像砖艺术》，科学出版社，2016年。

徐光冀主编：《中国出土壁画全集》，科学出版社，2012年。

姚迁、古冰：《六朝艺术》，文物出版社，1981 年。

张宝玺：《嘉峪关酒泉魏晋十六国墓壁画》，甘肃人民美术出版社，2001 年。

镇江博物馆：《镇江出土金银器》，文物出版社，2012 年。

周到主编：《中国画像石全集 8·石刻线画》，河南美术出版社、山东美术出版社，2000 年。

朱锡禄：《武氏祠汉画像石》，山东美术出版社，1986 年。

三　研究专著、论文集

C

陈寅恪：《隋唐制度渊源略论稿》，中华书局，1963 年。

陈寅恪口述、万绳楠整理：《陈寅恪魏晋南北朝史讲演录》，黄山书社，1987 年。

〔韩〕崔圭顺：《中国历代帝王冕服研究》，东华大学出版社，2007 年。

H

华梅：《中国服装史》，文物出版社，1989 年。

黄能馥、陈娟娟：《中国服装史》，中国旅游出版社，1995 年。

J

江苏省六朝史研究会：《六朝史论集》，黄山书社，1993 年。

L

刘永华：《中国古代军戎服饰》，上海古籍出版社，1995 年。

楼慧珍、吴永等：《中国传统服饰文化》，东华大学出版社，2003 年。

吕思勉：《两晋南北朝史》，开明书店，1948 年。

M

孟晖：《中原女子服饰史稿》，作家出版社，1995 年。

S

沈从文：《中国古代服饰研究》，商务印书馆，1981 年。

孙机：《中国古舆服论丛》，文物出版社，1993 年。

上海市戏曲学校中国服装史研究组：《中国历代服饰》，学林出版社，1984 年。

T

〔日〕笹间良彦著、庄千里译：《日本历史风俗图录》，四川人民出版社，2019 年。

W

王国维：《观堂集林》，中华书局，1959 年。

王宇清：《冕服服章之研究》，中华丛书编审委员会，1966 年。

王国维：《古胡服考》，中华书局，1986 年。

王明泽：《中国古代服饰》，北京科学技术出版社，1995 年。

Y

〔日〕原田淑人：《汉六朝の服饰》，东洋书库，1937 年。

〔日〕原田淑人著、常任侠、郭淑芬译：《中国服饰史研究》，黄山书社，1988 年。

扬之水：《奢华之色——宋元明金银器研究（卷二：明代金银首饰）》，中华书局，2011 年。

扬之水：《中国古代金银首饰》，故宫出版社，2014 年。

Z

张庆捷、李书吉等：《4~6 世纪的北中国与欧亚大陆》，科学出版社，2006 年。

周锡保：《中国古代服饰史》，中国戏剧出版社，1984 年。

四　研究论文

C

陈进：《从魏晋南北朝时期的褶裤看民族文化融汇》，《中国历史博物馆馆刊》1994 年第 2 期。

陈立信：《郑州发现北魏石刻》，《华夏考古》1990 年第 4 期。

D

董玉祥：《麦积山石窟的分期》，《文物》1983 年第 6 期。

董玉祥：《炳灵寺石窟第 169 窟》，《敦煌学辑刊》1987 年第 1 期。

F

范英豪：《同源而异趣的南北朝"褒衣博带"》，《装饰》2006 年第 1 期。

傅江：《从容出入望若神仙：论六朝士族服饰文化》，《东南文化》1996 年第 1 期。

G

宫大中：《北魏汉化新窟——宾阳洞》，《河南文博通讯》1978 年第 4 期。

郭黎安：《六朝时期建康居民的饮食与服饰》，《南京社会科学》1995 年第 10 期。

H

洪晴玉：《关于东寿墓的发现和研究》，《考古》1959 年第 1 期。

黄道华：《枝江姚家港出土的东汉画像砖》，《江汉考古》1991 年第 1 期。

霍巍：《四川大学博物馆收藏的两尊南朝石刻造像》，《文物》2001 年第 10 期。

J

暨远志：《中国早期佛教供养人服饰》，《敦煌研究》1995 年第 1 期。

L

雷玉华、李裕群等：《四川汶川出土的南朝佛教石造像》，《文物》2007 年第 6 期。

李剑国、孟琳：《简论唐前"服妖"现象》，《武汉大学学报（人文科学版）》2006年第7期。

李雪芹：《试论云冈石窟供养人的服饰特点》，《文物世界》2004年第5期。

李蔚然：《南京六朝墓葬》，《文物》1959年第4期。

吕树芝：《东汉彩绘石雕骑马俑》，《历史教学》1983年第1期。

M

马冬：《青州傅家画像石〈商谈图〉服饰文化研究》，《华夏考古》2011年第3期。

苗霖霖：《北魏后宫服饰制度考略》，《唐山学院学报》2013年第5期。

N

宁可：《记〈晋当利里社碑〉》，《文物》1979年第12期。

S

商春芳：《洛阳北魏墓女俑服饰浅论》，《华夏考古》2000年第3期。

邵磊：《南京灵山梁代萧子恪墓的发现与研究》，《南京晓庄学院学报》2012年第5期。

宋丙玲：《北朝袒右肩陶俑初探》，《华夏考古》2007年第2期。

宋丙玲：《浅论魏晋南北朝时期服饰中的性别转换现象》，《兰州学刊》2007年第10期。

宋丙玲：《浅析图像资料在古代服饰研究中的局限性——以北朝服饰研究为例》，《南京艺术学院学报（美术与设计）》2009年第4期。

宋丙玲：《花木兰的着装——北魏女性服装的图像学研究》，《艺术设计研究》2010年第2期。

宋丙玲：《北朝文物中的裲裆》，《文物春秋》2014年第2期。

苏健：《美国波士顿美术馆藏洛阳汉墓壁画考略》，《中原文物》1984年第2期。

宿白：《云冈石窟分期试论》，《考古学报》1978年第1期。

束霞平：《刍议鲜卑族服饰对南北朝戎服的影响》，《丝绸》2010年第10期。

孙机：《三子钗与九子铃》，《文物天地》1987年第6期。

T

田野：《考古发现与"文化探源"之八——人类衣服的起源》，《大众考古》2014年第2期。

W

韦正：《金珰与步摇——汉晋命妇冠饰试探》，《文物》2013年第5期。

X

徐益棠：《汉族服饰之演变——物质文化与民族分类》，《学思》1942年第5期。

徐家珍：《"袜"的演变》，《文物周刊》1947 年第 41～80 期。

徐家珍：《"袍"的起源》，《文物周刊》1947 年第 41～80 期。

徐家珍：《古代的"裤"》，《文物周刊》1947 年第 41～80 期。

许辉：《南北朝关系述论》，《江苏社会科学》2002 年第 3 期。

许忆先：《从江苏地区出土的六朝陶俑看两晋南北朝服饰》，《南京博物院集刊5》，南京博物院，1982 年。

Y

阎步克：《宗经、复古与尊君、实用（上）——中古〈周礼〉六冕制度的兴衰变异》，《北京大学学报（哲学社会科学版）》2005 年第 6 期。

阎步克：《宗经、复古与尊君、实用（中）——中古〈周礼〉六冕制度的兴衰变异》，《北京大学学报（哲学社会科学版）》2006 年第 1 期。

阎步克：《宗经、复古与尊君、实用（下）——中古〈周礼〉六冕制度的兴衰变异》，《北京大学学报（哲学社会科学版）》2006 年第 2 期。

阎步克：《北魏北齐的冕旒服章：经学背景与制度源流》，《中国史研究》2007 年第 3 期。

阎振维：《昭陵——唐代文物遗存的一座宝库》，《人文杂志》1980 年第 4 期。

姚鉴：《河北望都县汉墓的墓室结构和壁画》，《文物参考资料》1954 年第 12 期。

余辉：《宋本〈女史箴图〉卷探考》，《故宫博物院院刊》2002 年第 1 期。

Z

曾昭燏：《从彭山陶俑所见汉代服饰》，《南京博物院集刊5》，南京博物院，1982 年。

张金茹：《北朝陶俑冠服》，《文物春秋》2000 年第 4 期。

张玉安：《六朝士人服饰的自然主义风尚》，《装饰》2011 年第 4 期。

张玉安：《"裤褶"音义简释》，《艺术设计研究》2015 年第 3 期。

周晓薇、王菁：《三至九世纪流行的裤褶服与南北文化的融合》，《浙江社会科学》2011 年第 1 期。

邹清泉：《北魏画像石榻考辨》，《考古与文物》2014 年第 5 期。

五　学位论文

宋丙玲：《北朝世俗服饰研究》，山东大学博士学位论文，2008 年。

石华：《北魏妇女服饰研究》，山东大学硕士学位论文，2008 年。

黄良莹：《北朝服饰研究》，苏州大学博士学位论文，2009 年。

徐晓慧：《六朝服饰研究》，苏州大学硕士学位论文，2010 年。

杨景平：《北朝在华粟特人服饰研究》，东华大学硕士学位论文，2011年。

王丽丹：《曹魏服饰研究》，山西大学硕士学位论文，2011年。

刘君为：《北魏鲜卑族服饰研究》，东华大学硕士学位论文，2012年。

公阿宁：《嘉峪关魏晋壁画墓中的百姓服装研究》，南开大学硕士学位论文，2012年。

史砚忻：《西魏北周服饰初步研究——以关陇地区的图像资料为中心》，西北大学硕士学位论文，2013年。

何茭：《北齐服饰研究——以山西地区为例》，西北大学硕士学位论文，2014年。

后 记

时光荏苒，自2016年初春完成博士论文答辩到今天已近八年时间了。

我自问不是一个懒惰的人，然而资质平平却又事事追求完美。无论是教学、科研还是家庭，我都竭尽全力，希望做得好一些、再好一些。若没有老师、好友和家人的帮助，平凡的我难以完成本书。

八年时光里，我对博士学位论文反复地修改和补充，又增绘了一批线图。我尽力把资料做得全面些，把线图画得准确些，把结论下得保守些，以期能抛砖引玉，但今日出版依旧惶恐。

首先，向我的博士导师贺云翱教授致以最诚挚的敬意与感谢！受恩师影响，我对六朝历史文化产生了浓厚的兴趣，因此博士学位论文选定了东晋南朝服饰研究的题目。从论文框架的拟定、资料的搜集到论文的写作，都得到了老师的大力支持和悉心指导。老师一直勉励我要突破小圈子，多读不同领域的书、多实践，去提升思考境界。正因此，我对学术和人生的理解与感悟开始变得深刻。

感谢我的硕士导师徐艺乙教授，徐老师慈祥和蔼，为人谦和，在学术上领我入门，在工作、生活上时常给予我关心和鼓励。

感谢南京大学考古文物系的水涛、刘兴林、张学锋、周学鹰、吴桂兵等教授，他们的授课让我在学业上更进一步。

感谢国家文物局考古研究中心冯双元老师，在博士论文前期资料搜集中给我极大的帮助。感谢南京工程学院张聪老师，在忙碌的工作中挤出时间帮我校对书稿。感谢费和平、符永利两位师兄在博士论文写作、成稿过程中给予我的指导与帮助。感谢好友丁洁雯在本书成稿过程中给予的鼓励和支持。感谢同门其他兄弟姐妹们的关怀。

感谢陪我一路走来的良师益友，不再一一具名，特此致谢。

感谢文物出版社责编秦彧为本书出版工作付出的辛勤的劳动。

感谢我的父母，他们一直不遗余力地支持我们，为我们分担了生活的压力和育儿的重担，让我们可以把更多精力放在学术上。

最后，要特别感谢我的先生白国柱。每当我遇到挫折，一蹶不振的时候，是他让我感受到生活的美好和希望，重获与他并肩前行的勇气和力量。

谨以此书，献给从未优秀却永不言弃的每一个人。